陽明後學文獻叢書

錢明 主編

胡直集

上

［明］胡直 撰

張昭煒 編校

上海古籍出版社

浙江省哲學社會科學重點研究基地
浙江省浙江歷史文化研究中心
學術成果

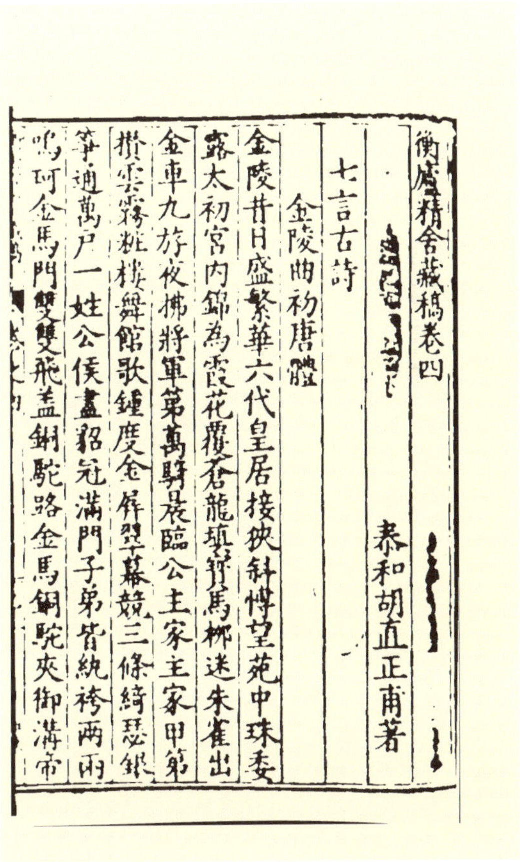

衡廬精舍藏稿卷四

泰和胡直正甫著

七言古詩

金陵曲初唐體

金陵昔日盛繁華六代皇居接狹斜博望苑中珠委露太初宮内錦為霞花覆蒼龍塹寶馬棚迷朱雀出金車九族夜拂將軍第萬騎晨臨公主家主家甲第攢雲霧粧樓舞館歌鍾度金鋪翠幕競三條綺瑟銀箏通萬户一姓公侯盡貂冠滿門子弟皆紈袴兩兩鳴珂金馬門雙雙飛盖銅駝路金馬銅駝夾御溝帝

《衡廬精舍藏稿》　明萬曆刻本

（北京大學圖書館藏）

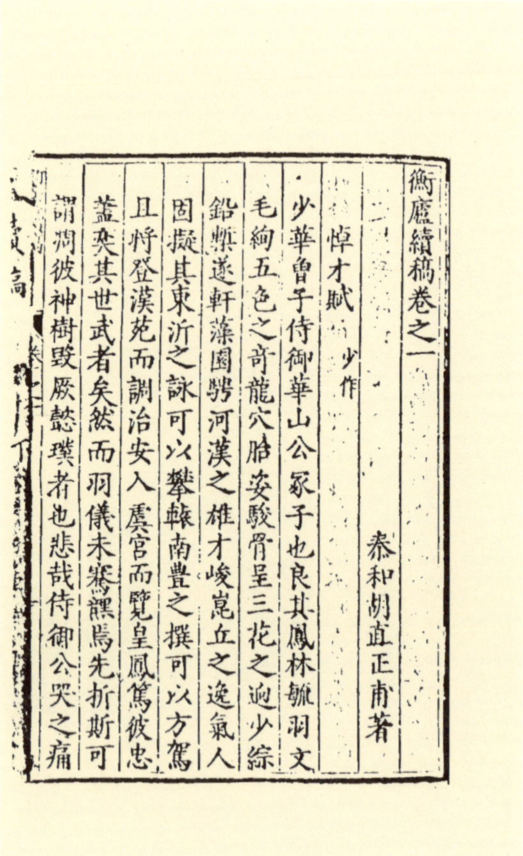

衡廬續稿卷之一

泰和胡直正甫著

悼才賦　少作

少華曾子侍御華山公冢子也良其鳳林毓羽文毛絢五色之奇龍穴胎姿駿骨呈三花之逈少綜鉛槧遂軒藻圃騁河漢之雄才峻崑丘之逸氣人固擬其東沂之詠可以攀轅南豊之撰可以方駕且將登漢苑而訓治安入虞宮而覽皇鳳篤彼忠蓋奕其世武者矣然而羽儀未騫飄馬先折斯可謂凋彼神樹毀厥懿璞者也悲哉侍御公哭之痛

《衡廬精舍續稿》　明萬曆刻本

（北京大學圖書館藏）

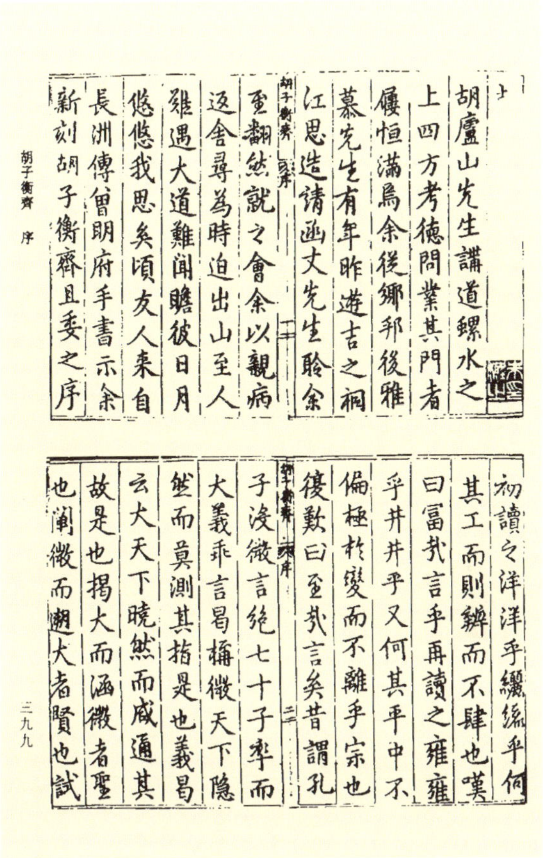

胡盧山先生講道螺水之上四方考德問業其門者屨恒滿焉余從鄉邦後雅慕先生有年昨遊吉之祠江思造請函丈先生軫余

胡子衡齊　序　二

重翻然訖之會余以覲病返舍尋爲時迫出山至人雖遇大道難聞瞻彼日月悠悠我思矣頃友人來自長洲傳曾朗府手書示余新刻胡子衡齊且委之序

初讀之洋洋乎纚纚乎何其工而則辨而不肆也嘆曰富哉言乎再讀之雍雍乎井井乎又何其平中不偏極於變而不離乎宗也復歎曰至哉言矣昔謂孔

胡子衡齊　序　三

子沒微言絕七十子卒而大義乖言曷稱微天下隱然而莫測其指是也義曷云大天下曉然而咸通其故是也揭大而涵微者聖也闡微而遡大者賢也試

胡子衡齊　序

三九九

《胡子衡齊》　明萬曆曾鳳儀刻本

（中國科學院國家科學圖書館藏）

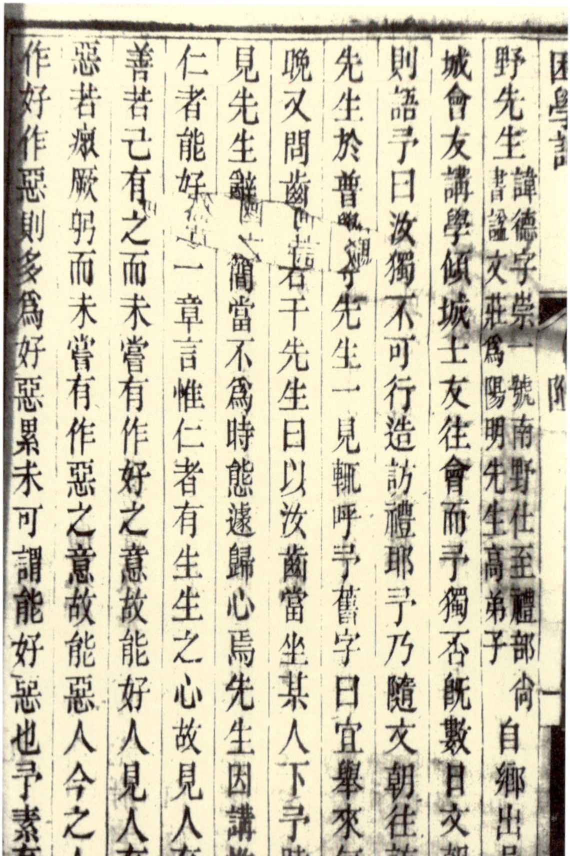
困學記　　附　　一

野先生諱德字崇一號南野仕至禮部尚書謚文莊爲陽明先生高弟子自鄉出邑城會友講學傾城士友往會而予獨否既數日文朝則語予曰汝獨不可行造訪禮耶予乃隨文朝往訪先生於普[illegible]寺先生一見輒呼予舊字曰宜舉來何晩又問齒[illegible]若干先生曰以汝齒當坐某人下予時見先生雖[illegible]簡當不爲時態遠歸心焉先生因講惟仁者能好[illegible]一章言惟仁者有生生之心故見人有善若己有之而未嘗有作好之意故能好人見人有惡若瘝厥躬而未嘗有作惡之意故能惡人今之人作好作惡則多爲好惡累未可謂能好惡也予素有

《困學記》　清光緒二十九年齊思書塾刻本

「陽明後學文獻叢書」出版緣起

王守仁，字伯安，生於明憲宗成化八年九月三十日（即西元一四七二年十月三十一日），歿于明世宗嘉靖七年十一月二十九日（即西元一五二九年一月九日），謚文成。三十一歲在離越城（今紹興市）十公里的宛委山陽明洞天結廬，自號陽明山人，學者稱其爲陽明先生。他是明代最有影響的思想家、政治家、教育家和軍事家。王守仁繼承並發展了中國傳統儒家的心性之學和浙東地區的學術傳統，創立了以「致良知」學説爲核心的陽明學，又稱「王學」。由王守仁開創並由其門人後學繼承、發展而形成的思想學派，統稱「陽明學派」或「姚江學派」。王守仁的弟子和傳人衆多，門下流派紛呈，他們對王守仁思想各有新的創設與展開，形成了後世所稱的「陽明後學」。從廣義的「陽明後學」概念説，其陣容相當龐大，所存文獻也相當可觀，可謂明代思想史中最爲豐富的原始史料之一，其中較爲重要的，據初步統計就有百餘種之多。將這些文獻資料整理出版，對於明代思想史、政治史、軍事史、教育史、文化史等研究無疑具有重要價值。

儘管可以納入「陽明後學」範疇的文獻資料，大部分已收入於《四庫全書》、《四庫全書存目叢書》、《續修四庫全書》、《四庫未收書輯刊》、《四庫禁毀書叢刊》等多部大型叢書，但散失情況嚴重，缺憾甚多。譬如有的著作未曾鐫刻行世，有的重要著作雖有刻本存世但卻未被收録，有的重要人物其著作雖被收入但缺漏不全，有的所收著作並非最佳或最全的版本，有的有嚴重的缺卷、缺頁、缺字等現象。這些問題已成爲深入開展陽明後學研究的一大障礙。

又儘管上世紀五十年代以來，已陸續整理出版了一批陽明後學者的單行本、全集本或注釋本，如黄綰《明道編》（中華書局一九五九年初版）、《何心隱集》（中華書局一九六〇年初版）、《林大欽集》（廣東人民出版社一九九五年初版）、《顔鈞集》（中國社會科學出版社一九九九年初版）、焦竑《澹園集》（中華書局一九九九年初版）、《趙貞吉詩文集注》（巴蜀書社一九九九年初版）、《王心齋全集》（江蘇教育出版社二〇〇一年初版）、《張璁集》（上海社會科學院出版社二〇〇四年初版）、《程文德集》（香港銀河出版社二〇〇五年初版，上海古籍出版社二〇一二年修訂版）、《王叔杲集》（上海社會科學院出版社二〇〇五年初版）、《項喬集》（上海社會科學院出版社二〇〇六年初版）、鄧豁渠《南詢録校注》（武漢理工大學出版社二〇〇八年初版）、《王叔果集》（黄山書社二〇〇九年初版）、季本《四書私存》（臺灣中研院中國文哲所二〇一二年初版）等，但這些只是所存文獻中的極少部分，不能反映豐富的陽明後學之全貌。

浙江省社會科學院自上世紀八十年代起，就非常注重對明清時期思想家文獻資料的整理編校工作，相繼整理出版了《黄宗羲全集》、《劉宗周全集》、《王陽明全集（新編本）》等。二〇〇〇年開始，浙江省社會科學院又投入一定的人力財力，由時任哲學研究所所長董平進行課題設計，錢明具體負責實施，約請有關高校和科研機構的專家，對陽明後學的主要代表人物的著作進行搜集整理，並與鳳凰出版集團合作，於二〇〇七年出版了「陽明後學文獻叢書」初編七種十册，内容包括《徐愛·錢德洪·董澐集》、《王畿集》、《鄒守益集》（上下册）、《聶豹集》、《歐陽德集》、《羅洪先集》（上下册）、《羅汝芳集》（上下册）。該七種十册書，由時任浙江省社科院院長的萬斌任主編，錢明（常務）、董平任副主編。叢書出版後即獲得海内外學術界的廣泛好評，並先後獲得浙江省哲學社會科學優秀成果三等獎和全國優秀古籍圖書獎。

在此基礎上，自二〇〇九年開始，浙江省哲學社會科學重點研究基地、浙江省浙江歷史文化研究中心又啓動了「陽明後學文獻叢書續編」項目，由錢明任項目負責人，内容包括《薛侃集》、《黄綰集》、《劉元卿集》、《胡直集》、《張元忭集》、《王時槐集》、《北方王門集》，即將由上海古籍出版社陸續出版。二〇一三年初，北京大學高等人文研究院與浙江省哲學社會科學重點研究基地、浙江省浙江歷史文化研究中心合作，開始啓動「陽明後學文獻叢書」的三編、四編工作，杜維明先生任課題負責人，由張昭煒、錢明擔任主編，並且與上海古籍出版社簽訂了長期出版合同，使整個項目在人員、資金、出版等方面都得到了充分保證。

我們計劃從二〇〇〇年到二〇一六年，用十六年時間完成包括「陽明後學文獻叢書」一編到四編在内的全部整理出版工作。整個項目計劃完成四十册書，約兩千萬字，將分期分批出版，力求集陽明後學文獻之大成。由於叢書一編出版後又陸續發現了一些佚文佚詩，所以本計劃還包括等條件成熟後陸續出版修訂本，對已出書進行增補和修正，並將一起交由上海古籍出版社出版。

凡入選本叢書的各種文獻資料，編者都盡量收集原書各種版本進行比較，辨其源流，選擇時代較早、内容完整、校刻最精者作爲工作底本。整理時用其餘版本通校，並於「編校説明」中列明底本、通校本及參校要籍的名稱、版訊。同時也盡量參考前人的校勘成果，充分吸收其合理意見，並盡可能對原書的引文進行復核。在編校過程中，還盡量進行輯佚補闕工作，收集相關傳記、序跋、祭祝類資料，力求完備。每一思想家的文集，大體上由編校説明、基本文獻及相關附録資料三部分構成。

本叢書中所收著作的版本搜集和選定、標點校勘、附録彙編等基礎性工作，皆由整理編校者獨自完成，自負其責；叢書主編的工作，主要是課題設計、組織協調、人員選定和落實檢查，部分善本孤本、佚文佚詩及附録内容亦由主編負責提供。浙江省社會科學院、浙江省哲學社會科學重點研究基地暨浙江歷史文化研究中心的各級領導、上海古籍出版社的領導和責編尤其是劉海濱先生、北京大學高等人文研究院院長杜維明先生以及海内外學術界的前輩和同仁，始終給予本叢書以極大的支持和關注，使得本叢書的各項計劃得以順利實施。

錢明謹識

二〇一三年十月

編校說明

一

「陽明一生精神，俱在江右」：歐陽德爲陽明入室弟子，「弟子半天下」，傳播陽明學影響深遠；羅洪先私淑陽明，爲江右王門巨擘，其收攝保聚的爲學路徑籠罩江右學風。遊於歐陽德、羅洪先之門而兩得其傳，稱入室弟子者，則首推胡直。胡直（一五一七—一五八五）字正甫，號廬山，舊號宜舉，晚以所居據衡山、廬山之交，自號「衡廬耕雲老農」，學者則稱「廬山先生」。江西吉安府泰和縣信實鄉義禾（今屬泰和縣螺溪鎮）人。

胡直爲嘉靖三十五年丙辰（一五五六）進士，初授比部主事。丁巳（一五五七），除授刑部河南清吏司主事。庚申（一五六〇）四月，陞授雲南清吏司署員外郎主事。五月，陞授湖廣按察司僉事。胡直治湖北，一以學爲政，整身式屬，繩墨吏，省額外供，創鄉約，嚴保甲，覈民間節孝旌之，祀陽明及其弟子冀元亨等，以風楚人。麻陽苗内訌，猝薄城。胡直佯若無備，夜出奇兵襲之，俘獲無算。甲子（一五六四），胡直入蜀，治蜀如治楚。其鉅者引黃沱泉灌邛州七里堰，溉數十萬畝旱原爲沃壤。復流民數千家。雅州招討楊酋以爭襲逆命，先生授石畫屬吏黄清將兵，竟擣其穴。蜀白蓮教煽孽幾遍三川，而胡直所治上川民無一從逆被辜者，得益于胡直教化明而約故飭也。〔一〕丙寅（一五六六），因病乞休，致仕回籍。隆慶三年己巳（一五六九），胡直蒙命起補湖廣按察司提學副使，陞廣西布政司左參政。萬曆元年癸酉（一五七三），胡直遷廣東按察使，總持憲體，振肅屬吏。冬，入覲，便過家，太安人病足在第，遂力疏乞養，書上張居正，罷官歸。甲申（一五八四），詔起福建按察使。乙酉（一五八五）五月二十九日，胡直逝於閩。

胡直爲政之餘，熱衷講學，與羅汝芳、鄒善同司，日以講學爲事，朝暮陞散，行坐必耦，時稱「江西三子」。胡直晚年居家，士踵至，講壇無所，建求仁書社。「同志來問難者循循懇懇，因才訓迪」。「語一時大儒，必曰胡先生云」。〔二〕胡直以求仁書社爲中心，以講孔學爲主，吸引了大批求學弟子。據王世貞稱，「第聞胡子倡道于東南，天下有志者慕而趨之若流水」。〔三〕大學士張位讚嘆：「胡廬山先生講道螺水之上，四方考德問業其門者，履恒滿焉。」〔四〕

〔一〕郭子章《先師胡廬山先生行狀》，《蠙衣生粵草》卷六，周應鰲序明刻本，下同。
〔二〕郭子章《先師胡廬山先生行狀》。
〔三〕王世貞《胡子衡齊序》，明萬曆曾鳳儀刻本《胡子衡齊》。
〔四〕張位《胡子衡齊序》，同上。

二

胡直的學說分三次第：其一爲以一體爲宗，以獨知爲體，以戒懼不昧爲功，以恭、忠、敬爲日履，以無欲達於靈則爲至；其二爲以仁爲宗，以覺爲功，以萬物各得其所爲量，以無聲無臭爲至；最高、至難者爲以盡性至命爲宗，以存神過化爲功。〔二〕在道體論上，胡直遠紹伊尹，近承程顥、謝良佐、張九成的「以覺言仁」學說；在功夫論上，胡直強調從道德生成之根源處盡性。清其源，而保其流清，由源至流，爲先求仁本而後達之於事；由流至源，由澄清流以反澄清源，先從日用之事以達其本。兩路求仁功夫，胡直均有發揮。

對於心學的解釋，胡直比陽明更進一步。陽明南鎮觀花，僅言心外無物，胡直則主心造萬物，高揚人的精神，將陽明「良知是造化的精靈」發揮至極致，但易滑轉至重内而輕外的唯我思想。陽明強調與朱子窮理說的分野，胡直將天理「賦之于」良知本心，使心具靈則，包含道德原則的約束。這將堵死王畿等將良知說無、談空，王艮等將良知參情識、用罔的可能，對於糾正王學左派流弊具有重要貢獻。胡直反對將良知說虚、說寂，反對主内而遺外，修正羅洪先早年良

〔二〕《續問下》，《胡子衡齊》。

知說，繼承羅洪先的仁體說，這對於江右王門的發展無疑具有積極作用。

胡直以博文約禮爲核心，大膽質疑陽明心學，不爲近儒（陽明）借門面，敢於指正王學的偏失，同時對先儒（朱子）學說進行了質疑與修正。在此基礎上，胡直將心學與理學衡而齊之，直宗孔子。胡直致力於調和理學與心學的對立，並且在盡性與不盡性問題上劃清儒佛界限。胡直對於孔子學說的推崇並不是盲目信仰，而是經過多年修證與思考後的真切體認與經驗總結。胡直這種對於原生態儒學的回歸不是簡單地回復，而是在朱子學、陽明學展開後，棄其偏、揚其正的一種均衡齊一，是儒學發展史上一個非常重要的邏輯環節。

三

胡直在陽明後學中重要地位的形成與胡直本人的刻苦努力密不可分，他晚年所作《困學記》概括記述了其複雜曲折的求學經歷。胡直學說的形成離不開整個陽明後學士人群的蓬勃發展，他不僅受益於歐陽德、羅洪先兩位老師，還曾問學于聶豹、鄒守益，與江右王門再傳李材、王時槐、陳嘉謨、宋儀望等知名學者同參共學。胡直曾請教過浙中王門錢德洪、南中王門唐荆川等，早年在興化盡聞王艮之學，並與泰州學派的趙貞吉、耿定向、羅汝芳、孫應鰲均爲摯友，他還與陳白沙後學何遷、許孚遠交往甚密，並且與主張朱子學的羅欽順弟子尹臺學術互動密切。

胡直通過不斷地求學、證學，通過對陽明學説傳承過程中出現的問題的深刻思考，通過對理學、心學的大膽質疑與調和，通過對儒學與禪學、玄學的衡齊以及胡直本人親身經歷的總結，形成了博而不雜、靜而不寂、覺而不蕩、存而不拘、仁而不虛的思想體系。兹對其生平簡述如下：

（一）家學積澱

胡直之父胡天鳳與陽明雩都弟子何秦、黄弘綱共學，私淑陽明。「生平以學古爲期，濟物爲心。其既聞學也，則以孔、孟爲期，以不愧屋漏爲功，以得其本心爲的，以一物不得所爲耻，以恭忠敬爲日履。其再至雩也，其氣春融，其色玉瑩，其謦欬如金石鏗鏘，其遇事如遊刃而有餘地，其人之接也如登臺飲醇，莫不薰心戀慕而交稱其誠也。」〔二〕時人語陽明弟子「江有何黄，浙有錢王」。〔三〕「何黄」即何秦與黄弘綱，胡直的家學背景中陽明學底藴深厚。胡天鳳的英年早逝使得胡直駘蕩不羈，喜慕奇名，酷嗜詞章，甚至反對陽明學説。但是，從胡直的《胡氏世叙》以及師友羅洪先《書晴岡手澤卷》、張居正《書胡氏先訓卷》、萬士和《跋胡晴岡手跡》、《跋胡氏先跡》、趙

〔二〕《胡氏世叙》，《衡廬精舍藏稿》卷八。
〔三〕《江右王門學案四》，《明儒學案》卷十九，《黄宗羲全集》第七册，浙江古籍出版社，二〇〇五年，頁五二一。

貞吉《居室六經堂記》等有關胡直家學評述的文獻可知，在其思想成熟後，胡氏家學依然發揮着作用。

（二）從學明師

嘉靖二十一年壬寅（一五四二），胡直的泰和同鄉歐陽德奔喪回鄉，直至丙午（一五四六）才再度出仕。在這段時間內，「暇則約予及東廓、羅念菴諸君子周旋于青原、梅陂之上，相與求未發之真知，究先師之遺旨」。〔二〕胡直始從歐陽德問學，聞致良知、萬物一體之訓。〔三〕胡直始見歐陽德，歐陽德誨曰：「大人天下爲度，故盛德若愚，塗人我師。而淺中莫容，摽己自賢，烏能成其大者？夫藝達於道，故遊焉而不溺；志役於藝，故局焉而胥喪。子曷早辨之？」胡直聞言悚然自悔，始有發憤刊落之意。胡直後執弟子禮，默契歐陽德之訓：「明明德於天下，是吾人立志處。而其功在致吾之良知。」「唯志真，則吾良知自無蔽虧。」歐陽德見胡直嘗有疾惡之病，一日爲其詳釋仁者能好人，能惡人。胡直時聞之，憮然則欲汗背。歐陽德借朱子所作《九曲棹歌》中第五曲來闡釋良知，「五曲山高雲氣深，長時煙雨暗平林。林間有客無人識，欸乃聲中萬古心」。「欸

〔二〕聶豹《資善大夫禮部尚書兼翰林院學士贈太子少保謚文莊南野歐陽公墓誌銘》，《聶豹集》卷六，鳳凰出版社，二〇〇七年，頁一五六。

〔三〕《續問下》，《胡子衡齊》。

乃聲中萬古心」又作「茅屋蒼苔魏闕心」。無論是在雲氣深深的高山，還是在煙雨霧鎖的渡口，無論是在陌生的環境獨處時，還是在船櫓號子聲中，均能時時心繫萬古和天下，志嚮之真始終如一。胡直聞歐陽德誦此句，「一時豁然，若覺平日習氣可除，始定嚮往真意」。

丁未（一五四七），胡直因忽有飄然遐舉離世之興，及就友人往訪羅洪先：「予始見羅先生，先生教由靜坐以入。」[二]居石蓮洞，既一月，日聞語感發，乃北面稟學。羅洪先訓「吾黨專在主靜無欲」。胡直雖未甚契，然日承無欲之訓熟矣，其精神日履，因是知「嚴取與」之義。

（三）九成臺悟道

戊申（一五四八），胡直遊韶州明經書院。胡直因少病肺，咳血怔忡，夜多不寐，就鄧魯問禪，鄧魯曰：「汝病乃火症，當以禪治。」每日與諸生講業畢，則要共坐，或踞牀，或席地，常坐至夜分。少就寢，鷄鳴復坐。其功以休心無雜念爲主，其究在見性。胡直參禪經過息妄念後，性體始露，一日，心忽開悟，自無雜念，洞見天地萬物皆吾心體，喟然歎曰：「予乃知天地萬物非外也！」自是，事至亦不甚起念，似稍能順應，四體咸鬯泰，而十餘年之火症嚮愈，夜寢能寐。久之，雖寐猶覺，凡寐時聞人一語一步，皆了了，是通晝夜之漸，繇是究出死生之旨，若日有所悟。

[二]《續問下》，《胡子衡齊》。

至秋，錢德洪至書院，質於錢，錢雖然發明頗詳，迄不當胡直之意。一日同諸君遊九成臺，坐地方欠身起，忽復悟天地萬物果非在外，印諸子思「上下察」、孟子「萬物皆備」、程顥「渾然與物同體」、陸九淵「宇宙即是吾心」，靡不合旨，覩前所見，灑然徹矣。

胡直至此完成三悟，依次爲歐陽德「欸乃聲中萬古心」之悟，除平日習氣；參禪靜坐之悟，得靜體，從淺層、浮躁的意識轉入深邃、緘默的潛意識層；九成臺之悟，宇宙與我爲一，神祕體驗短暫而不持久。通過三悟，胡直心學的宗旨開始確立，這對於《胡子衡齊》中「理在心不在物」的觀點的形成具有奠基作用，並以此影響其他學友。如胡直與王時槐相對於福田寺，因及佛氏無情無輪轉之説，胡直曰：「草木之在天地，猶毛髮之在人身，均爲無情物也，何輪轉之有？」王時槐有契於心。〔二〕

胡直雖然受胡天鳳、歐陽德、羅洪先、錢洪德等陽明弟子的影響，但是所得之最深處還是來源於參禪的經歷。通過參禪靜坐，胡直的肺病得以緩解，身體、精神面貌爲之一新，這對他後期思想學説影響深遠。這一時期胡直的思想在儒釋兩家徘徊，雖然他能默契歐陽德的良知之訓，但是還未能真正體會到良知的受用。胡直從學羅洪先時，羅的思想尚處於發展階段，在石蓮洞

〔二〕唐鶴徵《塘南王先生傳》，《憲世編》卷六。

的靜坐實踐使得胡直對於當時羅洪先主靜、無欲之學，從學理到實踐均有深刻的體認。錢緒山雖爲陽明高弟，從天泉證道來看，他對於陽明學説側重於從「四有」的角度去理解，並且一貫以此爲學問路徑，這與胡直在參禪中從無的角度體驗不同。儘管錢緒山在學理上能夠發明，並試圖去幫助胡直解決在參禪後期遇到的真體昏塞等問題，但對當時胡直的情況并未奏效。九成臺悟道的結果是「天地萬物果非在外」，這正是胡直後來受到黄宗羲等人批評的「心造萬物」的原型。胡直是在陽明學環境中薰陶出來的儒家學者，這時，他又能將儒家的上下察、萬物皆備、渾然與物同體、宇宙即是吾心等心學思想融會在靜體中。

（四）南都會友

己酉（一五四九）冬，胡直赴會試，方浮彭蠡，值風濤夜作，不能泊岸，舟幾顛覆數矣。同舟之士皆號達旦，胡直獨命酒痛飲，浩歌熟寢。天明，風稍定，始醒，同侶有詈其不情者，胡直自若也。在風濤夜作的鄱陽湖，船幾至顛覆，胡直能守此靜體而痛飲熟睡，這正是他追求禪定境界所帶來的結果。庚戌（一五五〇）落第後，舍歐陽德宅。一日，以舟顛熟寢事請正，歐陽德曰：「此固甚難，然謂仁體未也。」「臨危不動心，而又能措畫救援，乃仁體也。」胡直雖聆服，然未繹其旨。仲夏，李春芳延胡直過其家，訓諸子，因盡聞王艮之學。王艮誠一時傑出，獨其徒傳失真，往往放達自恣，興化士以是不信學。久之，熟胡直之履，乃偕來問學立會。上述爲胡直由靜體轉向仁體的開始，此階段主要得力于歐陽德指正。

甲寅（一五五四），作《博文約禮》題，此時正是胡直對於以先儒朱子爲代表的理學和近儒陽明所代表的心學進行獨立思考與踐履階段，也是其獨立調和理學與心學的開始。胡直對於朱子學説提出了四點質疑，對陽明學説提出了三點質疑。胡直繇是用功，似不落空，日用應酬，似稍得其理，處上下亦似稍安，浸悟歐陽德所述仁體之旨。甲寅，尹臺改北，道三茅，時胡直爲句容學諭，挈而感焉。嘗出赴南都會友，與何遷、譚綸遊，又因唐順之枉顧衙舍，遂偕晤趙貞吉。時見諸公論學，似於博約之旨多有異同。胡直雖未敢辯難，然因是自信者多矣。

至南都會友前，胡直三變其學，一變由駘蕩不羈而至於良知學，二變由良知主靜而入禪，三變由禪而復歸良知。胡直在辛亥後，轉向了博文約禮之仁，通過日常行事來尋求仁體。既能博文，博於事，極廣大，又能約禮，約於仁，盡精微。兩方面同時用功，胡直不僅得到理安，即在理論上能融合，而且處上下亦似稍安，即在事功上亦不偏仁學宗旨。

（五）松原證學

通過南都會友論學，胡直益發感到自己學説的正確性。乙卯（一五五五），羅洪先楚山悟道，《答武陵蔣君書》詳細描述了悟仁體後境界，側重於「必有生生一竅」之仁體，其生生無間隔，穿透宇宙，極於視、聽、思，達于家、國、物、天下，隨用具足，不由思得，不由存來。從早年的無欲主靜轉向了生生之仁。胡直時寓都中，奉讀羅洪先此書，悚然歎曰：「大哉淵乎！何幸堯、舜以來正脈逮茲罄洩。」〔二〕胡直針對羅洪先所悟之境進行了深刻反省，轉向以一身發竅明同體，不僅理入，而且「似此理日在目前」。〔三〕

丙辰（一五五六），胡直登第，羅洪先移示以不榮進取，致誨曰：「不榮進取即忘名位，忘名位即忘世界，忘世界始能爲千古真正英雄，作千古真正事業。炫才能技藝、規時好，視此路背馳也。」胡直乃浸知好名溺文詞之非。〔三〕「今年四十，方少有省發，正所謂越午鳴鐘，亦晚之甚也。」〔四〕胡直自此始得盡友海内諸學士，相與劘切商訂，並認爲孔門不能外此天則，迄不可以内外先後言之，此則顏氏之卓爾在我矣。

辛酉（一五六一），胡直「之石蓮洞，以學質文恭公」。〔五〕胡直以博約旨質之羅洪先。羅初恐胡求諸意象，則詰之曰：「今滿眼是事則，滿眼是天則，可乎？」辛酉，耿定向偕耿定理晤胡直于

〔二〕《念庵先生行狀》，《衡廬精舍藏稿》卷二十三。
〔三〕《奉復念翁师》，《衡庐精舍藏稿》卷二十。
〔三〕《續問下》，《胡子衡齊》。
〔四〕《奉念庵先生書》，《衡廬精舍藏稿》卷十九。
〔五〕郭子章《先師胡廬山先生行狀》。

漢江之滸，相與訂學宗旨。耿定向時篤信陽明良知之宗，以常知爲學。胡直則曰：「吾學以無念爲宗。」耿定理曰：「吾學以不容己爲宗。」〔一〕壬戌（一五六二），胡直在楚，羅洪先則移書，其于胡直博約之説洞然無疑。已而胡直再歸，再請質。羅洪先曰：「所貴足目俱耳。」蓋恐胡直墮目長足短之弊，缺乏踐履之功夫。〔二〕癸亥（一五六三），胡直赴蜀前與同門聚松原，證所學。羅洪先對胡直言：「予之收斂靜定非外事物酬應也。自身驗之，愈收斂愈周遍，稍不靜定，即作用不切。蓋直信此路，時時可用。」〔三〕胡直唯之。「公卷卷以實修，期以收斂靜定入。」〔四〕胡直入蜀時，羅洪先訓曰：「正甫所言者見也，非盡實也。自朝至暮，不漫不執，無一刻之暇，而時時覿體，是之謂實。知有餘而行不足，嘗若有歉於中而絲髮不盡，是之謂見。正甫蜀歸，尚以實修者盡言

〔一〕耿定向《漢滸訂宗》，《耿天臺先生文集》卷八，萬曆二十六年刻本。

〔二〕踐履又名上肩，即重功夫。羅洪先以此勸誡胡直不遺餘力：「此學不論破口與不破口，只是論上肩與不上肩。譬之説食不飽與含哺鼓腹者，豈論破口與否耶？此學是大丈夫事，一切世情道理，兼搭遮飾不得，直心直意，是非一毫自欺不得。果真上肩，即終日默默，却是真破口人，人人可得見之。不然，縱不破口，無益於不學一也。正甫聰明，豈不辨此……」見羅洪先《答胡正甫》，《石蓮洞羅先生文集》卷八，萬曆丁巳鄒元標序本。下同。

〔三〕羅洪先《書胡正甫册》，《石蓮洞羅先生文集》卷十四。

〔四〕《書松原別語册後》，《衡廬精舍藏稿》卷十八。

之。」[二]盡管胡直在入蜀前進步飛速，羅洪先認爲胡直在實修方面做得還不夠。羅洪先期望胡直能在收斂静定方面繼續用功，功夫細膩入微，可見對胡直要求之嚴，期望之高。胡直入蜀的同一年，羅洪先去世。胡直並未辜負羅洪先的厚望，在蜀與趙貞吉、孫應鰲等學者繼續研析學理、深入功夫。

萬廷言爲羅洪先另一重要弟子，從思想主體來看，胡直、萬廷言均爲羅洪先主静、無欲、艮背的忠實繼承者。胡直是無欲達明覺的路線，而萬廷言則是艮背求未發之中的進路。胡直受歐陽德影響，而萬廷言於王畿多有繼承。對於二程，胡直則以程顥爲正脈，不認同程頤之學，而萬廷言深見程頤造詣精純，極力褒揚程頤，自然與胡直之學有所觝牾。即使在江右王門内部，陽明學亦存在很大差異，這也是陽明學展開中思想魅力的綻放。在思想特點上，胡直與萬廷言類似于程顥與程頤。胡直無欲達明覺，極力闡發程顥的明覺、仁一體，對於程頤的性即理大加貶斥。萬廷言看重程頤的求未發之中，對於《程氏易傳》用力最久，所得最深，反而不能完全服膺于程顥的仁一體之説。胡直繼承謝良佐以覺言仁的思想發展脈絡，而萬廷言則踐履楊時「道南指訣」求未發之中的功夫。在功夫與境界上，胡直表現得如同程頤持敬一樣謹嚴，不敢有一

[二]《續問下》，《胡子衡齊》。

時懈怠。而萬廷言證得沖然恬愉之境:「春懷不借春光有,卻爲春風吹更長。」這如同程顥「時人不識余心樂」的春日境界。

(六)後學勢盛

胡直自蜀歸後,名聲日盛。在功夫繼續深入時,注重講學與培養後學。隆慶戊辰(一五六八)冬十一月,郭子章「至求仁書院師事胡廬山先生。先生教之曰:聖學始於求仁,而求仁要在無欲……至於無,則道心微而執中,是乃所謂仁。公日有省」。[二]己巳(一五六九),胡直與友人靜坐山中,胡直的弟子曾鳳儀自衡五百里訪其於孟山之麓,留十日,與語聖人盡性宗旨,對「微」進行了深刻體認與發揮:性體至微,老釋能言之,而不求盡之之功,故成二氏。[三]曾鳳儀此後不僅有得於儒學心法,而且對於佛學頗有體認,著有《金剛經偈釋》、《三宗通》(《楞嚴經宗通》、《楞伽經宗通》、《金剛經宗通》)。

甲戌(一五七四),「豐城李見羅丈(諱材),泰和胡廬山丈(諱直)會於神岡,郡城同志亦

[二] 郭孔延《資德大夫兵部尚書郭公青螺年譜》,光緒七年刻本。
[三] 《別曾舜徵序》,《衡廬精舍藏稿》卷十。

集」，〔二〕「盧山志真而行甚端，與友人處，切思不倦，蓋吾黨中卓然特立者」。〔三〕這一年，鄒元標從學于胡直。據蔡國珍敘述，「余往與胡盧山先生同釋褐，盧兄一見，以遠器目之，引之使學」。〔三〕蓋是時方弱冠，即鄒元標「弱冠幸舉孝廉，從諸長者，一登講堂，此心戚戚」。〔四〕「自稱甲戌聞道。蓋是時方弱冠，即從泰和胡直遊也」。〔五〕據鄒元標記述：「昔謁盧山師，一見相提攜。嗜利蔽天性（師告予云，喜子澹泊，予見好利者如下地獄，不得出頭），斯言予誦之。父母同天地，因利失孝慈。兄弟本同氣，因利失和怡。貧乃士之常，顏憲有良規。願言二三子，冰霜慎自持。」〔六〕

萬曆五年丁丑（一五七七），建求仁書社。胡直坐卧其中，同志來問難者循循懇懇，因才訓迪。「時與二三子浩歌行樂，徘徊覺山、槎水、武姥之間，鳶魚上下，六通四辟，不矯於繩墨，不瘁

〔二〕翠峰爲胡直、陳蒙山、王時槐經常論學之地，據羅近溪記載：吉郡上游將半舍，當贛、秀二水間，有山瞰流而出，曰神岡。岡之上，有寺曰翠峰。左則青原張渡，右側玉華金洞，聯絡最爲奇勝。郡縉紳觀察盧山胡公、藩參蒙山陳公、清卿塘南王公，時時聚譚其中。見《翠峰雅會圖贊》，《羅汝芳集》，鳳凰出版社，二〇〇七年，頁五九七—五九八，下同。

〔三〕王時槐《塘南先生自考録》，萬曆二年甲戌條。

〔三〕蔡國珍《鄒南皋先生願學集序》，《願學集》。

〔四〕鄒元標《謹陳共學之原以定眾志疏》，《鄒忠介公奏疏》卷五。

〔五〕《願學集提要》，《四庫全書總目提要》。

〔六〕鄒元標《雜興簡同志》其五，《願學集》卷一。

於度數，不靡於萬物，不硋於宇宙，徜焉徉焉，恍在舞雩洙泗上。……遊息之暇，考圖觀史，大若天文地志，細若堪輿醫卜，與夫百家九流、佛藏、道藏諸書，靡不精覈考訂。」〔二〕

胡直的兩大弟子鄒元標與郭子章可謂陽明真正的繼承者。郭子章天才卓越，不僅熱衷于講學，而且著述豐碩。郭子章一生功績顯赫，尤其在任貴州巡撫期間，平定播州叛亂，擢陞兵部尚書，加太子少保，其卓越的軍事才能直追陽明。可惜郭子章後學不濟，其孫郭承昊墮落爲降清奸佞，爲王夫之深惡痛絶。鄒元標新科進士時，便敢于上疏責首輔張居正奪情之非，遭廷杖，謫戍貴州。與陽明一樣，在貴州悟道、講學，收陽明龍場之益。起用後，又因批逆鱗降官南京，後官至左都御史，死後追贈太子少保。鄒元標存誠除百僞，持正壓千邪，化强陽爲和粹，融嚴毅方正之氣，而與世推移。其一規一矩，必合當然之天則。他早年白刃可蹈，爵禄可辭，切時弊而敢言，苟利社稷，生死以之，以氣節名重于晚明。晚年性格由剛介轉爲和易。鄒元標熱衷于講學，曾主持仁文書院、首善書院等。鄒元標弟子劉同升少有至性，丁丑（一六三七）進士第一，時隔六十年，歷史又出現了類似鄒元標上疏責張居正奪情的一幕：楊嗣昌奪情入内閣，服緋上任，劉同升憤然上疏。明亡後，劉起兵抗清，因勞而卒。鄒元標弟子李邦華赤心壯猷，曾任兵部

〔二〕郭子章《先師胡廬山先生行狀》。

尚書、左都御史等職，切直敢言，名震朝野。崇禎甲申，北京外城陷，走宿文天祥祠，投繯而絶。鄒元標弟子李日宣曾任兵部尚書、吏部尚書，明亡，絶食死。劉同升、李日宣、李邦華等胡直後學，作爲良知學的繼承者，以生命詮釋了良知學的真血脈。

（七）晚年全歸

萬曆甲申（一五八四），羅汝芳至泰和訪胡直。如羅汝芳所述：「廬山胡子，與余爲同年友，交也最久，知也最深。」[一]羅汝芳可謂胡直的同心好友，這一次的外訪也是羅汝芳晚年少有的外出。兩位學者的情誼由來已久，嘉靖癸卯（一五四三），羅汝芳薦鄉書時，即「同廬山胡公、洞嵒周公及諸同志大會于滕王閣數日」。[二]丁巳（一五五七），胡直與羅汝芳、宋儀望、鄒繼甫、耿定向講會于京師，昕夕切劘，誼若兄弟。隆慶壬申（一五七二），許孚遠訪羅汝芳于從姑山中。問曰：「江右若胡廬山（諱直），李見羅（諱材），可謂聖賢矣。」羅汝芳回答説：「廬山有聖賢之志，見羅有聖賢之材。」[三]由此可見羅汝芳對胡直之重視。羅汝芳以清新俊逸的學風聞名，但不失謹嚴，其《癸酉日記》每日記其得失，以四字定其功過。胡直以補過、日録等謹嚴功夫爲主，晚年

[一] 羅汝芳《胡子衡齊序》，《羅汝芳集》，頁四五二—四五三。
[二] 曹胤儒《羅近溪師行實》（節録），《羅汝芳集》，頁八三五。
[三] 羅汝芳《近溪羅先生庭訓記言性遺録》，《羅汝芳集》，頁四一七。

歸於存神過化。兩位老人暮年論學的内容不得而知，但通過二人平時的談學論道可見一斑。當年羅近溪邸中有以「明鏡止水以存心，太山喬嶽以立身。青天白日以應事，光風霽月以待人」四句揭示於壁者，諸南明指而問曰：「哪一句尤爲吃緊？」廬山曰：「只首一『明』字。」時方飲茶，先生手持茶杯指示曰：「吾儕說明，便向壁間紙上去明了，奈何不即此處明耶？」南明憮然。先生曰：「試舉杯，輒解從口，不向鼻上耳邊去。飲已，即置杯盤中，不向盤外。其明如此，天之與我者妙矣哉！」〔一〕在輕鬆的日常語境中點化學生，這頗似禪宗的公案，當年羅汝芳以騎馬登高下阪時之自然仰俯來開示鄒元標，赤子真心是和、是順、是自然，而求仁功夫則是順此真心而已。〔二〕鄒元標從初學者的角度，希望羅汝芳從明道體宗旨、知功夫階次、入門下手從何起、功夫結果歸宿何處予以分疏。羅汝芳側重本體即是功夫，順良知良能而行，是道體流行，功夫即是本體。與胡直明確道體、功夫、境界次第不同，羅汝芳渾淪順適，令學者當下開悟的教法簡易直截，當時從學胡直的鄒元標未能直領，這也不足爲怪了。甲申冬，在羅汝芳、鄒善的勸說下，胡直入閩。赴閩前，在羅汝芳家暫居。此年五月二十九日，胡直去世。「夜夢至人引以至道中，有

〔一〕羅汝芳《近溪語録》，《明儒學案》卷三十四，《黄宗羲全集》第八册，浙江古籍出版社，二〇〇五年，頁五四，下同。
〔二〕鄒元標《識仁編序》，《願學集》卷四。

『無欲濯濯，秋風回首』之語。曰：『余於人間世盡矣。』翊日，神色微變，門人在侍者問師何言，不答。家人請後命，不答。良久，顧曰：『文公云，一片若常存也。』頃之，僚貳錢、劉兩公至，猶正襟端坐，張目舉手揖二公已，翛然而逝，己酉五月二十九日也。」〔一〕萬曆丙戌（一五八六）郭子章督學四川，增祀三大儒趙貞吉、孫應鰲、胡直，鐫銘以昭懿德。

四

胡直的仕途與講學尚與嚴嵩、趙貞吉、張居正有關，茲簡述如下：己未（一五五九），時嚴嵩柄政，因胡直「故有文名，是時禔身譚道，名益起。分宜雅重之，以桑梓故，欲羅之門下。婁爲莫邀(元)〔先〕生，先生謝病不能臨。分宜曰：『胡生何多疾耶！』一日，同鄉強之，先生爲不得已而強往。席中論海內財賦嬴縮，先生曰：『財不在民，則在官。』分宜氣沮，一座錯愕，識者韙之，分宜子以是銜先生。會耿公疏論銓部事，語侵分宜，分宜子疑先生與姜俱其事，同日出爲按察僉事。先生得湖北去，後謗益騰，分宜子必欲中先生」。〔二〕胡直名如其人，耿直且以正輔。耿定

〔一〕耿定向《明福建提刑按察司按察使胡公墓誌銘》。
〔二〕郭子章《先師胡廬山先生行狀》。

向於此年彈劾吏部尚書吳鵬，語侵嚴嵩。嚴嵩懷疑爲胡直所謀，因出爲楚臬僉事，領湖北道。耿定向記述爲：「上疏彈太宰及以賄進者，語侵要人。要人側目，日夕遣邏卒在門，伺余動靜。同志胡正甫、今宗伯姜廷善俱累外補。」〔一〕胡直在楚從政，「時分宜子㖠楚兩臺擠先生，而卒不可得。」〔二〕最終的結果是，胡直未爲所撼，嚴嵩卻因此名聲重創。癸亥，徐階代替嚴嵩成爲首輔，「分宜敗，先生參議四川」。〔三〕

胡直入蜀時過内江，會晤趙貞吉。胡直委託趙貞吉作《居室六經堂記》，趙貞吉於記中論述真正的孔學是具有更大包容性的，莊子、荀子、揚雄、范仲淹、邵雍的思想無不是孔子思想的延伸，在某種意義上是對陽明《尊經閣記》的進一步發揮。隆慶己巳（一五六九），趙貞吉以禮部尚書兼文淵閣大學士入内閣。六月，胡直蒙内命起補湖廣按察司提學副使，陞廣西布政司左參政。〔四〕

萬曆元年癸酉（一五七三）至壬午（一五八二），是年幼的神宗朱翊鈞受張居正等操縱的時

〔一〕耿定向《觀生紀》，嘉靖三十九年庚申條。
〔二〕郭子章《先師胡廬山先生行狀》。
〔三〕郭子章《先師胡廬山先生行狀》。
〔四〕《乞休疏》，《衡廬精舍藏稿》卷二十。

期。張居正本與胡直、羅汝芳等陽明後學關係友善，如其對羅汝芳所云：「比來同類寥落，和者甚稀。楚侗南都，廬山西蜀，公在宛陵，知己星散。」〔一〕耿定向、胡直、羅汝芳三人均爲張居正所器重。庚午（一五七〇），胡直對於江右流行的虛寂之學給予高度關注，認爲虛寂之説大而無當，誠爲可厭。胡直作《上江陵張相公》。〔二〕張居正在回復胡直的信中認爲虛寂之學惟不務實得於己，不知事理之如一，同出之異名。〔三〕胡直於癸酉（一五七三年）上《啓江陵張相公》，書言三策：一爲正聖功，二爲豫人才，三爲培元氣。觸張居正大忌。書入，張居正大怒，胡直因此而罷官。如胡直所論：「其一正聖功。某聞主上沖齡，聖明殊絶，然三代之下亦有沖齡異資，第以大臣無格心之學，不能引君當道以志于仁，遂致苟且相狥，終成雜伯，爲可嗟耳。」「某又不喜相公昔年試策中『法後王』之説。夫我神祖六官八度，孰非法先王者，而奚顓顓以後王語也？或者以兹一語之小不必拘，而不知天下人心之趨係之，此不可無辨也。」〔四〕在胡直看來，張居正並未

〔一〕《答羅近溪宛陵尹》，《張太岳集》卷三十五。楚侗即耿定向，廬山指胡直。胡直於嘉靖癸亥（一五六三）至嘉靖丙寅（一五六六）在蜀，張居正此時引羅汝芳、胡直與耿定向爲同調。

〔二〕《衡廬精舍藏稿》卷二十。

〔三〕張居正《答楚學道胡廬山論學》，《張太岳集》卷二十二。

〔四〕《啓江陵张相公》，《衡庐精舍藏稿》卷二十。

教育好小皇帝，不能引君當道以志于仁，單就這一條而論，胡直對於張居正的攻擊是致命性的，胡直因此致仕。張居正借胡直之事威脅羅汝芳，羅汝芳會張居正，「江陵曰：『然則堯舜不病博濟耶？』師曰：『此自人言堯舜者耳。自鄙見論之，唐虞君臣，刻刻時時，必求博濟也。』江陵舉酒不言，久之曰：『胡廬山安在？』師曰：『在廣西按察，昨得書，言歸矣。』蓋憾師，如胡之不順己也。遂補師東昌。麟陽趙公忿然曰：『奈何促賢者一出，而僅以郡符勞之耶？』羅子歎曰：『公所居，何等責任！乃無一段真精神，以感格君上，而第此爲言，不爲上負天子，下負所學哉？』……然江陵之心竟不可轉移。久之柄國，且怒羅子，罷其官歸矣」。〔一〕

羅汝芳入賀禮成後，出京師講學，遭江陵惡之。以胡直、羅汝芳、萬士和等爲代表的陽明學者與首輔張居正之間針尖對麥芒，勢不兩立。當張居正集大權於一身，雄心勃勃地去改革時，自然不能容忍與其持有異見的胡直等人在朝爲官。與徐階任首輔時支持歐陽德等人京師講會的盛況相比，張居正任首輔時，公開的陽明學講會被壓制。隨著胡直、羅汝芳、鄧以讚等人紛紛遭罷免，陽明學逐漸失去了官方講學的話語權，逐步轉入民間。鄒元標新科進士時，正值胡直、羅汝芳等人與張居正決裂。胡直被罷官，羅汝芳遭到威脅，在京城也無法立足。面對胡直、羅

〔一〕《近溪羅先生一貫編》，《羅汝芳集》，頁三八二—三八三。

汝芳兩位恩師被張居正欺淩，年輕氣盛、血氣方剛的鄒元標不顧生死安危，不懼廷杖之懾，上疏彈劾張居正。從一定意義上來看，代表了整個陽明學士人群對於張居正的不滿。

張居正在任内閣首輔期間首斥講學，毁天下明賢書院，講學受禍者不啻千計，陽明學講會亦陷入低谷。張居正垮臺後，癸未（一五八三），鄒元標起復，上疏請復天下書院。甲申（一五八四），胡直「特詔起福建按察使，蓋以原官爲重用之階也」。〔一〕

五

胡直早年好文學，中年得道學之旨，「其文章頗雅健有格」，〔二〕用詞考究，以文明道，或惜墨如金、清新簡約，或旁徵博引、恢宏絢麗。〔三〕據郭子章叙述，胡直「契餘姚之旨，以上窺孔孟之際。所著書若干卷，其宗鄒魯，其文《洪範》、《國》、《雅》，其詩賦建安、大曆。修胸中之誠，以攄之書，棄知棄意，以明道而略物。閎而盧牟六合，斂而綜攝一貫；鉅而敷陳皇王，纖而箴縷醫筮，

〔一〕耿定向《明福建提刑按察司按察使胡公墓誌銘》。

〔二〕《衡廬精舍藏稿提要》，《四庫全書總目提要》。

〔三〕胡直「書法能擅，有鍾、王筆意」。姜寶《憲使廬山胡公傳》，《留部稿》卷八，《姜鳳阿文集》。

靡不蹠其玄閫，協厥《六經》」。〔二〕胡直一生著述頗豐，但散佚甚多。這部文集主要收録了胡直的《衡廬精舍藏稿》、《衡廬精舍續稿》、《太虚軒稿》、《困學記》等著作，其中《衡廬精舍藏稿》與《衡廬精舍續稿》以北京大學收藏的萬曆刻本爲底本，參校《四庫全書》本與光緒二十九年齊思齋刻本。《太虚軒稿》以國家圖書館收藏的萬曆刻本爲底本。胡直的著作尚有《閉關録》、《翊全録》、《求仁志》、《鞭後録》、《補過日録》、《聖賢心法》、《白雲稿》、《龍洲稿》、《華陽稿》等，多散佚。《胡子衡齊》爲《衡廬精舍藏稿》的二十八至三十卷，點校此部分時參考了萬曆曾鳳儀刻本、南昌退廬刻本、民國五年《豫章叢書》本、民國期間上海古籍流通處影印本以及江西教育出版社《豫章叢書》本，另將各本序跋以及部分師友書信、傳記等一併作爲附録録於後。兹簡述如下。

（一）《衡廬精舍藏稿》

1. 刻書之緣起

據《山海經》載，大禹藏書於衡山之岣嶁、雲密、嶽麓與廬山之紫霄石室中。胡直所居之地廬陵湊二山中，北距廬，東距衡，俱不能千里，胡直名其居曰「衡廬精舍」。郭子章從學于胡直，深得師説，建議老師將著作付之剞劂。盡管胡直初無此意，但郭子章爲弘揚師説，與其他同門

〔二〕郭子章《衡廬精舍藏稿序》。

爭取梓刻胡直的部分藏稿。郭子章將胡直比擬爲與衡山、廬山有著密切關係的大禹、周濂溪，將自己及同門比作柏翳、二程，號召大家共淬礪。

2.《衡廬精舍藏稿》之内容

《衡廬精舍藏稿》（下簡稱《藏稿》）詩賦七卷，序三卷，記兩卷，辯一卷，論一卷，議、說一卷，解、頌、贊一卷，策一卷，題跋一卷，書、疏兩卷，碑、祭文一卷，傳、墓表一卷，行狀二卷，墓誌銘二卷，雜著四卷。其中能集中體現其理學思想的主要有：卷十爲周敦頤、陳獻章、王艮、歐陽德等人文集所作序，卷十六《仁解四首贈同門劉仁山使君》，卷十九、二十與羅念菴、聶豹、趙貞吉、張居正等人的論學書信，卷二十七至三十的雜著等。

3.《胡子衡齊》

《胡子衡齊》爲《藏稿》的二十八至三十卷。「《衡齊》之作，專爲斯學。蓋自癸酉（一五七三）乞養歸，不期丁丑（一五七七）以後，哀疢相仍，遂抱沉痾。既謝世塗，又不能出遊四方就正有道，且不能似前爲鄉中及四方士講磨，故不得已著此書。大意因前哲雖發明此學，尚似有懷忌含諱，不敢直前盡發，乃不知不直則道不見，以致談者狐疑指摘，莫決從違，而同志中好立門户與務奇爭異者亦自矛盾。斯學何繇明，人心何繇定？古人一道同風，固若是乎？僕不忖，漫爲八字打開，一口說破。直將此學盡頭究竟，不敢仍爲先儒顧惜門面，如昔人狐媚以取天下者之倫。蓋亦實見此理非由外鑠，由本達末，先貴知本。夫崇本非遺末也，乃正所謂本末一致也。大要《明中》、《徵孔》二篇，則宗旨工夫證據不枉撰明矣。」〔二〕胡直作此書以明道，書中主要記録胡直及門人講學語録，分《言末》、《理問》、《博辨》、《明中》、《徵孔》、《談言》、《續問》、《申言》八篇，篇有上、下，《六錮》單獨成篇。

此書得以出版之功多歸於胡直的弟子曾鳳儀、王繼明等。據大學士張位序，此書主要目的是調和程朱理學與陸王心學：「夫大道甚夷，至理無二。聖人懷之，斯欲忘言。衆人辨之以相示，卒莫能定。彼局見拘方者，人置一喙，妄生分別，秦漢以來，何其嘵嘵也。今天下之論滋矣，胡先生安能以己之説爲天下司平，而斬然齊一之乎？蓋胡先生不能以其説均齊天下，凡天下譚名理指歸，卒不能外先生之言爲言，是則所謂『衡齊』云爾。……以余觀於《衡齊》，懸衆説而歸宿於道，二子空有喙三尺矣，斯其可傳也奚疑？」〔三〕王世貞則認爲《胡子衡齊》在于以言明道，「身著之而問託之問答」，「其旨遠，其辭文，其言曲而中，其事肆而隱」。〔三〕

〔一〕《與郭相奎》，《衡廬精舍續稿》卷四。
〔二〕張位《胡子衡齊序》。
〔三〕王世貞《胡子衡齊序》。

《胡子衡齊》爲胡直的代表作，「其文章則縱横恢詭，頗近子書，與他家語録稍異」。〔二〕《胡子衡齊》明刻本見藏於北京大學圖書館、中國科學院國家科學圖書館、上海圖書館、天津圖書館、江西省圖書館等。《豫章叢書》中的《胡子衡齊》據明刻本刻。國家圖書館、北京大學圖書館、上海圖書館等還藏有民國五年（一九一六）南昌《豫章叢書》編刻局本，此部分内容曾爲江西教育出版社二〇〇二年點校出版的《豫章叢書・子部》收録。

4.《衡廬精舍續稿》

《衡廬精舍續稿》（下簡稱《續稿》）詩賦一卷，序一卷，記一卷，書一卷，頌、贊、跋一卷，行狀一卷，祭文一卷，墓誌銘二卷，墓表、壽藏志一卷，傳一卷。其中卷六《大理卿宋華陽先生行狀》、卷十一《少保趙文肅公傳》、《宗伯尹洞山先生傳》是研究宋儀望、趙大洲、尹臺的重要文獻。

5.《衡廬精舍藏稿》版本

《藏稿》與《續稿》是現傳胡直的主要著作。《藏稿》三十卷由郭子章初刻于萬曆甲申（一五八四），此時胡直居泰和，此版本尚未見傳世本。萬曆乙未（一五九五）增刻《續稿》十一卷，莊誠補序。此補刻本見藏於北京大學圖書館、天津市圖書館、河北省保定圖書館、浙江圖書館，其

〔二〕《胡子衡齊提要》，《四庫全書總目提要》。

中北京大學圖書館所藏本爲善本（以下簡稱北大本），其他三處藏本爲殘本。[一]據北大本，校刻姓氏爲：門人蕭元岡、廖同春、郭子章、曠驥、鄒元標、陳以躍、蕭景訓、胡國禎、歐陽宗符、歐陽宗翰、蕭廷對、王用中、陳秉浩、曾鳳儀。北大本在莊誠補序後尚有乙丑（一五六五）春三月謝東山爲胡直作《衡廬精舍詩稿序》。春中，孫應鰲爲胡直作《衡廬精舍詩稿序》。據此，在郭子章刻本及莊誠補刻本之前，尚有《衡廬精舍詩稿》，而《衡廬精舍詩稿》應是北大本前七卷詩賦的部分内容。如卷六中的《甲戌春小葺衡廬精舍二首》、《六十生日避客娍姥懷有訓》等均在乙丑後，均非《衡廬精舍詩稿》内容。

《藏稿》與《續稿》於乾隆間俱得入《四庫全書》，自此，四庫本便成爲主要流傳本。光緒二十九年（一九〇三），據胡直之八世侄孫胡承鎬記載：「乾隆間，兩稿俱得入《四庫》，顧原板竟失，族人屢謀重刻，不果，僅于同治間用活字板印若干部，迄今又三十年。（承鎬）方偕諸父老子弟重建六經堂，因念此兩稿不可無板，乃復捐貲開雕。公爲有明大儒，兩稿久奉聖朝論定，何容更贊一詞。」此雕刻版本爲清光緒二十九年齊思書塾刻本（以下簡稱清刻本）。清刻本除

[一]《稿本中國古籍善本書目書名索引》，天津圖書館編，齊魯書社，二〇〇三年，頁一四二七。另見《中國古籍善本書目·集部五》，上海古籍出版社，一九九四年，頁九六。

了保留了《藏稿》與《續稿》以及序言全部内容外，尚附有《困學記》、《與唐仁卿書》二書。此版本將明刻本序言的手寫體改爲刻録字體，見藏於北京大學圖書館、上海圖書館等。清刻本主要據四庫本。臺灣商務印書館於一九八六年作爲《四庫全書珍本四集》之一影印了《文淵閣四庫全書》中的《藏稿》與《續稿》。上海古籍出版社于一九九三年作爲《四庫明人文集叢刊》之一影印了《文淵閣四庫全書》中的《藏稿》與《續稿》。目前學術界普遍使用的版本爲四庫本。

四庫本中錯誤甚多，如四庫本郭子章所作序首句「先生之所謂策府也」，而北大本則爲「先王之所謂策府也」，四庫本誤將「先王」錯寫爲「先生」。另外，對于文中將「虜」改爲「敵」，「弘」改爲「宏」，「玄」改爲「元」等避諱，需要在使用四庫本時注意。

6.《困學記》

《困學記》見於清刻本《藏稿》與《續稿》的附録。另外，黄宗羲的《明儒學案》、范鄗鼎的《廣理學備考叢書》收録了此部分内容。

綜上，本書《衡廬精舍藏稿》選取北大本爲底本，以四庫本、清刻本參校。其中卷二十八至三十與《胡子衡齊》明刻本、《豫章叢書》本參校；《困學記》、《與唐仁卿》二書以清刻本附録爲底本，以《明儒學案》參校。

（二）《太虛軒稿》

胡直萬曆甲申（一五八四）四月赴閩莅任，五月廿九去世，《太虛軒稿》作于四五月間。《太虛軒稿》是胡直晚年重要的著作之一，其中許多書信對於瞭解胡直晚年思想變化有非常重要的價值。此書爲萬曆癸巳（一五九三）曠驥序刻本，底本國内僅見藏於國家圖書館。此刻本部分頁碼模糊，二十八頁後次序混亂，缺佚兩封《與唐仁卿書》，此二書見於清刻本《藏稿》與《續稿》的附録。

關於該書的緣起及内容，據胡直的門人曠驥介紹：「《太虛軒稿》者，先師胡廬山公近年手筆也。」「桑景嘗著《衡齊》，昭晰靈則，證顯物理，靳聖道炳若日星，亶後學指南，當垂不朽。余夙北面受益，媿游於藩，數稔以來，諭沔宰興，日揭師説，迪多士，欲續梓《衡齊》以印之。越萬里索之令子順，順迺挈《太虛軒稿》授，謂是刻當余任也。」

由上可知，《太虛軒稿》爲曠驥得自胡直之子胡順，是胡直晚年繼《胡子衡齊》之後的另一重要著作。該書中的詩文爲《登擬峴臺》、《初就醫近溪年兄家坐鄰雲樓承和前韻賡謝》、《近翁再和前韻亦再和爲謝》、《再用韻呈近翁見別意》等。書信分别爲：《奉許石城大常求文書》、《與羅近溪書》、《奉謝大司寇黄葵翁書》、《與見麓兄書》、《奉慰座主李閣老書》、《與高伯宗書》、《與萬履菴書》、《與楊朋石書》、《復劉仁山主政書》、《與蔡汝聘書》、《奉歐陽鑒齋先生書》、《答文朝書》、《謝姜晉齋侍講書》、《貽劉少衡書》、《復李源野方伯書》、《寄何吉陽亞卿書》、《答奕侍御》、《答淮海書》、《與孫淮海書》、《答陳蒙山憲使書》；此後頁碼開始混亂，因原書頁碼較模糊，兹依文義及篇章目録整理後，按照此善本裝訂頁碼，排列順序如下：二六、四五、四六、四七、四八、四九、五〇、五一、五二、五三、五四、五五、二七、二八、二九、三〇、三一、三二、三三、三四、三五、三六、三七白頁，缺兩封《與唐仁卿書》，三八後正常。對應的目録應爲：《與鄧默成》、《與徐魯原憲副書》、《復曾見臺書》、《復曾健齋書》、《簡劉魯橋》、《答李見羅》、《再簡見羅》、《與唐仁卿書》（一）、《與唐仁卿書》（二）、《復許敬庵》、《與耿楚侗書》、《再簡楚侗》、《答耿楚侗書》、《與鄒汝瞻書》、《與蘇誠齋書》、《與姜鳳阿書》、《告休稾帖》（共四書，含《告休揭帖》、《乞休揭帖》等）。其中僅《復劉仁山主政書》見於《藏稿》卷十九，《藏稿》標題爲《復劉朝重書》，二者文字略有差異。

（三）《格物論》、《閉關録》、《日録》、《翊全録》、《志訓》、《求仁志》、《全歸稿》

胡直少時「多忿慾躁態，動不知檢，輒著《格物論》，駁陽明子之説爲未然，既而又自覺其非」。己巳（一五六九），胡直與友人習靜山中，作《閉關録》。《補過》、《困學日記》「則日書己過以自箴而自驗，知過在忿、慾、喜名三者之未忘」。〔二〕胡直「晝一念，夕一夢，少盭於道，即訟爲

〔二〕 姜寶《憲使廬山胡公傳》。

己過，密籍記以自箴」。〔一〕胡直去世後，其子胡順及門人鄒元標、陳秉浩等「檢先生遺文，有一笥甚祕，啓之，册不盈尺，皆手書，名曰《日録》。每歲一帙，日有書，時有紀，自卯至寢，自幾微念慮以至應對交接，工夫純疵，毛髮必書，即夢寐中有一念盭道者亦書」。〔二〕

胡直認爲存神過化功夫最難，自言尚慚未得，而《翊全録》則多記録此功夫：「歲壬午（一五八二），又有《翊全録》，其要以盡性至命爲宗旨，以存神過化爲工夫，而以絶慮忘言爲補翊，故曰『翊全』。」〔三〕《翊全録》「以去心中之滯，絶慮忘言爲翊補」。〔四〕「又有《翊全録》，序曰：『是録也，有纖惡必記而誅絶之，庶幾還其本體，與天者遊，始可以至命而全歸。』又有《自矢告天文》，略曰：『願以餘生，傾心大道，盡性至命，期得本宗。絶慮忘言，用爲補助，痛捐需待之迷，勉策衰遲之步，以濯江暴漢爲功，以皜皜空空爲至，純超假我，直趨聖途，庶可以快此生平，一笑全歸。不者自作焦穀，終沉淵海，莊生所謂「不可復陽」是已。』」〔五〕胡直曾「著《志訓》以勵士，士翕然宗

〔一〕耿定向《明福建提刑按察司按察使胡公墓誌銘》。
〔二〕郭子章《先師胡廬山先生行狀》。
〔三〕耿定向《明福建提刑按察司按察使胡公墓誌銘》。
〔四〕姜寶《憲使廬山胡公傳》。
〔五〕郭子章《先師胡廬山先生行狀》。

之」。〔一〕胡直晚年還曾作《求仁志》，惜均未見傳本。

《全歸稿》多歸功於胡直的弟子鄒元標與其子胡順，據鄒記載：「先生既没之明年，同門督學郭相奎氏與令子順搜秘牘中，得所爲《閉關小録》及《補過》、《困學》、《翊全》諸録、寢室警語，總名曰《全歸稿》。」〔二〕

按照耿定向、姜寶、郭子章、鄒元標等人叙述，《補過録》爲胡直日訟己過之日録，日録補過的思想及踐履在明代首推袁了凡、吕坤與劉宗周，而此三人均晚于胡直，若以後能發現此文獻，無疑對於瞭解明代功過格的源流具有重要意義。《翊全録》記録了胡直三次第中「以盡性至命爲宗，以存神過化爲功」爲代表的最具深度的思想。「《日録》、《翊全》等録，孤順謂宜從先生，不必示人，意可無刻。」〔三〕據此，《日録》、《翊全》可能並未鎸刻。胡直的著作還有《鞭後録》、《白雲稿》、《龍洲稿》、《華陽稿》、《滄洲稿》等，但大部分已散佚。

（四）其他胡直輯録、序刻的著作

胡直編選的著作尚見著録的有：《念菴羅先生文集》（故宫博物院、四川省圖書館、南京圖

〔一〕郭子章《先師胡廬山先生行狀》。
〔二〕鄒元標《胡廬山先生全歸稿序》，《願學集》卷四。
〔三〕郭子章《先師胡廬山先生行狀》。

書館、臺灣大學圖書館、日本名古屋蓬左文庫等藏有殘本。據臺灣大學圖書館藏本，此書胡直序刊于隆慶元年（一五六七）、《浚谷趙先生文粹》（見藏於福建省圖書館）、《唐詩律選》（胡直序刊於嘉靖壬戌（一五六二）春，見藏於上海圖書館，殘本，存一卷）。

另外，胡直序刊的著作有：《梁陶貞白先生集》、《濂溪先生集》、《擊壤集摘要》、《白沙先生文集》、《正學心法》、《王心齋先生遺録》、《王氏内外篇》、《督學集》、《碩輔寶鑑》、《正終稿》、《瑞泉南先生文集》、《督府董近淮先生疏稿》、《西曹集》、《喬三石先生文集》、《重編王文端公文集》、《王太史詩》、《曹中丞詩集》、《鶖谷山房藏稿》、《武經七書》等。

（五）書信

胡直與師友及弟子之間的書信是研究胡直的重要文獻，主要散見在羅洪先、耿定向、張居正、許孚遠、趙貞吉、姜寶的文集中。這些書信可以聯看，如李材《與胡廬山》、《答胡廬山》、許孚遠《與胡廬山先生論心性書》，這三封書信與胡直《太虚軒稿》中的《答李見羅》、《再簡見羅》、《復許敬庵》合觀，胡直、李材、許孚遠對心性合一的深入探索，可謂明代思想史上心性之辯的精彩篇章。另外，本書將胡直著作的有關序言、《吉安府志》、《西昌縣志》等文獻中有關胡直的資料亦予以收録。

六

劉元卿與黄宗羲均曾爲胡直作學案。劉元卿遊學於徐魯源、從學於耿定向之門，與鄒元標爲學友。鑒於胡直與徐魯源、耿定向與鄒元標的密切關係，劉元卿對於胡直的學旨把握較準確。其所作《諸儒學案》明代選録十三人：薛瑄、胡居仁、陳獻章、羅欽順、王守仁、鄒守益、王艮、王畿、歐陽德、羅洪先、胡直、羅汝芳、耿定向。胡直學案名爲《廬山胡先生要語》，首序胡直簡歷，並引耿定向所評胡直語。劉所作學案中未注明材料出處，兹按所引材料先後次序考證如下：首段選自《胡子衡齊》中《言末上》、《言末下》，次段選自《博辯上》、《博辯下》，次段選自《六錮》之「體用之錮」。以下段落選自《衡廬精舍藏稿》的：卷八《别趙堯卿序》，卷十《别曾舜徵序》，卷十四《才論下》，卷十七《策問》，卷十九《奉少宰李石麓公》第二書，卷十九《復劉朝重》，卷十九《奉少宰李石麓公》第一書，卷十九《答諸殿撰》，卷二十《上江陵張相公》，卷二十七《翠峰語别》。選擇的内容較廣泛，關注中心主要在胡直對世儒諸多弊端的批評以及性、仁、求仁等内容。雖然劉元卿並未節選胡直看重的《胡子衡齊》中的《明中》與《徵孔》篇，但其所選内容大多不偏於二篇之主旨。

黄宗羲《明儒學案》中的胡直學案選材爲《胡子衡齊》節選，《困學記》、《與唐仁卿》二書全録，藉此可一覽胡直的學説大旨。《胡子衡齊》的材料爲《博辯》、《明中》、《徵孔》各一段，《續問》六段，《申言》三段，《六錮》六段。胡直所言六錮爲危害儒學的六種頑疾，分别爲虚實、天人、心性、體用、循序與格物。黄宗羲所選《六錮》中六段材料爲六錮各取一段。《困學記》作於癸酉（一五七三），胡直時年五十七歲。胡直在此篇中追溯了其求道經歷，基本上涵蓋了其此前思想中的重要轉折處。《與唐仁卿》二書之作晚於《困學記》，起因在於唐仁卿認爲陽明學爲異端，並上疏反對陽明入祀孔廟。作爲唐仁卿的好友，胡直極力相勸，在此信中申明心學宗旨，希望唐仁卿能夠轉向心學。從所選材料來看，《困學記》近五千言，黄宗羲將其全部收録，直接收録如此大篇幅的思想變化材料，這在整部學案中實屬特例，由此折射出胡直在陽明後學乃至整個明代思想史上的重要地位。

黄宗羲對於胡直著作材料的選擇亦有一些問題。如胡直認爲《胡子衡齊》的主旨體現在《明中》與《徵孔》兩篇，但黄宗羲所選材料僅一篇一段。《明中》篇所選材料爲胡直論理一分殊，未談明中；《徵孔》篇所選材料爲有關行先知後的論述，重心不在求仁尊孔。《明儒學案》中個案要服從總案，但總案爲中心的指導思想有可能造成對個案的限制。如胡直《與唐仁卿》二書僅爲胡直對心學立場的一般論述，非其思想精要所在。但此二書關係到陽明陪祀孔廟及其思想地位，對整個陽明心學應對其他學説的挑戰具有重要意義。此信還對陽明與白沙的學術關係以及陽明的「學三變，而教亦三變」均有重要論述，黄宗羲將其全文收録，亦可能有鑑於此。

此次整理，原稿異體字較多，若强作統一，不但改不勝改，且無必要。整理中，於特別冷僻的異體字改爲常見字以外，餘不作統一要求。特此説明。

張昭煒

二〇〇六年七月

八年後再校《胡直集》，訂正了一些錯誤。雖然年輕氣盛時爲往聖繼絶學之心至今依稀尚存，但越發感到古籍文獻整理之艱辛。二〇一三年一月，在杜維明先生的關懷下，由我在北京大學高等人文研究院組織召開了「陽明後學文獻叢書」第三編、第四編的啓動會，繼續推進陽明後學文獻整理。文獻的整理者均爲博士畢業後不久、年富力强的陽明學研究者，由我與錢明研究員擔任主編。該項目啓動一年多來，進展順利，但仍深感經驗不足，誠惶誠恐，懇請各位學術同仁批評指正。

甲午冬日補記於武漢大學中國傳統文化研究中心

目録

衡廬精舍藏稿

卷四

卷六

卷七

卷九……（一七六）

卷十二……（二四〇）

卷十九……（三四四）

卷二十……（三八一）

書……（三八一）

疏……（四〇六）

卷二十六……（五一三）

卷二十七……（五三五）

卷二十八

卷二十九

卷三十

衡廬精舍續稿

卷十

太虛軒稿

困學記

附録

書信……(九三二)

傳記等……（九七八）

衡廬精舍藏稿

衡廬精舍藏稿卷一

賦

雙松賦

去桃源六十里鄭家驛，堂背雙松，喬碩奇古，閲人多矣。予數過，加瞻仰焉。近年採巨材，雙松以非杉楠，幸完。莊生所謂材不材之間，驗矣。予獨訝其不托深谷而處孔道，終非其所，故爲賦云。

猗與雙松，閲幾百齡。竪雲漢以布葉，掩日車而抽楨。偉峻極之瓌質，匪群品之攸京。奚結侣之太狹，爰伉儷以居貞。類海濱之二老，媲魯國之兩生。爾其違文陛，謝上林，逃岱嶽之豐爵，脱閟宫之斧斤。抱貞陽之烈氣，乃根托於置亭。雖隱約於一舍，終挺特於霄旻。參日月以飛節，貫四時而晶英。欽爲德之嶵嵬，虞處身之未諶。背幽寥而弗都，據闤闠而稱永。撫孤操以嶢嶢，匪藏珍而匿景。此之孰得孰失，孰智孰愚？予獨鬱伊而絪緼，將卬言之弗恂，請決策於詹尹。

誚螢火賦

予夏夜候月堂皇，觀流螢下上飛明，因感世儒小明，不能窺乎大道，遂爲之賦，用自警云。

維朱明之熇蒸，御空館而偃仰。候明月以延竚，睹夜色之沆漭。閴熠耀以飛熒，懸三五而下上。突流星之的爍，頬隙光而摇颺。紛瓊葩以繁滋，散蠙珠而輝晃。抱孤明以自炤，奮重陰而如熇。或循涯以飄飖，時出林而穿莽。類明哲之篤保，豈犇熱而蒙戕。同歃露於寒蟬，焉嘈嘈以競響。長虞表乎忠貞，安仁綴以殊獎。予獨悲子之姱修，曾未睹太陽之焜燿。贊昊清以赫曦，焜八荒而非廣。偉大明之無外，熯萬物之穰穰。彼月星之霄出，破闇昒於窮壤。或隱翳于霎霽，亦明德之中朗。豈若子之耿耿，終何裨乎參兩？子且不能煒華燈於堂皇，抑照乘而晶爽，獨悄悄而凉凉，恣違物而惚恍。將矚子以大道，寧辭予之譙讓？

感蒼蠅賦

余暇閲室中，有青蠅挂蛛網得脱者，復鑽窗紙，求出不得，翊日幾斃。因鑿竅出之，感而爲賦。

眇兹一室，牕楮玲瓏。光生虚白，案几昭融。青衣羽客，倏爾遊從。三三兩兩，營營翀翀。于時有舍隅爾朱之宗，家世綱業，手口並攻。儀天象之懸畢，類虞師之設罝。有翼而來，必絓其中。既資夕膳，復薦朝饔。嗣睹一客，蒼顛脩容，已縶復脫，一奮殊功。人曰：「是其族之傑雄也。」已乃欣一生於九死，依容光以遂沖，背巍闍兮弗趨，鑽故紙兮求通。雖縱掉於羅罻，終悲咤於樊籠。淹翼日以枵餒，將枯死於櫺櫳。爰有博德先生，睠矣其恫，鑿竅方寸，導使由從。復乃厲色聲而誨之曰：「爾蒼顛者，能弗忘縶網之厄，鑽楮之忡乎？爾乃弗知一膜之表，曠浩靡窮，下何地而非衍，上何天而弗窿？子將翱翔兮汗漫，逍遥兮混濛，放身太虚，飲露餐風。笑尋芳之太汙，眇附驥之非隆。縱鵬飛而九萬，亦胡大於域中？」於是彼蒼者子，俛首鞠躬，聆言若怵，一躍騰空。弟子晉曰：「若非遘先生，將朽此虫矣。」先生儼然正襟，愀然改容，曰：「弟子識之，彼世方以觸網爲悦，鑽楮爲工，不知幾千萬兮，羌靡方以瘳其矇，徒惝怳於目前，抑胡樂以自功？」

志歸賦

余嬀州之瑶裔兮，胎初諜乎顓、昌。淑有周之錫茅兮，卜鳳皇之鏘鏘。中綿邈而幽寥兮，延明德其幾千祀。維先大夫之黯修兮，遵重華之遐軌。代蹠鈎而儀矩兮，重擷英於芬藝。赤奮若之麗文明兮，會壯月徭以莅。幼絓慕古之靈喆兮，嘗夢寐而見之。衷奇服以爲豫兮，冠切雲而佩纖離。霍玄天之不吊兮，浸綰髮而殞余。怙身惸惸而繚悏兮，抱凄惻而血爲雨。伏蓬衡之圭竇兮，操瓢瓠以奉慈母。雖頷顑而瀕九死兮，志不跌而山峙。縱時命之長邅兮，儕醜旅之爲耻。紛其嗤此鶉結兮，竊黼衣而自比。登賢書于幾壯兮，猶枵腹而突不燬。幸至人之徭遘兮，指孔道于中天。曰：「塗人爲禹而不越塗兮，啓跬步而覽羲、軒。子則繇周露而端履綦兮，毋爾蹈岐劇之旁偏。」予趨風以雀躍兮，蹇惟溺博而鶩言詮。逖道真之醇腴兮，覩時俗之漓言。珍遷、固之瑰瑋兮，口尼、軻而足延。擘荆玉抵飛鵲兮，曾不識重輕之所緣。左予耕於聃、伽兮，亦罕爲犁其城庭。既仰祿于三茅兮，紛多岐而戰此脩名。時曖曖其强齡兮，猶狐疑而因仍。繆連袇而升南宫兮，攀紫極以攸征。宅爽鳩之卑仄兮，鼓蟬翼而補青旻。遘時路之蕪穢兮，霿玄雲而蓋夫皎明。羿不逞而執衡兮，浞强圉而奪要津。赫乳虎之銜命憲兮，糅碈玉之均焚。豢鴟梟於家衖兮，斥鳳雛於鷄鶩。恣闔國之狂泉兮，莽饕餮而酕醒。六合澒洞若顛舟兮，乾坤幾頗而不平。余菸悒飲涕兮，射天狼之未能。奮欲斬此長虹兮，恨無倚天之斧斤。後賈子千祼兮，吊靈均于湘潭。掇江蘅以充餓兮，亦何埤乎時難。撫祝融不足舒嘯兮，酌洞庭而隘吾盼。改吾轍於巫峽兮，涉九折阪而停驂。吾騰鷺萬仞之岷峨兮，摩金乾而撫兩丸。睇北辰之在睫兮，猶欲叫乎帝闔。悵疢疾之遄摧兮，緬白髮于高堂。朝勃然舍紱而東兮，返翼軫之故疆。倏三歲之薖軸兮，旋迴節乎武昌。猋徙旆於八桂兮，又結軫乎禺陽。惟予躬之贔屭兮，世齟齬而卒莫當。余安能賈冕辱于甌脫兮，奏《那頌》乎揚阿之場。方再請而反服兮，足彳亍而吭弗張。盼太階之爧爧兮，思美人於西方。仰華蓋之連座兮，懷三台之煌煌。鞭扶摇而清挈貳兮，顧日月之自芒。扣洪鏞而排閶闔兮，亶非余之所臧。巫咸既與余違兮，又寡妁介以相將。老冉冉其彌晏兮，塗漫漫其愈長。邊馬虺隤而不進兮，河鼓不可以服箱。彼孔席之靡温兮，孟車數十乘而弗侈。吾誠菲脩居下兮，亦奉教于君子。余故陳曰：萬宇吾一軀兮，時夏吾一肢。胡嶄絶而卷懷兮？倏與世而長辭。魂一宿九繚兮，疇弗惕乎明時？已矣哉！河清之難俟兮，允閼志而節弭。鳥獸不可同群兮，指箕山而非期。昔夫子欲浮海而遯九夷兮，亦匪余心之所如思。九埏之博幅兮，羌奚處而頓輿？赤將氏謁予而欷兮，悲世故之嶮巇。導予以天路兮，啓予以玄珠。曰：真人之休逸兮，豈忳忳乎濁穢？殆元氣而囁金華兮，焉需瓊田之蕤穟。駕虛無之爲駟兮，靡所如之弗豫。王母來宴西維兮，華公款于東汜。嘯父翩其響琅璈兮，玄女從風而迴集羽。乘八景而入天門兮，踐九宫之會宇。吒豐隆移綵旄兮，回祖洲以容與。俯崑閬之下土兮，曾不勝衆真之舄履。極九天而至愉兮，羣仙夫其咸娱。超氛壒而托星辰兮，閲自古之多徒。薊子、元放詭莫追兮，豈無成公之與魯女。前史班班可攬兮，奚齮嚙而稱誣。抑西方之有聖兮，夫不治而不亂。

彭籛非脩兮，殤子非短。彼恂往來天地之神精兮，亦何凫鶴之爲續斷？紹詹尹而龜筮兮，夫惟子之邁也。神龍變化亡弗可兮，何必都此塊也？予抗臂而莫然兮，久揲蓍于宓羲。唯用行而舍藏兮，有孔氏之遺懿。亶中道之自虞廷兮，乃天命之爲皇。指皓皓以爲鵠兮，撫蕩蕩以爲床。古盡性而至命兮，又何擇於遯藏？余確乎不拔兮，亦時止之爲光。崦嵫猋其飛曜兮，曾不揮魯戈以再陽。縱皓髮之萷颯兮，策十駕于途長。苟朝聞而不偭兮，夕則可而勿恨。唯余之坦然居休兮，亦何謝養空而翺翔？晚發憤兮忘老，又何必去乎不死之鄉？誶曰：返衡匡兮故遊，偕二三子兮夷猶。忻鳴鳥兮出谷，浴沂水兮悠悠。鼓一弦兮故琴，樂吾天兮何求？螺水洞乎洙泗，孟山屹乎泰岑。不下帶而佩宇宙兮，豈必罟羣籍以從禽？彼磻溪釣于非熊兮，久矣非吾之攸珍。矧二家之斷斷兮，浸若蜾蠃之與螟蛉。

衡廬精舍藏稿卷二

古樂府

劉生

劉生氣若虹，身跨五花驄。西京然諾重，北闕姓名雄。結客三輔外，揮蓋萬人中。直遶河源地，歸來第一功。

紫騮馬

三花汗墮紅，萬里自貘戎。駔駿龍爲友，繽紛錦作幪。獨乘玄菟塞，如馭大鵬風。幸奉英雄駕，狼居蚤勒功。

隴頭水

隴水挂隴頭，霜笳咽共幽。那堪來去淚，分作東西流。飲馬寒仍渡，磨刀夜未休。直取樓蘭破，東歸不顧侯。

卞和獻玉退怨之歌 庚子年作

桐柏水出荆山傍，華精固結鬱以藏。魍魎夜哭怖神芒，穴山采之寶璞彰，於以獻之楚兩王。悲嗟嗟！王胡不自中，聽信讒人，乃有賤工，一言訴之，雙足離躬。嗚乎欷歔！心之痛兮，口不能訶；足之離兮，無可奈何。吾獨悲哉，寶璞而題以凡石，真士而誣以誑賊。悠悠蒼天，曷其有極？投彼讒人，乃明白黑。嗚乎欷歔！寶璞可剖以自見，我思王兮勞心惻。

明月篇

朝發兮采石，暮蕩兮馬當。散炎靄於輕飈，流皓魄於船艎。耀江波之鱗鱗，噴萬里兮珠光。矯玉螭兮璇宫，舞素娥兮霓裳。渺下上兮混素，浸無窮兮漭泱。盪予目兮天外，浮予躬兮銀潢。彼湘纍與明妃，邈不足以絓予腸。予將騎白龍歌少皞，挹南斗而酌酒漿。又詎知鸒斯跔跔焉之控地，大鵬羚羊角於蒼蒼。

柘枝詞

余從京師初睹戎戲，莫諳其節，思必古《柘枝》蠻夷之舞，因作此詞，寓有感焉。

將軍長劍倚西極，志欲滅戎方閫外。屯營三十萬，鉦鼓震遐疆。落日初挂崑崙側，戰酣氣彌揚。長鋋直擣河源外，生縛吐谷王。殺戎血作黄河水，洗刀生赤鉎。玉關從此無亭燧，喜氣發春陽。天子御門賜顔色，雙賜小蠻娘。金鈴抃轉呼萬歲，萬載樂平康。

步出上東門行

步出上東門，回回起念思。今日不作樂，何復待來兹？一解

君家有清酒，席上有鳴琴。良遇心所歡，可用解愁情。二解

舍下無斗粟，囊中無半錢。不肯學龍蛇自委蛇，何不去而海上，從彼辟穀仙？三解

騎當飛兔馬，佩當步光劍。男兒墮地雄奇必有爲，何能坐愁唧唧，悲此寒與賤？四解

枯魚過河泣

枯魚過洞庭，延望波濤闊。泣涕自漣洏，感是舊棲托。緘書報白龍，慎哉勿輕躍。風雲未有期，懼爲豫且獲。所貴知德希，淪淵詎可脱。

銅雀臺

君王營四海，西伐復東征。頓棄三分業，空餘八佾情。舞衣金薤葉，歌調白楊聲。妾恨非神女，無由入夢傾。

昭君怨

毳幕易瓊房，氈裘挂錦囊。雪悲調粉白，雲想换流黄。未荷龍顔顧，曾傳鷄舌香。得還故宫冷，猶是沐恩光。

薤露歌

步出北郭門，遥望渭南里。高墳倚石麟，相對何纍纍。借問何代人，云是樗里子。此人昔相秦，自矜力與智。拔藺如發蒙，傾蒲等噓蟻。一朝號嚴君，裂地銘金璽。氣勢何灼爚，韓魏焉敢訾。自知百歲後，帝宮夾墓址。帝宮亦何存，唯有荆與杞。榮焰化飄風，千秋若寸晷。達人任元化，龍蛇自逶迤。得志成甘霖，不得樂蓬累。

燕歌行

寒風發發薄軒牕，葭菼揭揭月蒼黄。白露慘澹成清霜，春風幾日秋氣剛。蟪蛄蟋蟀鳴我床，羲和叱馭何劻勷。回顧華髮變蒼蒼，耿耿不眠夜何長。起步落葉循堦廂，嗚絃惻惻奏清商。借問客思何瀇洋，乃在燕山北斗旁。中有高樓五鳳凰，紫貝雙闕白玉堂。大明宮殿何煌煌，上薄太清耀文昌。噓噏六合控朔方，西壓崑崙東扶桑。有美一人御八荒，群公左右儼成行。九陌朝天佩玉鏘，我獨何爲限河梁。欲往從之無輕航，金芝采采遠莫將。朝侣鵷鷟暮麏獐，愛而不見心煩傷。中心懷思不可忘，跂聞鳴雁南飛翔，不覺涕泗滿巾裳。側身北望倚彷徨，山中桂樹徒自芳。

緩歌行

北溟有魚，不知幾千百里。化爲大鵬，六月不飛。培風鼓怒，一徙天池。鷽斯區區，掉舌譏之：「余容與於蒿下，奚以之九萬里而南爲？」鄙夫睢盱，射雉爭高。任公八十而不獲，一朝而引戴山之鰲。矯矯淮陰，胯下相遭，起佐沛公，促項如蒿。何怪神龍，取笑蛆蝦，未見海若，秋潦莫誇。人各有心，好尚舛差，惡用相加。莛乎撞鐘，蠡乎測海，焉知多寡之門、大小之家？

當車以駕行

上有蓍草，下有靈龜。下有茯苓，上有兔絲。同聲相應，同氣相資。流水高山，豈無子期。火出陽燧，水出方諸。銅山未崩，鐘聲四施。龍興雲自蒸，虎嘯風自馳。生當逢堯與舜，死不爲商受鬼。爲我爲彼，仲尼之子，何用苦栖栖？聖人御天，時幾在兹。龍馬出河，鳳鳥載下。敢告僕夫，星言夙駕。

折楊柳

思緒芳蕤密，愁魂亂絮飄。影隨粧鏡曉，吹斷塞笳宵。攀折心先碎，緘題意共遥。到應憔悴甚，憐是故時條。

關山月

刁斗夜偏驚，關山月正晴。那堪玄塞影，遥共故園明。冷浸剸犀劍，光翻翼虎營。愁聞笳吹起，併是斷腸聲。

公子行

翩翩佳公子，愛客日忘疲。置酒臨飛觀，挂席扶桑枝。交牕侍玉女，賓蓋何葳蕤。西園競紛葩，灼灼映清池。名香陳異域，綺饌分天厨。瑶觴傾桂醑，鸞刀宰神魚。燕姬左調瑟，越艷右吹竽。晝窮成宵宴，綃幔華燈舒。陳阮恒接轂，丁王曳長裾。發篇凌白雪，妙曲鳳將雛。各罄萬年觴，良遇惜居諸。偉長何恬漠，獨竄箕山隅。

朱鷺

舞朱鷺，鷺之揄。考賁鼓，吹笙竽。八篚陳，九醞斟。宴嘉賓，樂相於。講《周禮》，進《典》《謨》。歌《祈招》，詩《騶虞》。采《豳風》，顯《白駒》。邁三五，握靈符。謐坤户，轉乾樞。光天下，踰海隅。賓吁咈，主都俞。諫者出，色愉愉。于胥樂，福禄俱。萬斯載，承權輿。

雉子斑

雉子斑，文章一何陸離，性行何剛狷？十步一啄，百步一飲。朝飛不過林，夕息乃在野田稗麥間，安能逃彼蘇合丸？秦人張羅，巧若素空，爾非爰爰者兔，何能超其藩？雖有哀響，詎聞九天。象以齒自焚，麝以香自殘。鬼神好晦，惡用太妍。雉子何不刳爾繡裳，卸爾朱冠。遠從王子喬，棲息緱氏山，弋人長繳詎能攀？

君馬黄

君馬黄，臣馬驪。與君論毛色，臣馬焉能希。臣馬雖微賤，來自竄域生權奇。朝刷流沙千萬里，暮蹀燕昭臺下墀。君若建翠華，能使和鸞齊。君若張大纛，早能識路岐，啖脯糞金非所宜。臣馬當獻君，願假九方知。

艾如張

艾如張羅，艾如張羅。熠熠翠鳥，投艾迷羅。客語主人：鳥質微眇，又無善鳴。雖負黛色，徒悦宫庭。爰有神禽，雲霞其羽。雄鳴六律，雌鳴六吕。黼衣繡裳，僕隸如雨。汝何不以四海爲羅，羅此神禽？豈無衆族，來下來王？汝莫烏圄，放烏山堂。主人熟視不忍釋，奇毛神禽亦不家。悲嗟嗟！

善哉行六解

朱葩春榮，黄葉秋飜。逝者何迅，一往無旋。形不七尺，命靡百年。騰精宇宙，營目九埏。吉凶是非，徽纏紛還。自匪仙道，曷任燔煎。丹經百卷，妙藥一丸。松喬邈矣，傳者妄焉。彈箏酒歌，對之中悁。駟車穹蓋，憂悲孔延。不如澹素，放心自然。憶彼至人，教我忘言。

芳樹

芳樹結根，乃在上林間，吐朱華兮葳蕤。上有雲霞照耀華姿，下有湛湛之清池。君王羅綃幕，霓旌翳瓊枝。玉醴酬紛葩，佳賓咸來兹。觀者忘疲，宴者以委蛇。惟願我君王，萬歲樂於斯。芳樹同鄧林，永老無離披。

行路難

君不見，烏生子，坐巢秦氏桂樹端，黄鵠摩天離哉翻，二物紛紜遭射彈。又不見，嵇康遺榮志偓佺，魏武鼎業期千年，一身四海俱難全。人生以天地爲鈞，陰陽爲陶，吉凶禍福隨變遷。秦、項雖雷威，那能奸其權。放勛之帝仁如天，胡爲浡潏洪濤震蕩於九延，鯨鯢食人噴蛟涎。自非金書蒼水使，沐日浸月知幾年。湯德及魚鳥，四海成乾枯。顔生抱瓢有餘樂，弱齡白髮摧黄壚。威鳳祥麟三千年，一間睹鴟鴞猰貐。無地無大者，坱圠不可測，何論魚目混靈珠。切玉利鉛刀，鹽車駕騊駼。自昔丘軻已皆然，何用怵迫生煩紆。我今落魄若喪狗，君亦胡爲局促如轅駒？君乎何不爲神龍之變化，用則甘霖霈四國，不用還歸包山湖。愚子藏舟深山壑，達者藏天下於天下，放心與化而俱徂。忠信可以蹈，吕梁、太行未必摧輈軥。揚雄美新誠澒涊，屈原沉湘何太荼！柱下首陽無工拙，方朔依隱翻自拘。與君今日相逢且爲樂，會須一倒三百壺，安能白首長睢盱？聞君躡屩尋五嶽，我當褰衣叩玄幄。太公老作帝王師，皤水當年卧寥邈。雲龍風虎自有期，翺翔大道長踔犖。行矣山中路不難，回首卞和羞獻璞。

聖人出

聖人出，黄星明，天庭朗耀泰階清。冠日月，佩五雲，驂駕飛龍揚霓旌。恢帝網，惠天心，疏斥蝘蜓進龜麟。濟六合，奠八殥，四靈咸集九夷賓。流《雅》《頌》，綿休禎，億千萬禩地天寧。

結客少年場行

赭汗溢金落，驌驦若游龍。手掣紅蓮劍，腰插寶月弓。左彎連雙鶻，右挽殪玄熊。探丸渭橋北，鬭雞平陵東。作使秦羅敷，調笑漢叔通。走馬揖司隸，停車接上公。從者五陵豪，雙控鐵花驄。借問誰氏子，云是古俠雄。生小特魁烈，長欲滅胡戎。然諾五嶽重，意氣萬夫宗。坐待掃攙搶，寧數貳師功。飛檄傳烽火，照灼甘泉宮。天子徵六郡，姓字達宸聰。裂眥閃岩電，怒髮指蒼穹。慷慨生赤霓，叱咤起剛風。排陣龍隊踴，開營虎翼從。飲馬瀚海黑，摇纛天山紅。既奪休屠祭，復作狼居封。轉戰闐顏破，移兵昆莫空。震響播八區，英聲蜚九重。自非蓋世勛，那辨許國忠。凱歸報明主，雄名勒景鍾。

將進酒

將進酒，開華堂。主人敬客，黼衣玄黄。周旋虎步，磬折龍翔。寒温各竟，意氣恢張。時哉惠風，百卉菲芳。旁唐爲殷斝，碼碯爲周觥。羅列水陸陳椒漿，鳴鳥暫歇雲和倡。八音肉好，和者一何喤喤。主人前致辭，上客莫停觴。人生熻闃若隙光，聚散靡常。君胡爲乎對酒不御，捋髯吐氣而慨慷。爲君屬之，不醉不可歸房。客跪謝主人，人各有思腸。結髮攬桑弧，長大不得將。沉吟日夜，命各有當。墨突孔車，胡爲皇皇？幸當盛明之世，朝野悦康。夔龍滿清廟，諫鼓在堂皇。黿龍游沼，鳳鳥輝煌。靈芝歲三秀，嘉禾獻四方。才者宜徵，拙者宜退藏。主人家殷富，時吏不呵，室家洋洋。今我不樂，焉能回戈於魯陽？願言秉燭，洗盞更湯。人生貴適志，何必綰金章？鵬鷃匪大小，鳧鶴何短長。但願皇帝陛下聖壽無疆，客請吸東海，主爲倒銀潢。携手崑丘巔，醉卧王母傍。睨觀當時，焉知名物之不爲桁楊。將進酒，樂未央。

古行路難

丁未冬，頗有子雲悔少之嗟，作此篇。

郢人夸白雪，後世珍其聲。本非清廟韺，徒爲巴國傾。不聞神人暢，肅雝奏唐庭。一鼓百獸舞，再鼓鳳鳥鳴。洋洋三鼓亂，天地咸清寧。嗤彼惠施臺，胡然悦晉平。暴風墮廊瓦，三年宜驚奔。誰能爲此曲，欽哉古放勛。

君子有所思行

黄茂信嘉穀，焉用雜稂莠。稂莠何足言，蟊賊竟長畝。所以九苞羽，翺翔千仞霄。豈與鸛雀輩，爭路鳴嘐嘐。我願裁錦字，寄聲于清飈。爲我語神禽，無然困山椒。孤竹歸西伯，尼父無停鑣。軒皇本神聖，阿閣當來巢。但恐良媒隔，寂寂誰相招。

門有萬里客

門有萬里客，鬢髭結冰霜。入聞南土音，訊知來故鄉。果得舊里閭，共井復同裳。戒庖烹伏雌，延客叙温凉。借問邦族間，今昔幾存亡。客起訴主人，閭里非故常。吳越盛兵戈，征輸劇吾疆。疇日富舊穀，今者但空箱。空箱仍水盜，屋廬半荆荒。辭端未即竟，攬衣涕淋浪。收涕且勸客，强飲豁中腸。

二

門有萬里客，車馬儼成行。問客何方去，駕言返舊鄉。主人挽客泣，去思何劻勷。早晚寧鄉井，爲予語高堂。身雖遊上國，夢寐懷本疆。出入承明廬，恩光詎可揚。我家南山下，田園成久荒。兄弟共親鄰，幾載不同觴。不如復里閭，輸黍故山陽。歲宴列林麓，酌醴膾玄魴。尼父稱大聖，詎知沮溺良。臨岐莫重嘆，與君别非長。君行慎夙夜，强飯戒風霜。

遠如期有引

張伯端太史奉使而南也，因覽《樂府·鼓吹曲》有《遠如期》篇，遂變其調，釐爲三章，歌以贈之。

我欲登閬風之層巔兮，我欲登閬風之層巔兮。盧敖充我使，豐隆駕我軒。經歷縣圃，俯睇九埏。手擥日月，出入天關。曄曄靈華，獻于帝前。帝令三光，風雨靡愆。匪佳人兮，誰爲先？

二

我欲凌滄海之漭泱兮，我欲凌滄海之漭泱兮。天吳爲僕御，蒼虬服我箱。東過王公、西王母房。員嶠雙闕，六著相羊。呼咤靈鼉，堙殺波浪。矐彼鯨鯢，藝我稻粱。匪佳人兮，予誰望？

三

夫何佳人之違此兮，夫何佳人之違此兮。照我靈珠，貽我璠璵。我何贈之？采蘭及芷。又何酌之？桂英爲醑。瞻彼白鳩，徒潔其羽。翩翩神鳥，不與予處。停杯不言，罷筯一語。彈南風之琴，奏清角之音。我不如鼓嚨胡，擊土鼓。河梁之區，愛慎爾軀。祝融之巔，誰者容與？

瞻望弗及兮，思如縷。

臨高臺

臨高臺，高臺上極于穹窿。紫垣天市，瑂闌綺疏，曲曲而相通。崑崙縣圃，瞠乎其下，詎知三觀之與祝融，靈光章華豈足崇？臺中之人，丹顔素髮稱老翁，從臺謁帝翔天宫。帝親挈之神符，斥飛廉而鞭豐隆，回羲和之飛御日，吼雨而掣風。六合摇摇若顛舟，臺亦岌岌不可以久從。況乎下有瀺灂萬仞之洪淙，滄桑變幻兮人莫之窮。嗟爾非柱下之老龍，又非廣成子講道於崆峒，胡爲凌蒼昊，駕汗漫，將欲與天地乎長終。

猛虎行 有序

予既有感作《臨高臺》，然未盡也。乃又作《猛虎行》，以諗于龍德君子，三致其意，謹藏而不敢出。

山下有龍，山上有虎。龍藏困穴，虎卧天府。虎非獨燀威，亦有靈心。口銜帝符，命令百神。虎踞地長咆，大塊蕩摇，睥天短嘘，星晨紛拏。虎雖耄矣，有雛孔膗。鬫而八翼，吐舌九州，軒牙四極。啗茲下土，曷其有息？嗚乎！下土亟矣。無爲語龍，潛不辭𤅡，無奮爾鱗，遵養純熙，乃登于天津。我欲伐虎，手無斧柯。爾不潛深，虎將嚙噬。爾如下土何，如下土何！

戰城南 有引

余邑朱貳守佐揚州，倭寇臨城，獨出鬬死，作此傷之。

海水蕩山摇南斗，天吳軒鬣回九首。官家戈矛如雲攢，蹲蹲不敢出城口。大夫腰有赤文之寳刀，生平欲伐北潭蛟。一日不殺氣長吼，寧當開門格鬬死，那能跼蹐嬰城守。猰貐四面重圍列，十蕩不前蛇矛絶。欲移碣石填蒼海，蒼海茫茫臣力竭。城中砲鼓聲如雷，不救城南戰骨折。天地爲我慘澹，壯士爲我飲血。義氣高横狼島孤，英魂暗作潮頭烈。潮頭怒氣如山來，人今戰死不復回。人今戰死可奈何，江東日夜愁洪波。安得戈船將軍豪烈如大夫，斬鯨盡種玉山禾。戰城南，君莫歌。

出塞曲

月壯動邊聲，良家七校營。横戈穿虎落，絶幕取龍城。騎踏天山碎，鞭摇瀚海傾。不斷虜胡頸，韜中劍欲鳴。

二

身將六將軍，專征擊塞氛。神兵動天地，玄甲起風雲。戰奪休屠祭，謀空遨濮群。滅胡報天子，非取耀奇勛。

衡廬精舍藏稿卷三

五言古詩

雜詩

悲風響庭樹，白露凝清霜。蹴躅不能寐，怨此秋夜長。攬衣三四起，鳴鳥驚且翔。屣履步前除，明月鑒我裳。明月忽西沉，仰見心與房。理瑟成商曲，撫劍涕縱横。丈夫七尺軀，志欲攬八方。雞鳴苦不早，引領觀扶桑。

二

捉衿不厭短，曳履不辭穿。所嗟白日馳，當我盛壯年。盛年不可再，憂思起纏綿。精衛何微眇，銜石填滄淵。大人志亨屯，匪爲識玉憐。策我千里驥，膏我文木軒。朝遊漱渤澥，暮宿增城巔。

三

早欲巢衡霍，匪爲欣其名。上有金簡峯，猶存神禹文。又欲歷泰山，不辭路險艱。日觀凌蒼蒼，可以撫朝暾。朝暾旋赫赫，洗耀出咸池。流光蕩八表，穹谷無不輝。綿歷億萬禩，玄雲無蔽虧。人欲天不違，胡爲長盱睢。

四

沉湎事詩書，回回起憂嘆。憂嘆何嗟及，緬思古姬旦。吐食意已殷，執贄何繾綣。山高不謝壤，海深納澌漫。澌漫既無遺，何況江與漢。千秋長已矣，夢寐見顔回。

五

漢家奕葉盛，弼亮建豪英。魏其一引疾，武安揚嘉聲。悲哉聲利子，得氣何驕盈。巍甍迫象緯，曲旃羅前楹。除吏傾人主，襜褕入宮庭。恨恨杯酒間，兩賢一朝傾。剉蘗方染黄，須臾變丹青。對面揚洪波，千載詎能平。董生求仁義，誰爲欽其名。

六

巢父傲帝堯，季札輕其國。胡爲世俗人，刀錐動顔色。辟如群狙公，朝三不自得。斯人之相遠，何啻千與億。不自臨嵩少，安能小陵丘。蜥蜴舞行潦，鼓舌譏潛虬。彼此殊趨舍，是非不相謀。斗筲自營爲，焉用反謗尤。

七

薄遊寫煩襟，驅駕欲焉之。朝登千仞岡，延矚潁水湄。潁水不可遊，改馬莘野馳。路逢一老叟，秉耒適東菑。我見問津途，拱立於路岐。頫首但耘蓐，鳴鳥相追隨。却略再拜問，逌爾指中逵。咄咄濁世子，誰能測其微。我馬何虺隤，淚下不能追。

八

總轡首北極，反登玄冥州。黑螟舞我前，檮杌嘯我後。回車歷太行，詰屈摧我輈。輈摧馬已瘏，狨貐向我留。轉顧阻山河，欲濟無輕舟。九域不能騁，不如事遠遊。遠遊何所之，飛駕凌崑丘。曄曄若木枝，遥觀青雲浮。

九

崑丘不足步，我欲廬太虛。豐隆摇雲旛，羲和駕日輿。上仙鬱華翁，偓佺弟子隅。先過東父宅，復息西母居。西母何嫵婉，揖上上清居。上清十二層，歷歷見白榆。鞭虬從空舉，倚鳥戲虛無。縱覽六合表，放心而夷與。俯觀嶽與海，何異杯與盂。人生苦鬱於，無乃成籧篨。予將汗漫游，與天同歡娛。

十

幽幽山上蘭，鬱鬱園中葵。葵生欣有托，零露滋黄蕤。朝葩迎扶桑，夕艷傾崦嵫。幽蘭秘陰谷，而無朝日晞。山鬼日經踐，荆棘相蔽虧。二物殊顯晦，貞心如一揆。北風終不瘁，嚴霜有餘姿。豈若桃李輩，一朝失所持。志士存本性，天命永爲期。

十一

騏驥行千里，捕鼠不如狸。太阿能剸象，不爲膾臛資。神龜遭網罟，螣蛇殆即且。松柏雲漢高，乃復守門閭。君子既大受，焉用譏小知。寄言匠石子，楝桷有良宜。

十二

至人握瑾瑜，鶉結蔽璀璨。飛鳶矜腐鼠，黄鵠豈相羨。嗤彼卞和氏，荆玉求自衒。三獻而不得，憤恨起哀怨。甯戚胡自悲，挽衣不至骭。唯有榮期子，可爲達士言。

遊仙三首 調笑丁戊山人

崑崙乘左馳，日月從右没。人生居其間，猋爚若行客。榮華成朝電，驕奢翻自聖。生時靳一髮，奄後肝膽隔。秦項蕩飄風，堯舜亦荒忽。今古藐榮名，枯骨何所獲。我聞丁令威，乘鶴獨超越。千秋復歸來，舉手謝舊國。乃知好道人，匪爲托高潔。

二

王子參白鹿，游戲紫雲臺。老君乘青牛，西去還復回。曆數踰宇宙，神行遍九垓。回觀商與周，短世安在哉。世儒阻聞見，難爲語其該。不見棲真士，遺世養丹胎。日精足朝食，朱芝亦閒栽。手把軒皇書，不與洛誦偕。抱一載營魄，玄牝自閉開。曰此山澤癯，未果陟蓬萊。寧知神内王，孰與繁囂埃。應龍未天飛，羞比凡骨駘。整駕吾將逝，願言處不材。

三

大道雖可受，虛無爲之先。當其產大物，嘘噏成地天。二儀既以剖，靈氣於中旋。壯哉廣成子，出入握渾元。一朝啓天扃，授道羲與軒。落落千歲間，傳者有周聃。周聃既隱矣，靈均發其詮。縱讀遠遊詞，託意何濬淵。寓言《沉湘曲》，千秋徒憒悁。寧知驂玉駟，晞髮九陽門。嵇生何倜儻，結志纘沖玄。赭衣適東市，顧日彈素絃。兵解無驚怖，俗士焉能原。人生測有形，焉得契空玄。金石徒區區，疇能獲大還。虞恐衆士笑，爲君陳篇端。

詠懷

揮刀裁流水，流水不可裁。討古寫煩憂，煩憂鬱以絯。弱小事文翰，結慕左馬場。踰冠改初服，馳精虞與黃。卑彼雕蟲技，欣此日月光。長劍倚天外，耿耿飛英芒。大業無階陛，盛年掩空房。斂志仙真侶，希心寥廓翔。豈由心好道，實乃意無疆。羨門不我遇，中路成悲傷。整駕欲焉之，沉思所行藏。古有適志人，鹿門與柴桑。百爾非所珍，耕鑿庶自將。晨往從之游，寧憚歷冰霜。

曹溪瞻六祖塔

朝策度平陀，南華瞻縹緲。谷斷意若冥，崖飛神欲悄。鑿山自何年，重嵌出幽眇。瞥見西天明，引觀慧日皛。山似耆闍尊，溪即恒河淼。借問何方隅，祖宅神爲表。天路無術阡，塵蹤失繳繞。潄泉沁心脾，聞梵徹昏曉。禪榻托高眠，寥然天下小。

同張京兆九日遊茅山和韻二首

宿展《華陽頌》，結慕靈山巔。仰禄寄兹土，引睇瓵空延。君侯京洛貴，雅志雲霞鐫。共歡九日期，擥賞出郊埏。遵流涉紆窈，破莽躐嶄喦。側見青琳闕，合沓丹霄懸。矯然並躋登，邈若翔飛煙。迴覽隘八區，放歌通九乾。仙人喜我至，玉沼沸神泉。翲哉羣鳥呼，寧非白鵠蹮。情澹吾喪我，神超理忘筌。坐得蘇門嘯，詎論天禄玄。欣兹諧佳願，矧復追高賢。

二

三君起炎漢，靈跡彌千年。僕也欽玄軌，長揖問真詮。抱一理則契，何當授九還。三君去已矣，玉珮疇將宣。安得九華女，秘寶颯然傳。孰是都不勤，坐看飛羽翰。福地倚惝怳，丹竈撫出洞口，相嗟且停軒。歸還縛塵鞅，轉復憶巑岏。何用理幽緒，高吟雲藻篇。留連。微禄焉足緤，人理難即捐。未承慈母歡，寧論婚嫁牽。仰慚羅姑洞，俯悵陶公泉。連鑣

送同省王君歸覲建業

同居不知心，白首成按劍。何况江東西，生小不相面。于焉傾蓋初，忻若宿所善。奏我紫瓊琴，贈我琅玕簟。交歡苦未週，飈忽起長歎。明月蔽玄雲，榆葉飄若霰。凉風吹行轂，回盼不得睠。所欣南斗傍，持節返鄉縣。入門拜黄髮，華屋羅芳宴。持觴訴久離，悲罷言笑晏。兄弟各具觴，南陔慰繾綣。所願懷靡盬，佳期遄能踐。

送朱鎮山參政之河南二首

翳翳廣陌塵，伶伶羈客蹤。羈客多感思，欲語誰將通。夫子枉英盼，傾倒愜素衷。小言刺蟣蝨，高論破鴻濛。沃若飲瓊漿，心愉顔貌豐。云何疾乖違，飛旆指洛東。睠兹春陽穉，玄陰蕩迴風。廣望迷四野，沉憂不可窮。焉能雜林鳥，奮翅起相從。

二

夫子起南服，弱齡富丘墳。手醫青琅玕，咳唾蘭芷芬。翩其振萑羽，照曜雲中君。大音無慢響，亮節凌埃氛。以兹淹程路，不自言苦辛。曰予夙仰止，匪但閭里親。送之潞水涯，屏營不忍分。牽裾少延佇，回盼帝城闉。帝城一何麗，軒蓋何繽紛。皇路豈不廣，良遘會有辰。斗酒重致辭，詎云兒女仁。

同省魏張二君奉使二首 鮑明遠體

與君繆通籍，覿面縻心期。犨挈金門游，連翩公府趨。詩書同流覽，杯斝亦互持。心知景光娱，潛恐會晤移。整駕居然迅，銜命詎能遲。鱗鱗起寒雲，獵獵飄涼颸。涼颸吹我心，愍然遠懷思。無由竟宿昔，含悽奉别巵。

二

出門渺何之，所之吴與楚。蕭瑟涼海隅，霪霧長江嶼。揚舲遵濟流，挂帆連鴻舉。悦懌遂旋思，飛躍貪鄉渚。春園記故桑，秋場歡新秬。忻君使命嘉，惻予歸思阻。登車千里遥，暫留庭户語。

贈別胡侍讀奉詔歸省二首 有引

予雅同宋大理丞望之、張編脩伯端、胡侍讀子文談心論文，間時一聚首焉。今張史歸滯江陵，宋丞方欲乞歸，侍讀且先行矣。予情同三君，獨爾羈留，索居寡侶，臨別慨然，爰贈二首。

松柏生挺直，不爲桑蔓牽。磁石能引鐵，於金終不連。自余遊上京，塊思寡歡顔。良覿二三子，談笑芬若蘭。但言同聲氣，寧知異鄉園。爰作一巢鳥，分飛忽別山。宋丞懷五嶽，張史滯江關。矯矯吾宗兄，何復理征驂。征驂不得停，悵隔增憂嘆。豈無京洛客，車馬羅翩翻。親交念獨違，心結不能言。

二

巍巍太清間，繁星燦以麗。煌煌帝者居，乃在棟隆具。之子嶽降英，夙齡紬金匱。茂脩篤人綱，達觀超名位。名材爲世珍，寧與凡質儷。總轡出東門，匪伊江海思。上有黄髪雙，懷哉不得寐。恭荷天子仁，詔歸遑敢滯。入門謝久濶，下堂敕中饋。長跪進霞觴，頹光願有繫。東公及西母，延年樂萬禩。豈不稱榮遇，何以答明惠。願言返明光，皇風挹遠裔。

别李伯承令弟得弟字

人生苦乖違，無論兄及弟。當此嚴風晨，胡然生遠思。輶車送城闉，執手嘆迢遞。借問嘆者誰，齊國有二士。二士良易知，易知復難棄。譬彼雙靈鳥，奇毛各有異。一飛耀天衢，一養凌霄翅。會短苦别長，何由判衣袂。噭噭鴻雁音，聆之不能睇。我爲語阿伯，神物終當媲。願仲奮來儀，雙鳴無終離。

衡嶽感懷二首

弱齡慕遐舉，中爲世網嬰。雖抱及物志，而無濟時英。家本衡廬交，早負泉石盟。秉憲涉湘沅，吏道滋牽縈。靈嶽奠疆域，渺若隔蓬瀛。恭承帝新命，駕言事西征。迴車恣探歷，寥然夙心傾。朝暾蕩雲巘，翊我游上清。吾衰疲塵鞅，人已焉所成。卷懷慚伯玉，遠遊謝尚平。學道未有聞，悵然迫心情。安得同心友，眷言事耦耕。潛龍期晚得，混燿入無名。

二

恭聞夏后聖，秉志切元元。洪波蕩中土，隱若裂肺肝。不辭排決力，寧論胼胝艱。去家七八載，三過不入門。誠精格玄昊，金書下層巒。禹拜受此書，治水識其端。鞭撻蛟與螭，疏鑿江與漢。江漢故湯湯，河淮無溢湍。九州一以平，四隩罄歡顔。上啓重華帝，巡狩駐瑶幡。玄冕照林阿，韶韺播江潭。爰以上公秩，望兹南維尊。秩秩虞夏文，郁郁夔龍班。緬思此盛際，千歲不可攀。測知聖哲心，匪恣一身安。顧予道未至，願言歸山樊。山樊有故侶，終焉擊壤歡。

觀日臺

肅此葵藿志，候彼扶桑巔。元氣闢混沌，大明升重淵。浮雲莫蔽虧，赫曦以中天。

會仙橋

石梁駕空壑，飄飄凌風躋。道遇古皇仙，指我上天梯。我揖謝仙人，先後天在兹。

戲作最潔詩口號

何物稱最潔，予憐山下泉。出石全無滓，涵光自有漣。無令許由至，洗耳污清涓。
何物稱最潔，予憐岡上雪。如鹽非火熘，比玉無蠅涅。無令樵父行，踏破山前白。
何物稱最潔，予憐江上月。散之有餘輝，攬之不盈結。能照一切物，不染一切物。

過匡廬阻雪不得登悵然增懷因賦短篇報九江牧射陂朱君

危磴忽驚呼，卷帷萬峯矗。岧嶢迴斗杓，連亘横地軸。積雪石門高，屯雲外相逐。上有古仙人，雙雙騎白鹿。我欲造其廬，饑餐瓊蕋馥。塵鞅乏凌風，層冰阻迴轂。神超無來往，蹟隔成躑躅。睠思故交親，綰符在山麓。形骸疲劻勷，心神棲玄穆。長共僊人語，入室披瑶匱。薄暮吾當來，相見叩玄幄。願言同斯人，永結霞外輻。五嶽儼巖峋，遍綴青琳屋。縱浪出方區，何啻踐兹谷。

登峨眉山至楚狂接輿隱處旁有玉液泉

羣峯屹中天，迴巒閟芳谷。流泉遞宫商，隱約聞鳳曲。楚狂去千秋，高風表幽獨。僕本黄虞徒，雅志稷契躅。繆負宇宙身，豈甘泉石牿。狂者亦何爲，諒哉非所淑。彊年挂簪紱，饑溺意頗篤。宿疴疲縟節，神襟躓繁牘。根荄氣自劣，枝葩艷空續。時乎不再來，天命詎終復。困思滚開言，暗與接輿觸。往轍已無追，來軒尚可贖。決策希潛龍，匪徒躭薖軸。歸與貴自裁，親交難共告。

九日遊仙女山懷有訓信卿是山爲先祖謙謙府君舊遊

仙女山卓雲，吾祖昔臨賞。九日乘清飈，挈客恣如往。層嶂列重幃，前川倐以朗。殘椒猶可捫，絶磴步難廣。振袂猋升霄，翔身出穹壤。生負丘壑姿，矧復税歸鞅。以兹釋天刑，焉用祛塵想。但無王子晉，吹簫雙偃仰。引睇忽忘言，孤月流歸舫。

仲冬初三之日乘霽再遊仙女度螺塘江聞水聲

冬暖似春暄，晨度螺江水。窈窕發清聲，奔湍激石齒。彷彿松風翻，凌空忽在邇。漸遠變瑶瑟，泠泠雜宫徵。飛鳥適相從，鳴音和交美。聞此意歡然，脉脉如有旨。遊倏一何多，相與偕行止。思昔車馬間，繁吹喧且侈。孰若澹遊遨，天機爲吾使。

冬日登仙女峯絶頂

曾聞商山境，上有仙娥峯。四皓邈已久，千載慕遐蹤。茲山名豈劣，選勝將無同。既疊青玉嶂，豈乏紫芝叢。飡芝愜所志，安劉詎足功。矧茲續遊遨，素襟益以沖。霽極冬欲煦，葉落天彌空。飄飄淩絶頂，縱浪倚玄穹。下山若有會，把酒挹商風。

春日近湖族叔枉過小酌螺塘江滸

卜遊非不早，宿疴滯霪霖。景霽散新喧，和飈動神襟。欣此竹林侶，相送出江潯。起矚原上樹，早已貯清陰。百卉競芳蕨，羣溜奏徽音。乍言歲序易，焱忽春已深。欲攬青皇轡，其如白髮侵。不爲人外遊，恐負枝上禽。遵渚發輕舠，擊汰和清吟。斗酒酌船艎，對坐四山岑。昔仕各鄉土，結托歡從今。緬思慰同隱，道真以相尋。

陽能卿過宿孟山菴中二首

稡陽回淑景，曠原汎初旭。曾無車馬喧，遲此求羊躅。忽有素心人，睠然慰幽獨。及辰相遊遨，結托同春服。沖襟期邃古，寧與塵氛逐。疑義邀共析，發篇時來續。廣步並林塘，聽禽出幽谷。至樂超名跡，世訾焉所局。得君何翛然，乘風共沂浴。

二

歲月白駒隙，皓髮忽以齊。吾衰踰耳順，君今五十期。欲揮魯陽戈，白日不肯移。孔公美全歸，川上嘆在斯。念子服官年，已謝趨時資。眷言同丘壑，世路焉足縻。榮辱本忽區，道真無等夷。知命固翳如，勉矣貴知非。永願均切琢，《淇澳》乃爲歸。

丙子杪秋驕陽蒸熱踰月不雨偶坐南軒承少保鎮山先生佳篇屢贈蹶然有感懷答三首

蒸暑隆三伏，胡然劇杪秋。驕陽乘時令，無乃乖蓐收。循疇菽並萎，臨池埃欲浮。芳蘭摧通谷，時菊零京丘。靈雨不相濟，田父空告愁。舍置坐中軒，已矣非吾憂。發篋來瓊玖，清風慰吾求。

二

昔多君子朋，乃在黄金臺。卑彼聲利徒，諧此金石懷。予拙終畎畝，學道無取材。君本濟世英，夙名播九垓。中歲簡帝心，奇勛列上台。何當佐聖日，乃復棄華階。鴻冥分有托，虯潛匪諒哉。鵬鷃同一棲，梟鶴靡所乖。永願陪清唱，不受俗塵猜。

三

幾載殊燕粤，尺書歲難陳。今歸依南斗，上下章水濱。章水日悠悠，客懷亦以新。良覿未有期，名篇睠獨殷。伐木聲瓌瑋，開逕意清真。所媿巴曲俚，胡以賡陽春。申章謝存慰，報李詎能珍。

衡廬精舍藏稿卷四

七言古詩

金陵曲 初唐體

金陵昔日盛繁華，六代皇居接狹斜。博望苑中珠委露，太初宮内錦爲霞。花覆蒼龍填寶馬，柳迷朱雀出金車。九斿夜拂將軍第，萬騎晨臨公主家。主家甲第攢雲霧，粧樓舞館歌鐘度。金屏翠幕競三條，綺瑟銀箏通萬户。一姓公侯盡貂冠，滿門子弟皆紈袴。兩兩鳴珂金馬門，雙雙飛蓋銅駝路。金馬銅駝夾御溝，帝在層城樂未休。三千嬌女憑圖幸，四十離宮判夜遊。勾勾綺陌成宮市，曲曲金塘起棹謳。曾聞袁后承恩寵，瞥見潘妃侍宴遊。更道麗華髮似漆，傾國傾城人第一。結綺樓頭璧月新，臨春閣上瓊枝密。窈窕脩容夜掌箋，婉嫕貴嬪晨簪筆。可憐寵似日邊雲，詎識人如花上日。别有長干遊冶郎，鬬鷄蹴踘虎鞶囊。蜃珧象骨粧繁弱，龍藻龜文轉步光。俠氣飛談排許史，雄風帶酒揖金張。不辭萬醉青樓曲，不惜千金紅粉粧。紅粉爭矜桃李豔，青樓直擬芙蓉殿。真珠簾外柳藏鶯，雲母牕前花覆燕。燕飛燕舞不禁春，鶯啼鶯怨晚愁人。七寶流蘇開斗帳，九華瑪瑙結羅裯。嬌向舞腰生宛轉，香從歌口出氤氳。此時願作鴛鴦鳥，此日願爲連理身。共道青山盤龍虎，詎知白紵移歌舞。一從五馬度長波，幾見六龍更舊主。陵夷宫闕成灰燼，飄零臺館生蒿藟。富貴驕奢能幾時，王侯將相應同盡。秋水盈盈秋雁飛，山川猶是人民非。獨有石頭城上月，曾照當時歌舞衣。

憶昔行寄陳廷評南京 初唐體

昔逐南宫士，曾驅北路轅。飛纓入帝里，射策叫天閽。天閽遼邈隔層穹，以額叩閽不可通。校書天禄人難擬，獻賦蓬萊事已空。黑貂毛落空奔走，紫鋏彈歌割斗酒。騎馬明朝謝北燕，挂帆一夜歸南斗。故人東海陳夫子，作宦南都法曹裏。相逢相見重相憐，一生一代一知己。下馬即探千首賦，開尊共論六家指。半歲猶成轅下趨，一朝遂作雲間駛。當筵意氣拂雲端，共道移山不讓難。逸興旁凌鳷鵲觀，豪歌漫脱鵔鸃冠。淹留五月菖蒲酒，荏苒良宵苜蓿盤。才高官薄君無惜，客久時侵我更歡。憐君作牧鈐陽縣，執法飜令相國羨。寶劍空驚魍魎悲，神蛟未際風雷變。伯玉由來感遇多，孔璋生小詞場擅。滕王閣下别經年，廷尉堂前重接面。經年接面已多違，可憐歸棹復催歸。花間恨别烏衣市，月下含悽牛渚磯。自予結髮操鉛槧，欲參《墳》《典》凌周漢。長歌直擬《卿雲》飛，短賦嫌追《白石爛》。古字陸離笑子雲，奇篇勃崒輕王粲。寶璞翻干楚國誅，韶音空使齊侯嘆。側身天地有餘悲，極目天門不可期。九死不干楊意薦，半生空負子期知。棗花纂纂今三載，楊柳陰陰連歲改。箇時緑綺向誰彈？箇日春光空蘭茝。借問上才遊西園，何如高誼傾東海。玉鯉傳書窈莫通，金龜換酒誰爲解？金龜玉鯉兩悠悠，采石鍾山望欲浮。竹箭江東長自好，蒲梢天北幾時收。晉朝定擬推承祚，漢室俄看薦太丘。長跪聊緘青鳥信，何時並駕赤驎游。

君莫悲行贈人 初唐體

漢家天子重邊勛，玉鉞登壇靜虜氛。大將旌旆天外落，健兒鉦鼓地中聞。三千劍客良家子，八百材官太乙軍。安排遁甲三方入，開闔神兵五壘分。霜重文犀六屬鎧，血凝匕首七星文。雙鸞明月能穿柳，合隊流星似捲雲。大軍朝飲長城窟，勇騎宵臨瀚海碣。闞虎聲呼撼地天，長鯨陣湧翻溟渤。出塞初覘太白高，踰河已射旄頭没。櫜上先懸遬濮頭，營中細截渾邪骨。右地金人罷祭天，左賢鐵騎空期月。正值當年漢道昌，坐看一日胡塵歇。時來何用諳六韜，天幸那須通九伐。歸來天子賜龍駒，綺閣雕甍隘九衢。襁褓俱爲左庶長，盧兒盡是執金吾。强弩將軍分食邑，护軍校尉錫襜褕。户户屏開金屈膝，家家障擁錦屠蘇。赫奕只知身尚主，髡鉗誰識昔爲奴。軒皇廟略還真假，圯老兵書定有無。獨有當年李驃騎，三出無功怨數奇。南山射虎空穿石，世事悠悠君莫悲。

題羅巽溪太守所藏竹鶴老人山水圖歌 羅公宅地名西岡

誰將崑丘縣圃之若木，更取三山珠玕樹。灑然揮斥造化工，逸思翩翩落毫素。葱濛並帶蒼梧煙，縹緲還連赤城霧。樹裏茅堂掛雲端，雲屏石几蒼苔寒。上有硊砑疊嶂崒崱之奇峯，下有洄沿青錦湍。居者不知幾千歲，别有乾坤日月寬。百尺飛梁駕長壑，凡夫欲度心骨酸。豈同栗里誇田廬，應共桃源製衣冠。此中真意竟難辨，世人枉作畫圖看。羅大夫丰骨皎若行王山，俯觀簪紱如浮埃，幾年賦就《歸去來》。金高北斗懸，難買開心懷。獨向碧水青山生神解，興超意遠凌九垓。老仙憐汝心魂僻，手摘羣山滿幅尺。郊居座上有羅浮，清卧時時游丹丘。嵐光樹色淋漓濕，浸入緗帙翠欲流。夫君自此得玄悟，宴坐齋心心無住。何必禽慶與向平，萬壑千巒疲道路。余亦愛山人，睹此暢心神。却借幽林色，散入酒樽春。醉來揮秃白雪毫，爲君添寫西岡月，月光流滿千嶙峋。

伐木篇贈謝樂昌鄧先生

鄧先生名魯，字重質，鈍峯號也。先生生質合道，閉關杜機，超然象外。蓋古嚴君平、孫登其流云。戊申，予館韶嶺，侍先生，將期磨德領誨，飫若飲海。顧予無篤遠之志，弗能臻於道奥，懼負教督厚矣。别後撰是篇，寄謝先生，并自警焉。

深山伐木響丁丁，春日遲明鳥嚶嚶。沃渥肺肝涵浸心，欣予得者古先生。挈予躬兮遨太清，滌煩襟兮葆玄靈。遺濁世兮返居真，安得駕兮雙玉驎，翩其西遊隱姓名。

題張玉屏京兆藏趙子昂所畫唐馬歌〔一〕有序

張大夫藏趙子昂畫馬十六，索予題詠。予未知十六之數何取也，客曰：「杜子美寓韋録事宅，詠《曹將軍畫馬》詩云：『其餘七匹亦殊絶，迥若寒空動烟雪。』又云：『可憐九馬争神駿，顧視清高氣深穩。』以七合九，此非十六馬乎？」余未知果出是數否也，聊援其意爲之題焉。

〔一〕「題」，原無，據目録補。

唐家櫪馬皆雄才，月精降作飛龍胎。鳳臆麟形赤岸開，不用余吾產，寧須崑閬來。自從太宗開創功絶世，除兇雪耻酬千祀。九夷賓，天馬至，焉耆赤電三花明，頡利紫鸞錦繡麗。後來太僕馴養四十春，乳成十萬六千之飛驎。就中拳毛騧、照夜白，縱有江都不敢畫，其餘七馬九馬總權奇。傳真賴有將軍霸，將軍去後豈無人，祇能畫骨不畫魄。子昂丹青近代雄，身是龍孫異風格。畫出七馬若鷹揚，秦皇七騎百不易。次第九馬翹陸飛，漢家九逸那堪策。但看飲江嚙草相爲娛，澤邊隱見羣龍趨。雙雙瞳鏡懸萬里，淋淋汗血墮三珠。意態摇撼昆明水，勃若神蛟欲變波浪矗。應知唐家全盛日，乘此可以西擊胡。子昂家有玄德之的盧，時不可兮馬不徂，神物空今落畫圖。至今觀者生意氣，志在白狼、黄沙、青海隅。坐看一日乘風騰九區，朝蹀流沙暮越都，誰能羈絡同凡駒？吁嗟馬乎，古今識者凡幾徒，前有九方聖，後有張大夫。張君好龍好真龍，一睹神駿恨晚逢。驪黄牝牡未暇閲，思欲薦之齊景公。當今海内昇平久，縱有追風縛畎畝。近聞胡騎飲長城，域内求之千瓊玖。願君引上紫玉坡，金旗綵仗相經過，能使六飛平不頗。不然驤首矯足出交河，爲君横行萬里盡沙陀。歸來再圖凌煙績，畫出雲螭照玉珂。

使君行送别

使君動飛軒，門填征馬喧。蹀躞去何之，持牘奏天閽。天閽縹緲碧霄遠，牛渚秋高蘆花短。

紛紛尊罍臺垣英，何以贈君雙彤管。共言君是秦中豪，才名早共終南高。佐邑只飲江東水，感時欲釣海上鰲。知君牢落情無極，共傷賢士隱卑職。莫因蓴鱸賦歸來，且從省閣訪舊識。不見老驥伏櫪思千里，不聞烈士暮年心未已？此去叩關訴九天，此日江南命若蟻。願天假臣七寶之龍囦，水截蛟螭，陸斫犀兕。叱咤海若呼精衛，盡填波浪平如砥。坐看桑麻長作田，然後拂衣謝天子。謝天子，難具陳。見君飛躍心浩渺，送君寂寞意嶙峋。儂莫歌吳歈，君莫唱秦音。吳歈慘愴不堪道，秦音悲壯愁人心。不如與君兩置之，江頭脉脉且分襟。

王母歌壽句曲王生母夫人

吾聞昔日西王母，鞭鸞宴罷瑶池侶。蕚緑雙成夾寶幡，人間天上恣遊處。爾來八萬六千春，一見桑田復爲滷。鍊丹曾度魏夫人，閱世應同皇太姥。前年猶餐鍾山玉，去年移家華陽曲。華陽羣仙爭獻壽，大茅起舞小茅續。高堂鶴髮雲作裳，芳筵沆瀣羞鸕鷀。吁嗟母兮，不羨簫歌擁芳筵，還見珠樹勝當年。珠樹花開豔五色，長與蟠桃共薦璇臺側。

送陳給舍之南省長短句

疇昔遊南國，群彦列嶙峋。廓落諧心期，夫君意最親。看君意氣同仲舉，掃除天下宿自許。

大兒詎肯揖元龍，小兒孔璋那曾數。胷中礧砢凌匡霍，詞源彭蠡春波濶。綽約曾遊姑射山，清淨寧同天禄閣。幾年名姓注天宫，新命南垣詔語崇。聖明耳目重萬里，况乃留都是故豐。即看鳴玉辭金馬，愁見征帆挂紫鴻。挂帆一去大江落，江外鯨鯢走郊郭。腥風浩蕩簸五湖，殺氣崚嶒滃大壑。君今停杯投筯欲何爲？以額叩閽非爾時。休將五餌救時艱，耐可三空獻帝墀。送君行，君莫悲，僕也與君有夙期。十五《國風》談未畢，一曲雲和姑置之。主人玉缸酒如乳，相對那能不舉巵。勸君臨岐且盡觴，鳳臺牛首空相思。

贈魏翁

先生閉簾諷道書，七十朱顔鬢未疏。曾共伯陽醉蒼液，還同象罔索玄珠。人間未肯留名字，赤帝外臣無乃是。七十二峰總遊遨，八九雲夢吞無際。更聞黄鶴復歸來，幾迴飛跨洞庭水。

春野吟

大皥應節條風回，沖氣韶光遍九垓。玄雲霈澤素冰開，燕嬌南徂鴻北來。睠春陽之可樂兮，嘉平疇之于耜。桑藹藹以娱蠶，麥芃芃而覆雉。羣花艷而鶯繁，碧藻縈而魚麗。偉佳人之獨抱，飲醇和而並熙。襭臯蘭以爲佩，綴江蘅以自嬉。偕三五兮良儔，登京岡兮夷猶，舞惠風兮僊僊，歌《伐木》兮悠悠。循芳谷以薖軸，撫流水而浮游。汰梓澤之靡冶，蕩牛山之沉愁。將安排以齊化，繫長繩於昫日。縱予心於區外，侣東皇之太一。

台嶽短歌二首贈王少冶郎中守台州

鬱維台嶽，刺天嶕嶢。雲翳貝闕，斗避玄標。金壚複道，高入神霄。雙雙老公，駕鹿驂飈。度橋而下，芝蓋飄颻。迎使君兮東來，撫我曾孫兮逍遥。

二

鬱維台嶽，潛根十洲。真人不殺，海怪呑舟。天吴軒鬛，腥穢仙丘。雙雙老公，方瞳卷髟。八百弟子，吹竹鳴球。迎使君兮東來，殲彼毒蛟兮妖虯。

上壽詞奉壽宋母太夫人

奉母七寶玻瓈盞，盛以赤瑛之琱盤。蘭漿桂液浮朱丹，中廚饌出玄豹肝。紫駝赤兕間熊蹯，河伯神魚鱗斑斑。左右侍列皆靡顔，子夜歌聲繚雲端。再拜獻壽爲樂歡，母不可兮安素澹。有子食禄足時甘，窮滋極欲非所躭。猗與母德世鮮班，願母千齡淳風還。

二

奉母七綵芙蓉帳，垂以靈珠玉旁唐。硨磲倒挂青琳琅，吳姬剪製九華裳。上有朱鸞錯飛凰，罽賓霧縠雲霞翔。西方火浣綰明璫，鷄舌五味鬱金香。再拜獻壽爲樂康，母不可兮安素常。六珈象服有輝光，綺黼焜煌非所臧。猗與母德世鮮望，願母千齡熾而昌。

三

桂宫蘭寢侔天居，璇臺井幹瞰八區。朱爵文牕列綺疏，丹穴藏金斗蠙珠。方域阡陌皆膏腴，曲池闌榭紫玉樞。八百僮奴履紆朱，七十鴛鴦羅階除。再拜獻壽爲母娛，母不可兮安敝廬。有子已作殿廷儒，家世仁義富倉庾。猗與母德世鮮如，願母千齡爲令模。

黎翰林維敬席上仙人騎白鹿圖歌

僕本三十六帝之外臣，好遊汗漫騎赤驎。當時小仙王子晉，驂駕白鹿來相親。朝蹀崑丘嘯閬苑，暮過員嶠宿渤濱。函關青牛那比跡，洞庭黄鶴猶絶塵。幾年誤落人間世，悵憶仙踪不可置。竭來黎君高堂午筵開，見畫生綃宛相似。復疑神車天上回，頓覺風馬雲中駛。金樓十二杳難期，空向丹青起遥思。吁嗟黎君生長羅浮之仙標，駕鹿凌風度鐵橋。笑揮百賦戲海若，怒掃千詩擊山妖。食苹已作周王客，獻環身在軒轅朝。明時金門稱大隱，暇日黄花喜見招。把君之黄花，倒君之巵酒。羡君且從夔龍游，與君終作麋鹿友。雲間真侣有宿期，畫上瓊山仍如舊。年來蕉夢竟誰真，醉後同歸無何有。

祝融峯用韓韻

祝融插天天半起，尊居擁護烟雲裏。踏盡羣峯幾千尋，不知猶是孤峯底。隱若賢人望大聖，賢猶可擬聖難名。吁嗟遐哉聖所際，高高上極于太清。

欲遊方廣尋朱張舊蹟以積雨阻遂别衡嶽西去作長短句

夜卧兜率宫，朝返絡絲渡。回瞻七十峯，峯峯蔽雲霧。忽然風捲重雲開，紫蓋朱陵似相顧。遥觀祝融隔層穹，空憶昨日經行處。今日非昨日，人間異天路。余本煙霞人，塵網寧自錮。金簡粗探虞夏文，蓮花未躡朱張步。游蹤苦被陰霾隔，玄關莫藉仙源度。我聞峨嵋之山高入天，上有靈仙不知數。即今不復倚躊躇，驅車且向西遊去。重來擬結魏元君，不似桃源迷去住。

澄江秋水篇寄壽沔翁先生七袠見遠懷

澄江秋水淨如拭，龍洲萬樹森似織。主人別業深樹深，樓臺影落水中直。自從身謝五斗榮，一任鴻飛九天翼。灌園耐可狎鷗眠，洗硯還應供魚食。詞賦八百畝《離騷》，玄言五千凌《道德》。兒孫盡課《雕龍》文，家僮只收《伐檀》值。明月滿江江浸天，天爲主人開胷臆。憶昔游從恣經過，江頭花底奈春何。香風庭際度蘭茝，帆影軒前送棹歌。竹靄廚煙色共碧，鶯聲童語音相訛。主人當日興絶倒，一斗百篇不爲多。醉來共撫先生柳，書罷還籠道士鵝。管絃何必羨金谷，觴詠真堪續永和。主人早是丈人行，從予結髮推宗匠。共道談詩匡鼎來，那知抱道羲皇上。一別十年秋復秋，萬里那由奉巾杖。傳道今年七袠餘，雙瞳似電神精王。飜憐羈客錦江頭，題詩招隱增惆悵。嗟予何事老塵容，舊約空悲五老峯。猶思月色醉林亭，遥想秋聲和夜鐘。會須三江作釣侶，還尋五嶽共遊踪。

至日冒雪遊禾溪遲近湖族叔

歸來忽踰年，兩得逢至日。長病盼春歸，漸衰驚歲疾。朝來命車禾水頭，撫景何辭竹林遊。搴帷萬峯成燕婉，俛仰已無千歲憂。乃知此方山水奥，况聞先代芳跡留。同宗同隱世莫得，世外招攜不可即。日晏梅花漾溪流，悵望冥鴻天外翼。

賦得淡泉歌贈張君

里内張君生綽約，雅抱似欲翔寥廓。家學早傳張仲景，前身應是孫思邈。曾飲長桑上池水，視脉還如睹三膜。投劑幾迴死轉生，救人何啻饑連渴。不將蓬虆異高門，當關百喚百不諾。吾衰歸卧衡廬交，反關謝客門羅雀。三逕荒蕪竹樹新，惟君來往穿林薄。借問張君何所嗜，生愛清泉恬自樂。神方不藉九轉丹，淡盡凡情即仙藥。

悲憤詞哭歐陽文朝

日日相見不厭多，一朝不見愁奈何。幾年不見君，歸來就君歌。君今忽往矣，已而已而，渺若江河。一去不復來，空有淚滂沱。

二

日日相語不厭繁，一朝不語心煩冤。幾年不共語，歸來就君歡。君今忽往矣，已而已而，渺若雲山。一去不復還，空有淚潺湲。

衡廬精舍藏稿卷五

五言律詩

重别日表

岸葉從牕入，繁陰篆客衣。白煙浮渚闊，青草覆鷗肥。邗水分舟去，豐江帶劍歸。神京瞻尚邇，綵處是黄扉。

下第留南京寄懷莊少府座主二首

仙諜南華胄，虬髯白玉姿。珠從閩海貢，駿逐帝京馳。倜宕明時忤，幽憂澤國羈。懸知宣室問，早晚詔彤墀。

二

苑樹青無極，壇雲紫欲流。清時悲楚璧，逆旅看吳鉤。四海身浮梗，千山客上樓。問奇還載酒，惆悵理南舟。

自城歸村中舊廬

舊屋轉蕭然，移家驚四年。牕流蛛網月，楝抱燕泥煙。入座雲長濕，穿樓樹欲聯。年來塵土跡，暫得浣林泉。

立秋夜月

乍報秋回馭，隨看月送涼。花迎蓬隙照，犬戲巷中光。映樹山排畫，侵荷水弄粧。黄鷄將白酒，定醉野人觴。

江村步月

言從琪樹裏，步出碧江灣。佳景哉生月，流光蕩若環。相逢人出洞，爲問客還山。忽有香風至，岩芳擬共攀。

歐陽文朝載酒同訪康東沔先生龍洲園居和作

載酒尋陶令，欣逢在綺園。入門鶏作鬬，報客雀能言。雁影流緗帙，梅花落錦尊。賓游非梓澤，風物擬桃源。

龍洲讀書

窈窕繁花路，高虚野甸居。漸爲逃世客，懶答貴人書。水閣依鷗鳥，塵編養蠹魚。日尋垂釣侶，長在月明初。

乘醉同康東沔訪王武陽草堂共賦

已醉煙花野，還尋水竹居。路迷隨老圃，林敞散幽裾。濕霧藤交座，銜花鳥窺書。主人躭野逸，對客采畦蔬。

余少同歐陽文朝王尚涵讀書茶山今丙午復同文朝脩業龍洲相去已十又三年矣感賦爲贈

結髮同鉛槧，羈棲各壯身。草堂猶我共，布褐轉情親。山水依書案，鶯花亂葛巾。所欣無結駟，班坐看江春。

文朝省試二首

家世文章伯，藏書蚤遍窺。崑丘珠樹馥，天路石麟奇。豹隱休多戀，龍驤看在兹。傷痍南國盡，何策獻明時。

二

金川憐去棹，玉峽嘆垂繻。地闊山攢楚，天長水漾吳。芙蓉秋日麗，鵰鶚曉霜孤。暫去題鄉籍，春能獻廟謨。

徙宅四首

予舊家邑北螺溪，以先廬圮甚，歲壬寅，移住城西。厭其市喧，丙午秋，改徙僻巷。其傍便地可圃，勃焉有抱甕之興。康明府以書譏予方槷于世用，不得遂所願。因作詩解之，并識其事。

徙宅何頻數，逃喧豈擇安。名山遲結社，僻地當開壇。破屋藏雲細，頽垣放月寬。柴門傾側慣，日暮省關闌。

二

浩蕩隨塵世，支離信所居。人生俱逆旅，天地乃吾廬。喜趁三家市，移來萬卷書。曾無儋石槖，負載得輕虛。

三

尤喜兼爲圃，攜鋤豈帶經。看成蔣詡逕，錯喚子雲亭。紺橘淹霜脆，紅葵抱日馨。明府休移勒，白首漢陰銘。

四

家本江村住，千重水樹幽。花篩橋路月，萍漾柳塘鷗。媎姥丹臺舊，槎灘禾黍秋。年來塵市鬧，轉徙憶初遊。

觀山寺四首

寂寞古琳宫，緣山一徑通。翛然吾喪我，况復水澄空。開俎青蕪石，留僧綠樹叢。綸巾依谷口，人笑是愚公。

二

留醉空王殿，提壺更石門。山深天亦逈，巖古佛長尊。曲澗浮觴慢，幽花襯席繁。高歌出洞口，凉月在江村。

三

頗識浮生幻，幽尋不記蹤。地同離垢國，人在妙高峯。雲起移前嶂，谷虚答暮鐘。過臨泉穴坐，清詠起蟠龍。

四

長思靜者居，此地即吾廬。榻寄青龍藏，經横白鹿車。漁歌聞欸乃，僧酒灌醍醐。去住成泡影，軒裳意轉疏。

擬遊匡廬

豈不待婚嫁，吾歸吾奈何。世情先老絶，遊興傍秋多。五老鞭龍到，三江摘葉過。雲空從直上，濯足於銀河。

丁未秋盡往廬山未果因留石蓮洞

未果巖泉卧，非關嫁娶遲。出門已解纜，息轡滯尋師。錦澗望中適，天池夢裏追。寄言雲外侶，春共采金芝。

住石蓮洞贈念菴先生四首

石洞何寥廓，石蓮朵更奇。竅從天地鑿，花是鬼神爲。山曲藏蘭若，雲深見肉芝。種田真避世，漁父尚無知。

二

神仙留秘室，今古待高賢。到此真非世，開門別有天。人同谷口卧，景即輞川妍。七日叨觀局，人間不記年。

三

青蓮居士宅，黄石老人書。久已從吾好，翛然應物虚。澹雲空色相，脩竹見真如。凡骨參靈境，蕭疏自喪吾。

四

山坼奇無盡，更疑琪樹層。穿籬鹿豕慣，爭席野人曾。高落山巔水，曲垂石竇藤。逃名猶未已，住屋混禪僧。

石蓮後洞轉尋又一小洞二首

不覺窺明見，先從踏暗來。忽然闢混沌，那復有塵埃。高竇容天入，重關付月開。未須嫌闃寂，作伴翠莓苔。

二

一洞復一洞，幽絶到無誰。鹿女尋難至，猿公望不知。玉書應鳥篆，丹竈自神泥。薄暮仙人返，披霞得共窺。

坐林中

巖居一事稀，移屧過林圍。荒舍無沽酒，隆寒未换衣。坐深樟子落，意静鳥聲微。真有丘中況，隨方得所歸。

同歐陽曰穡遊通天岩

流光悲過客，幽意托名山。相與携僧往，悠然並鳥還。層巔天共語，曲洞石爲關。夢裏聞鍾磬，泠泠非世間。

過茶山覽亡友羅日表壁間題字追思曩昔愴然濕襟因識二首

吾少談經地，羅含後亦來。人今餘故蹟，世早失高才。門户留妻女，文章落草萊。當時開萬卷，莫是玉樓催。

二

夫君何處往，遺墨使心疑。想像行花逕，依稀弄酒巵。誰言長死别，只憶是生離。寂寞寒松影，空依壁上詩。

和答興化顧秀才

坐挹凌雲氣，留傾卷霧談。囊開千首賦，宅傍百花潭。攬轡瞻天北，飛纓滯斗南。見愁胡馬闊，語罷淚猶含。

輓李光禄祖母

令德天孫降，徽音澤國傾。將鶵威鳳列，奕世石麟生。象服恩方渥，魚軒罷可驚。歸來李令伯，江樹正秋聲。

別南刑部黎克芳蔡汝聘二首 時淮陽方有寇警

矯矯雙黄鵠，南飛刷羽儀。關山沖暑雨，淮海傍鯨鯢。宦薄身應健，時危別轉悲。懸知匡嶽度，幽夢鎮相隨。

二

四海朋簪合，兩君交誼殊。貫星南共北，征棹楚連吳。叙齒皆爲弟，同心已喪吾。但看明月共，莫漫怨驪駒。

早春送蕭天寵之官萊蕪二首 以舊同石蓮洞之遊

復作他鄉别，深悲故侶稀。愁先江草合，望斷嶽雲飛。世路憑呼馬，官曹當食豨。知君兼吏隱，且莫賦初衣。

二

古邑鄰東岱，三峯更接連。去看民似鹿，轉見吏爲仙。念我淹金馬，因君想石蓮。鄉心將别淚，併入酒杯傳。

送鄒二下第南還

憐君復不第，歸去大江濱。抱劍從兹往，雕龍竟莫陳。帆依彭蠡雁，裘滿薊門塵。定遇匡山侶，多應問遠人。

送周經歷

空有連城璧，當年竟莫售。一官聊佐郡，遥去越江頭。霜重淹行騎，塵昏辨故裘。閶門如過棹，莫更問吳鉤。

何封君社中二首 即何振卿父也

詎識山中相，言從帝里過。花間九老宴，醉裏八仙歌。大隱忘朝市，清時狎罻羅。爲傳匡世略，愛子在鑾坡。

二

上國開三逕，燕歌異四愁。支頤觀紫陌，適意度青牛。春院星恒聚，秋臺月共酬。莫須尋閬苑，兹地勝崑丘。

吳郎中出守福州

五馬似龍驤，銅符發建章。春陽隨蓋遠，雪日蕩旌光。首郡雄蠻國，千峯接海防。吳公政第一，應爲繼遐芳。

人日立春喜雪和胡子文太史

人日春兼至，天葩曉正飄。禁扉同貼勝，温樹不封條。萬國瑶圖啓，三時帝澤饒。佇將多富壽，歌舞頌神堯。

大朝門同午樓復建百官朝賀二首

井榦復天都，門成接斗樞。螭蟠銜瑞榜，鳳繞夾金鋪。巽命承中禁，離光照八區。萬方何以慶，擬上泰階符。

二

軒閣看儀鳳，堯階俯濯龍。宸聽從此達，獵疏擬誰封。燎火光雲漢，珂聲接曙鍾。定應門下省，承問獨從容。

同署范郎中出守淮陽二首

華省正鳴鶯，青門别思縈。曉乘五馬去，春逐百花行。古郡依東海，危樓控兩京。南邦愁帶甲，到日有長城。

二

聯佩鳴青瑣，同曹住白雲。欲成花下醉，其若席前分。鷁首瞻河曲，龍光逼海氛。預愁熊軾遠，鐃吹鎮相聞。

況吉夫督學貴州

紫屆切文昌，蘭芬天上郎。新辭振鷺侶，去近碧鷄鄉。劍佩穿蠻部，文章被鬼方。何妨輕萬里，冠已著神羊。

重別吉夫

爛漫黃花日，難禁遠別情。黔中希雁到，徼外劇猿鳴。絶巘捫天上，飛梁並鳥行。不因文教重，何自遣朝英。

詠況吉夫藥湖別業二首

聞道湖中勝，夫君宿所期。涵天爲泛宅，浴日學咸池。鮫室幽相逼，蓬山浸欲移。年今瞻太液，瀲灩起遥思。

二

輞水開南垞，濠梁得上游。魚吹聞枕畔，荷氣到床頭。嶼覆長生草，波回不繫舟。蛟龍今作雨，曾是昔潛虬。

魏黄門册封汴藩便歸省覲二首

金簡出天宫，分封節使雄。馬乘照夜白，袍著鬱輪紅。嵩嶽瑶幡駐，龍沙鷁舫通。還瞻雙白髮，西母並東公。

二

共羡朝陽翼，東飛別帝廬。到家仙作隊，銜命玉爲書。錦被應裁扇，蟠桃不羡魚。花缸春熳爛，讌樂復何如。

郊外别振卿

初歲韶光潤，離筵落日催。可憐燕市月，遥挂嶺頭梅。滄海看鵬運，潁川訝鳳來。還令羣島國，朝漢有高臺。

贈别

作尉明州去，寒風春正初。玉堤楊柳細，折贈渺愁予。邑里連鯨海，干戈劇羽書。如逢天北雁，秖寄釜中魚。

贈李太史承命奉二親歸豐城兼訊胡侍讀二首

身將雙白髮，遥返斗南隈。寶饌分神鼎，宫衣出上台。堯階移舞去，漢殿謁歸來。堂上稱觴日，還思獻壽杯。

二

苑草半芊綿，隄花開欲然。獨憐供奉客，遥理孝廉船。别緒縈千里，交情記十年。豐江雙寶劍，暫去幾時旋。

每日省退歸舍馬上見西山

淹留何所貪，開户面青嵐。夏取峯雲慰，冬宜樹雪諳。三茅仍在望，五老亦長參。日日歸鞍上，如同故侶談。

卧病省署同鄒繼甫作八首

氣回丹鳳闕，春入爽鳩司。曲巷交槐影，長廊掛柳絲。才迂欣散局，地僻得沖規。更有談天衍，知音勝子期。

二

隱吏非慵吏，官廬當草廬。鶯聲流枕席，竹影泛巾裾。竟日幽憂病，經年擁腫居。欲尋芳杜去，未敢即題書。

三

椄槢經旬廢，亭疑晝亦稀。劇談松月出，習靜鳥聲微。揚子玄爲白，蒙莊是亦非。惟餘懷土念，長在北山薇。

四

掩閣烏同寂，升堂鶴共遲。亂花封印篋，飛鳥掣文移。公事癡能了，《陰符》懶未窺。散衙饒暇日，春院緑陰滋。

五

休沐仍居府，閒情日上樓。未能薖軸隱，聊作逍遥遊。省内開三逕，窗中瞰九州。迴看林靄合，可以當冥搜。

六

偶挂烏紗帽，悠然脩竹林。却看青玉署，寧異白雲岑。雪後生新籜，風前裊素馨。自非此君意，誰明大隱心。

七

脾病宜蔬食，曲肱良在兹。盆魚相吻沫，砌草恣葳蕤。坐接青雲侶，閒傾白雪詞。莫須懷禁近，隨處是恩私。

八

韶齡期學道，老去尚迷陽。日恐童心滅，年驚旅鬢蒼。欲歸匡嶽去，重使故交傷。未瘖人間世，何由應帝王。

春夜袁沔陽枉尋水塘菴下榻談禪有獨往之興别後戲作却寄留之

參侍給孤園，皈依得世尊。雙林一以寂，半偈兩無言。慧劍宜剸象，禪枝足叩閽。達人無不可，莫羨隱空門。

春夜過銀錠橋在禁城外北海子

都城佳麗地，春夜喜重經。巨浸通銀漢，長橋挂碧汀。雲移千樹月，冰坼半湖星。縹緲聞仙吹，祈壇近苑亭。

贈李二守

巖郡連燕甸，官銜駐嶽雲。班應聯刺史，人共仰神君。停騎春同到，烹鮮日有聞。好令箕潁客，鼓腹事耕耘。

二

少小結交歡，依稀各鬢殘。共客長安日，翻悲會面難。中年宦始達，畏路夢相看。故里吾將返，岩巔望羽翰。

贈兜率菴僧是僧曾隨太平周都峯給舍步訪關西楊斛山侍御遂遊華山而歸

高迎泉灑落，深踏石嶕嶢。崖闢支爲户，松頽卧作橋。女蘿藏犬吠，仙吹和鶯嬌。静者心能愜，相看嘆鹿蕉。

二

曾逐江東雋，遥尋陜右賢。聯翩登華嶽，迢遞返衡巔。口絶波旬語，心依智顗禪。還應有秘要，知欲爲誰傳。

予與鄒繼甫有歲晚鄰舍翁之約時予赴楚便省過家見春流漫溢耒耜方興感思宿盟慨然增懷

作客懷鄉井，歸鄉憶友生。以吾今日意，知爾近年情。四澤春流溢，千林野鳥鳴。何由同抱犢，齊上隴頭耕。

初至武陵官舍續陳后岡先生作

支離隨浪跡，官舍武陵開。花近秦人洞，雲依善卷臺。簿書銷日短，椄槢感心哀。敷政宜春令，幽篁亦趁栽。

秋夜辰溪舟次對月懷萬思節憲長

沿洄行未定，明月滿孤航。輪亞雙峯正，光涵一水涼。遥知吳地共，其奈楚山長。寂寞沅江芷，因誰發故芳。

華容道中聞萬思節憲長以赴任延遲被言還陽羡

思君不可見，良夜若爲酬。行認同游騎，愁登並濟舟。雲鴻今已遠，矰繳更何求。洒掃張公洞，予將共卧遊。

上封寺二首

紫蓋接芙蓉，層巒歷上封。穿雲迷後侶，失路聽前鍾。世界歸天眼，煙花入性宗。莫矜凌絶頂，猶有最高峯。

二

客有泠然興，隨予躡紫煙。狂歌希散聖，宴坐見諸天。卧榻依南斗，齋廚注細泉。但同無愛染，那用禮金仙。

別望之後追送二首

以我沉冥客，親君澹蕩人。相看若比翼，遠别自沾巾。叢菊可憐色，冥鴻欲避身。才高休混俗，且卧故園春。

二

棘寺瞻雲切，江洲逐雁遲。遥知花熳爛，應對舞逶迤。末路唯存道，貧交只寄詩。漢庭名已盛，莫久戀陳陂。

吳武選謁詩貽其封君二首

稼穡長爲寶，詩書亦間操。自然真性在，不爲隱名高。有道忘廛市，無機任桔槔。應笑天刑子，摵摵爲誰勞。

二

掉頭不肯仕，乃復掛金章。天語瑶華重，皇恩奕世芳。紫衣羣鹿豕，烏帽照滄浪。匡濟平生略，幾語尚書郎。

過周坪坡列十餘峯奇峭若笋林賦詩一首

連山陟未竟，嵂崒見兹岑。合作青蓮朶，分爲翠玉簪。可堪逢絶勝，無暇恣登臨。悵望青天暮，逌然寄此心。

七月十三日夜坐月寄蒙山子

忽爾飛天鏡，猶疑掛夕曛。竹光侵案冷，花氣入書氛。中年偏愛月，遊子劇瞻雲。攬結難盈手，那能持贈君。

五言律詩六句

重贈念菴先生

羡觀青瑣客，早卧白雲壇。屋裏登巖易，床頭得月寬。爲謝餐霞意，東山計恐難。

衡廬精舍藏稿卷六

七言律詩

越王臺懷古以下四首俱少作

陳帝壘高屯虎豹，越王臺夐築琉璃。壘邊暮脱黄金甲，臺上春傳白玉巵。禾黍幾年雲旆旆，鶯花三月樹離離。古今霸業空流水，日月江山有所思。

春日覺山寺江亭

春樹花繁覆紫苔，春晴騎馬隔花來。不禁江漲千尋媚，正聽林鶯百囀迴。谷口人同玄豹卧，仙源與逐碧桃開。登臨未效東山屐，且向芳亭送野杯。

秋日江郊讀書感懷簡楊虚卿羅良弼歐陽文朝王尚涵

茅堂苔逕俯江灣，終歲幽棲斷往還。村雨雙鳩啼白社，林煙一犬吠青山。短衣最愛秋垂釣，長劍能堪暮倚闌。弱冠當年憐賈誼，天門涕淚不知難。

初春雪霽遊娬姥贈謝蕭晴川先生

邑西南溪之里處士蕭晴川先生，予姻家丈也。春日挈遊娬姥，尋龍王洞，登虎鼻峯，訪陶皮之遺，并相羊踰日，且曰：「昔碧山學士焚魚讀書，吾欲子藏脩山陰之古刹，可乎？」予感其意未逮也，因爲紀遊，兼謝雅誼，遂著之篇。

危巒仙閣臨霄靄，絶壁丹梯躡晚霞。雪霽千峯回黛色，春還萬樹落天花。坐看北斗依南斗，行踏金華指玉華。願假慈光分半席，應將文史載三車。

送胡仰齋工曹北上工曹舊給諫以言事左遷，十年今召還

赤旌悵望在樓船，翠蓋留連向綺筵。催柳暖風薰别帳，喚花嬌鳥雜離絃。一尊且酹東山月，十載還瞻北極天。明到金門尋舊侶，幾人猶是禁中仙。

擬訪座主王吉水明府阻漲懷寄

江城索寞抱春愁，江草芊綿獨倚樓。積雨正淹徐穉耒，停雲空望李膺舟。黄鶯選樹枝枝濕，碧藻翻泥岸岸流。淺薄自知非賈誼，吴公門下負相求。

春日歐陽曰守赴試京闈有司以官舟送

江光草色曉煙縈，才子乘春謁帝京。鷁舫行隨歸塞雁，驪歌聲襍囀花鶯。天邊此去應題籍，闕下何人共請纓。山國故交長卧病，瑶華莫厭寄柴荆。

龍洲書屋題贈康東沔先生兼簡伯子而正二首

珠浦澄波淨遠天，龍洲玉樹澹林煙。亭依壘翠初疑畫，人出深蘿半似仙。鸂鶒羣穿銀浪浴，芙蓉盡帶錦霞鮮。可憐中有詞人屋，鳥雜書聲度渚蓮。

二

洞中丘壑霧陰陰，樹裏池臺日月深。竹翠俯連青玉案，荷風輕弄紫瓊琴。並行木杪花交面，散坐亭臯葉滿襟。雅興林泉君不淺，月高猶共踏江潯。

龍州書齋新霽客至

芳洲綺樹接江城，曲巷回軒霧細生。弱柳牕中銜宿雨，遊絲水面帶新晴。林花點草粗成字，山鳥呼朋自有名。臥病一春蘿逕滿，君來時復掃榛荆。

石蓮洞雪霽

年來洞壑即吾廬，怪木幽藤共索居。懶學子雲《答客難》，直題叔夜《絶交書》。千尋翠壁寒禽下，三逕松林大士鋤。不向巖頭看雪霽，野人那記歲將除。

贈蕭孝子思齊

我愛城西蕭孝子，引刀刲股對青天。朝昏涕淚眼雙赤，風雨廬墓榻獨眠。古道久違荆棘路，百年誰頌《蓼莪》篇。中流健爾孤根樹，旌寵幾時來日邊。

贈曾都諫

韶齡已抱平戎策，盛世長飛諫獵書。豹尾久從仙作侶，龍顔親奉玉爲廬。邊庭老卒知名姓，天上耆英訊起居。豈爲才猷凌絳灌，蚤令經濟落樵漁。

答周上舍

冠裳太學且歸來，歲月螺溪舊釣臺。蚤向江東稱竹箭，佇看天上跨龍媒。堂邊古木巢高鶴，户内寒流洗落梅。共道周顒非俗客，移文應不勒山隈。

山中懷寄康明府龍洲

龍洲近隔碧山隅，洲外澄江似鏡湖。漢水丈人提甕好，漆園敖吏著經無。池邊古逕門因竹，松裏行廚飯是菰。若倚寒梅吟白雪，好憑來雁寄玄珠。

下第登太白樓

李白騎鯨天上去，獨留飛閣切昭回。百代光陰悲過客，五陵煙月憶仙才。簷前岱嶽連遼海，牕裏中原入楚臺。鳷觀龍宫回首盡，浮雲休擬日邊來。

昭陽對雪口號示李生

雲横海嶠接天黄，坐看飛花積素光。地變方壺珠作樹，身疑玄圃玉爲堂。那誇絶調驚三楚，爲卜豐年入萬箱。綺閣郎君休訝冷，鐵衣都護在沙場。

久客昭陽懷寄李石麓殿撰二首

海上羈棲歸未曾，嚴冬冰雪劇崚嶒。三江去楫誰相禁，五老仙人祇見憎。旅館端居成淨土，鄉書絶寄似行僧。更堪回首青冥上，迢遞龍門憶李膺。

二

天上逍遥紫禁廬，海邊吟望去鴻疏。曾聞三殿開紅仗，劇想千門迓綵輿。起草應同東觀侣，齋心好似曲山居。明時次第爲霖雨，不羡周南太史書。

元夜西苑燈山 代歐陽先生應制

春回元夜敞芳筵，萬炬千燈北斗懸。闕下神鼇當四極，苑邊列宿麗高天。光催五嶽三山曙，瑞作瓊芝寶樹鮮。不是競遊花月好，漢宮祠祀重祈年。

西苑恭睹三楊學士錫遊之處擬作二首

天遊秘苑勝蓬瀛，休氣榮光接禁庭。綺樹千行承黼幄，瓊峯四繞疊金城。攀龍自馴雙頭鹿，雜鳳遥聞百囀鶯。傳道賡歌三相國，錫遊那數漢昆明。

二

欒欒寶殿臨瑶水，簇簇璇臺漾碧漪。花映綺疏天上出，柳摇金堞鏡中移。當軒松偃蒼虬蓋，夾岸筠翻翠鳳旗。借問吹笙還宴鎬，幾人欣奉萬年巵。

贈楊憲長二首

關西家世更誰過，江左風流近若何。豸繡行經天下半，霜旌晚在蜀中多。詩篇老去追元亮，禊事歸來學永和。自是山中多相業，不妨門外更施羅。

二

已看去國身如葉，却爲憂時鬢盡絲。家近華陽傳玉珮，步從角里訪瓊芝。樓前水碧魚吹靜，席上山青鳥過遲。爲問玄經曾草就，肯令載酒共探奇。

陪大司成尹洞山先生遊三茅山觀池中小龍和作并以爲別二首

金門仙客歸天上，却度華陽訪紫清。一望車箱連太乙，迴看洞壑接滄瀛。題詩丹壁雲爲墨，把酒琳宮鳥獻笙。此去台垣陪紫極，空餘吟眺獨含情。

二

千峯迴合有三峯，一逕斜懸出萬松。巖石巧如迎笑語，泉流曲似引行蹤。煙霞暫作山中相，風雨來觀洞裏龍。莫擬東山足嘯傲，鸞旂早晚待臨雍。

飲曹氏園

名園芳宴款春韶，苔逕蘿溪度石橋。日麗千花明水院，天晴萬竹上煙霄。烏衣舊巷今誰問，丹洞仙君早見招。江左風光長不負，卑栖那復嘆鵬鷯。

興化沈山人逃羈子舊别淮海近十年春杪忽走京師訪今學士李公方欣款遘遽復言别作此贈之

客中相見倍相憐，憶别那堪又别筵。逃世已甘玄尚白，還家應笑白爲玄。短帆淮水飛鴻外，長鋏燕臺落日邊。最是李膺留未得，因知郭泰勝登仙。

湖上幽居爲淮海沈山人賦

德勝湖邊靜者居，幾年高卧著玄書。花間放艇通溟海，竹裏開畦引碧渠。已識乾坤爲泛梗，細看鵬鷃總拘虚。非熊定作磻溪老，皓首那能只爲魚。

詠董原漢鑿白雲樓東西二牖和高李二君二首

登高忽似出籠樊，坐看千山繞禁垣。溟海東來通太液，崑崙西控引中原。且從嘯月留官閣，耐可披雲叫帝閽。詞客有懷能作賦，不同王粲憶鄉園。

二

金門病客慚真隱，粉署高樓得並娛。正與白雲同偃仰，不妨明月坐跏趺。窗中野雀閒相聚，席上山峯暝欲無。共道樓居生逸思，擬將官舍等蓬壺。

送樓兵備入蜀

建節朝辭出五雲，離亭落葉滿晴曛。樓船直泛芙蓉水，寶劍行當虎豹羣。三峽迴旌連雁度，兩川吹角雜猿聞。懸知緩帶西南靜，司馬無煩諭蜀文。

陪祀天壽山

皇家陵墓俯郊圻，璧殿瑶宫啓翠微。夾道峯迴瞻鳳翥，當堦雲起憶龍飛。山腰燈火連珠斗，樹杪香煙散羽旂。委佩松陰零露濕，共攀弓劍欲沾衣。

朝謁長陵同宋望之侍御作

長陵丹闕倚蒼葱，萬柏分行輦路通。山出恒宗來王氣，水連瀛海扈靈宮。瑶堦羽衛晴天外，玉殿罘罳宿霧中。却看羣峯如躍馬，還疑萬騎獵秋風。

唐荆川先生視師海上奉贈二首

翩翩瑶節下煙霄，歲晏關河朔氣驍。兵法久傳黄石略，使旌遥指赤城標。雪中鯨海銷氛祲，春後鮫宫貢薄綃。薊北越南均報主，勛名那羡漢嫖姚。

二

軍師强起白雲扉，海上還如卧翠微。日護貔貅仍習静，營開魚鳥試忘機。絲綸早已推黄閣，去住身看著白衣。行過荆溪棲隱處，莫因蘿薜繫驂騑。

餞別余午渠憲副之閩中

芳郊寳刹傍金臺，黄鳥關關碧樹隈。花下熊轓千騎出，日邊豸繡五雲開。共憐粉署論交地，不盡青春送遠杯。傳道幔亭連九曲，登高想見大夫才。

秋夜郢中高比部席懷令弟民部同李尚寳况膳部張職方鄒比部梁中翰得何字

新秋雨歇淨庭柯，憶别其如明月何。客舍幾迴瞻玉樹，仙槎好似泛銀河。當筵草色寒仍緑，近塞鴻聲夜轉多。莫道難兄懷不極，天邊長賦郢中歌。

秋日諸君枉集望西山得新字

節物秋驚落木頻，天涯冠蓋笑相親。開軒列嶂嶙峋出，卷幔流霞合沓新。醉裏金門堪避世，望中巖桂正宜人。不嫌擊筑延歡賞，歸路遅看月滿闉。

送王鵝泉侍御之南臺

四門博士有聲名，繡斧俄看别帝京。舊闕還瞻雙鳳出，新秋遥見一鷹横。籬邊蘗菊當筵發，天際長江帶月明。南過鄉關應計日，須知攬轡在澄清。

同諸君攜俎别何振卿得翩字

省中長和白雲篇，物外招邀兩騎聯。忽聽驪歌悲舊社，不堪煙景入新年。和風柳變鶯初合，積雪庭空月正圓。此夜相看須酩酊，朝來五馬去翩翩。

寄王陽岡都諫蜀中

夕郎南竄已經年，更道西移萬里天。巫峽峯巒疑仗過〔二〕，錦江鴛鷺憶班聯。愁中幾夢燕臺月，醉裏翻悲蜀國絃。遷客好同龍卧日，還將《梁甫》續遺篇。

〔二〕「仗」，原作「伏」，據四庫本改。

春日毘盧閣同張侍讀張廷尉二公得文字

旃檀曉閣氣氤氳，鸚鵡林開貝葉文。近接金莖承惠露，平依玉闕捧晴雲。西山障塞千重出，南紀關河一望分。別有客愁無斷滅，寥天欲叩恐難聞。

龍兵馬判真定

金吾執戟羨中朝，半刺今看佐郡遥。別意已傾燕市月，交情猶記廣陵潮。御溝垂柳牽離席，候館啼鶯伴去軺。共道傷痍彌海宇，那堪三輔轉蕭條。

承命楚臬過淮陰驛逢萬壽節遥祝志感

干旄遥夜駐郵亭，萬壽嵩呼儼禁庭。幾載金門藏姓字，一身湖海信飄零。徘徊暗憶南端月，咫尺還瞻北極星。淺薄自知違報主，擬將吾道付滄溟。

穆陵道上懷姜廷善林邦陽王少濳三兄

炎日相看去北燕，秋風忽到穆陵天。藍輿曉度千峰月，松閣遥聽萬壑泉。不用吹鐃驚鹿冢，試看衣袖滿雲煙。自憐行役生佳况，迴首西南却惘然。

辛酉仲春抵楚城初渡漢陽感思舊游因記所懷

去歲尋春傍玉堤，今年遥在楚江西。城隅攬轡花相引，漢口移舟柳欲迷。逝水定從廬嶽繞，嬌鶯一似省闈啼。神京故里人俱遠，悵望晴霄月滿谿。

傳報廣寇劫予邑之西南燔殺慘甚羅文莊公舊宅劉兩江先生舍皆爲煙燼爲之掩涕

傳聞烽火照青螺，舊國其如戰伐何。四海盡看悲劍戟，三江無處慎風波。鄴侯書架空飛焰，陶令家園遍荷戈。掩涕不能重借問，洗兵誰爲挽天河。

同萬思節藩參各乘小艇泛巨浪取疾赴景府之役奉和一首

朝隨疲馬赴嚴程，暮逐輕舠不載旌。一望漁磯慚釣侶，共乘煙浪笑浮生。鳳凰山近難移舸，鸚鵡洲迴且聽鶯。鞅掌自憐頭欲白，同官獨喜得同聲。

蒲圻道上睹疊嶂長松率爾會心遲吳霽寰藩參共賞抵暮不至留詩一首

冥冥青嶂列煙霄，落落長松夾路饒。行部正聯雙騎好，懷人莫聽早鶯嬌。驛邊坐對梅花淨，天外迴瞻雁影遥。不得當筵傳白雪，空令待月自相邀。

九峯寺中飯

朝朝行役度巖峋，中飯長依野水濱。路出九峯連杳靄，溪穿千樹失風塵。征袍盡帶煙霞色，官騎時參鹿豕鄰。只爲舍人還避煬，白鷗休道不相嗔。

京山逢繼甫出示登太嶽詩奉和一首

郢路何期得再逢，旌旄遥自太和宫。開襟已出雲霄上，作賦還爭嶽瀆雄。塵裹停車分石髓，雪中移席傍花叢。追隨欲踏峋嶁月，其奈明朝又轉蓬。

自大荆驛山中至湘陰度林子口時因暴雨停驂田父家又暮夜傳言有虎

朝游七澤暮三湘，把炬傳餐夜未央。世路不須防虎穴，客心終是倦羊腸。暫投茅屋雲相伴，側聽楓江雨欲狂。詎是停驂能問俗，祇令道路嘆劻勷。

晚宿嶽廟官舍同周生乘月坐松陰下

挈朋晚憩青霞館，躡屩先登赤帝祠。宿霧濛濛常作雨，清泉裊裊自成池。林間月霽移松影，巖畔春深長桂枝。自幸向平婚嫁早，與君唯有白雲期。

至嶽廟次日風雨大作因爲晴禱詰朝果霽聊書志喜〔一〕

愁見淫霖結暗氛，中宵遥禮祝融君。朝曦忽送千峯出，宿漲奔依萬壑分。渺渺塵途那計日，飄飄雅志已凌雲。捫蘿直到晴霄上，金簡先披大禹文。

午登祝融峯四面忽起白霧滃不辨下上予趺坐石上嗒然與之俱忘

祝融吐霧晝漫漫，趺坐中天白璧壇。混沌未經七日鑿，妙圓那用九年觀。玄夷使者金書迴，南嶽夫人玉液寒。從此仙遊非世侶，便應巖下掛塵冠。

〔一〕「晴」，原作「精」，據四庫本改。

觀音巖僧圓寧樓上中飯賦贈 圓寧爲高僧楚石門徒

上人崖畔廠靈宮，戒律曾聞事遠公。招客只供羅漢菜，翻經時引大王風。飛泉出石成甘露，猛虎參堂學小空。來此不緣求勝果，將因結屋傍巖東。

同周生宿南臺寺

池邊旋轉暮同登，樹杪逢迎見一僧。信宿每從禪室慣，清齋寧與世情仍。中宵風靜聞天籟，虛谷雲開散佛燈。共道石頭傳法盛，空餘巖壑掛高藤。

九灣坡已躡絶頂其上又有峯如屏

千盤磴道躡層巔，縹緲還驚碧嶂懸。豈有羽翰生白日，翻憐車轂上青天。雲深岐路曾迷聖，地遠村醪正渴賢。此地從來添素髮，頓令身世欲長捐。

予以癸亥夏杪至雅之官舍雅素稱多雨四山陰靄鮮見皎日初秋稍霽夜月倍明不覺躍然如晤故交時亭中墻竹砌花頗茂有會於心爲之賦詩一首

長途且喜趨官舍，病客渾忘歷瘴鄉。入座水聲連枕席，遶堂山色晃衣裳。青青竹映桁楊冷，片片花薰簿牒香。隱吏只嫌明月少，今逢皓彩若爲狂。

初秋登雅州三峯閣同李六臺和韻

客心已逐大江東，且向江樓坐遠空。雲澹千峯歸盞底，日高百鳥散林叢。登臨轉益煙霞癖，潦倒那思管葛功。家傍匡山何處是，秋風回首夕陽中。

余錦衣奉命鶴鳴山建萬壽醮和作

金書萬里護豐隆，絳節三山職事雄。方嶽已承虞舜典，仙源遥問廣成風。鶴鳴雲霽占靈境，龍御天齊坐法宫。擊壤别看歌萬壽，應知夷夏盡呼嵩。

九日三峯閣和李六臺二首

重陽登閣當登臺，絶國風煙短鬢催。檻外江濤連雨急，尊前山翠接天來。吾衰已謝周公夢，客賦無慚李白才。若使柴桑歸更晚，荒蕪寧有菊花開。

二

秋江水碧浸芙蓉，佳節憑高旅思濃。浹月雨霪迷九日，中天雲破露三峯。思歸只合隨飛鳥，濟世還應起卧龍。賴有黄花能醉客，直將烏帽掛高松。

新秋對月有懷王歐及鄒耿諸子

新秋客夜坐虚堂，院柏亭筠釀早涼。西徼自無鴻雁到，東山已過薜蘿芳。銀河影掛千峯淨，碧月光連一水長。此夜不禁思萬里，吴天楚澤共微茫。

霧中山曉霽登頂其上有飛霞峯明月池

曉陟山巔霽色縈，碧雲踏破紫雲生。應憐石髓勞仙餉，共看曇花隱鹿行。峯出飛霞真作護，水流明月足爲盟。滕蘭一去無消息，倦客從誰問化城。

名山道中逢伍魚山年兄奉延紫府飛霞洞和韻爲別

別離長憶帝京春，邂逅相看各愴神。絶域論心鄉語合，中年作客故交親。扳留喜就煙霞洞，歸去應爲水竹鄰。南往北來同燕雁，前程莫不寄雙鱗。

飛霞閣追陪陳蒙山和韻因懷廬阜

瑶草空堦秋自青，碧霞飛閣帶昏星。仙關已覺無塵想，澤畔應知有獨醒。坐久溪山唯落葉，醉來天地一浮萍。相逢等是煙蘿境，斷望還思九疊屏。

陳蒙山官舍後新創小樓題曰瞻峨且云是東望之意也予爲書之而識以詩

仙人早自好樓居，縹緲俄驚百尺餘。高揖羣峯當户出，静看脩竹隔簾疏。圖書曉映流霞外，尊俎秋臨落月初。共道主人心獨遠，峨眉東望接匡廬。

甲子冬赴松藩過竇圌山歷明月關俱有羅兩華題蹟時聞兩華以貴陽憲長歸矣懷望賦此

竇圌山外隔仙蹤，明月關頭路幾重。遥憶故人思故國，且從高躅躡高峯。千尋飛棧天爲盡，萬折危巒鳥不逢。獨羨陶潛歸去早，一尊何處撫孤松。

過風洞嶺望雪山兼聞魏南臺使君開府諸蕃服屬邊烽始靜感懷書此預簡南臺

雪山雪自開天積，風洞風如捲地迴。絶徼盡看無草木，嶢關且喜絶烽埃。應同列子泠然至，不似王猷倏爾回。共道諸蕃前負弩，年來朝漢有高臺。

嘉州凌雲山寺覽蒙山憲副題刻和韻懷寄

江頭巖壑翠參差，洞裏乾坤日月遲。三水煙濤天際渺，九峯春樹霧中疑。青幃正帶曇花捲，斑鬢羞同石髮垂。坐看皇人仙室邇，思君那共采金芝。

登烏尤山山在江水中相傳龍所開有郭璞註爾雅臺

清江幻出紫嶔岑，傳道龍開歲月深。孤標遠與金焦並，靜窟長含霧雨陰。朝逐巖雲來洞口，晚留僧飯返叢林。爾雅臺空那復問，碧潭流水契無心。

坐雙飛橋寺僧出孫思邈丹竈藥爐制甚古留詩一首贈謝楚山上人

朝出叢林入洞天，捫蘿越午到巖巔。千峯合作蓮花藏，雙水高連玉液泉。悟後丹砂俱幻法，行邊脩竹契真詮。闍黎不用重留偈，小坐崖亭意已傳。

是夜宿白水寺相傳冬春積雪封山諸獸皆遠伏及春深鹿開山人始行

春深傳道鹿開山，獨往飄然歷九關。齋閣只同雲坐卧，祇林唯趁鳥飛還。豈無散聖游方外，信有諸天異世間。欲夢周公吾老矣，楚狂遺跡似堪攀。

過雷洞坪自坪上有八十四盤險絶

冰巖霧谷窈無端，飛鳥真看絶羽翰。五夜雷轟僧自定，萬年雪積鼠長餐。青羊已度三千界，白象寧憂八十盤。衰病欲從顔闔老，無如此地淨開壇。

至光相寺是爲絶巔

七天歷盡到天都，獨立飄颻萬仞孤。世外身心雙寂寞，光中樓閣總虚無。崑崙西出堪爲侣，江海東流見一盂。莫道神燈俱是幻，好從名利照迷途。

自峨眉還眉州陳蒙山丈從錦城以詩訊問登山辭甚清妙依韻酬答

名山幾向望中登，御氣乘風恨未能。春日偶然成獨往，閻浮從此不堪憑。眼觀大地原非相，身到寥天別有燈。爲問浣花溪上客，幾時還得共騫騰。

閱山圖擬卜隱適有學憲新命陳子知予之不能遽釋也以詩見嘲作此解之

買山爲傍百花潭，野水脩篁似鬱藍。飛夢幾迴歸谷口，閲圖終日憶江南。舊疴自信三宜黜，新命其如七不堪。爲謝羊裘終莫負，秋風鱸鱠定抽簪。

送喻兵憲歸南昌

美人東去望迢迢，天際冥鴻不可招。世路親經九折坂，勛名重見七擒橋。西山藥室依丹桂，南浦雲帆掛碧霄。只恐金屏名姓在，豈應玄髮老漁樵。

甲戌春小葺衡廬精舍二首

舍紱歸來歲又除，依然谷口舊名愚。門前雙鷺疑相引，坐上千峯畫不如。阿堵只藏徐穉耒，匡床時撿伏羲書。爲嫌故社猶喧聒，更向深山賦卜居。

二

衡廬南北地相交，結搆逢春剪白茅。甫里先生聊作伴，華巔胡老自成嘲。園荒擬種千桃樹，閣小平依萬竹梢。白鹿朱陵隨所往，遲看野鶴不須巢。

西粤舊寮三四君皆一時名士偶因便風裁述昔遊

萍聚當年三四君，粤山迴首賦停雲。戈船夜共灕江度，銅柱朝看漢代勛。洞窈追遊天外出，桂香把酒月中聞。相思半爲交情稔，更數名材世不羣。

贈郭柏岡太守

太守華堂開北郭，玄冬綺席照南辰。無心再憶童騎竹，有道誰憐雨折巾。江上鱸蓴應好在，簾前蘭茝自長春。更看種柏還同老，雙鬢何妨總似銀。

冬日毛右軍自螺川枉訪精舍賦贈并寄訊耿符臺

忽承棨戟駐江濆，入坐飄然意不羣。談宗絶似先司馬，草聖還追晉右軍。野外淹留唯餐菊，山中投贈倚停雲。還朝爲報符臺客，種樹年來當策勳。

曾二潭郡伯曾魯原中丞見和精舍小作疊韻爲謝

新卜未能歸五老，故遊空復憶三茅。却憐皓首初辭禄，豈爲玄經作解嘲。螺浦春回芳草色，武峯雲接舊松梢。南溟九萬須公等，莫訝槍榆獨徙巢。

雪中龍節推枉過精舍〔二〕

乍睹瓊花入座飛，起看玉樹映山扉。白頭索共墻梅笑，青眼欣瞻羽節歸。松下何辭穿敝履，江邊誰伴坐漁磯。高風詎數王猷興，仙棹親勞到剡溪。

茶泉廷尉新第成賦贈

幾年弭節謝金閨，新卜江成傍故隄。廷尉高門應不忝，輞川佳致並誰題。堂開罨畫雲長潤，逕轉迴闌月欲迷。莫道主人今白髮，才名早冠大江西。

題茶泉廷尉雲舫樓

參差華館接平蕪，縹緲飛樓引鏡湖。絕勝雲中行畫舫，還疑海上出蓬壺。牕臨南斗天無際，幔捲東林鳥並呼。珠樹即看春熳爛，不妨高論擬《潛夫》。

〔二〕四庫本「龍」後多「澄源」二字。

奉答大司空鎮山朱公致政還家二首

幾人師保冠羣公，更睹河渠繼禹功。此日情傾三徑客，向來才敵萬夫雄。五雲繞映宫袍色，緑野春連玉樹叢。莫羡東山能著屐，虞廷還憶舊司空。

二

天邊劍履賜歸來，江上絲綸亦快哉。世路久諳同蕉鹿，家園真賞勝蓬萊。芳尊幾共裘羊醉，佳句還追燕許才。出谷春鶯聲正好，肯容乘月放舟回。

中秋日同楊仁叔遊斌姥登禮斗壇坐月聞桂香

經時卧病掩柴關，佳節還登禮斗壇。落木遥通江月白，高巖細瀉石泉寒。身閒麋鹿真爲侣，髪短雲霞已製冠。坐愛天香移永夜，年年來共醉中看。

六十生日避客斌姥懷有訓

虎鼻峯頭獨振衣，龍王洞口御風歸。正慚伯玉能知化，曾共壺丘學杜機。山靜絶聞羣雀噪，天高遥見一鴻飛。澄江回首真如練，悵憶玄暉倚石扉。

戊寅冬再至石蓮洞

余别石蓮十有六年，去先生之逝亦十五年。是冬，負笈躡履，爲久住計，所慚慨匪一端也。久以沉病，不欲多言，重感歲月，聊題數韻。

石蓮夫子去無還，邈矣何人更叩關。久别林巒知竦誚，重來松竹似開顔。泰山頹後吾安仰，威鳳翔時世莫攀。姑射重傷冰雪窈，獨看明月滿高巖。

洞中雪後聞虎

青巖爲屋石爲扉，雨雪三冬客未歸。一卧洞天傳辟穀，獨留虎穴學忘機。石中慈竹娟娟淨，草裏香泉細細飛。文史自憐吾未得，雲山隨處有歸依。

秋日田間

今歲春田大半非，秋田猶喜豆苗肥。歡同禽鳥呼朋出，行趁漁樵共路歸。木落似延山入座，霜寒曾製薜爲衣。農家濁酒堪忘世，不爲長生始息機。

仲冬尹鳳湖參軍過顧留宿

殘冬那得似炎蒸，驀地寒飈雨欲騰。晚霽却看天似水，夜深還見月如冰。歡迎佳客留三徑，坐挹高談勝百朋。舉世交情金馬貴，如君風致幾人曾。

辛巳春日泊舟神岡有懷見臺中丞因憶東坑之聚乃挂言者之口爲之永嘆

春風吹雨暗江城，東望停雲曉霽生。惆悵昔同玄豹隱，沿洄今聽早鶯鳴。石蓮衝暖花應麗，雪浪横江月自明。誰道大鵬翔既遠，猶煩羅罻重含情。

楊乾叔新搆其先君武東銀臺有作因追和之以贈乾叔

師垣第宅國咸休，奕葉銀臺世作求。傑閣好藏先帝製，高堂曾共故人留。蘭蓀九畹浮佳氣，華武千峯擁上游。最是後賢能肯搆，關西清白自悠悠。

衡廬精舍藏稿卷七

五言排律

秋日自海智寺歸家即事

高朋江寺合，浹月始歸來。老屋唯餘壁，頽垣已作臺。案書封積葉，堦水露新苔。荒圃蒿萊遍，柴門犬豕開。餘橙霜後摘，稀菜雨中栽。乞菊纔題簡，嘗茶一引杯。自今幽事愜，秋色共悠哉。

送李行人使琉球十韻

漢節層霄下，周官絶國通。金書頒玉篋，麟錦錫龍宫。到海天爲障，乘潮夜易曈。吹鐃行碧落，旌旆掛長虹。兵謝陳稜武，辭看陸賈雄。鮫綃原入貢，楛矢不求供。天地同垂曜，華夷並祝嵩。少年臨異域，别緒共飛蓬。自是黿鼉國，偏知造化功。歸期麟閣畫，名姓冠諸公。

送樵員外請告還蜀

慢世緣多病，爲郎故守玄。題書天竟許，解纜雁先傳。醉别燕山月，思悲蜀國絃。猿啼巫峽路，楓落錦江船。艓芋宜湔上，誅茅記壘邊。何心榮負弩，詎説叩垂簾。縱薄凌雲賦，還來頌得賢。

萬通政承詔歸省十一韻

澤國標英譽，天官振藻詞。初參鴛鷺侶，已踐鳳凰池。錯落連牛寶，驃騰歷瑰奇。含香三署首，題柱九重知。寵錫非常數，雄飛自異資。恭承丹鳳詔，遠慰白雲思。酒倩麻姑釀，桃憐王母持。遥知花熳爛，應照舞逶迤。康伯親能訓，黄香孝可移。征麾出紫甸，祖席怨青驪。佇挹黄花露，台堦見羽儀。

同姜廷善鄒繼甫王少潛胡祁禮遊西山宿碧雲香山二寺别後追作三十二韻

化嶺連西極，香山翊上京。三關增險阨，九塞倚崢嶸。脉度崑崙邇，襟開遼海横。飛神先鳥去，挈侶遡泉行。花密紅中騎，蘿深緑外軿。妙高凌帝釋，巨麗眇仙瀛。八水開功德，三車邁路程。龍宫日月夐，鷲苑殿堂閎。亭俯多羅樹，垣圍善見城。碑碟分陛級，瓔珞掛簷楹。睥睨黄金屑，罘罳赤玉瑛。法輪迴象寶，梵鐸震鯨聲。鹿子游相亞，獅王吼欲轟。谷虚松韻遠，園廠竹林瑩。先帝留黄幄，今皇駐綵旌。龍神爭護蹕，天女下彈箏。蓄德兼三昧，觀風覽八紘。詎異遊姑射，應同問廣成。慈雲浮濊潤，慧日鎮常明。自匪天遊豫，那覘世太平。賡歌前達蹟，清賞此時情。均有林中好，曾無身外攖。覺花悦淨性，忍草愜幽貞。古刹登鷄足，高僧得馬鳴。勝招青雀鳥，法度白猿精。盛夏炎無暑，中霄月正晴。漱流不記處，選洞更忘名。静窟同忉利，寒崖過國清。眼空南贍部，身倚西長庚。吾道原無外，空門藉有醒。天機自喪我，真寂本無生。回首塵闤客，何心火宅爭。相携歸省闥，還爲語朝英。

中秋夜鄔使君邀登廣視堂後山翫月同舒少參管都閫

佳節秋臨半，英寮夜卜歡。官堂登石壁，客席掛林端。皓月依人至，中天任意看。豈期法署窈，坐攬衆山寬。江漢浮杯杓，軒裳集鳳鸞。三星盞底出，萬井膝邊攢。香遞淮山桂，情傾楚澤蘭。醉題鸚鵡賦，倒著鷫鷞冠。爽氣占玄化，清輝接廣寒。露團光几案，葉落閒盤餐。北海尊猶滿，南樓興未闌。那能羈世網，耐可棄微官。佳賞應難繼，令人憶考槃。

五言絶句

同羅日表下第歸至寶應日表議别舟先行叙别江岸酒樓

花院移舟近，筑歌落盞遲。談深征袖濕，非是怨當時。

王昭君五首

自石季倫以後，詠昭君者多矣。唐宋人獨取白樂天二絶句，以其語有眷國懷土之忱，讀之良然。最後讀郭代公詩，乃知樂天有所祖。郭詩云：「容顔日憔悴，有甚畫圖時。」又云：「始知君惠重，更遣畫蛾眉。」斯其藹然忠愛形言表矣，今古蓋絶唱云。友人歐陽曰守示余和白之作。余因尾作五章，非將以追步逸響，聊亦各宣其所睹焉耳。

冰雪凋蟬鬢，風沙涴綺裳。愁容無復理，不爲學胡粧。

二

淚作冰霜結，愁添塞草翻。斷腸那假寐，有寐是歸魂。

三

自向金微去，幾度閱黄河。妾心將妾淚，點點逐東波。

四

願作隨陽鳥，秋風一度翔。無恩承漢寵，祇憶見君王。

五

傳聞漢帝怒，遣將靖邊氛。安得從俘虜，南隨霍冠軍。

嘲夢四絶

儂别伊人去，若個是相逢。伊人别儂去，若個道是儂。

二

決絶復決絶，不決當奈何。愁令心血損，望使鬢毛皤。

三

夢有浮生相，浮生即夢同。浮生無用憶，遮莫憶夢中。

四

舊夢在何處，新夢續相從。舊空那可續，新續總成空。

卧雪東林寺延望天池感賦五絶

宿世天池客，雲深世絶尋。東舍匡仙館，西家董奉林。

二

一落何遲迴，飈輪久莫馭。悵望山頭雲，裴回山下路。

三

層冰疊崔嵬，凌凌不可度。仙人代移文，塵鞅吾當悟。

四

瘖寐香爐峯，偃蹇東林寺。朝飲虎溪水，還共天池味。

五

允矣當税駕，誅草傍巖竇。入虎不亂羣，巢鳥探其觳。

度鑽天坡感懷四絶

自桃花鋪連陟峻嶺四十里，至望州鋪。約十五里，至蛇到退。又上十五里，至鬼見愁。總之，平地至此近六十里，峻若登天，行者未能不捐神也。甫下山僅十里，上鑽天坡，險如前，然自古感詠者希，豈其險絶不經人行者耶？

蛇鬼悲還怖，梯天獨有人。豈因徇斗禄，臨危試此身。

二

六合同一色，二儀混莫分。何處瞻親舍，茫茫盡白雲。

三

轅端凌太白，馬首控青霄。雅懷鸞鶴侶，疑此得相邀。

四

飛鳶看欲跕，愁猿怯更吟。前峯影天半，那隔故園心。

白沙驛三絶

雲封疑絶逕，崖瀑似懸河。回望經行處，千峰攢若戈。

二

峭壁前相織，層巒後復盤。坡陀開一掌，古驛挂飛湍。

三

披席雲同卧，盤飧霧共傾。等是煙霞境，清夢繞南衡。

午日白沙驛阻漲感懷二首

佳節深山度，禽聲破寂寥。坐愛溪蒲緑，那須漬酒瓢。

二

柳暗滄洲路，山迴螺浦津。羣兒環白髮，應憶遠遊人。予舍地名滄洲，繞洲水名螺溪。

七言絶句

庚戌之秋虜逼都城聞雁有感二首

鴻雁翩翩向海邊，來從北薊自燕然。有無天上催飛將，曾否山前縛左賢。

二

我家匡山雲霞廬，計程明日過山居。倉皇顧影遥懷侣，不次聞聲未勒書。

贈從妹婿張可大歸泰和二首

韶齡獵藝擬飛纓，紫鋏青貂謁帝京。寶馬天邊來共羨，春官門下振芳聲。

二

南歸正逐雁南翔，暫度金陵返豫章。即看孤帆匡嶽遠，白雲遥指更迴腸〔二〕。

題松贈李明府二絶

翠巘臨流矗鏡中，萬松倒挂碧巃嵸。主人衣白辭山出，應采龍形獻帝宫。

二

虬飛天矯樛枝勁，蓋轉扶疏曲幹連。但識棟巃能柱國，詎知霜雪幾經年。

〔二〕「腸」，原作「暘」，據四庫本改。

題况膳部扇景二絶

平湖如練浸寒山，耐可乘槎碧漢間。幾載釣鰲今已就，絲綸那用羨漁竿。

二

舟迴林麓行猶繫，月出湖心碎却圓。佳景當年遊不極，更勞飛夢到江天。

桃源行四首

斷隴横岡蒼霧屯，停驂爲問古桃源。共言夜半傳飛檄，正是當時花竹村。

二

腐草樛枝架短橧，傍床翁姥髩鬙鬙。筊鷄甕粟輸租罄，縱到漁郎莫款承。

三

秦代衣冠何處誇，蹊桃猶發晉時花。若論今日衣完肘，唯有桃川道士家。

四

饑媪扶藜訴乞憐，石壕悍吏索丁錢。撞開籬落聲如豹，道是官家入覲年。

過桃源洞再賦二首

桃川道士路焚香，指點秦人古洞傍。引入高巖泉灑灑，倒看石壑駕飛梁。

二

北極宫前山似刀，蘇黄渡口掛飛濤。峯攢壁絶深難到，應有秦人别種桃。

蒲圻道上搴帷忽睹疊嶂連霄酷類敝廬前山感憶仲弟

共在天南水一鄉，相看渺渺隔天長。搴帷忽見青冥嶂，指點還思喚二郎。

聞雁憶兩舍弟

翩翩好作一行飛，孤影憐余鬢欲稀。每憶高堂春酒熟，夢中齊著老萊衣。

過澧懷屈大夫

道可受兮不可傳，虛以待之無爲先。江潭若肯從漁父，芳芷幽蘭應自妍。

同蔡士備衝雨尋藥山古刹叙别二絶

松韻還同説偈時，峰頭誰度笑聲遲。我來不乞山僧法，莫擬重經李習之。

二

官程苦被白雲牽，載酒尋山廠别筵。風雨莫憐分手地，衡廬已締住山緣。

觀漲懷歐陽文朝

自憐濟世本非才，鞅掌長依楚水隈。春到故園新漲滿，昔時蘭槳共誰回。

夔府官舍夢王尚涵三首

故人天上跨龍媒，旅夜翩然入夢來。萬里愁聞夔子國，憐君遥度白鹽堆。

二

少小交親白髮催，每從南國望金臺。故人不厭關山隔，清夢還期夜夜來。

三

十二巫峯合沓新，爲雲爲雨竟誰真。青春卧穩啼猿夜，不夢陽臺夢故人。

聽鶯懷鄒繼甫二絶

鶯聲日日滿幽林，宛轉長吟復短吟。不見昔時同聽客，啼鶯空作昔時音。

二

旭日高槐啼欲斷，午風深竹弄還長。莫言絶域如天外，猶有鶯聲似省廊。

度鐵索橋

索橋宛似鵲填河，詰曉凌風躡屩過。始信當年蹈水客，只憑忠信出洪波。

七天橋

七天漭沆接虚無，六合渾淪見一吾。度後已知吾喪我，不須象罔索玄珠。

天仙橋

乘風飛度萬重雲，親受皇人赤玉文。爲謝慇懃天上侶，先天已向語前聞。

山嶺晚霽

八萬山河一掌寬，四天應合作迴闌。獨憐到此誰爲耦，坐共羲和倚日看。

下至梅子坡大雨

非煙非霧爛銀光，變作屯雲雨欲狂。八部仙龍來頃刻，共留汗漫九天翔。

蒙山丈從武陽驛放舟見憶春日同遊奉答二首

平羌江上放孤舟，想見峨眉影素秋。正是謫仙吟自好，那因相伴下渝洲。

二

春日曾同聽棹謳，青楊白舫共夷猶。秋來依舊峨眉月，獨羨綸巾照白鷗。

乙亥春日效長慶心身問答三首

心問身

心問身云何晏然，春晨啼鳥尚高眠。饒君安逸君知否，不逐公車已一年。

身答心

身答心云君莫誇，君今住處我爲家。知君鈍拙家常累，不遣家安總是差。

心復答身

憐君傀儡不能收，專爲抽牽豈自由。多少抽人隨線斷，誰從未斷共君休。

衡廬精舍藏稿卷八

序

同年章近洲補令桐城語別序

自嘉靖來，江藩鄉選登甲多者稱癸卯榜焉，或曰其閎瑰卓志之士亦衆。今年春，予與梧陽張子、近洲章子同第，又同出癸卯薦者。然二君質行脩靈，均有長者之度。予得以周旋，辟猶樛木之逢繩，侵容之值鑑，不假告語而自睹其失也。若二君，非所謂閎瑰卓志者與？已而，近洲子先得謁選令桐城，將去，予乃偕梧陽子過之語別。近洲子曰：「子舊遊于江之南北，亦與知民事，有可言乎？」予曰：「某未知民事，然知今之令民者也。今賢令未暇細論〔一〕，前後熟者得二人焉。其一貴溪徐公者，爲句容，其言曰：『今之令以佞上成聲，吾將以不佞上成聲。』故其政專

〔一〕「論」，原作「然」，據四庫本改。

主養民，自身及僚屬上吏供應一切裁省。行之三年，上吏猶數撓之，屹然不以撼也。至六年乃定。九年遷去。吾以一二事言之，可知也。邑舊有二簿，一典糧，一典馬。糧簿歲啓倉，有例金八百，四百以啖糧判，四百簿自取。公聞，遂躬往主收，判簿不得取例金焉。馬簿歲視馬，馬九百餘匹，匹例一金。公亦自往視馬，例遂絶。邑舊募民兵四百，每兵十金，公兩分之，歲更番募，止二百，一歲省金二千。邑當吳越之衝，民疲於供。公令官廠養鵝雞，官池魚，閑地圃之。賓至，取供一不煩里甲。歲自碎小而上數之省者，胡啻萬計？其養民如此。其一即癸卯同年羅汝芳者是也。羅爲太湖，予遘之陽羨，因以徐公之事訊之。羅子曰：『公之約己省民類是也，然以責之上吏恐難。子不聞越富人之愛醜女者乎？越人女貴室，虞姑之謫女醜也，月輟女之饋，以饋其姑，女於是得安其室。越人非遺女而佞姑也，斯所以善愛女也。』予始疑其言。亡何，聞太湖之政未期，而上吏弗爲撓，周澤得以下行。由是清弊藪，夷寇窟，躬率民墾田若干畝，踰歲得粟，以代償民負。興學崇禮，人自遵約。僻壤獷民，欣歡向化，訟獄爲空。予乃知羅子之善愛民猶越人也。然羅子性恬寡嗜，既登第，家食十年始仕。方勸農，從止二三人，自攜飲饌，騎步惟意。上之人雖皆公稱其賢，而又無有私德其情者。是則羅子之政與徐公先後異措，遲速異效，然地之人皆稱循焉。斯予所熟今之令民者也。」近洲子喜，謂梧陽子曰：「桐城與句曲聲相邇，而太湖膚壤也。吾今得所以爲桐城矣。」予曰：「然。邇者江南寇久，徵兵益賦，交檄旁午，即徐公不獲節養，羅君不皇禮教，子又何以應之？雖然，吾聞之矣，變無定適，其載而不易者，誠于民利之心也。今夫誠心之被民，辟若日之必暄，隨物斯噢；水之必潤，隨地斯濊，彼其至性莫可得禦也。今吾子載其心以行，因變而制理斯民之日與水也，又曷虞旁午之不得節養禮教哉？子又不見銅爵之足，踰峻阪，歷九折，其置步益臧。有吝之者，日縶圉而弗馳，將馳之，且跅弛矣。今之日，設子當其難，豈不益臧其步矣乎？子往，吾將睹桐城南國之巨障也。」近洲子益喜，曰：「此何獨桐城？雖繇此上之可也。」請書以識弗忘。于是梧陽子令予執筆書之，引觴出郊，以貽近洲子。

送薛同年使金陵序

今觀政進士銓期遠者，往往以部請出使去四方。縱身沐冰雪，呼吸滃沙，冒出虎狼之口，至甘心不以自憚者，冀得取道犇省其親，罄一朝之歡爲私幸，雖千萬苦不自計耳。而廣潮薛某氏不能之西北，徒慨然載目南睇于飛雲之表。久之，本兵武舉録竣，例遣使留都，獻成大廟。于是職方大夫言于大司馬許公曰：「今兵部觀政進士嶺南薛某可使。」乃大司馬公遂上其名以行。於是聯諸君子郊送，而廬陵胡子則進而告之曰：「以子年最少，則最父母所睠念。今果得假餘日取道歸嶺表，上慰高堂之睠，用展其一朝之歡，此則諸公所賢異吾子者特厚，而其行又非有苦寒滃沙之侵、虎狼不測之虞，將逌然鍾山之麓、秦淮之濱，傾都長行尊德、候訊王人者，人相織於道。已而放南，息駕於海陽，惸夫鰥生咸夸問于載歸之晨。此比之終童之建節東歸，無以遠過。然視子之色辭，則以苟得歸覲，償肺腸之願，其它無毫髮加乎其意，子豈有過人者非與？今人所最患者，志見不曠遠耳。子生於大海之濱，見莫非海也。夫見莫非海，則進此而庸且行之，將視之，猶流澌噴沫也，而况終軍之事，不亦啻涔之纖潤矣乎？嗟乎，吾以海觀子矣。雖然，吾又嘗較之，以四海語江河，則不啻大陂之一埳井者；以天下語四海，則不啻九牛之一豪旋者。是故觀海者既大矣，意不若以天下觀天下者之尤大也。吾聞嶺表奧區，昔嘗有有道之士生焉。子歸，或有遇，則吞若南海者八九于胷中。異日子來，吾且以天下觀子矣。吾與諸君子期子者不細小也。輒發其狂言，庶幾足以贈子。」

送同年黎叔期尹盩厔序

初，涪州黎叔期舉進士，與予同伺座主李先生門。予視黎子色辭若不欲畢一第而已者〔二〕，予固心奇之。已而，又同觀政兵部。凡在兵部者餘三十人，多四方俊辨之士，有所論議，則莫不

〔二〕「畢」，四庫本誤作「華」。

奇黎子。于時，晉國李某先選得令清豐，乃即謀黎子爲贈文。黎子則稱引聖學，而激之以漢吏，其言曰：「今天下人士，童而習者類皆祖漢儒，然循良之政竟不聞隆于漢者，何也？意者漢儒承斯文敝壞之後，雖其考辨未析，然各即見之所到而真意行之，斯亦足有立於世。今之操管爲文，大者罩天地，而細入於無倫。然言不必行，行不必實，及解褐登仕，簿領奔謁，勢利交而得失眩。求如漢儒之真意者鮮矣，而況聖賢之學乎？」一時讀者憮然，知黎子之賢有本末。且曰：「使黎子爲令，不獨不爲今時吏，且不爲漢吏。」今黎子果領選補盩厔令，諸君復委贈于予。嗟！予何以贈黎子哉？聞之昔時有國主者，獨喜聚穀粟、金帛、牧畜，至不可萬計。其視當時之錦玉妖姣，則曰：「是不可以衣食人者也。」來輒唾而絶之。客有欲爲國主壽者，聚族謀曰：「今主人性不喜珍，吾雖有南海之晶珠、西昆之璇樹，無敢獻也。若其所喜聚者，則彼且山積谷量矣。又非吾斗斛尺丈之可進者，吾殆何以爲獻？」或教之曰：「子無以獻也。子惟告主人，以若所蓄，撙飲而安食，擁輕而策肥，少發其餘以仁其里人，使日相鼓舞爲主人壽，斯主人之爲福德甚盛。」噫！斯言可謂工於獻主人矣。今以黎子之所論說，則何異國主之絶浮玩而甘實得者乎？駢辭枝說，予不敢以獻。予將欲效實以語子，又何加於子之自有也？予之告子，則亦曰：「飲食斯，服御斯，捐其餘以及盩厔之民，繇是贍於一國一世，以逮無窮。」斯子之所樹，不將出漢儒而上之者乎？不然，人將曰：「漢儒少有而少用之且效矣。今大有而不大用之，則與未有而無所用者，其過均也。」是則非黎子之所自志而自誦者也。若予，則終無以贈子者。

别同年陰定夫序

天下有不可常者，有可常者。朝作而夕以陳，宿爲而明以幻，此雖近暫，不可得而常也，而况遠久者乎？生於無始而不爲老，延於億萬世而不知其所終，此雖遠久，不能以不常也，而况近暫者乎？然古今域内之夫，不獨其身都三事、肘挂六印之大者，靳以爲固也。即有飛羽之權、康瓠之儲，莫不擁據以爲萬世之業。至於耆生碩士號稱博通者，睹人地勢之巍、章服之炫，則見以爲矯然而龍興；聆人呼喏之衆、頌譽之叢，則見以爲烜然而神變，得之則魄與之俱翔，失之則神與之並褫，此不猶憑海以觀蜃氣？黼閣璇臺、奇物姣人，絢焉可攬也。然閴忽變消，猶睢睢養養而盼其來，是不知其不可常而以爲常也。夫以不可常爲常，則常者喪矣。此不亦天下之至悲也乎！以予之涼菲，自結髮迨今，所際變若秋雲，猶幸知有常者存也。今年春，始得舉春官，列三百人之中。方其唱闕廷，燕省闈，解褐于成均，林林乎出，絡絡乎入，果若鉅宗之昆弟之爲出入者。已而，各觀政于部寺署，數十人居合一室，暮而散轡，晨而聚肩，果若昆弟之析而爲出入者，而定夫陰子則與予合室而同志，又若昆弟中可以語心者，甚不可一日去也。然自首夏抵今四選，向之三百人去者大半，數十人者僅數人。今定夫又將出爲南省户曹，予顧視左右，稀矣。予因感斯人異時榮落顯晢不可知，升之或爲龍虎〔一〕，沉之或爲蛇鼠，殆亦如此矣；非獨此也，即凡有科以來，隆貴拓落，類若此也。又前之楚、漢、曹、劉、齊、晉、湯、武之事，類皆若此也。然則自往古以來，直忽區耳，其終何可常也乎？嗟乎！其常者奚在也？定夫蜀内江人。蜀之先，其人之隆貴，俱已朽滅久矣。獨其文辭之瓌瑰，功烈之輷巍，至于今不朽滅者，將不謂之可常也乎？然其文辭功烈，雖世世誦人口，而其誦而傳之者，蓋在人不在己也，況其人亦遞相朽滅久矣，是終謂之可常也乎？雖然，是必有爲之本者矣。生之無始而不爲遠，延之億萬世而不知其所終，斯其有藉于物者乎？亦不藉于物，而貴傳于人者乎？抑不必藉于物、傳于人，而獨在其一身也乎？定夫合而觀之，其畧可知矣。定夫以文辭首蜀士，其他日功烈非可量，其能不以隆貴易志意者，不以予言也，而予猶欲定夫知文辭功烈之必有本也。然則天下之至可常者，不在定夫之身，而又孰望之？定夫之邑有銀臺趙公者，同志之楨表也。至南省，以予言訊之，然也不然，又畧可知矣。若予與諸君子之不得常晤處也，固無憾矣。

〔一〕「虎」，原作「武」，據四庫本改。

壽徐桐湖年伯先生七十敘

餘姚徐桐湖先生少治《禮經》，不爲訓故〔一〕，而好研其旨歸。凡受經先生門者，類陟顯仕。已乃魁鄉士，先後令福清、古田，治教節養，一切以禮。其語民，若語在門者，所至以異政稱，而上吏有嫉其好古者，撓之，遂發憤謝去。民至攀號莫留，乃爲建祠樹石，以志不忘。既歸，授學三子。子某，第丙辰進士，官比部郎。又再歲，先生年七十矣。比部君以縻于官守，不得躬觴，懷悒悒不自得。而其寮友聞之，則謀所以壽先生者，以廣君意。且曰：「先生砥躬治民，進退鉅節，爲世禮宗，壽得如禮，可乎？」某惟古者先王養老之禮隳已久矣，今猥欲以子弟親好之私行之，其將不爲瀆歟？夫先王之養也，視其老且視其所以老，是故國老隆矣。非莫爲奉也，而必以鄉射之節崇焉；非莫爲使也，而袒酳鞠牐躬爲之薦焉；非以無議臣也，而一有所問，則躬就其室以珍從焉。天子所以擎拳跂踶，若奉其王父母者，何哉？誠以老者道德之尊，匪是不足以導愉而示嚴也。夫導愉則引年之道備，示嚴則憲德之忱將，此先王之上下所以交相成而事業隆也。今是禮既闊絶，而先生又珍其道德，寥然屏乎山窈水奥之區，天子不爲聞，有司不爲問，而

〔一〕「故」，四庫本作「詁」。

獨其子弟親好各以其意願瀆而申之，可歟？雖然，先生再仕不樂，而去身隱矣，又焉所歆慕于其間？故以彼膠序鄉射之勞其躬，孰與其子弟親好奉席撰杖于山窈水奥之爲適也？以彼祖酭鞠䠢之警其衷，孰與子弟親好致其菽麥、蕡稻、椇榛、飴蜜、雜饘䤈、酒醴、芼羹，隨所欲敬進之之爲飫也。以彼笙、簧、琴、瑟、歌咢之煩其耳，孰與擊土鼓、扣瓦缶而歌烏烏之爲快也？孔子不云乎「禮失而求諸野」？是故先王非蘄乎人之愉之也，蘄自愉其愉而已；非蘄于人之嚴之也，蘄自嚴其嚴而已。然則先生之爲壽，誠在此不在彼也，而奚所歆慕於其間？某也請爲先生以是焉頌。比之土鼓瓦缶附諸奉席撰杖之末，即先生其寧有拒乎？若其嘉謨懿畫，天子有問而遠不可致，則幸有比部君得於過庭者之既閎也。君出而賦政，入而告我后有日矣。是則所以壽先生之大者，而又奚囁囁焉以躬觴爲？

送周縣丞之元氏序

余與萬安周繕部君同年友善，因熟其從子某者。某始爲府椽，守吏部十年，得元氏縣丞，職典馬。於是介鄉之搢紳及繕部君，請余言爲贈。余雅聞繕部君之論官也，曰：「比民莫如令最，比而狎則莫若丞簿。丞簿良耶，民將謂保母；否耶，民將謂家虎。故擇邑貳，宜慎乎郡貳。」信斯言也。君之語子也篤矣，余復何言？然子職馬也，無已則請爲子言馬。夫牛羊之馴伏，童子得麾肱而來之。馬則不然，馬有駿駔，使牧者弗得其性，則將奔踶、逸駕、騫坂、超塹，顛而斃者多矣。不然者，則宿無半槽之飼，而朝有毒箠之威，其蹷而斃又多矣。故牧馬視牧牛羊難。五方之民各殊，獨燕趙有慨慷悲歌、結客少年之氣，使牧者弗適其情，則將鶩悍鷹擊，鼓煽相起，其顛於法也亦不少矣。不然者，則身有繁賦之累，而官有圉奪之菑，又未嘗不蹙蹙然蹷也。故牧燕趙之民視他方亦難。然馬誠得其性，則可以過都越國，他畜弗能望。燕趙之民誠適其情，則可以急公死義，他方弗能先。是又在乎善牧者而已矣。今元氏，趙地也，子素稱謹敏溫克，急人甚己，其能使人馬之兼適也，斷可識矣，其爲保母，不爲家虎也，亦斷可識矣。雖然，予又有感焉。天下大一馬也，既已首燕、趙，則項臆齊、梁，腹腋吳、楚，肋脅閩、越，蹄足廣、蜀，尾滇、貴，肩背長塞以之。今自項以下，未嘗無事，獨首領得密邇皇仁，然亦已疲矣。牧者不尤爲大急乎？夫一邑，一方之積；一職，一邑之積也。子行試之可也。

代送太守范君之任淮安序

淮治左海而右河，河又挾沂、泗、沭、漣、汜、濉之流，以合淮而入于海。近代又疏邗溝，泄湖水，以達之河，爲運道。以故淮之隸地，甽畝半爲巨浸。民歲食或不能半菽，而況公租不可後？又況公租之外，必給力以奉文武大吏、分司郡邑之需。且以當孔道、上下往來之衝，不重難乎哉？然是三者均不可以貸且殺也，而頃年益以寇警，民外苦劫戮之慘，内困兵餉之繁。其間桀黠拳勇、逋公販私之徒，輒復舍髮從賊，滋爲民蠹。故淮之疲爲可矜，而其轇轕最爲難治，又今仕者之所聆而畏也。往予之撫淮也，適寇始爲菑，民力已不支甚矣。今予去淮已四五年，予不知淮之可矜而可畏者其狀何也。今年之夏，予秋官曹郎會稽范君承命守淮，將行，而請所以爲治。予以淮之爲郡，辟之孱弱之人，外有迴風不留食之病，内有癰毒莫可忍之害，偏治之則傷其一，兼治之則勢不可。意非人醫能醫之也，必有神醫醫之。而范君其謂之何？雖然，古法有云：「安穀者過期，不安穀者不及期。」然則穀氣者，生人之原，而病所從治者也。即令有神醫者作，非不兼治也，而治之必自迴風始。予家濱海，往聞海上戰常北，訊其所以，則曰：「下之人困于取財而從寇爲鄉也，故北；上之人困于乏材而賞罰難操也，故北。」夫以下方困于取財，上方困于乏材，而上吏之給一供不啻伯之，四方往來之給一供不啻十之，川汎觴濫之給一供不啻倍之，此上下之所以益困而畔敗隨之者，蓋穀氣薄也。穀氣之既薄，揭揭然唯癰毒之治，則其人棄已久矣。醫雖神，奚爲也？噫！以江南之壯實且爾，而況淮之孱弱乎？予往有慨于淮不得良二千石相與戮力反本而圖之，則其病必不可瘳。今幸獲范君以往，方人皆畏淮，而范君以恬介獨得淮。然范君惇大中堅，有遠謀，其于治淮，蓋其人也。不然，淮南北之喉領也，淮終不治，將又有大可畏者存焉。范君之行也，既先植其穀氣，爲之三年，有勇知方，捐其所自畏，以釋天下之大可畏者，又孰與于淮民之易？異日天子徵神醫，能造命元元、安利社稷者，非范君誰耶？

别王尚涵序

余結髮共學，忘形期許，内托骨肉之誼，而外承拂弼之交者，則與歐陽文朝氏、王尚涵氏爲最。而尚涵以庚子舉鄉試第一人，余得踵上春官，久不相離也，則又爲最。二人幼貧食苦，其道所經營，肝膽相悉，又最。當是時，二人方年少氣勁，今忽忽偕年四十，髮星星白矣。前年丙辰，余始以學諭就試，成進士，乃尚涵復試已未不第，亦復授華亭學諭以行。邑之縉紳以爲贈尚涵者，宜莫如余。始余之少也，騃不曉事，睹尚涵精敏持重，揆物中情，憮然而慕。余性駘蕩多易，好爲往古之談，睹尚涵之擇地後蹈、擇言後發，則瞿然而却。余入慕道德，出悦紛華，欲寡過未能也，睹尚涵之揭揭自果，成于少，不易于強，則芒焉以不恒懼。三者，余方資鏃羽于尚涵，自視枵然無所用之也。余又安能以無用之言而益夫有用之器也耶？雖然，物有之矣，工之爲輪也，規之、萬之、量之、權之，人無不至矣，然必水之以眂其平者何？誠以水無心而虛也。故函牛之鼎、萬石之鍾，中實其竅，則不足以入溪毛而鳴巨挺，而況於用乎？周道之繇也，以其廣也，有好訐者曰：「人之廁足方尺之外無繇也。」盡方尺之外而塹之，人尚能繇之乎？故曰：「九層之臺，其下千畝。」尚其基也。馬之良也，非不直中繩，曲中鈎也。自九方視之，則曰：「此法馬耳，非康衢不行也。然而以之峻坂則躓。」是故君子未嘗不揆物也，而虚者通；未嘗不擇地也，而弘者遠；亦未嘗不自果也，然蹶而後臧，習而後調，蓋屢遷之爲善也。由是言之，無用者固有用者之所爲用也。余又安知無用之言不益于有用之器也耶？曩余之教句曲也，走師而問焉。師曰：「教不在學乎？」嗟乎！教固難言，而學尤難言也。尚涵夙爲今少傅徐公所器，華亭，公梓里也。公必有以語尚涵者矣。尚涵往矣，觀于水得東海焉，景于人得少傅公焉，聆于學得公之言焉。進之爲水鑑，爲鼎鏞，爲千萬人所廁足，爲康衢峻阪，不易其轍，寥乎爲遠，浩乎爲大，又惡知此之爲用，彼之爲無用也？嗟乎！斯尚涵之所爲用於世者也。余于尚涵分當爲規，不當爲諛。余言果奚以益之？

别諸南明太史歸越序

始，紹興諸南明君以丙辰對大廷，天子親擢第一，官翰林脩撰。縉紳榮之，而君弗有也，則退與二三友講求仲尼、孟軻之道，將大肆力焉。既三年，君得貤恩，贈所後父，封其母，乞恩，贈封所生父母如所後，又得請告奉二母歸，咸出殊典。縉紳又大榮之，而君弗已也，則又日與二三友求所以肆力斯道者，曰：「吾將山居而静觀焉。」比部羅子、鄒子、侍御耿子及二三友，咸有贈言，令直爲之序。直常偕君試南宫，凡就試者不下三四千人。此三四千人者，始嘗登等於數萬人，已而得對大廷者，止三百人，而君獨冠，獨能致殊典于其親，是君固千萬人之一人也，君之於親誠榮矣。然觀之古今制科冠者，不知凡幾人。惟宋之吕、王、張、文數公獨著，使今有數公，則又億兆人之一人也。然數公雖著于世，謂之聞仲尼、孟軻之道，則又未也。至近代羅、吕二公，迨今羅贊善公，始皆有志于道。蓋上下千百年，數人而已。乃兹復有君，是君之爲志固可以輩推而世計之者哉？夫仲尼、孟軻皆旅人耳，而聞于其道，即不可以世計，則其道果在于榮遇而已乎？君又豈以一日之榮遇爲足顯其親而已乎？雖然，自宋以來，尼、軻之道明矣。然使人知皎然求之于心者自越始，而後之學于越者，即未有能臻於其道，此又何哉？意者悟未達乎？則既有敏識玄解、稱妙悟者矣，說未詳乎？則既有廣譬博喻、稱篤論者矣，抑未有必爲之志乎？又或不免重内輕外，與尼、軻之旨殊乎？非直足知也。君，越人也。然則今日不溺于悟，不耽于說，有必爲之志而無輕外之弊，用能光大越學，以紹尼、軻之緒，果不以輩推世計以顯其親者，非君，疇則勝之？某聞之，仲尼之徒，顔子至矣，而其所聞爲仁之目，則唯曰：「非禮勿視、聽、言、動。」軻氏亦曰：「行有不慊于心，則餒矣。」而卒歸其功於集義。嗚乎！此所謂尼、軻之旨未始以内外異觀之者也。君將山居而求諸此焉，則靜可也，動亦可也。異日出而柄世，而君之復我者，必不有殊于尼、軻之旨而可以行者也。

胡氏世叙

胡氏之先衛國公贇，自金陵辟地來吉。伯公霸，居廬陵，至資政殿學士銓而著。仲公貞、季公陽，居泰和，至屯田員外衍、南城縣丞箋而著。語在楊文節、文貞二公載記中。衍家南岡，官至工部屯田員外郎，階朝奉大夫，所至以循良稱，與黄魯直友善倡和。語在省郡志中。又幾世曰太，字宗元，始徙令義禾田。繇宗元公幾世爲子忠府君，子三，伯曰雅，字興詩，國朝永樂丙戌進士，未官卒。季曰和，字成樂。成樂府君子四，仲曰哲，字亶明，實坻訓導，以儒行著稱，子爾極。爾極府君早世，娶月池彭孺人，生子二，伯曰行恕，字民悦；仲曰行恭，字民敬，是爲謙齋先生。謙齋先生生六月而孤，幼穎敏，強記絶人，不爲兒弄。家貧感奮，常夜樵柴，讀書忘寢。弱冠作《運甓論》，師陳公異之，令請于母彭孺人爲縣諸生，而祖姑固止之，曰：「汝孤，無作業行，孰爲資？又孰爲若孃持門户者？」先生泣下，已之，遂去里中嚴莊蔣氏爲童子師，因得備朝夕，間辦滫瀡，奉彭孺人盡歡。平時出必揖以告，夕入如之。晨起，櫛縰伺寢，問所宜苦。夜則張枕衾，夏扇冬燠，以時抑搔之，竟後日力。彭孺人末年病不能卧起，先生率其妻蔡孺人更持抱之，藥必親嘗，溲必視色，夜呼，未嘗不在側也。如是者三年，歲戊辰，彭孺人終，哀毁幾絶，忌日必哭以祭。其天性篤孝如此。彭孺人既逝，家亡儋石，食芋半菽，或竟日絶炊，披誦坐中庭，曠然若不記餓否也。先生於讀書嗜古，亦出天性。書貧不能購，則從其從伯教諭君匡及所善蕭載沃者乞假，手録至數十部，由是博通《六經》、子、史，下逮醫卜、陰陽、小説，靡所不闚。初得《性理羣書》、《近思録》，即手録，誦曰：「此鄒魯正脉也。」遂殫思天人之際，究極物理之原，每有意會，輒箋疏其義，旁於《易》、《書》、《詩》、《禮》行間，家居稱引《内則》、《少儀》及《孝順事實》、《爲善陰騭》二書，語懇懇敷腎腸，羣從子弟服行凛凛，無敢博忿爭者。四時家祠，經費祗祀，獨首族人。率一歲間，不授徒講業，必半之祠下也。雅慕范文正之義田，曰：「吾家作者無忘吾所欲爲族人。」寓楚，囊家譜如楚編名；養生雁二以歸，曰：「有行親迎禮者，得遞獻之。」衆雖迂其言，不敢駁。于時廬陵琅湖蕭氏闢義塾，重請師，乃禮先生教之。先生之爲教也，先孝弟容禮，然後舉業、雜體文科授之。故其在門，言辭藹藹如也，體貌雝雝如也，見者覘，知出先生門，以是鄉黨延頸致之恐後。始先生從授學者陳公，名某，篤行有矩度。游其門者獨器先生，而所善蕭載沃者即出琅湖，敏辨有志操，喜柳子厚之爲文。既連蹇，鶩爲卓詭，不可目前人，操行與先生異，然相親友稱莫逆云。少又與里中故刑部尚書郎周公尚化友善。周公砥節剛廉，居鄉獨推先生。一日貽書，及詔書裁抑生員，私議其可否，先生報書曰：「吾子校論吾儒者今日事，甚幸教我與世俗議異。然伏睹今上嗣位之初，下懷材抱德一詔布天下，此則神謨睿算絶等于後代萬萬者。若今頒裁抑生徒冗濫，一例遍天下，此恐佻者倡和，爲茲無俚之畫，豈宸斷之初心哉？

且今青衿冗濫，固宜更張之日，遂例裁定額，以爲尊聖祖訓，非不謂韙也。至于大邦千百中，僅存其什一，不至數盈而強；小邑數十輩中，不封其一二，不至數虛而縮。使大邦所出如小邦所存之上上者，則在大邦，何不幸之多也！使小邦所存如大邦所去之下下者，則在小邦，何幸之多也！假有希奇佐王之夫挺出其後，亦以例格而不得入，則何以能無棄玉之嘆？況大邦既黜之徒將襲籍來於小邑，是導使欺君而翼於弊敗之風爲甚者也。以此廣材埤國，豈不增撓哉？僕則以爲不如因人才爲去取，不以衆寡格；因風土爲希稠，不以郡縣拘。倘可爲取士之效歟？且窮居懷天下憂，布衣談當時事，誠莫逃出位之譏，然因吾子論難，輒次裁答，亦柄世者之樂採也，幸不爲過。」其再書曰：「裁抑之説，昉于青衿之子，規免差徭，請謁公事，假私蹊以備員名，借冠服以圉齊民，此則流弊之甚。吾子所以斷斷言之，豈不然與？僕則以爲周士之貴、秦士之賤，皆有繇來，非可以一罪士也。夫提調教官，造士之本也；督學憲臣，簡賢之綱也。誠令在上者教育紬録，首士以德行，導士以公正，則本端綱挈，就有奇衺之人，懷無狀之心者，不得刺其間矣。乃欲膠爲定額以抑之，不亦後乎？且科舉之法，未有悉今日者。然而弊之不衰，才之不昌，則以薦舉之未行、舉主之未坐故也。夫欲導爲射，示人操矢；欲導爲御，示人執轡。今盡以科舉而督實行，是猶誨射而示轡，誨御而示矢也，豈可值乎？是故科舉之外必行薦舉，則篤行之風倡；必坐舉主，則憑私之路塞，此不可易之勢，可見之績也。或者因謂：士稽德行，則有刲股廬墓、轉用爲欺之患。此又不究其原，而猥以俗議掣之也。僕甚不然，昔者三代教以德行，而賓興之。若是，則人當無完股而墓舍充郊鄙，萬不爾矣。漢舉孝弟力田，又舉孝廉。國初，首重薦舉，累累得名世士，豈聞有殘軀舍冢以規之者乎？夫殘軀舍冢以規進，非今獨難，雖古亦難也；寡悔寡尤以得禄，非古獨易，雖今亦易也。彼豈有輕捐其易而重幾其難者乎？且今患不有此等人耳。假誠有此等人，即賈名干世，猶當登而揚之，以樹標于末世，比之買骨以爲駿招，豈不可也？今奈何遂以臆見拒良法哉？萬一今日能復此法，則雖踵虞廷之比屋，蹀文王之濟濟，不足難矣。僕之區區，祛弊振靡，亶先于此，爲國禔祉，不竟大乎？吾子異日圖之。」周公得書嘆服，且曰：「使若國初薦舉法行，則首詣公車者，舍先生誰耶？」已而，又擬爲《策問》自代爲對，詞旨偉特，一時并傳誦焉。蓋先生雖伏蓬虆，不忘當時；雖行鄉閭，要亦有所及，非苟沾沾自好已也。最後，都御史王公講學虔臺，其意指出入朱子。先生心不然之，會公道吉，上書陳辨。公曰：「待歸，相見細講。」先生退曰：「昔之處士多遊公卿以相引重，吾不爲也。」遂竟不往。年踰五十，意嫌遠出，遂館族之陽田。時孫直方六七歲，挈以教，又手録《國朝名臣言行録》授焉。今手澤具在。館數年，猝病中風，輿歸，一夕不語卒，時嘉靖丁亥十月某日也，得年五十有九。鄉戚知者，嗟悼涕下。中桀黠者，更爲之痛，曰：「嗟乎！寧天甦我，何殲乃善人？」先生生平仁愛無猜，先人後己。雖優隸，禮若嚴賓；雖戲劇臨之，對必誠悃。其容人慕婁師德，有暴之者獰甚，直面壁而已。或延謝，則歡然往，雖曳止之不得。其楮墨卷帙衣篋，皆有常置。倘迫，無疾言遽色，步履御用不可得亂也。故人雖以莊見憚，又皆樂傾其誠，至指目之曰「劉髦先生也」。劉先生者，永新人，故學士文安公父，質行悃愊，出言爲世口實，與先生頗相埒，故云。故居扁曰「謙齋」，又自稱謙謙子。所著詩文，旨遠辭鬯，頗類豪者，吉水贊善羅公嘗讀其《貽子帖》，題曰：「先生誨子以知行爲學，以務名爲戒，富貴利達一不置諸口。」斯言睹見其心矣。書法鍾、王，勁逸如其人。配蔡孺人，宋安撫某之後，生有賢德，能始終，成先生之高誼。既卒，歐陽文莊公爲銘其墓。生子三：伯某，是爲晴岡先生；仲某，季某，皆早卒。女一，適同邑南溪蕭胤仲。歲庚寅，附葬廬陵某都之小江邊祖塋後園，乙辰向。晴岡先生諱天鳳，字時鳴，貌晳白遒雅。自童逮壯，未嘗就外傅，獨受學父謙齋先生。謙齋先生先授《小學》、《孝經》，稍稍通記，始授《四書》、《詩》、《傳》，以貧故，未冠出爲童子師。謙齋先生悔曰：「吾不忍貧，令兒子奪舉業，不可也。」于是先生復專業舉子數年。里中故刑部郎周公延之教子姪，眂先生所爲，偉之。先生天性介特，既内承嚴訓，又得周公觀磨，故其行益方格不可犯，卑視儕俗之懁忮機利者。里士有機利自喜，先生耻而絶之，退著《蛙説》以自廣。嘉靖癸未，年二十八，補邑庠士。時家益窶，食益繁，乃出館虔州之蕭氏。又數年，館雩都之袁氏。袁氏有士曰貢，號稱博通，獨與先生莫逆相期許。而雩士又有何公秦、黄公弘綱，皆學於陽明先生最久，稱高第，日過從論學，曰：「聖人之學，貴反諸心，不事窮討。」先生初不然之，已而疑半信半。時冬夜思家，感更鼓之失，然後舍然信曰：「陽明先生之學，蓋獨有本矣。」于是著《自信篇》，曰：「余家雩陽，冬暮思歸，中心怜怜怦怦，靡有定也。乃夜從友人家劇談，久之返舍，已漏下三鼓矣。既返，踰時而後寢，若熟寐而後寤。既寤而聽，猶三鼓也。余曰：『噫，何三鼓之永也。』久之，聞鼓聲已四下，余復就寢。又若熟寐，而後寤。既寤而聽，猶四鼓也。余曰：『噫，何四鼓之繆猶三鼓也。』余乃攬衣起坐，睹牕檽，隱隱有光，自計初寢，夜且踰半。今其時愈久矣。東方之白，豈非將昧旦耶？而司更者繆盭若此，使吾爲令，必笞司更者；爲上吏，必詬爲令者。于是起而步于中庭，視牕檽光，則月色瑩瑩然白也。已而憶曰：『尚未鷄鳴耶。』諏之僮，曰：『果未也。』又諏鄰壁，亦曰未也。余乃正襟危坐，伺之良久，才聞五鼓。頃之，雞聲始喔喔然浹耳矣。瞿然悟曰：『吾過矣，過矣。』夫司更者始非加疾也，以吾劇談而忘其永也，故疾。後非加永也，以吾憂思而望其疾也，故永。心之歡戚以意遷，時之疾徐以心移，是吾且繆盭若此，奈何以罪司更者哉？使吾誠爲令也，而司更者是罪；誠爲上吏也，而令是詬焉，則吾之繆盭不尤爲甚乎？吾以是知心之所係大矣。故一塵眯目，則天地易位；一指塞耳，則鼓鐘失聲。苟吾由繆盭之心以察物而窮理，是猶眯目以求上下之分，塞耳以求清濁之辨也，不可得矣。故鑑誠明，然後妍媸別焉；衡誠平，然後輕重異焉；人心誠定靜而安也，然後至理得焉。故曰：『唯深也，能通天下之志；唯幾也，能成天下之務。』不然，未有不繆盭而妄欲罪人者也。余于是信陽明先生之學蓋獨有本矣。今夫靈哲煌煌，萬理從生，物眯以塞，病孰爲甚！曰：『饑渴之害莫甚焉。』孟子曰：『人能無以饑渴之害爲心害，則不及人不爲憂也。』噫！是予存心立本之始也。吾於是著之篇以自信，且以告諸同志，請事終身不敢怠棄。」于是先生慨然發憤，反出諸宿學者上矣。館暇，則從何、黄二公及諸同志切劘，退而靜坐默觀，雖夜不輟。讀書唯紬大旨，爲舉子業貴發其精意，不爲訓故。又著《理論》，其畧曰：後儒所以異聖學者，惟以理爲外者之弊也。後儒既曰「性即理也」，而又曰「在物爲理」，則謂性爲在物，可乎？既曰「在物爲理」，而又曰「處物爲義」，則謂義非理也，可乎？又作《常勝論》，散佚不傳。戊子冬，謙齋先生病中風，暴卒於家。先生奔歸，痛哭欲絶，終身以不得永訣飲恨，言之未嘗不隕涕覆面也，乃著《思親記》以自警，其言痛切，觀者感動。庚寅冬，先生既襄事，復如雩都，究異同於何、黄二公，蒸蒸乎造弘深矣。壬辰，雩歸，病痢〔二〕，醫者投以熱劑，遂病瘵。癸巳之臘月十日，先生辭世終矣，得年才三十九，臨終語不及家，惟痛憾不得終養老母而絶。先生生平以學古爲期，濟物爲心。其既聞學也，則以孔、孟爲期，以不愧屋漏爲功，以得其本心爲的，以一物不得所爲耻，以恭忠敬爲日履。其再至雩也，其氣春融，其色玉瑩，其

〔二〕「痢」，原作「歷」，據四庫本改。

謦欬如金石鏗鏘，其遇事如游刃而有餘地，其人之接也如登臺飲醇，莫不薰心戀慕而交稱其誠也。一日著新履行道上，有荷擔者擠之泥淖，履盡涴。乃族人從旁欲毆擔者，先生力止曰：「彼非故也，誤也。」麾其人速去之。先生從邑庠歸，天未曙，憩鹽水嶺之石上，見一人臥石側，齁齁然酣也，袖有物隆起。先生懼人掠去，乃偕僮候守。抵曙視之，即其族子鬻産金以輸官者也，先生立戒遣之。先生居雩三年，其及門士唯今袁侍御某、周訓導文最諸生。文嘗從游山寺，見一人病痿，攣躄踢地，旁一人曰：「使得一金謝我，我有奇方起之。」先生爲探囊不及，一金與之。同行者曰：「是安能待其起而驗之耶？」先生曰：「吾聞言不自已，吾又安能待其起而驗之耶？」文一日侍行，問曰：「今人視色輒動心，何以止之？」先生曰：「今人子女雖容，未嘗不愛，然未嘗有不善之心者，一體故也。若能視天下色皆子女也，何動心之有？」先生言行類此。以某年月日葬坤塘大隴西盤形之原，負辛戌，面乙辰。娶里中漆田周氏，子三，長郎今湖廣按察司僉事直是也。直字正甫，第丙辰進士，初授刑部河南司主事，以三年考陞雲南司署員外郎。于是先生蒙貤典，亦贈爲刑部雲南司署員外郎。次諒，字誠甫，邑庠生。次問，字辨甫〔二〕。孫四人：順，字進道，庠生；顒，字進逵；顯，字進通；顥，字進迴。

〔二〕「辨」，底本缺，四庫本同，據民國三十二年《南岡義禾胡氏季祥公族譜》補。

龍洲稿序

予方捉髪，好攻文詞。至厭棄舉子業，久不録。歲丁未，既壯，始有子雲悔少之嗟，故所爲古近詩多散落不記，存賦二首，竟亡逸。丙辰，官上都。庚申，出補楚臬歸，檢故篋及門弟所藏，讀之如隔世語。追憶宿抱，似亦有所寓寄，且多野人之況，因令存之，間涉靡冶，如《白紵》諸詞，促爲削去，題曰《龍洲稿》。龍洲在余邑南，二水夾出，廣袤五六里，中有各故姓，菓園、花榭、脩竹、巨材、迴塘、疏澗、槿籬、棘巷，蓊葱莽蒼，負勝而奥。余少與數子者讀書其上，雖去餘十年，心常到焉。故自予未試以前，雖有四方之作，咸附是編，表歸志也。詩文凡若干首，如左。辛酉二月日識。

華陽稿序

華陽者，金陵句曲三茅山之第一洞。余昔仰禄教句曲，蓋三登三茅山焉。山殊無奇詭，獨華陽洞幽勝，《志》稱洞與江通，山擁波下上，故昔名地肺，洞其竅也。自茅盈後，若左慈、陶弘景之徒，咸依洞居。余雅遊，輒裴回不能去，然時方温經治章句，應南宫試。因有睹於聖人之旨，誠不欲殫精於詩，所作詩僅八九首，遂題曰《華陽稿》云。

白雲稿序

予不喜弄翰踰二年矣。丙辰，官上都，睹詞家學士麟麟稱盛。又方爲社會，雅亦引予。予故以病自郤。然予獲在西省，省居禁城最西，其入則陌紆而逕窈，兩廊槐柳，夏春交蔭。諸分司咸有砌草、盤花、甕魚、怪石、脩竹、嵬松、碩柏、古藤、穉蘿，蔚蔚夭夭，與塵案敗几掩抑，宛若古刹。其南有白雲樓，樓北瞰上谷羣峰，其西西山也。予雅與二三子卧省闥，經旬簡出，四時相羊，登樓四眺，若可攬結。日曛若綺，雨霽若黛，雪晨月夕若白虹素練，東與黄屋縹闕相映照。卒然遇之，若依嶠壺而睹神宫。夜則乘月步庭階，隱約若在林麓。當休沐，偕出西直門，尋各名刹，步溪流，登西山，往往直罥幽眇，輒不能無感發吟咏，或酬贈追逐間作，咸歸寄情而已。始雖有求工之心，然知終不能工，竟亦置之，弗爲深求，因并録存，曰《白雲稿》。比部古稱爲白雲司，因以名樓，又予懷也，故云。

唐詩律選序

世多以律詩爲非古，予獨不然。詩之古不古，不繫於體之律不律也。辟之求古人於世，將以其質行耶？抑以其狀貌耶？如以其狀貌，則必若植鰭削瓜然後爲古人，可歟？其取冠服字畫皆然。有聖人者出，雖貴麻冕，而用必巾幘；雖貴科斗〔一〕，而行必真草。夫豈聖人不好古哉？以爲取古于裁製點畫，固不若取古於頭容心畫之爲真也。其于用詩，何獨不然？詩之作，義取含蓄温厚，足以感人，而體製次之。今世唯鶩詞葩體奇以爲勝，其於感人之義咸蓋而不彰。漢儒議司馬相如勸百而諷一者以此。夫相如之文體古矣，使皆勸百而諷一，則又何以貴爲？予與郡人鄒繼甫官西省，政暇間，取唐人律詩，删其繁猥，令吏人録爲四帙，相與讀之，往往有當于心者，若今世所共道者不假言矣。其它七言律如張燕公云：「空山寂歷道心生，虚谷超遥野鳥聲。」張曲江云：「遺賢一一皆羈致，猶欲高深訪隱淪。」王摩詰云：「爲乘陽氣行時令，不是宸遊玩物華。」五言律如張燕公云：「山城豊日暇，閉户見天心。忽有南風至，吹君堂上琴。」岑嘉州云：「勤王敢道遠，私向夢中歸。」儲光羲云：「恬澹無人見，年年長自清。」如此語，其幽懷忠抱，雖千載猶能感動。其於古三百篇之義，何以加焉？若獨以其律體而異之，是專取狀貌而不貴頭容心畫也，豈可格乎？昔王荆國選唐詩百家，後自悔曰：「費日力于此，良可惜也。」予與繼甫游而詠之，未嘗費日力焉，因并叙其意，以歸繼甫。〔二〕

〔一〕「科」，四庫本作「蝌」。

〔二〕上海圖書館藏《唐詩律選》殘卷，胡直序後有「嘉靖壬戌春正甫識」。

送履菴萬公赴江西憲長序

某嘗從武進唐先生游，則聞履菴萬公詞藝爲勝。鄭大司寇聞之曰：「其政事蓋兼優云。」時公在湖北，某方被命爲同官。或謂公已有休疏，某蓋惝然戚也。尋聞疏上不報，乃翻然喜。辛酉春，某至湖北，公一見語合，歡若平生，久之，蓋知公之爲有道士也，詞藝政事祗緒餘耳。已而同寢食，接舟車，事至纖巨重輕，唯唯否否，雖不語，亦合其相期也。非獨某不可一日無公，而公亦不欲以一日去某也。公治湖北期年，首先教化，痛抑貪吏，導以廉耻。公私往來宿所溢費盡汰而令甲之，懷撫苗民，動中其情。故自公所在，獄無滯囚，驛無濫供，吏不敢爲暴，閭閻安堵，流民襁復，不煩秉戈而苗土歸者至萬餘指，天子獎賚有加。自他人視公，雖一楮蔬不煩民，一夫騎不使盡力以爲難，而自公行之自若也。是歲夏，公以資遷爲江西憲長以去，而共事兩憲副若南昌張公、臨淮李公與公游從尤習，咸不忍別，相屬爲言。某以公之遷也，其喜也同，而憂也獨。公連疏請休，今操柄者能陟公以獎恬，而又適在予省，固某與二君子之所同喜也。然公行，則吾身遠于蓍蔡，而湖北驟失保母。其爲某一人之憂，豈可勝道哉？然則公當有以處某，而某又奚暇以言溷公也？且使某也告公以職事之内，則公所有也，某不必言也；使某望公以職事之外，則勢所難也，某不當言也。雖然，公固今之有道而望于人者也。古之人曰：「達不離道，故民不失望。」今者號稱有道，享一時之望，天下唯恐不爲大吏，作而爲大吏也，則斯民竟失望，何哉？某嘗有大憂于此，而非公則誰爲言？又誰爲慰？彼有道者，以爲不曲而通，則道不行，不知其曲而通也，未嘗不遠道而病於民也。民病而望失焉，又烏取所謂行其道哉？孔、孟非古之有道而望于人者乎？孔子于佛肸、公山欲往矣，然所之不三年，淹又何其遠引也！孟子後車嘗數十乘矣，然萬鍾不以槩受，又何其介然也！孔、孟烏有以變通而先失所以爲行者哉？夫孔、孟之不忘天下，視衆人什百也，然得之不得，而猶曰有命，而况衆人乎？然則衆人豈欲踰于孔、孟者耶？其皆未忘上進而不知命也耶？公學乎孔、孟，其道上退而不上進，詞藝政事雖所兼擅，猶粥粥焉懼人知而名之。公之往矣，作而爲大吏，其不離道，而荅民之望也決矣。公豈獨爲吾黨慰？且爲天下慰。公其無嗜退不返也，而又令人憂。

督府董近淮先生疏稿序

有爲進西崑之璧、貢南海之珠者焉，有爲漕江東之粳、運關西之粟者焉，二者其孰良於用乎？曰：「子不聞昔之人有握珠璧不得食而斃者，未聞有積穀粟不得珠璧而饑者也。當其燕豫，則庯瑙嬖媛，貴家紈袴之子，寶珠與璧，何啻千金。一逮窘急，則珠璧豈可與穀粟同年而語哉？有用之與無用，不待較而明矣。君子之獻言於君也亦然。著封禪之書，申典引之論，非不有宏詞爛説、馳騁天下之巨麗，絢然如西崑之璧，南海之珠。然使人皆循其辭以陳事于上，則上必不能曉辨以有行；皆循其辭以諭事于下，則下必不能曉辨以有承。雖自享以千金之價，其無救于生人之枵腹也久矣，則又將焉用之？」信陽近淮董公以節鉞鎮川、湖、貴三省，暇日出其疏稿示直，因命以序。直伏讀，嘆曰：「若公之言，則誠所謂漕粳運粟，人得食之以寄其生者也，異夫世之聚璧珠以蠱時人者矣。」公自辛丑起家進士，兩爲令，民食其德，咸爲之祠。及晉爲御史，視鹺兩浙，移按貴陽，陟撫延綏，政績多顯白。今總督川、湖也，則逆酋授首而膚功適成。凡此，公皆豫疏於上，已而奏效，不易其畫，辟之朝而食夫人也則朝生，暮而食夫人也則暮生，其鑿鑿乎有實用于當時。蓋讀其疏，即知其政不假論也。予獨以寬海禁一疏，則當時讀者或未盡悉，未嘗不爲掩卷而嘆。公之言曰：「海隅窮民，無田可耕。若居者禁不下海，下者拒不入關，彼豈肯俛首就死？烏窮則攫，兔駭則奔，此嚴海禁之隱禍也。」已而，數年之後，公言一一皆驗。其極至填人于壑、連結數省之禍，竭東南之血髓，到今而未已。噫！公之言用而福，未用而禍，辟如饋之穀粟，食則生，弗食則不得生，存乎其人而已，公又何少乎？昔者賈生欲分割諸侯王，消未萌之禍，當時弗能用。已而，主父偃舉之，而漢室用安。今公以名材簡陟方未艾，又安知不身究其用而無假諸偃之言乎？直于是知君子之言必爲穀粟之可食以生夫人。使誠足以生人，即或以斛珠而易斗粟，吾不與也。

奉壽大總督中丞近山羅公序

國家涵育無類，函夏內外，訢訢恬謐，生理之極。唯楚西南連蜀、貴陽，萬山崴嵬，攢戟刺天，巇谷谽谺，箐薄蓊阻，間出平陀，人獸蓁育，則昔所稱苗鬼、西南夷之鄉，魋結蜎聚，間山編屋，貌人性獍，慓輕易亂，一不可意，動相鏦剸，猱奔蟲擁，不可櫛理。酣怒豪呑，劉我邊氓，雖屬羈縻，實作不憓。逮於庚子、辛丑之年，剽肆日猖，朝家始議遣重臣出督楚、蜀、貴陽兵事，開府沅水之上，授以不御之權。繇是奉聖天子威靈，芟夷斬刈，如解髖髀，如搏虬螭，既數年而稍定。已而，屯戎設哨，星羅棊列，如障逝水，大勢浸息，滲沫猶滋，又數年而始靜。方稍定也，邊氓咸曰：「吾民幸哉更生，而未逮安生。吾督府謂何？」及始靜也，邊氓又曰：「幸哉安生，而未逮樂生，吾督府謂何？」歲之壬戌，今大中丞總督南昌近山羅公適來填撫，而容山小醜，方就奴纍，群夷仄立，且震且疑。公至，則下所屬各條利害，採擇可行，著爲令甲，耳目不怠，昕夕有程，節靡簡苛，塈墨導廉，汰弱易窳，飭藩銷萌，將必遴驍，哨必歷久，鎮扼其衝。夷雖獍也，不絕以獸，聽民交易，無相紿奪。於是車轍之邇，旬月之迅，文經條達，武緯恢章，德施廣密，聲威旁鬯。民恬耒耜，士狎鋋戈，將卒無私，漢土輯和。近臨夜郎、筇筰、僰人，西極冉駹，南帶粵傜，綰轂昆明，貢獻相望。昔在撻武之君，三年始克，漢戈船將軍屢出之不能收者，公一旦緩紳而坐撫之，魚魚然畜也，詵詵然馴也。頽乎若髖髀之迎刃而解也，游乎若虬螭可引係而豢也，寂乎若淵停之不波，雖滲沫而不爲溢也。山險斯夷，水奥斯明，千里旄倪，咸忻以躍曰：「吾何幸獲樂生矣！匪我督府，孰胎孰成？何以報之？願永千齡！」而午月之穀日，寔惟我公初度之辰。湖北各屬大參蔡君、兵憲李君、都督石君、參戎洪君、李君、梁君申士民之請，乃觥五溪之水，俎明山之簌，登獻爲壽。公曰：「唯聖天子，大德曰生，宵旰靡寧，斯繇以致。我何有焉？」群屬不已，授簡末寮某撰述以晉。某乃爲公誦《江漢》之詩曰：「虎拜稽首，天子萬壽。」又爲士民諸大夫誦《魯頌》之詩曰：「三壽作朋，如岡如陵。」于時上下永貞，同禔于治。如天生而地成，靡有疏數，靡有竟既。豈唯遐壤，食福匪替。

西曹集序

始予入西省，省中稱山東人李伯承嫺詞賦，而伯承語予，輒推轂郢人高伯宗。當此時，兩君結都中文學士爲詩社，稍亦引予，相從好日篤，然予稔病才詘，間睨諸君搦筆席間，咄嗟成篇，往往縮朒不敢進。予又與伯承論相抵。伯承重氣骨，喜瓌壯語，予以氣骨尚矣，而神韻先之。辟人之生有頎然魁碩、鷙瓈虎視、叱咤風雷者，至扣其計畫無所之，則何取焉？假令志意摧三軍，智勇饒王公，雖身不七尺，或狀類女婦子，其烏可尠哉？是故人不專頎碩，貴在神智；詩不專瓌壯，貴在神韻。雖然，世之語神韻者希矣。伯承聞予言，或然或否，至相與共讀伯宗詩，則又未嘗不交口同然，目相視而笑也。豈伯宗於予二人所稱道庶或有兼之者與？予嘗塊卧省署，伯宗時叩寢，縱論天下大計，自負其奇，不肯與世比。方麿臣竊魁柄，頤指中外士，伯宗獨據法裁其私人，屢奸請不回，又嘗贈言事者詩。柄家大銜，遂因藩封出伯宗爲右史。時予先佐楚臬，逢伯宗郢上，相與道舊，引滿盡歡，出詩数篇，皆洒然泠汰於物，無吊湘之悲。已又出《西曹稿》，指曰：「此非子與伯承曩所然可者與？伯承既叙之矣，子寧獨嘿乎？」予聞楚有杞梓，不用棟章華，而置爲杙麗禪榜，其文采猶炳炳著也。他日匠石顧之，始徵其餘材爲棟。今是編固伯宗之炳炳者也，惡睹其不徵於匠石者與？予因述疇昔伯宗脩業之勤，并逮其大節若此，覽者不爲膠體而談藝、局藝而論世也，則庶幾哉知伯宗矣。

刻擊壤集摘要序

予既以致學〔一〕，而又苦病侵，時時思歸田野，以求所未至。適同郡蒙山陳子與予同官川南，而又同此懷也，則相與追憶吟望，無日不在青原、白鷺之濱，匡山、湓浦之間，且云吾二人者非獨

〔一〕「致」，原作「政」，據四庫本改。

歸也，蓋將有大歸焉。暇日，取古人歸田詩共讀之，以寄所懷，多見其有激而云，獨淵明之作可謂夐矣，亦終不免於杜子美枯槁之譏〔一〕。予二人者，雖愛之咏之，而未足以盡當其衷，何則？以其猶有人之言者存也。一日，予爲出堯夫《擊壤集》視陳子，陳子手而讀，篋而玩，踰歲，復予曰：「吾讀他詩，非不如珍羞可口，然似有遺旨焉。讀此詩，則知天下無遺旨矣。異日水邊林下，舍此奚歸？」因相與摘其要者將刻之，而屬予以述其故。予少聞先師歐陽公曰：「堯夫，聖之樂者也。」今讀其詩，然後知先生之樂非常樂，其學充焉爾矣；先生之學非常學，其幾先焉爾矣。幾先故體微，體微故應妙，應妙則化而順，化順則達而充。夫既充充然達矣，然後能交食於地而交樂乎天。故樂非欲言也，而不能不爲言；言非欲韻也，而不能不爲韻；韻非爲詩也，而不能不爲詩。今夫大造至矣，唯《剥》而《復》，乃見天機，《復》胎而《姤》，《姤》孕而《震》，《震》上《坤》下，雷出地奮，庶物馮生，此先生之所爲矢詞而成篇也。予雖能知其然，而不知其所以然，而况能與于其幾也哉？予將以晚節師淑先生之萬一，以庶幾所爲歸者，非陳子，其誰予挈之？雖然，大音不響，大羹不嗜久矣。摘而刻之者，匪獨爲予二人水邊林下之計，亦將有和而好之者矣。或以其辭非漢、魏，調非盛唐，則又如九方皋之馬，吾知其千里而已，而詰之者曰：

〔一〕「槁」，底本作「稿」，據文意改。

「是牝且牡耶？驪且黄耶？」非惟予不能言，亦不能知也。

刻喬三石先生文集序

文章之作，何近代品議之異乎？蓋近代作者闇於大道，而顓傚子長以稱勝。其語人曰：「是規矩在焉。」其實襲也。夫古之文衆矣。子長與莊、荀、孫、韓、老、左，凡六七家，咸未嘗相襲，等而上之，讀《彖》《象》者，若未知有《典》《謨》；讀《雅》《頌》者，若未知有《訓》《誥》；讀《語》《孟》者，若未知有《繫辭》，何則？彼文者，道法之所出，不得而襲焉故也。辟之爲居，棟角肖也，然各一其材。今曰阿房、靈光材最古，乃採截而益之，亦曰規矩在焉，可乎？今夫規矩各一物，自巧匠運之爲規，而員出焉；横之爲矩，而方出焉。故規矩者，方員之母也，而方員豈規矩哉？是故道法者，聖人之規矩也。道法備而文言之以詔諸世，此聖人由規矩出方員之跡也。方員之跡無定體，故爲《典》《謨》，爲《彖》《象》，爲《訓》《誥》、《雅》《頌》，不可窮極，執之則窒。子長之雄健，則亦方員之跡見乎一體而已。乃獨逡逡焉執子長以爲規矩而襲用之，是焉知規矩？當時惟何大復力爭之，惜矣。知言如大復而早世未酬也。關西三石喬公自少爲大復督學高第，故其文雖不顓傚子長，而實鬱然有漢人氣。考其人，悃愊介特，憂國急民，厚倫樹風，瞿瞿慕道法者也，讀其言可見，公他行具予友孫淮海君叙中，獨其一事，世罕聞。方嚴氏盛時，天下名人無不序《鈐山堂集》者。徵文逮公，公遂引避不復仕。若公，可謂壁屹偉丈夫矣，公又豈肯承他人涎唾緣襲爲文者耶？淮海携其集入果，果守慎齋伍君又公督學高第弟子也，將翻刻于果，而屬予叙之如右。

南富王氏續脩族譜序

方予髫齒，已知邑南富王氏族屬繁爚。至揞髮，侍海陽尹自齋公、常德二守劈泉公，自齋方格恂亮，劈泉弘濬明懿，一見咸以古聖賢之學見屬。予時喜蕩宕，莫入也。後又與自齋公冢子貢士仁卿姻婭，因謁其伯父太僕修齋先生，睹其儀刑，矍然長者。繼與子敏侍御同年，子薦太守惟弼令尹同試南宫。三君子語余必以學，而余亦下上切劘，不敢自委放。余然後追嘆自齋、劈泉二公之逝，不得復相從，爲可悲也。今惟弼與余又同宦西川，荷麗澤有加焉。而惟弼乃緘其家譜示余，曰：「此脩齋與半峰郡伯續編。」屬爲之序。閱其先世，自唐荷山長者邁種潛德，肇居連嶺，奕世有明，遠翁始移今南富，又再世，生明道、美道二公。當宋之時，二公子孫蟄蟄麟麟，昌家勤王，聲光已爛江介。到今七百年内，井竈第宅，蕃數萬指，冠緌鼎甲，侍從方面，兩泒埒峙，燁乎盛矣。乃以余所覿，則又特異。蓋王氏之盛自太原、瑯邪，勳庸文藻，非不都麗，然未有翩聯以興于學，若今南富諸君子之衆者也。夫學，學爲仁者也。仁者以天地萬物爲身，而莫先於親親。今惟弼與諸君子訂譜敦宗，約範嚴飭，以興一家親親之義，偉焉。乃又有循政裨于民物，其學非沾沾者倫。雖然，予嘗見自齋、劈泉恒有憂先天下之志而未之酬，諸君子繼出髫髦，任重彌力，寢明寢昌，雖以仁壽斯世、訢合天地而族萬物可也。然則大王氏之學者，自玆譜始。予故樂爲序之。

刻督學集序

道原至一，而散見于至不一。是故以至不一求至一，固不可得。以至一而拒至不一，尤不可得。何則？至不一者，固至一者之無爲爲之而不能不爲者也。不觀日與月乎？貞明之體至一，而散見于下土，雖寸壤尺波、容光隙地，莫非明之所被。夸父逐之於隅谷，犀牛矚之於兩角，固不足以得其體。然謂下土與隅谷、兩角所見非明也，乃欲截而拒之，以專求于無所被、無所見之間，則亦將二而違之矣。是故苟不得一，則雖塊立尸居，杜機忘言，固非一也；苟誠得一，則天地之持幬、日月之臨照、山川之峙流、庶物之馮生，吾得絯而論之，無非一也。上之二帝三王，下之九流六家，内之《六經》，外之諸子百氏，巨之家國、朝廷、郊廟、庠序、貢舉、饟餉、軍府之制，細之禮器、樂舞、《少儀》、《内則》、藥工、埸師、稗官、小説之故，吾得絯而論之，無弗一也。古今之學術，上下之政治，吾得絯而論之，無弗一也。然而一之一也易，不一之一也難。予不能知一，而幸友于淮海孫子，方予與孫子足未相數，言未相洽，駸駸乎合矣。已而足相數也，言相洽也，不知孫子之爲予，予之爲孫子也。孫子生神穎，長學于道林子，視其氣，杜機忘言，弗諜一光。至讀其詩文，凡數千萬言，達于天地庶物，究于帝王，辨于諸家，放于上下、内外、巨細，尤嚴於學術政治，而皆出於幾微之所絃，其韻不假揣度而靡不應律，其辭不煩比擬而靡不合軌。予知孫子之無爲爲之而不能不爲，雖千萬言無言也，進乎一矣。孫子督學關西，門人嘗刻其詩，曰《督學集》。今台山邵子刻藏保寧者增文類，復仍其名。豈不以孫子寤道得一，自居關中寖盛也夫？孫子名滿天下，而莫逆莫予若。序而傳之，以明孫子之學，非予誰耶？

刻正學心法序

學術之異同，非謂近代，蓋自孔門而已然矣。孔門弟子唯曾子、子夏最少，至晚年各以其學爲列國師。蓋曾子之學，一貫自得，而發之《大學》，以傳子思、孟子，孟子之後凡幾千年，始續於濂溪與明道。子夏之學，篤信聖人，其言有始有卒，意以末爲聖人始事，以本爲聖人終事。故傳其學者能遵聞見、謹器數。今著于記者可考，波被漢儒，而訓詁繁增。太史公稱「當年莫竟其指，屢世莫究其説」者，蓋其極也。已而浸淫晚宋，到於今而盛行。故二家之學皆出孔門，傳及後世，而異同相訾，何哉？蓋爲曾子之學，以由本達末爲序；爲子夏之學，以遡末探本爲序。

由本達末者，心外無理，而物無不通也；遡末探本者，索理於物，而求通其心也。是故本末異序，心理殊觀，而異同之訾興焉。此豈一朝夕之故哉？當子夏在聖門，夫子已詔之曰：「無爲小人儒。」夫子夏，豈若後世騖利小人哉？蓋警之無爲小儒也已。孟子論北宮、孟施，一曰似子夏，一曰似曾子，已而又曰：「不如曾子之守約。」則學之大歸，蓋已較然辨矣。明道以後，作者非一，然斷然示人先本後末、反求諸心，則未有顯赫如近日陽明先生者也。直長不知學，方壯，遊南野、念菴二師，與聞先生大旨，弗克自決，及讀濂溪「無欲爲要」之語，已涣然矣。已又見明道述天理由自體而得，又曰：「不可以窮理爲知之事。」曰：「天理具備，元無欠少。」曰：「以誠敬存之，不待防檢，不須窮索。」其訓「致知格物」曰：「物至知起，物各付物，不役其知，則意誠不動。」又曰：「人心莫不有知，惟蔽於欲，則亡天德。」然後益信陽明無一語不與濂溪、明道合，其遠接孔、曾，以上遡道心精一之旨，復何喙焉？乃摘取三先生語彙之，以時觀省，蓋自知其贅，而未能已。茲者柄學蜀土，日語諸士，雖興發頗衆，猶復牽於文義，有若予昔之不決者。同門高泉謝公謂曰：「子盍以三先生語刻示之？」聞之今撫臺二華譚公，公曰：「此正學心法也。」遂以名篇。巡臺近麓李公重嘉韙之，乃屬果守愼齋伍君入梓，因以二師論學數書附焉。直因序其所繇，爲諸士勗。嗟夫！諸士不予信，而信數先生，不數先生信，而自信其心可也。然猶有懼焉，學莫辨於本末，尤莫辨於身口。學墮諸末，不及反本，猶懼其牿，若墮口耳，則將奚救？此又直之反躬自皇，而重望諸士也。

賀撫臺三川劉公晉陟少司徒序

事變之興，非一日成也，蓋必有積而醞之者焉。戡難定傾，遏劉保大，發噓噏之猷，而樹瑰雄之烈，亦非一日成也，蓋必有待而藉之者焉。益州之部，三面阻夷，不隔一塞，自邛、筰以東，冉駹稱大，縮轂夜郎，巴、黔相牙其間，皆土夷酋長及江介逋逃所爲都宅，而竄伏者非一日矣。其俗雜氏，其民易動而難戢。旋撲之，則蠆起而衆；緩治之，則虎負而深。夫既緩之而醞其禍矣，然欲以一旦戡定而殄戢之，非誠文武忠猷任事之臣，何可幾也？唐南詔之亂，得李贊皇乃服；宋李順之變，得張忠定乃安。國家往爲藍鄢寇劇，至司馬彭公西來乃定，越兹五十年矣，復見今三川劉公。嗟乎！此豈非所謂待其人而藉之者耶？公之始臨也，支羅挾冉駹之派，憑虎負之勢，抗命已五六霜。先時備兵憲臣莫敢孰何，唯日撻我民，冀洩賊忿，賊視而笑，如是者數年。去年八月，公議親征，有司猶上書諷止，公愬然曰：「吾弗往，則臨敵將佐曷取進止？」維時九月之初，秉鉞東征。某不佞睹公文武忠猷可動鬼神，贊曰：「行其捷乎！」公果夜夢巨神，仗劍叩寢，告曰：「吾爲若殺賊。」公占之曰：「是必神翊予破支羅也。」詎謂白蓮黨從中崛起，神乃翊公而戮之耶？白蓮黨者，故妖賊張寅亡命潛秦、晉、蜀地，糾煽爲逆，積數十年。凡一省中，從者不下數十萬，而蜀蔡伯貫者，亦魁傑也。蔡之徒策曰：「重慶，蜀壯郡。吾出不意破之，則與支羅連坐。遣一酋擁兵，北取漢、綿，直薄成都。其先置者内應舉火，則全蜀定矣。」不虞公提重兵臨重慶，若從天降。潛伐其計不得逞，攻破旁州縣。公立命中軍受方略，分兵搗賊。賊見有絳衣巨神，遂敗，乃盡根株斷之。而先遣伐支羅兵將，亦以是冬盪定，俘斬至不可勝紀。蓋未半年，而二巨寇盡平。寇甫平，則公晉陟司徒之命下矣。或曰：「公歷卿佐舊矣。往權家燀赫薰炙，而公獨外出。乃兹始從蜀臺晉今秩，則前之拓落而艱闕者，固爲西川待之，此豈人力也哉？其天也夫。而西川人士與官西川者，何其幸與！」以某竊觀公，才猷近贊皇，剛決近忠定，然敬寡屬婦，即墨作廉，退然以民隱攖念，宏度虚衷，從善如流，温恭而有禮，則於古人不知孰後先？嗟夫！天之所以待公者，蓋又有大者存焉。於是凡西川在蜀三司咸曰：「吾黨被陶教，席勛猷，非欲一日舍也。」然又無能奪乎其大者，則授簡小子某敬爲之言，以發其眷眷，又爲天下賀其待之大者，故序。

刻武經七書序

直嘗慨古軍政《司馬法》不傳，而孫、吴獨以辯譎儌稱《武經》，非王者宜用。有長老先生哂曰：「子無異也。夫《易傳》戒機事不密，孔子貴好謀有成。兵家多筭勝，少筭不勝，此雖黄帝、太公不能違也，而况後世乎？　方猾夷之剽攻，巨盜之盤噬，羽燧交施，主震民摇，興師十萬，日費千金，存亡死生，嘘吸霄淵，而將兵者不有奇算密畫以取勝敵，乃曰我爲王道，是不仁之大也。黄帝、太公之異孫、吴，非異其法，異其心也。　心之公私，即道之王伯分焉，子惡得廢其法乎？」久之，目擊倭虜爲變，一時諸將敗衂，漂血千里，其間非無鷙擊飈發之士，而傭帥寡於密策，慄夫詘於先發，往往爲賊計所乘。　然後知孫、吴之不可已，而訝上之人之未有以教也。　孫、吴之書具在，世之武胄有終身莫諳其名文者，或諳其名文矣，又止於墨誦應科，竟未能有皎然試之其身者，則何殊吾黨之誦孔氏而未能身明其道者也？　夫孔氏之能興治已亂，至明也。　人不能身明孔氏，而治之莫興，亂之莫已，則尤孔氏之不效，是重誣也。　今之誣孫、吴者亦然。　以不教之將，擁不鍊之兵，一旦事起，上下靡從，徒使文臣輟民務以經武事，齊民既出食食兵矣，乃復荷戈而代之死，以至近募遠徵，莫非朘閭閻之膏以填其腹。　蓋寇未殄而國已先瘅矣。　所用非所養，所養非所用，則以不教將之繇弊也。　而談者乃咎諸時勢將卒之乏，不亦左乎！　侍御近麓李公承命按蜀，曰：「吾所按惟文武大事，而樹風正表。」既丕振斯文矣，又念蜀地近多故，而武弁坐遐僻，無從得書，乃屬閫司管君某陳君某刻《武經七書》，遍示各將佐，而屬直以引其端。　直因述其旨，爲執事者深矚。　其《六韜》非出太公，穰苴、尉繚文非古，兹不遑論著。

瑞泉南先生文集序

予自童喜攻文辭，騖爲奇詭不肯休，頗自矜嚴，以號於人曰：「古詩文法當爾也。」比壯，有先生長老訓之曰：「若小子，奈何以萬鎰珠彈飛肉，不可還；以連城湛盧斸錦石，不折則闕，寧不慳乎？今夫人至靈者，心也，而道出焉，可以參天地，首庶物。自陶唐氏得之，以協萬邦；有虞氏得之，以光海隅；三王得之，以式九圍、清四海；尹陟得之，格皇天；周公得之，興禮樂；孔子得之，卒爲萬世師。緊其大哉，奚啻萬鎰連城？而子小用之，奚翅彈飛肉、掘錦石？吾不暇爲子笑，且爲哀之。」予始聞，搪焉若有阻也，而問曰：「文終不可爲乎？」曰：「文者，聖人之所有事也。吾告子以協萬邦、光海隅、式九圍、清四海、格皇天、興禮樂、師萬世，文亦至矣。聖人奚不爲文哉？且子之所謂文，是猶女婦刺繡文之工，而未睹山龍、火藻之從生，是猶宋人雕楮葉之奇，而未知徂徠、新甫之松柏之爲真也，是奚足語文？子不見自漢司馬相如工富麗，中人心髓，延及魏晉六朝，凡數百年劫奪不可已，甚矣哉！其禍天下萬世之蠱毒也。子尚攘攘焉慕之，以夸嚴於人，仁者固樂爲乎？」予於是惶然汗下，口禁不能言，又悅焉若有醒也。已而悔棄所習，凡有年矣。雖未得於道，然灼然知蠱毒不可近，又未嘗不自哀，且以哀人。雅聞渭南瑞泉南公，少喜詞賦，日爲數千言。既守紹興，偕其弟姜泉公聞陽明王先生語學，遂悔棄其宿習，奮志求學，蓋有先得予心之所同者。當其時，王先生始以學倡東南，要歸於本心正，所謂參天地、首庶物者，而信者尚希。公生關内，居西北，爲辭賦藪，乃一旦棄去，變而之道，豈非所謂天下大勇者哉？公既聞學，以書抵其侶馬西玄溪田諸君，挈而之道，諸君錯愕不能決，第稱公之言以爲弘大，不知公既澤於道而文之，猶之睹山龍、火藻，自不屑組繡；樹徂徠、新甫之松柏者，固知楮葉之不足矜也。先生既終之幾年，姜泉公裒其先後詩文，得若干卷，已付之梓。姜泉公之子叔後，予友也，以序見屬。予考公方强聞道，未傳年而逝，孝友之德、循良之政，風被四方久矣。向使天假之年，公所就不可涯，進則格皇天、興禮樂，退則求爲萬世師，無不可企者。悲哉！已矣。兹集之刻，俾世之彈飛肉、掘錦石而矜爲組繡、楮葉者讀而思之，慨然感於公之大勇，咸有得於大小虚實之辨，則斯道斯世之從繫不尠小也。序惡可辭？

别趙堯卿序

果州趙景雍堯卿少慕聖學，遊庠，厭舉子業。求諸物理，茫無入，又厭之，遂偕其友二三子者，去而學仙釋。既獨反正，閲十年矣。適予視學按果，乃介其子庠生從吾者從予訂學，無一不契。時年六十餘，而志彌勁，而功彌殷。予以病致歸，堯卿買舟浮江，别數百里外，請曰：「雍也幸有省，又安得令二三子翻然歸乎？」予仰而嘆，蹙蹙然而惻曰：「吁哉！難言。夫二氏之於聖人，不異於異，而異於同。今世儒守吾之粗而異，攻彼之異而粗，非不厲戈矛、嚴藩塹也。不知肘腋之士方退考其有同，而内顧决裂，靡所從歸，則又安得不舍而趨之乎？是則世儒之驅之也久矣，吾與子又惡能使之歸哉？雖然，子不聞之，有天者，有天天者，有地者，有地地者。二氏以爲吾得其天天地地者足矣，吾焉知其它？不知聖人得其天天者以成天，而物無不覆；得其地地者以成地，而物無不載。是故二氏之私，不如吾聖人之公也。二氏以爲天有時隳，而天天者無隳；地有時裂，而地地者無裂。吾得其無隳無裂者足矣，吾焉知其它？不知聖人雖物無不覆，而不隳者固自若也；雖物無不載，而不裂者固自若也。是故二氏之偏，不如吾聖人之全也。堯卿盍爲吾告二三子？公者，聖人之所以盡性者也；全者，聖人之所以至命者也。二三子舍性命，無以爲則，又惡能必爲其私且偏而不爲公且全乎？是故善辨二氏者，辨異於其同，吾知歸者之不獨二三子也。此予之所以别堯卿者也，復何言？」

梁陶貞白先生集序

夫性命之精，不以生存，不以死亡，故老子曰：「死而不亡曰壽。」其謂不亡，非後世名與教之云也。彼其身有不可亡者，雖以後天地長存可也，是以孔子與老子未嘗二。然孔子翕張變化，如四時之並運，而大業以生，歲功以成，故萬世仰其爲聖之宗。老子固欲治天下，而張之意取數也少，翕之意取數也多，是猶執秋冬而廢春夏，其於歲功乖矣。然遂謂其秋冬之氣非四時並運之氣也，則可乎？故孔子不惟不絀老子，且復嘆其道而師之。後世儒者動舌則絀老子，然其於性命之道莽如也。是當爲純孔子徒，否耶？夫純孔之徒已不可多覯，借後之世，有純老之徒焉，雖與之遊而咨之可矣。況夫有得於性命之道而不爲老之純者，謂不可因其遺文以得其人之世也，斯不亦過乎？貞白先生陶弘景生於齊末，少讀仙籙，夐焉有志，然猶貫聯於周、孔之教，研精於金石之奧，憮然以濟天下、拯蒼生爲念，仕於亂世，優游卒歲，而未嘗遽藏。年及四十，神靈知幾，乃始掛冠神武門外遁去。時既以隱居自號，茅嶺自終，而猶有敖散談空之慨、與奪紛紜之悲，則又未嘗不心在當時而隱惻於含靈也。恭雖翕之意多，而亦與丈人荷蕢之儔異矣。至其耆年遷化，屈伸如常，而顔色不改，此非性命既全、離合在手，所謂死而不亡者歟？是其宗雖遠出於老子，吾不謂其純老之徒者也。嘗讀其傳，思睹其人，以爲後世儒者或不及。求其遺文閲之，迄不可得。虔吏部黄君大雅博物，搜求奇藻，得其文集寫本於吳郡黄勉之。勉之欲梓，未及。餘十年，吏部君因復校緝，屬蕭氏刻之，而以序見命，直始得覽閲。其指發元旨，則略具於《答朝士大夫》一書。當時序者欽其博綜，咸方之劉向、馬融之徒，是議其毛甲而遺其膚肉，其於神髓大相萬矣。余因推廣其道，爰達於孔、老，遂以復吏部君。

碩輔寶鑑序

儒者稱大人之學，豈虚語哉？孟子云：「萬物皆備於我。」既曰備我，則天地民物通諸人心有痛癢焉，其大者固然也，而君相者所以行其大之具，而制與文乃所以行大之跡，而大弗在是也。是故得其痛癢之固然者，以立大之本而出制與文，則可以裁成輔相，左右斯民〔二〕，夫是之謂大人之學。繇載籍以來，若古臯、益之徒，大者著矣，而尤詳於伊尹之事。尹始一耒夫耳。非其道義，雖千駟一介，不以自滑；如其道義，雖五就桀湯，不以自嫌。弗自滑，故忘利；不自嫌，故忘名。利與名既交忘矣，則尹何心哉？心乎堯、舜君民而已矣。夫尹心乎堯、舜君民，故君不堯、舜，若撻之市；民不被堯、舜之澤，若己推而溝之。尹之負痛癢甚矣，尹能一日已乎？故尹之道所以能佐時保衡，格于皇天，卒售其志，蓋其大有本也。是故尹者古今之相準也。山甫以後，斯義無聞。孔氏之徒，闡發《大學》，歸于知本，可謂至矣，而未嘗一試。由秦逮宋，閱歲二千，閱君凡百，閱相凡幾百，然皆不知所學之大，豈天未欲續堯、舜三代之治者與？抑後之儒者暗于反本，徒以其制與文者當之，世君時宰望其藩垣悖而却焉故也。而斯民一何罹于涸轍之

〔二〕《別趙堯卿序》「者之不獨二三子也」至本篇「左右」，底本缺，據四庫本補。

久，豈不悲哉？余友耿在倫氏持御史符督南畿學，日以《大學》迪士，間摭古今碩輔事要，凡若干人，編曰《碩輔寶鑑》，附以讚述，意勤而旨遠，緘書數千里外，屬爲序題。某何足以與此？然俯仰數千年間回未嘗不撫卷低回。蓋繇山甫而上，其道行；繇山甫而下，其事近。耿子之意以爲事近於道者，當時君民尚食其福。向使此諸君子皆志於《大學》而反其本，其福斯世詎止是哉？乃若時際道明之朝，身事聖修之主，贊平章而翊協和，咸揆自瘝躬，敷錫皇極，俾天下士有不知反本而甘爲葉言者，則樵夫耻之。罄伊尹之衷，蹀皋、益之軌，償孔子、孟軻之所未酬，斯則萬世一時也，宇宙一機也。寧不重延頸於今日？

王氏内外篇序

夫學得其本而後治得其要。學不得其本，而獨唐皇其言曰：「吾學在是，吾治天下在是。」然而其是猶舉亂絲不辨其緒，其禍斯人必無捄矣。往荀況氏好論修身治世，纚纚焉其言之也，然而其待試之，則以亂世；王荆國自恬經術，斷斷然語於君也，然而其身試之，則以殘民。何以故？荀氏迄不知性，荆國主在法制，固皆恣其習聞而自謬爲實見也。且夫登泰山者，身履其全，雖槩言之，而全者見。其它得其一曲一隅，往往詑爲圖記，以彰大之，後乃有因圖記、加圖記者，足未嘗一涉，而曰：「是真泰山也。」異時有躬履泰山者，語以神霄之巔，坐撫羣峰而籠簇八表，輒反彈射之，謂非吾圖記所有，則習聞者奪之也。彼又烏知禍之所抵也哉？是故君子非必得已也，而言不可苟已。予邑王自齋先生生有持操，既長，聞東越之學，曰是獨有本也，遂私淑而學焉。已而舉鄉籍，得令揭陽。以不諧上吏，遂歸。既老，學益明，觀於時務益審，則慨然自幸曰：「此非一人一家事也。」乃不自已，攄而成書，其首篇曰《靜談》，次篇曰《法言》，而又有《勢論》及馭夷、禦盜、關治體者，別見於文集中，欲以示諸人人而逮來世。予獲讀之，未嘗不三復三嘆也。昔者成湯與孔子非所謂身履泰山者乎？其于性咸槩言之曰：「惟皇降衷，下民若有恒性。」曰：「成性存存，道義之門。」夫衷與存存，蓋言心也。謂衷爲性，謂性之存存爲道義之門，則自古未有外心求性、外性求道義者也。故知性則能盡心，盡心則天地萬物之理得。故曰：「正其本，萬事理。」雖治天下有餘地矣。季世儒者非不見泰山，然止得其一曲一隅而獨圖記之爲詳，後之專信圖記者，則喁然曰：「理在物，當物物而求之。」不揣其本而齊其末，其流紛而無統，執一而不可達，而猶自信爲圖記之真。間有躬登泰山若東越一二君子，則至今彈射之不已。天下學士至於諱言本，而甘守習聞之一偏，則已非一日矣。先生之學得之東越爲多，其曰：「性也者，心之本體也。」又曰：「惟無物，然後能物物。無物見心，物物見性。」斯則上與湯、孔所槩言，下與「無欲爲要」、「廓然太公」之旨如出一撰。雖其内外篇中節目扶蘇，殆數萬語，然皆遡其本而出之，絶不狃於舊聞之謬。將令是篇示諸人人，逮於來世，皦然而明且行之，胡不可也？予昔炙先生，睹其方格，稟若嚴師。又性不喜辭華，則其爲言豈欲苟與窮愁著書、文采表見者争後先耶？仲子一俞與予同出羅文恭公門，嘗手是篇，屬邑大夫唐仁卿校之，屬予序之。予因題曰《王氏内外篇》，而其它文則挈爲《王自齋先生文集》，而論叙於其首，蓋益幸知本之學必有明且行於世也。先生名貞善，字某，自齋其號。一俞字信卿，今爲吳川令。

衡廬精舍藏稿卷九

序

滄洲稿序

予先世自義和徙今滄洲，相距里許，環洲水樹交錯，平疇橫浦，遠山近岡，足稱考槃。然予從蜀歸，即罹季弟及歐陽生變故，宿病日加，又歲苦寇戒，靡有薖軸之況。自丙寅禁詩，且謝避徵文，間有不可已者，誠非有意於爲作也。復起之楚，收得文如干首，因令童子録藏備擇，曰《滄洲稿》云。

念菴先生文集序

文者，聖人不得已而用之，是故文非聖人不能柄也。自孟氏没，道術大裂，文王、孔子之文湮閼不著，百氏雜出，竄竊工巧，而文柄遂旁落於能言者之家。近代儒者所著，若《易通》、《西銘》，若《定性書》、《易傳序》，彼能言者無容喙矣。降是，則不免於萎薾而近俚。彼其視之，不引而去，則曰此文之别種，此豈細故哉？道術不一而枝末之析太繁也。語道不昉于《虞書》乎？《書》云：「道心惟微。」既曰道心，則外心求之者，未可以語道也；既曰惟微，則枝末承之者，未可以識心也。故語道莫善於一，莫不善於析，方其析之，惟恐不至，而不知萎薾近俚之言，諷若摶沙，彼傑然好言者且唾之矣，惡能使繹而行之？孟子曰：「言近而指遠者，善言也；守約而施博者，善道也。」夫唯不約，是以不近，此道術之益裂，文柄之益落，蓋交相厲也，此亦儒者之過也。國家自弘、正以前〔二〕，棟道之儒不嫻於文，柄文之士不究於道，蓋亦不免於交厲之失。唯白沙、陽明二公之爲道也，巋然獨得於本心之微，故其言不下帶，指遠辭達，有非能言之士所幾。念菴先生生兼江陝之秀，挺出二公之後，年甫十三，已慕爲古文。比十五，遂慭然以斯道爲任〔三〕。方良知之學之既流也，高者憑几寂照而曰在是矣，其次則或認識解氣機爲良知之流行。先生始嘗惑之，既而悔曰：「惟無欲而後入微，惟微而後知無不良。今皆以欲機合微體，將求道心，不可得也。」故既壯之後，其學一主無欲，所舉主静、歸寂，辯答數千言，要皆不踰其旨。力踐

〔二〕「弘、正以前」，臺灣大學藏明刻本《念菴先生文集》作「弘治、正德以前」。
〔三〕「慭」，原作「憖」，據文意改。

之二十餘年，然後廓然大悟，沛然真得，始自信於不惑之地。所著《異端論》，蓋其徵也。其教學者，恒取證於「靜無動有」之語。久之，德與年偕邁矣，則曰：「是未始有夫存與不存者，又焉有夫動靜之有無，寂感之先後？」蓋致微而一，上達天德，非膚學者能測也。嘗試窺之先生之學凡三變，而文亦因之。先生少學文，倣李空同，棄之曰：「是未見端委者。」既入宮寮，又與唐荆川、趙浚谷相講磨，大放於文。久之，語直曰：「吾無意爲之矣。」移答友人，取辟於水，曰：「古之人有能之者，必其中有自得實見，斯道之流行無所不在，雖欲不爲波濤湍瀾之類，不可得也。」以是知先生之於文，所謂一以貫之者也。夫子曰：「文不在茲。」直於先生亦云。文若干卷，舊刻諸撫，又刻南畿，咸漏而泛，先生病之。邑前令王君某將營刻，以内召，未果。今令蘇君某，以先生生平力於道，匪徒力文，宜慎擇語學者彙編，以相警發，監司施君華江聞曰：「先生之文，孰非道也？宜併刻之。」乃徵吏部曾君見臺偕及門士分校語學各體，編置於前，仍其年次，俾覽者知先生所得之繇。其他酬應爲《外集》，又爲《別集》，統凡若干卷。蘇君屬直序其端。直慚從游之久，既未聞道，又焉知文？乃爲著其崖畧。後之誦繹有知文柄必出道術，則二三君子之嘉惠斯文，功不尠矣。悲夫！先生之道未逮大行，然見諸邦家，徵諸遐邇，皭然而經乎世，明物察倫、盡性達命，咸出無欲之體，可以考堯、舜、孔、孟不繆，質天地鬼神不疑，百世俟聖人不惑者也，奚

俟直云？〔二〕

重編王文端公文集序

直嘗觀于古之盛際，若五臣弼亮，莫不與勛華相終始。保衡耆矣，而嗣君不惠，猶隱忍保乂，率惟有陳，卒就配天之休。君奭之告老，非不殷也，而竟留於固命之一言。彼皆在平時而從容徊翔，未嘗有艴然決去者，此豈誠縻於圭爵哉？彼古仁人視天下一家，中國一人，非故爲示廣也。內而父昆子姪，外而君寮民人，皆吾之不可解於心，無所逃於身，而迄無彼此之分。爲之大臣者時當劻勷，而身繫安危，一有不可，則艴然亢必去之節，若朔馬越鳥之不相戚。揆諸古仁人之心，有之乎？必不然矣。當宋之中艱，李綱以不合求去，其言曰：「吾知盡事君之道不可，則全進退之節。」若綱之言，誠足以媿世之縻圭爵、蕩名檢者。然槩之古仁人之心，則或未也。國家當正統末運，在位耆宿惟予邑王文端公獨存。觀其處英廟、景皇之變，與屢疏以乞休。既留而徐去，庶幾乎有古仁人之心者與！公始以文學列禁近，積官至冢宰。方英廟議親征，公獨不可，率百官諫止。既大駕北狩，景皇嗣位，公力求歸，章凡二三十上，上皆留以重語，莫遂其

〔二〕臺灣大學藏明刻本《念菴先生文集》後有「隆慶元年陽月之日門人泰和胡直拜撰」。

請。逮于沮南遷，議監國請迎，復至面頸發赤，詞色奮厲，聞者卒不敢貳，而國是以定一，何其壯也！嗟乎！使公不從容去就之間，寧有是乎？有識者誠得公之心，以睎世之斷斷然決一去爲韙者，其大小相越何遠也！向使公得柄大政，與密勿，又安知不有早計回六飛於北轅邪？某自童仰止，既冠，友公之玄孫別駕于寅大博翥，從讀公集，知公之著作最富，皆足以敷王體，贊鴻猷，闡幽眇，擅雄作者之林，而偉度清德標表一時，覽者咸可槩見。若公之心，則世之能考鏡者或鮮也。公五世孫有霖屬梧守劉君教約舊本，捐力重刻，而委序於某。某不敢辭，乃爲昭揭其大節，以諗于後之論世者，庶其見公心於百世之上。

郭母吳太夫人八十壽序

天下之語水者，至湘、漢廣矣，已乃適江、河而失之，比適於海，則無江、河。夫海之大，豈惟其瀇滉不可以虛盈已哉？海之中不知其幾千萬洲島也，計一洲一島，又不知其幾千萬里，而海不有也；不知其幾千萬鯤鯨也，計一鯤一鯨，又不知其幾千萬里，而海不有也。海之大類若此，而學者之爲見也亦然。是故有能麾千金、輕一秩者，自謂廣矣，而上此則難之。又有却王、石之富，薄金、張之貴者，此其見誠廣矣，然使臨一身之大利害，則未可知也。此爲湘、漢、江、河之分不得以强齊者。夫惟前有不可試之險，後有不可倖之虞，君子以道忘情，而屹無色怖，彼其睎天下之勛名轟鍧者，曾不足其一眄，又况區區貴富已乎？是則舍江、河而觀於巨海，不知其涯涘所極也，而非聞於聖人之學不能也。余友一厓郭君始起進士，都給舍，以讜議石畫受知先皇帝，遂膺特簡，以正使遠臨琉球，固極海之東也。方將犯稽天之浸，涉鰻鱺之窟，處人情之所必怖，衆咸縮頸蹙額，而君慨然承荷，無可怜之色。退惟念太夫人高年難割，便道省謁，逡巡不敢言。太夫人聞，亦無怖容，且慰之行，勉以致身之義。一厓君睹太夫人神王氣愉，占兆無疆，乃行不疑。既踰年歸，天子加恩，晉君卿佐。太夫人喜曰：「吾子致其身而身安，殆天相哉？」一時聞者謂：「君常聞聖人之學，故能以道忘利害，其爲見固當與巨海絜長量大也，已可謂至難矣！若太夫人閨流耳，乃亦無所怖懼，勑其子以致身，是不亦有海觀，非耶？」又數歲，一厓君正位大卿，思念太夫人彌篤，既遂解組罄歡林園，陶陶融融，與太夫人之康豫相爲怡悦，不知世之有辱榮是非，蓋益坐進斯道矣。是歲季春，太夫人年登八袠，族彦門士郭生移孝等謂：「非知言者不足以揭君之道，而侈其至樂。」乃不遠三百里，乞言于予。予非能言，請以海爲太夫人祝，將冀太夫人福壽若海之瀇演瀰漫，不可以盈虚。冀君之學若海之不見有洲島鯤鯨，固相爲無極也。若夫稱述海上神人、員嶠、蓬壺，酌沆瀣、神瀵，誕其詞，爲太夫人娱媚，則吾豈敢？

賀歐陽鑑齋先生七袠晉秩序

山澤之癯與巖廊之工，各相訾而不得相爲，豈故相毒哉？彼其身世殊觀，而不明于通一之撰故也。不知古之仁賢都華膴者，搰搰然爲世瘁也，而未始遺身；樂恬漠者，休休然爲身珍矣，而未始捐世。夫是以身善世也，世善身也，身與世交相善而無不相爲，則通一之撰不可得異也。是故召公固命新邦，而雅切明農；孔子浮雲富貴，而夢寐周公。彼一賢一聖者，蓋不必易地而無不相爲矣。夫無不相爲，則無仕無隱，而無不仕也而無不隱也而已矣，而又曷相訾爲？吾邑歐陽鑑齋先生始嘗守廣德，佐河間，飡糲服疏，櫛星頮露，嚴身危處子，而煦民渥慈母，到于今吟誦人口。繼爲比部，擊目世事，遽奮裾上書以去，故相嚴公故世好也，亟推轂不可得。既歸，遇鄉戚族人，無老穉，一出悃愊，雖寒畯畸士，俛若爲之下，恒犯而不攖。年甫七袠，磬折愈壯。夫有召飲，未嘗不造席。終雖立繼百觥不亂。或導之干謁，輒色赭擁耳不願聞。其自視猶然處子也，猶然慈母也。邑俗故厚，十餘年間，得先生益渠渠相敦矣。故郡邑監司造請尊禮，無敢後，當道咨薦人材，必以先生對。若先生其于身與世何若也？其所謂交相善而無不相爲者耶，其亦有得于通一之撰者，非邪？今皇御極，詔舊臣致政，十年者晉一秩，而先生以年例，遂得綰金服雀，與鶴髮相映照。方命至，先生無喜色，亦無倦容。于時鄉戚子弟爭相誦曰：「是典也，先生寔宜之。」始先生以請告歸，假令早自出，詎一秩之崇已哉？今先生自舍寘，而上恩猶眷然，是惟先生宜。先生適七袠滿期，以稽于德，咸尊矣，用能不玷今天子新命，是惟先生宜。先生膺是異數，浸知其德與年交相引長，將永爲世鵠，俾鄉戚子弟日欽風而知刑也，日瞻色而知敬也，日蒙被其更端而知所承也，豈不幸歟？是惟先生宜。而直以通家子欣從一陽之月，將效誕辰之祝，乃鄉戚諸士駢過而屬之言。直謂：「予衷也，猶慮先生辭避不可即。」已乃思之，今聖天子隆三代之治，將登先生憲老之重，涓爵而問道，不爾，則問政之使下矣。先生既有明于通一之撰，則又曷得讓焉？而况鄉戚小子跽而上一觴，先生素灑然，不百觥不已也。夫亦何辭？

奉送陳寅齋赴召序

予嘗游蜀，登峨眉。始自山麓仰瞻其巔，若已跨金維，翔太清，高拂井絡之間。既乃捫天躡雲，歷蛇鬼猨猱所却者而升之，自謂至矣，而視其上，猶有所謂跨金維、翔太清、縹緲一巔也。故雖壯夫，往往登至其中，瞠而休焉，况靡者乎？嗟乎！此何其峻也。峨眉之産，在宋有蘇氏，迺今數百年後，復有寅齋陳君。君生有奇質，自其齠，日記數萬言。甫冠，遂魁蜀。士人曰：「此今之蘇長公也。」繼登制科，出宰吉之安成。踰年，予道其治，其士民爲誦君之循政，若出一口，且曰：「君有冰雪之介、水鑑之明、父母保鞠之政，卓乎殊矣。」然不自表見，不設畛域，蓋自程松溪之後，未有睹者。而予兩接君，其言動發自天真，心益異之。又二年，君以異政蒙内召，行有日，時予方深閟山隩，而邑友王信卿君，門士也，叩關而責之言。予曰：「予深山之芻言也，何以贈君？予也請以登峨之事終之。今夫峨眉一也，而人之登者異耳。是故始之仰而瞻其高者，此賢人之操也，一節可見者也；其巔之上又有巔焉，此聖人之學也，其全體不可名言者也。予嘗聞蜀人以蘇氏期君矣。夫君文詞蘇氏也，循政蘇氏也，今者去爲侍從，行且指切天下利害以寤明主，咸必蘇氏。然予以爲此山之仰而可瞻者也，非君所爲休也。若君者，其將期於巔之巔乎？而蘇氏未盡君也。雖然，予昔登峨，至其中，意且休矣。有芻者曰：『子誠休，則雷洞天門倒景光相，與夫接混濛、攬崑丘、撫兩丸而隘八埏者，咸莫得之。』予感而躋其上，固不能無德于芻者之一言也。嗟乎！異時傳峨眉之下有道濟天下出蘇氏之上者，必吾陳君。君亦必無忘于予小子之芻言也。」於是乎言。

贈何宜山先生督撫閩臺序

某嘗言：「天下事非必大也，苟得人，則補天柱地之績可以坐奏；亦非必小也，苟不得人，則股疥脛癬之害不可以疾除。」聞者以爲知言。方倭夷之發難也，旁海郡國，膏梺血川，人莫能孰何。朝議創列督府，而一時秉鉞大吏皆便文自營，未有亶忠于國之忱。越十餘年，海壖上下僅得揚之廟灣、閩之平海兩戰克捷，差强人意，以天下纓緌之衆而遏亂救時，若斯其鮮者，則得人之艱也。夫東南得人與西北殊，西北仰給帑儲，故獨急於鷹揚之士。若東南，則自揭其民力而以圖寇，譬之治病，攻伐蠱毒，則重增尫羸，非有秦越人之神技不可爲也。曩吴越揮金若灌漏巵，民力坐憊，然而内無潢池之警，則以地力稍舒而民志尚固也。若閩海則不然，閩地雖腴而幅稍儉，氓隸趨利，不復睹害，士或志急而喜族議。方寇之攻興化也，有力家止募伉健，内捍私門，而當闗呼守陴隍，即辞而弗應。久之，沿海兵民反爲倭嚮，而弄戈潢池者，猋若驚波不可止。以是閩省數易督撫，而獨成平海之捷者，則唯二華譚公與總戎戚公，所謂有秦越人之神技者是也。故談者以東南得人尤難，若夫得安閩之人，則又難矣。頃，天子重念邊隅，下各大臣臺省察舉異才，于時中外交舉臨海何公。時公新除服，即起家掌楚臬，又不數月，擢閩撫臺，蓋異數云。楚藩臬寮宷方伯劉公、憲副毛公索言於某，以爲之贈。往某薄遊建業，時公居南省，而南省稱傑節敏才必首公。比某典蜀學時，公去成都，已先擢柄文西粤矣。然蜀士民頌公德政，謂公當艱大，巋然不稍動，咄嗟事辦，若操豪曹，不擇犀象。縉紳中語屬大事者，亦必曰何公。今某起病廢，又得侍公楚臬，益知公之文武才猷，脱穎軼塵，亦天植使然。至決獄亭疑稱敏鍊者，公餘事耳。若公，豈亦所謂秦越人再見者歟？公之閩，必能以神技先易其肺腸，然後調養尫羸，針砭蠱毒，無不可也。則今獨能安閩者，孰與公賢？而能誦公行事以相贈處，亦孰與直核？雖然，以公文武才猷之殊，匪獨安閩已也。

刻王太史詩序

予昔與友人論詩，獨珍神韻。友人唯唯否否，至或爲論説相抵。唯丹陽姜廷善、潭州王少潛不予逆。然神韻亦難言，其上必有道君子之撰，褐外而玉内。又如稻麥食人，無脩醲溢味，而非此弗生，此豈可與妍色象矜名稱者論哉？其次，則如陶、謝、王、儲、崔、孟、李太白諸作，咸飄飄有象外奇驟，不躡塵闤之氣，間涉世故，亦無爲艱難愁苦狀，蓋物莫得而欺之者矣。明作興者若何仲默、高、陳諸子，或庶幾其次焉，此亦未可爲不知者語也。王少潛往不多爲詩，間作，輒近仲默。既卒之七年，廷善官大司成，始獲搜求，凡若干首，刻爲小帙，題曰《王太史詩》。寄予山中，而概言其少。予憶與少潛宿金臺西直門外古刹，據梧坐月談詩，宛若昨朝。今披讀其帙，追撫往事，未嘗不悽然欲涕。屬者予自畎畝再奉命入楚，涉湘，復吊問少潛家，因出是帙，屬朱令某刻諸潭示覽者，廷善所謂得其一斑是也。夫得其一斑以闚其全，則少潛詩固非少也。

湖廣鄉試録後序

主上執皇序，尹天下，閲四曆矣。楚藩歲當比士，考試官教諭黄某偕某等奉御史檄寔典厥務，故事，某當敘諸簡末無讓。方某之未被聘也，聞楚山川甲天下。已至，望之祝融、紫霄盤亘乎東南，拂拭乎蒼旻，曾不得肆足而馳騁，相與誦之，何若是乎其崴嵬莫躋也！江、漢、洞庭沐浴乎日月，窟宅乎蛟龍，曾不得正視而容與焉，相與誦之，何若是其瀇滉無際也！踰時戾楚，廩廩祇役，罔敢怠佚。既竣，録其士之登等者九十人。評騭其文，締觀其意，指其質厚馴雅、不詭於訓故者，蓋靡得詳稱云。至其瑰偉俶儻、不牽章句，卓乎窮要眇而鑿乎當日用，浩乎括天地而確乎中物理，綽乎其不畸于古，而鞠乎可措于當時，異時則可以楨榦王國、腹心帝猷者，蓋不敢謂無人焉。嗟乎！此豈非山川風氣使然哉？不然，何其與崴嵬瀇滉相埒也？雖然，子多士固咸擅風氣之勝者也，借曰擅之遂囿之焉，某知不然也。夫風氣之勝，五方各殊。自孟氏以後，士囿風氣以表樹於天下，豈獨楚哉？聞諸楚之先，自祝熊肇封，而神農、舜、禹之蹕跡在焉，蓋古帝王之所從過化也。厥後若倚相之博物，靈均之忠憤，世世豔人口，而或謂博者溺文，憤者踰中，此又豈非囿于風氣之左驗與？子多士不聞若國之先達，有周子者，學聖人之道，其足以陶風氣以約于中者與？雖然，周子語道淵且閎矣，然學聖要領，則獨睎以無欲之一語。是故使人人無欲，則天下家國可坐理矣，風氣曷足囿之？何以明之？夫士方伏草野，業呫畢日，啖不能重味，歲衣不能十襲，未嘗不安且愉也。一旦宅民之尊，握勢之便，則雖列鼎不爲厭，雖霧縠不爲華，雖綺閣璇房不爲適，雖吳歈越唱不爲豫，其極不爲蠹亂不已，則多欲之爲害也。子多士已與計偕，行將宅尊握便，有家國天下之寄矣，自非無欲，未見其能尊主芘民者也。昔者伊尹道協一德，功格于皇天，世嘗誦其勛烈冠古今，而不知其不視不顧者，則根荄固也。嗟乎！此無欲令甲也，非周子所望斯人以志之者與？子多士姑無索其淵且閎者，亟欲報明天子，不恧于股肱腹心，請相勗于無欲之訓。敬書以竢。

贈賀大方伯吾南劉公考蹟序

予頃居江介，見岡隴巖嵁，詰屈嶄崋，剷目劌心，迄無燕豫弘衍之觀。屬者以職事遍歷楚部，涉雲夢之澤，騁壇曼之墟，卒然遇之，心夷神曠，若接混茫，遨太清，知南維有大觀也。夫以江南輪廣幾千百里，獨得此，此豈易遇哉？往予與今大方伯吾南劉公同鄉書，又同郡，居相邇。見公雖少，綽然温懿，若老成人，其顙頩似春，覿者咸醉心焉。及予始登仕，公已舉進士，爲才大夫，頎然稱先達，其不相值者三十年矣。比歲己巳，予起畎畝，典蜀學，乃獲附采末相見，歡踰夙昔。載炙德猷，惇大體要，澹若無事，然紛挐靡密，斤斤畫一，吏莫能奸。裁大政，決大議，未嘗一動聲色。楚連歲大儉，公斟酌羸縮，裒益下上，爲民續命，民以載寧。兩臺承命，察舉異才，特首公。公亦未嘗自見其能、歆其德，公遇人無猜腸，不爲甘詞縟禮，亦不以微文苛節督過于人，以是人莫不安公，爲公出力恐後。又明年，公以左轄三年報政期至，藩寮檢菴李公、劍湖顧公屬予書，曰：「方岳報政希覯也，子不可無言。」予乃慨然嘆曰：「嗟乎！不履雲夢，不知公之大也。曩分宜秉政，倚銓爲市，公家巨閥相距數舍，聲相答也。使公少貶以叩閽户，則已都華膴久矣，而公獨不然。今天下幸無大憝，士爭自濯磨以懋績猷，然議政者喜繳繞近督責，建事者競鑱刻尚表見。辟諸一岡一巒，不越詰屈嶄崖之奇，非所以語於大觀者也。何則？天下不患無可見之功，惟非作而致功，斯上功也；天下不患無可書之名，惟非要而樹名，斯令名也。古之大臣以道事君，次安社稷，咸若瘝躬，豈忍作且要哉？有作且要，則天下之元氣且坐削矣，奚功名足云？方今或以詰屈嶄崖爲奇，而公獨得其大，公非江以南之雲夢乎？蓋公自童已澡德家學，夙志嚮道，從州牧到今官，介若抱冰，故其神明内王，不營而物綜焉。公所爲本末固如此。公雖不善伐，將書其績獻上，惟上仁聖，公孤咸敦尚大體，必爲公書曰：『是能爲國植元氣者，古有社稷臣，某則近矣。』是惡可不在天子左右？」

湖廣武舉鄉試録後序

直嘗覽觀國制，至文武科之繼設，未嘗不翔首頌服也。自三代後，登儁羅材，若我國家，何其周與，何其周與！然生長南紀，睹大江東西，少有以鷹鷙士樹魁磊之績者，而獨楚之先，則鬻熊、吉甫傳頌甚遠。歷漢底宋，代有著稱。迨我神祖，造鼎金陵，則康、廖二子首摧勍敵，以是東南武事咸推先楚士。當春秋時，楚負其傑，虎視肆夏，漢稱荆楚劍客奇材，豈不諒哉？今上登極之四年冬，楚復當大比武士，代巡燕野陳公飭紀督試，其防檢視文場埒焉。直獲以監試，式觀得儁之盛，爰受末簡，叙諸其後。今夫國家不難羅材而難任材，不難任材而難得材。神祖、聖宗創府創衛，列爵置屯，其育養世胄不可謂不腆。今者繼鹿鳴、蒙大饗，異時樹牙振纛，秉鉞專閫，其簡用武臣不可謂不崇。乃至嚮者倭夷内掠，膏原血谷，吴越佳麗猋爲飛燼，而傭師愞夫踆踆不敢出城口放一矢，竄則畏影，尾則怖形，往往駢首委饑虎喙。徒令儒紳士代以經武，齊民既漕粟食兵，乃又代荷戈而之死，其極至借力象郡、鬼國而未已。若是者何也？豈非羅材而不得其真與？夫不得者，非生靳之也，人不習之繇也。彼漢之嵩、儁，宋之飛、錡，咸當季運而成駿烈，曷爲際兹隆盛而將種寥闃，若斯之至，豈不亦悲乎？爾諸材官良家子翩翩來也，橋弓累弦，礪鏃鳴羽，自視爲中鵠；搦筆操楮，入經出史，自名爲成章，若可雄今而蓋昔也。不知卒然敵遇，其不爲踆踆不出城口，其必内能坐策爲羆熊，外能奏公爲吉甫，子將然耶？否耶？雖然，今天下果非無材也。材生于習，習兆于志，志胚于忠。故君子貿有報國之忠，然後能有致身之志。有志矣，則習精而智鉅，雖欲不爲材不可得也。子不聞霍去病深入闐顔，致幕南無王庭；岳武穆志復中原，挫叵張席勝之虜，彼豈皆倖至哉？去病奮云：「匈奴未滅，何以家爲？」武穆自爲裨將，已刻肌自矢盡忠，此二君者謂成于忠志，非與？直所屬爾諸材官及良家子，首必篤忠志，增益其所習。廓之慮在天下，命曰訏謨；引之計及萬世，命曰遠猶。材哉，材哉！雖拜自獻于司馬，晉而腹心帝庭可也。若夫任材之道，則固有握樞者存，直奚云？

奉贈劉撫公唐巖先生晉陟南少司空序

直之始至楚也，三寮大夫交語直曰：「若非今劉撫公閭右者與？若國雖名獻纂纂，然能保大删難若劉撫公者，則亦不數數矣。若知公治楚耶。公治務振紀急民，時時爲民湔弊剔墨，然惇體尚要，洞悉隱曲，不爲苛緐。遇人温恭，語出至誠。造次批答，一字畫翼如也。然未嘗假人嚬笑，難犯以私，剸堅制變，機決游刃之餘，而智出漏船之表。所措設必爲民永利，不鶩近名。楚，水國，堤，固楚命也。楚無完堤，民與魚鱉游者餘十年。公至，邊江、漢各樹堤，計共千里，費不征民，且寓賑。先是，楚堤連遭漲壞，自公築，牢甚，會無漲，故民得有秋，時謂公造楚動天矣。楚故兵弱，公選將督練，遂成勁兵。公之爲之，又非若玃拏競武者流，一何其備德也。」又曰：「是奚足盡公？曩公守嘉興，倭寇猝至，矢死捍禦，創築各邑城，棊布墩臺，而嘉興地竟全。大吏督師，銜公不賂己，檄公領兵海上，驅之虎口。公顏色不變，率師出城。父老子弟蟻集號留，遮不得行。時大吏自怙能生殺人，臺臣以下靡若草矣，忿公方最，公未嘗求解免。人曰：『公不避倭夷易，不怖大吏難。』古所謂鐵人石心，非耶？公後十年，三過嘉興，海民咸先期出逆，最末愈衆。嗟嗟！誠所謂備德也。即若國豈多睹耶？」直聆其言。踰歲，公提兵出討土夷，縛其酋以歸。于時，公已晉陟南大理卿，尋又晉少司空。諸大夫復語直曰：「公兼資文武，類如此。某等迪教蒙休，將謀贈于若，以若戇不阿，若無以鄉故辭。」直曰：「予言惡足有無？雖然，將曷踰諸大夫曩言哉？夫古今人才非不希保大删難，而難於備德。昔者皐陶論官，必準于九德，未嘗及材智，彼豈左材智弗尚哉？誠以備德者，所以孕真材、釀鉅智也。故人知智之智、材之材之爲用，而不知德之材智之尤爲用也。衛文公秉心塞淵，騋牝三千，嘗試號於人曰：『爾能塞淵，則馬政蕃。』將孰信之？乃不知塞淵之不獨蕃馬政也。若公，豈亦務爲九德而塞淵其根抵與？雖然，豫章托崇山，而明珠固不産淺淵也。公之先，自大司寇至端毅公，忠孝衣德，所從來遠矣。至公繩而大之，雖吾鄉果不數數睹也。」諸大夫曰：「若言未有加于公者。諒哉！戇不阿矣。可以爲贈。」

曹中丞詩集序

紀山先生起家詞林，出爲柱史，繼踐藩臬，陟左丞，所至咸有賦咏，總題曰《曹翰林詩》。中歲解政歸，築佚老堂東湖之上，有《佚老堂稿》。又移歲，有《善福閣藏山稿》。相繼梓行，彙之曰《曹中丞詩集》。胠貽鄂渚，屬衡廬子序諸首。衡廬子讀至末簡，曰：「先生殆隱矣。」乃令弟子遡流設難而告之曰：「先生曷隱哉？始讀先生詩，中秘敷揚，《清廟》之逸響也；藩臯勞役，屏翰之遺音也；樂府塞上之什，則《采芑》《鐃歌》之流聲也。假令先生即仗鉞甌脱，才力尚健，可以收金人十二，鐫績闐顔。不爾，則當爲巖廊型表，胡爲剷光收華而固隱爲？彼八十而感非熊，九十而傳壁中書者，抑何人也？今先生年未耄，又胡呶呶唯吕、伏之逃，而陶、韋之是高？」語未竟，先生莞然應曰：「子惡知之？自予歸佚荆南，予方以東湖爲神瀵，奚羨洞庭？西園爲閬風，奚羨衡武？予堂與閣即清都天宫，奚啻巖廊？子固不知鵬鷃之大小，彭、顔之脩夭，予又安知吕、伏之爲多，而陶、韋之爲少？子休矣，勿言。」弟子不能難，歸且報曰：「先生言大，不可器局，殆隱矣夫？」衡廬子輾然笑曰：「小子識之，先生之言與所撰同可以興矣。子又安知先生之隱非隱也夫？」遂書以識簡端。

贈瞿睿夫序

予與子言内外吉凶之辨詳矣。予言所可言而所不可言者，亦靡不著。辟人投之美食，誠食之，則旨而思飫也，彼耳食者終無以益饑。亦猶之夢中談夢，其談愈奇，而夢益弗瘳。浸淫而終身饑，終身夢也，能勿懼乎？予慚無埤子，子之鄉二顧丈者，於予有對病良劑。子歸，當先予得之。子且爲予諗二丈以堯、舜、孔子之脉，大仁體，仁非在外也。又爲予諗耿伯子曰：「仁體愈微，則愈大。微非在内也。」世之恣汪洋者不足言〔一〕，而泥于見大，猶未可語微。而它喋喋唯微之語，亦或耳食者流。予駒陰踰百半，猶麁麁焉瀕耳食也。子當爲予戚之，子乃戚予粵署之孤，過矣。予之不孤，由二三子之不耳食也。不然，雖終歲促膝，予孤彌甚。子自信不忍予孤也，當欣欣振策出西粵門，東指九疑，道五峯之麓，眇若洞庭者，什伯于胞臆矣，何戚爲？

贈總督李蟠峯公晉陟大司寇序

江藩稱人才舊矣。繇上世閲今數千百禩，凡夫瑰士霞蒸雲族，麟麟炳炳，爲世魁宿，大抵多子墨客卿、禮園耆碩，未有擁纁鏊牙纛、騰龍豹之署、磊炎朔之勛、總文武而憲萬邦者也。正統、嘉靖間，始有羅公樹功薊門，毛公耀武交南，其它則寥寥，一何其艱也。至近代，文武兼資，翩焉繼作，自克齋李公後，爰有自湖吴公、二華譚公、兩溪萬公，逮今大總督蟠峯李公，並峙一時，轟嵬逴絶，焜煌宇内，又何其盛也！蟠峯公筮仕，即以經術文學推轂名流，繼乃飈歷楚、粵，總轄蜀藩，祥政膴澤，殊操石畫，聲實覃中外，搢紳語文武才屬大事者，屈指必公。先皇特簡以大中丞，填撫真、保，控扼北陲。公至踰年，老上之子不復敢彎弧南牧，而公之名蓋幕南矣。屬者公

〔一〕「恣」後疑漏「肆」字。

既以常調陟南工侍，適兩廣未靖，議帥亟甚。天子若曰：「匣豪曹之鋒，閑銅爵之足，欲求剸堅致遠，非計之得也。」則又改公兵侍，兼職臺憲，仗鉞出鎮，刻期平賊。不一年間，遂進剿兩廣蠻僮，剋復古田邑疆。未幾，連征東、廣、潮、惠，蕩夷寇窟，不可殫紀。又未幾，殲倭海壖，捉生尤夥。疏奏，當宁偉公傑烈，恩嘉腆重。已又陟公南大司寇，鄉之仕二廣、列藩臬者五人，咸相謀爲報贈，因屬直勉之。某曩得侍公，見大度長筭，負荷弘碩，屹然有措天下泰山之志，然又抱冲業簡，未嘗爲突梯之行、炙轂之辯，又非若世之攘臂籍疆場之利者也。其有是成功，豈非所謂允文允武者哉？公既竣事，即疏陳歸養。當宁虞公去，遂有是命，意欲公取道拜大夫人，請得就養留京，地里最邇，良便大夫人樂哉。公往哉，某因觀古周人之《詩》，既曰：「文武吉甫，萬邦爲憲。」乃又推本其友曰：「張仲孝友，是吉甫之所繇憲萬邦者，孝爲之基而忠成之也。」某固繇公知古人矣。公行且入承燕喜，爲龍爲光，上翊明明，矢文四國，庶幾畢公忠貞之志、孝德之大。是爲贈。

鶯谷山房藏稿序

洪都大司寇蟠峯李公自韶齒攻文學，脩業鶯谷之山。平時撰作，若文與詩，無論晦顯，咸篋山房，題曰《鶯谷山房藏稿》。蓋公之述作最富，曰藏稿，珍所擇也。間出視其門人藩參龔君，君因校刻西粤之署，乃公復緘貽以命不佞而爲之序。不佞曩嘗趣承大雅，習奉教於侍史矣。聞之吾邦之詩派，自天稷、彭澤上矣。不佞少讀彭澤詩，超忽蜕埃壒，冲融絶鑱刻，意其獨得諸天，非人力可勉企。比長，知問學，稍能涉道之藩，復讀其詩，至《神釋》一篇，反覆其意，然後知彭澤之達道，而子美未悉也。其能蜕埃壒、絶鑱刻者有旨哉？故人之爲言，不患不能蜕埃壒、絶鑱刻，而患不知道。甚哉！知道之難得也。彭澤之後，嗣其響者在洪郡莫若山谷。山谷始嘗踵杜與韓，其末則能刳剔皮毛，直詣精髓，一不襲其畦，徑繹其趣。若幽入絶島，饑餐古雪，雖未得於道，未嘗瀕俗，第令歌之不中金石，被之絃管如擊槁然。故近世作者多少之。乃若近世作者獨喜追古轍，朋相擬效。于時洪郡則有熊士選氏，士選詩酷擬杜，不敢一失銖寸，形模肖矣，而以求山谷之精髓，不可幾也。然則詩文亦難矣哉，矧言道耶？公古詩逼謝，近體出入岑、劉，文則取財漢、宋間，然皆發諸肺腸，語不屑銖寸之合，而音中於金石之會，至其澹足雍容，雕琢靡事，又庶幾彭澤之冲融。故公之言曰：「苟不見道，曷貴於精？」公蓋蒸然嚮斯道矣。公豈與今作者爭雁鶩行哉？公筮仕使滇，升菴楊公一見，推轂名才。宦轍歷五嶽，登遊逮四，咸有咏賦吟人口。屬者仗鉞南紀，壯猶膚功，語具《兩廣捷音疏》中。若公所謂文武兼資、坐操三不朽者，非歟？公之本末，不佞别有述，兹不載。

廣東鄉試録前序

今上生而神靈，乘《乾》統天，是爲萬曆紀元首禩。于時，聖學隆興，敬德重晞〔一〕，文治駿發，武節猋横。會東粤以地逖，孽芽雄虺卵滋，蛋島鮫宫、木樵水維之間，訌然贅聚，劉剚我民，屢十歲不能下上。乃特嚴大吏握鉞平之，山魅海氛詰朝而告清明，九真以表，暹球夷亶、日域星蝟之種，貢艦賈舶來復舊壖。無論象犀、珠琲、沉檀、海山之精，繽繽然葳蕤乎函夏。天子若曰：「屬者嶺海用武，豈若昔瘴國之君唯方物是騖哉？唯其材賢之足楨也。」而東粤歲當賓興，適應敷求之典，迺廵按廣東監察御史張某振颺百紀，啚宣上德，彌篤譽髦，士聽欽風，咸翔翔容容，興快睹之忭。御史乃明典申制，合提學副使王某所遴士二千五百有奇，鎖闈試之凡三，提調則左布政某、右布政某，監試則按察使某、僉事某，典試同試則以前廵按御史楊某、檄聘教授某某。教諭某暨百執事，咸精簡從事。御史夙夜嚴屬百司，冀獲材賢足楨者以報明聖而翊文德。凡得士登等者七十有五人，并録其文之譔者，上獻闕下。某當有言，以告兹登等士。某惟國家掄才準周制，士始育學，繼舉于鄉，升之南宫，晉與廷對，即周所稱升司徒、司馬告王者是也。而今之

〔一〕「德」，底本作「悳」，四庫本作「惠」。

日，固成周再遘也。東粵又昔重譯所繇入之舊鄉也，諸士浸聞周之教乎？今夫周教士稱三物，曰：六德、六行、六藝。夫士既養以德行，而又摩揉之以藝，故其庸之足爲國楨者，此物此志耳。世之副墨洛誦之子，亦鮮不聞其説。假令今日號諸士以六德，則應者十且一二；號以六行，則應者四五；號以六藝，則應者七八。何則？教學之失其本，匪一日矣。今世教唯藝，士自捉髮以藝學，且藝非其藝矣，矧曰行，又矧曰德？故驟而語曰：「若學務知仁，蒸于聖義而極詣中和。」無異乎其目相睢盱、口相嚄唶，而重懼莫當也，故應者希也。唯高者止愛護名檢，卑者則曰：「吾取貴富華當世足矣，焉用它？」此非獨海邦，雖畿甸侯綏咸然。某請姑説海，爲海邦士辟而解之。今夫人見江、河，以爲廣矣，見江、河之坻凡數十里焉，必畫縣邑、樹萬家，至相競惜，不肯捐尺寸。及觀之海，茫沆潤天地，其間不知幾千萬洲島也。計一洲一島，不知幾千萬里，又不知凡幾國都也，而吾赤縣神州適據其中。彼以江、河一坻成縣邑者，乃吾赤縣神州一鋭毳耳，曾何足有無？繇斯以談士之爭一藝之奇者，辟之爭一坻之縣邑萬家，彼皆未以海觀故也。孟子曰：「觀於海者難爲水。」柳氏曰：「海者，聖人至道之本，所以浩然游息者也。」是故學者誠學於聖人之道，則其觀進于海矣，視彼一藝亦一鋭毳也，又何足有無？乃或取貴富華而已者，則是執漚生以爲已有，益微以幻矣。雖然，百川學海與學者學聖人之道，非躐取其大也，原本先也。子不觀海竇於原泉，而聖人之道實本諸心，是故心之覺爲知，覺而生生爲仁，生而無不通爲聖，通而宜爲義，其極爲中和，而六行以立，六藝以正，繇之而大業以出，至不可名言。此非外至也，而覺且生，其從入之要道也。噫！斯海説也。子東粤士，海觀習矣。其先若始興，逮余、崔二君忠猷文采，抑亦涉海之大洲大島者也，而謂能得原本以竟其大用者，則有間也。明興辨朝，海上有儒作焉，亦庶幾哉得原本者也。以今校于諸士之文，則皆翩翩忠猷文采之流光，亦彷彿乎志其本矣。某獨意今上濬哲，訪落敬學，將觀其原本，皇乎巍乎，攬斯道之大，登閎蹀三五有日矣。東粤士既多海觀，豈不能返其本以進其大，而以學弼亮乎聖主，永肩成周之治，仰成國楨之矚者與？又豈不令重譯以不波告禎，弢長鋋、强弩稛載之，弗復試，將世世稱東粤、冠古今極盛者與？斯則大自爾身，諸士無懼其莫當也。而士之爲見，恐終限于鋭毳，終淪漚生之幻已耳，不亦左乎？是舉之先，則前所稱握鉞大吏寔維提督兩廣都察院右都御史兼兵部左侍郎殷某，暨提督南贛都察院右僉都御史劉某，以逮都督同知總兵張某，左參政某，右某某，副使某某，僉事某某，其左參政某，僉事某，前期以入賀，行都司某某，咸有維繫于斯文者也。故書。

廣西鄉試録後序

今天子統承丕丕基，握符紀元，聿新鴻猷，濬哲徇齊，神資絶出，聖學日蒸，彰聞中外。寤寐賢雋，賓興海宇，爰自畿甸，達於侯綏。江介嶺海之間，甌脱斗辟之内，士有章縫而呫畢者，咸忻聖作而快先睹。于時，巡按御史唐某監臨廣西試事，録成，某以職事宜叙諸末簡。某聞之，重華南巡，警蹕賁于衡、湘，聲教達於梧野。西粤固古帝之流化區也。秦、漢以戈船載闢桂林、象郡，歷唐彌顯，奇人墨士，往往與桂蠹、翠翽、文犀、馴象並貢稱珍。明興，樹藩設學，材賢彙征，名卿碩輔，勛猷代著。下至酋長，莫不慕義趨風，解結投弩，競列纓緌之林，猗其盛哉！然某嘗涉湘浮灕，攬結西粤之勝，海陽中峙，支嶂萬分，攢戟列珪，翥鷟翔鴛，巇錡柴虒，岭嵤問砢，雲譎波詭，不可狀陳。而其間二三巍巒赤立乎漢表，若偉丈人儒長者高踞俯視，羣子弟蒲伏趨走，聽指授之不皇也；又若元戎搴旗連百萬熊羆，虎臣驍騎角力之恐後也。斯其山川奇勝，雖秦、蜀莫之甲也。蓋蹶然嘆曰：「西粤材賢之衆多，其間名公卿之勛猷，以揆之今日，其方權輿而未可津涯者與？」何則？昆侖之氣鼓行域内，自北徂南，而西粤固南國之極壤，精華之尤萃也。以彼其山川而值精華之萃，故曰今日未可以津涯也。曩聞菈兹土者，惟固守簡闊舊晝，多未嘗事事，曰：「吾無攖也。」已而，虺穴木樵魅跳之餘孽，卵育日繁，豪噬我民，其極至侵疆奪邑，戕官剸吏，歲罔虚日，襟喉爲之鬲塞。諸司猶然視曰：「吾無攖也。」頃，得節鉞大吏、繡斧使臣毅然議征。於是古田先復，府江繼通，刊除蓊鬱，旁闓日南之遐。談者則曰：「西粤之人事，又何其與天運地靈相協應也！」然則西粤材賢駿發而鴻宣，引長而勿替，斯又非其時與？兹者大比賓興，羅蒐卓犖，諸士乘昌運、遘盛時，而適際聖作之期，則三試之所揮霍，有司之所鑑遴，竑詞奥義，鏗耳溢皆，纚纚林林，固足以進叩南宮矣。不知其翊運應時，仰對聖人求賢之實，詎止斯藝已乎？夫士之爲藝，談儒行則宗聖脩而詆老、佛，論治法則尊王道而卑五伯，籌國計則上商、周而下管、桑，非不彰彰著也。然一朝布之中外，較其行事，與曩所言者若兩人焉，何哉？則以未達國家求賢之實者也。《詩》曰：「濟濟多士，維周之楨。」士胡以克楨哉？《書》曰：「不惟逸豫，惟以亂民。」《詩》又曰：「百爾君子，百辟卿士。不解於位，民之攸塈。」是則國家自養士〔二〕，布列有位，冀爲國楨，非斯世斯民無爲也。士自始學，至列有位，爰楨乃國，非斯世斯民無事也，此國家求賢之實，亦士之自靖也。士既不知其實而脩之，方其學操翰，輒私心卜曰：「吾得繇是飽刀泉、華閭里足矣，他吾奚有？」有晉是者，曰：「吾得繇是樹名檢、階顯融，則身名兼之矣，他吾奚有？」又有晉者則又曰：「吾得繇是抒猷悃、垂後世可也。」是非無世與民之事也，而其實非也。既非其實，則士雖日日操翰而宗聖脩，是楮生聖脩也，其行有老、佛覆詆之者矣；雖日日操翰而陳王道，是楮生王道也，其政有五伯覆卑之者矣；日日操翰而偉商、周，是楮生商、周也，其計有管、桑覆下之者矣。夫國家求賢之實若此，而士固如彼，則世與民將焉賴？國家亦焉用？三試，士爲也，是必有古之己饑己溺、一夫引辜者作，夫乃可以斡世而膏斯民，則士

〔二〕「國家」，底本漫漶，據四庫本補。

於國家非獨楨之，且龍之矣。嗟夫！今西粤士欲以翊運應時，仰對聖人求賢之實，安知不有若而人者繩繩繼繼，贊睿德而罽鴻化也。某滋望矣。故曰：「今日未可以津涯也。」

趙浚谷先生文序

自《易·象》以風水語文，而文之變備矣。彼水至大者莫如海，鄒孟氏嘗以海况聖，言海固不易談已，其次莫若江、河。予嘗浮彭蠡，絶淮、泗，固江、河之巨滙也。方其微風颺波，紆紆容容，涵雲霞之麗，抱日月之晶，睹者固已盪胷臆、皇耳目矣。已而噫氣噴薄，礴雷震霆，蹀萬馬、舞三軍，鬬虬螭而咆熊虎，睹者震掉不敢正視。頃之，則又恬如寂如，放乎無有。凡此不出晷刻，而其變不可窮詰。非獨彼水與風不得知，雖造物者亦不知其然而然也。此非天下之至神，其孰與之？自鄒孟氏以後，其文之盡變有若此者，唯莊、荀、司馬太史、韓、蘇數子擅之，柳、歐以下，亦頗得其七八。然予又觀江、河下上有三峽、龍門，其變不在風而在石，彼其石之巑岏䡾岃，與波舂撞，天下希奇也，而莊、荀、太史數子間極其變，亦或有似之，然不常有也。何則？使天下水咸爲三峽、龍門，則利涉者阻矣。故三峽、龍門謂江、河間出之奇可也，非所以語於文之大凡也。國家自弘、正間文章復古，學士詞人競尚剞劂，往往語鷙嵺峭而音入焦殺，其極至襲古人勝語以相矜嚴，此何異獨誇三峽、龍門，不復知江、河風水自然之變，亦少過矣。嘉靖間，三四君子起而定之。若趙平凉之作，高者雄渾頓挫，不襲一家，而姿態不可縶，視數子最爲近。予嘗得《平凉集》，未全，稍録其粹。予友鄒繼甫，故平凉高第弟子也，將梓行之，而屬予爲叙，因尚論之如此。

萬安倉前周氏族譜序

予聞漢人之語士曰：「脩之於家，壞之於天子之庭。」嘗竊怪之，以爲士果脩也，而又奚壞？乃不知今之脩於官者或壞之於家，則又何哉？今夫君子之語修也以身，而其所以爲脩者以仁，身固一矣，而仁尤至一。夫惟君子之仁其身者無弗一也，是故當其仁家，則民與天地萬物未始違；當其仁民與天地萬物，則其家未始置。至其異日，釋而返服於家，其素所教又未始更端也。何則？彼其所以爲家國天下者，疇非身也，亦疇非仁也，又惡有修此而壞彼哉？故世之有脩而有壞者，非所謂修也。予少與萬安周方伯洞巖君共事歐陽先生，與聞求仁之學。繼同舉，又同朝，昕夕通家，予不能盡語君之修，嘗試觀之，其梱内雍雍，子弟翼翼，僮僕魚魚如也。其愛人無崇卑、衆寡、戚疏，屬屬如。其當官侃侃，憂國恤恤如。其然諾，石如；辨是與非，山如也。其道人善、規人過，又挈予而道之規之，藹藹誾誾如也。已而，出爲郡爲藩臬，其視采屬民庶、胥隸盧兒〔一〕，猶其一家。其刪難濟變，猶治其家艱。至於下上之間，辨是與非，導善規過，猶曩之予導予規者。然君竟以是取慼下上，遂致而歸，天下士共惜之，而君弗以屑意，惟日篤于睦宗、輯譜、教家、飭族，將興鄉人而趨焉。君豈不知家國天下之異勢哉？蓋君之所欲，以仁其身者一也，而又奚有兩修兩壞之殊？予聞君之先有游濂溪先生門者，爲某翁，幾世爲方伯某翁，又幾世而有君。從弟某，舉進士，令宣城，咸以正學聞，則周氏之爲世修久矣。其譜實自某公創修之，至君凡幾修，而以序屬予。予以爲君之脩譜者，影也；其修諸身者，實也。君將俾族之人索影而求其實，則必自君之仁身者始。由是而鄉之士與四方之士興焉，將亦自君之族彦始。然則君雖隱矣，而君之欲爲國與天下以達于天地萬物者，今未始減曩也，是在斯譜，而君之脩，固亦與斯譜爲無窮也。

春陵三勝紀略序

夫覽觀方輿纂圖列勝，此博綜者爲稽而已，而非以爲遊也；登躡崇幽，抒詞摛藻，此遊觀者爲適而已，而非以爲道也。是故君子苟涉乎道，則遊非遊矣。春陵古稱山水之域，其大者若九

〔一〕「盧」，原漫漶，據四庫本補。

嶷舜陵，其次濂溪、月巖，稱三勝。萬曆改元孟夏，予挈二三子從湘源謁濂溪，窺月巖。濂溪去州舍許，去元公廬不里許，泉汩汩從石出，相傳元公濯纓其下。月巖又去濂溪舍許，巖闢東西雙闕，中空洞透天，圍不啻百十丈。遊者從西入，視之類月下弦，東入爲上弦，踞中則中天矣。予行四方，探陟有年，未睹有若斯殊勝者也。遂偕二三子留宿嘯歌，不能去。已而州大夫出《三勝紀略》，請序。予披誦，顧二三子曰：「爲此編者，其亦有鄉道之心乎？昔者精一之旨發自虞舜，曠数千年，闃乎寥寂，無欲學聖之旨又發自元公。夫無欲，精一之門也。學不從無欲而自謂能入道者，誣矣，誣矣！二三子識之。而况舜之藏，元公之生，咸不越封内。山川之靈，疑若有屬。今州大夫編次得之，是豈爲稽與適而已哉？不然，自三勝而下，澹岩稱稀於天下矣，大夫曷爲其絀之也？二三子識之。」于是，予與二三子爲九嶷之期，别大夫而序以遺之。大夫羅某，銅仁人，其先出予鄉之清江。二三子，蔣論、曹學參，全州人；周鳴球，羅田人。

衡廬精舍藏稿卷十

序

刻白沙先生文集序

夫人心者，天地萬物之都宅，而道之本也。《記》曰：「物有本末，事有終始，知所先後，則近道矣。」故古之學，未有不先本後末者也。自後世以趨末爲工，苟有爲古之先本者，則不問其所底，輒羣然詆之曰：「是非老則禪也。」而世之末儒畏形而避影者，乃又甚其説，以自表異，曷怪乎數百年之亹亹而和、懵懵焉而趨也？夫先本非絶末也，以爲非本不足以生末，故古之君子先從事焉。善養其易知簡能者，而天下之理自得，則天地萬物將爲舉焉。故曰：「正其本，萬事理。」又曰：「本立而道生。」猶之樹材者先壅溉其根柢，則枝葉自從而敷榮焉，非必若剪綴然，枝枝以營之，葉葉以脩之者也，故《記》者謂之「近道」。若夫老與禪，則顓焉以閟其根，逆焉以銷其枝葉，與吾聖人先本後末之學大有間矣。夫惡得擬其所似而槩詆其真，反以拒天下知本之士？

甚哉！後之末儒之難與語學也。白沙先生自少有志聖人之學，始從臨川吳聘君，未有入，乃返求諸約，端居十有二稔。然後見吾心之體隱然參前倚衡，應務觀書，若馬之有銜勒，水之有源委，乃涣然自信，曰：「作聖之功在兹矣。」而措之日履，堅貞明懿，孝友天至，雖窶極，且剸田廬以食太夫人，之兄子買婢出良族，輒選配爲婚。友喪，服緦佐奠，至數千里外。自彭惠安、劉忠宣、羅文毅以下，靡不景從。邑令執弟子禮，服行其教，輶軒過者，挹其德容，至稱之活孟子云。片撰隻語，咸踔絶出塵表，可輔世而翊道。嗟夫！若先生之學，豈嘗枝枝而營、葉葉而脩者哉？蓋亦崇其本而自豐其末者，彼二氏者有是乎哉？而世之談者，未誠有嚮道之志，知嚮之矣，又未能若先生反約而深造，且不亟考先生之貞履，則皆逐塊尋聲隨陽浮而爭置一喙，是猶守澮洫而議淵海，執碔砆而評荊璧，亦左矣！夫或者經怪其出語間用釋氏，是又不然。昔程伯子亞聖儔也，蓋亦間用之。而尼父徵言于老聃，軻氏借證于陽貨，咸自顧真脉何如耳，豈必善避其語者哉？苟不以其脉而獨屏形聲，取善畏避者以爲韙，是亦自附剪綴之工已耳。而于先生，又曷爲有無？于時予寮僉憲何君重刻先生文以傳，予慚無能爲役，乃爲叙其先本之學，或以回避影者之轅而知學聖之有歸。然則世欲繇先生以入聖，則亦求諸先生致虚立本之旨而自得之，慎無逐末儒自左其趨，以日遠于大道。何君名某，字某，南充人。贊其成者劉君某，字某，某縣人。李君某，字某，思南人。

南溪蕭氏續脩族譜序

予少好覽觀郡邑志，而知邑蕭氏之蕃且著也。邑蕭氏以十數而瀘源甲，瀘源派分以十數，而予里南溪甲。南溪上世語具信史暨先哲載記中。迄五代時，軍巡覺始避地禾溪。七世，至大承事，遷今南溪。又幾傳爲堯、舜、漢三祖，自三祖之支裔繁碩，歷宋到今，其著代不下十數世。歲時伏臘，被服楚楚，相與謁拜乎祠屋者，其擢指不下數萬衆。列井分竈，聯甍累第，穀鍾萬廩，薪藁萬，畦蔬萬，牛驢犬彘蹄躈萬，秔千釀，魚陂千畝。後列千章之材，奄山跨谷，奕布而雲驀者，其奠方不下數十址。入國朝，自宫師以下，官臺省部司，以逮郡牧邑長，其繩武不下數十人。拽青矜、遊黌序者，其列籍不下踰百士。其一丘一壑，以行誼賦咏稱者，不可以數。嗟夫！若南溪，豈獨甲蕭氏哉？南溪譜修自某公，至某公，凡幾修矣。乃者其族彦黄陂令樓岡君、韶府丞武泉君、今將樂學諭君，集羣議續修之，而屬序於予。蓋予捉髮客武陵橋蕭徵士家，學文于二江先生〔一〕，繇是獲讀其《騈義傳》，知自成、鵬舉二公叔姪爭死，雖古今希矣。已又與鶴皋侍御並遊邑庠，與樓岡、武泉並試南宫，而將樂君又挈其羣從從予問學有年，則所爲序南溪譜者，孰與

〔一〕底本缺上篇「本之旨而自得之」至本篇「學文于二江」，據四庫本補。

予？予嘗稽之矣。昔蕭之先，其宅端揆、任相導者，何承承也。自鄼侯，下逮嵩、復、俛、倣，勛名灼爚照當時、流後世者，抑又何磊磊也。然鄼侯僅獵柱下之旨，而宋國世溺泥洹之教，其於儒道詘焉。今南溪繇孝友發家，其子孫若宮師之文學、給舍侍御之讜直、郡邑之政教，雲仍斌斌，非周公、孔子之道弗詢也。閱其譜，絶不有近世駢枝之弊，則誠所謂儒家者冠也。夫儒之道始孝友，行家邦，加海隅，而漸被於鳥、獸、魚、鼈、草、木，則天地萬物舉矣。古之大人所以相天下者，用此道也。予所望於南溪之後，豈不有希古之大人者作，而儒之道始全。

正終稿序

余讀友乾江君《正終稿》而泫然涕下也。予踰冠，從學夫子，得友君，交若弟昆。然余强年纔稍知自力，每移書激君，君晚刻勵出予上，又日移書余規。余方倚君共老以幾全歸，何啻斷金？然朝飛書而夕報冥遊矣。余奚獨君惆哉？今稿中《學箴》《醫戒》皆默與余心契者，蓋出其終之先三五日，而晚脩篤矣。時君喪大夫人，已踰禫，猶以未襄大事，固持小祥服，夜侍靈輴，忽晨興端坐，正襟委化。以今世人若君之得正而斃，復誰何哉？二孤方擗踊，未皇治君他文，而先刻是稿，貽後死者讀之，且惆且慕，自不知終之所至能幾君一二否？因雪涕題簡端云。

醫戒附

月在季夏，予抱濕痰之疴，行坐弗良，日偃仰床褥，痛苦弗寧也。醫脉之曰：「是其原久矣。君手百家之編，竟日忘疲，不久坐乎？」予曰：「有之。」「握管操觚，無輟思乎？」予曰：「有之。」「夫坐忌太久，久則血氣凝滯，天地蒸濕之氣淫之，與俱滯矣。思極傷脾，腎爲智府，亦且傷腎。脾傷則食凝而爲痰，腎傷則水不升而火熾。火，痰之母也。此豈一歲之積哉？」予然後恍而覺，慨而悔曰：「嗟乎！予之罪也。不謹疾乃至是哉！」坐與思二物者，非能病我也，内賊主之，釀之以成，而又治之不早治也。蓋予始而殫思，則病萌矣。謂暫廢而靜默其可也，果未踰時，良已矣。始而躭書危坐，則病萌矣。謂暫抛而徙倚其可也，果未移晷，良已矣。始而驅馳刺謁，則又病矣。謂休騎而端居其可也，果未踰日，良已矣。不知因芽之萌而札其根，又不知其根之存第隨發而剪其芽，無乃蓄之使滋茂，必待斧斤於醫乎？是故上醫不治已病，治未病。養生者而達斯理，和、扁無奇功，夫人而臻壽域矣乎。凡治，貴防於未然，而萌爲已後；貴慎乎微，而著爲難遏。感醫談，悟治心治國之理，因著之篇爲戒云。

送郭相奎冬官赴任序

予嘗陟巨嶽，未至數百里間，其地維已嶐起連數郡，故其高能興雲而造天。異時顧視他山，凡突兀嵂巋拔起者，其爲高亦僅僅，無甚峻。至若培塿與平地逶迤者，又不足言矣。予然後知天下有殊物巍峨絶出之高，非大其基則不可以成。古之聞人多矣，而學者必以大人爲至。夫大人豈好爲大哉？其天之授斯人，人之受於天，本大故也。昔者伊尹氏耕於莘野，方其表操，固已有撻市内溝、袵席斯世、苞裹宇宙之心，已乃翻然從湯，堯、舜君民，上格于皇天，若反手然，又豈以一旦突爲之哉？彼固樹基于本大者，非一日也。近時自一體之學倡，天下學士知忻忻從大矣。然或至汪洋浩蕩，大而無當，出處取予之間，日踰其閑，猶曰此一體也。斯蓋未睹本大之實，而恣其意見精魄以當之，其於大，千里矣。余嘗睹爲大之實在微，愈微故愈大。古先峻德始於惟微，子思語大至位育，而其幾則肇於不睹不聞。《記》曰：「聖人耐以天下爲一家，中國爲一人，非意之也。」此爲大之實也。余對學者每不敢語大，蓋有懲也。南冬官尚書郎郭君相奎舊學於余，然資故温懿，服官著聲廉明，今其赴南署也，特走别余。余無爲贈，則獨以大進語曰：「適千里者三月聚糧，則大之貴積也審矣。夫風之積不厚，則不可以負南溟之翼；水之積不厚，則不可以浮萬斛之舟，然則積豈易言哉？其惟微乎。若夫切琢浸磨以入於微，則有留京諸君子者在，予可省言也。」

刻濂溪先生集序

甚哉！學術之難言也。非學之難言，言之者異也。嘗試譬之，祖父之造家，莫不肇蹟南畮，樹穀務本，然後能操贏以殖其貨。此非獨人事，亦其勢然也。而後之子孫徒見貨殖之利，唯旦夜持籌、課算子母，記籍充棟而居積自矜，遂捐舍南畮，任其污萊。有務之者，則詆之曰：「是西鄙野人之事，吾祖父無有也。」力本之論不勝其逐末之説，故談者恒難于言。雖然，亦取衷于祖父而已矣。堯、舜者，中古之祖父也；文王、孔子，近古之祖父也；濂溪、明道二先生，又近世祖父也。堯、舜語學曰人心道心，精一執中，何其詳也！豈不以心一也，惟動于欲而失其本然者爲人心，惟不動於欲而不失其本然者爲道心。然則道誠不出于心，而欲固賊道者與？至哉道心！精精，是而不以欲雜；一一，是而不以欲貳。蓋自堯、舜千百載之前，而無欲之旨已彰彰較著矣。其在文王，無然畔援，無然歆羡，乃造于穆穆；孔子，江、漢以濯，秋陽以暴，乃底于皜皜，皆是旨也。四代聖人，先天開人，鮮不自道心精一，而盛德大業繇斯以出，始未聞外心而專求物理也。濂溪先生去孔子千有餘載，其著書不多，唯獨揭示聖道曰：「聖，誠而已矣。」而指其學聖之要則曰：「一爲要。一者，無欲也。無欲則靜虛動直。靜虛則明，明則通；動直則公，公則溥。」夫誠，非道心乎？無欲，非精一乎？靜虛動直，明通公溥，非執中乎？是近世開先肇家，遠與四代聖人異言同符，固孰與濂溪先生？今先生遺書具在，其旨尤彰彰較著，亦未聞外心而專求物理也。異時學者恇惑影響之間，眇忽道心之旨，謂理不生心而出於物，乃至鰓鰓睍睍，博求諸物，以有涯隨無涯。至於當年莫究，累世莫殫，迄不自知其遠人以爲道，而猶尊近聞、珍末見以相雄長。其間有能原本道心、亟先無欲者，則反詆之曰：「是不爲老，必爲禪。」嗟乎！是不知老與禪相去且千里也。乃俾學者盡棄南畮，專趨貨殖而重怖于西鄙之訶，將益爲逐末者增赤幟而堅壁壘。天下後世莫不畏形避影，聞聲悸響，孰敢爲力本者一置其喙？吾故曰：「非學之難言，言之者異也。」嗟乎！是當如祖父何哉？且夫天地之運不息，自窮天地觀之，後千百年，將不知有幾聖人者作而爲之開先肇基以祖父乎？天下斯學豈不復大明中天哉？彼區區兢逐末者，又何虞其不終醒且瘳耶？直獨虞今之未逮乎醒且瘳者，將倀焉適燕而越轅，避渴而海飲，而卒莫之救也，可不爲悲乎？雖然，亦取衷於祖父而已矣。某曩督楚學，竊不自揆，雅欲釐正先生遺集刻視學者，以見取衷之意，庶幾少回逐末者之瀾，迄未皇也。萬曆甲戌，太平崔君某爲永州理官，念先生昔嘗判永，乃求先生集，删其附益者，刻永郡中。明年，先生冢孫博士君某命其子某某走余山中，以新刻寄，且曰：「道州故刻，亦漫漶久矣。今且圖復刻，請爲之序。」予聞之躍然，因推本學術，重有感于本末、古今之異，而妄欲爲天下瘳，且以諗崔君，并刻之。

贈别習豫南太史序

明興，吉郡以文學蟬嫣都館閣者，麟麟稱盛，至弘、正後，稍陵夷希矣，至近愈希。既閱多年，乃有今豫南君。嘗試較之，當時事業籍甚則莫與楊文貞，文貞之膚公，天下士所熟誦競書不絶也。予獨喜誦其一二細微，而知當時名哲之履。蓋文貞以元宰歸省，過湖中，邂逅一張參政者，風駛舟上下，則各舉手一笑竟别。底維揚，郡守令先日候無耗。翊日，舟至，守令竟不相聞。過去訪友人，則相與聯寢，語達旦，自常廩外無别供，鄉人得以隻雞束薪相辭受，其細如此，其大可知也。予因是又知當時上下省事殫力民務，而化國日長矣，豈其人與世咸幾於有道者與？然予觀文貞爲此良有本。文貞雅言天下事，當以天下萬世心處之。嗟夫！末世之有天下萬世之心者誰哉？乃又較之古近，事業籍甚匪一人，予則獨喜誦伊尹事。予所誦，非以其出處勛伐爲也。伊尹耻君不堯、舜，至引辜于一夫，其自任之重，蓋自畎畝而已殷矣。夫伊尹以一荷鏄寒畯任天下之重如此，亦豈無本哉？尹之自名曰「先知先覺」，彼其所以先天下而知且覺者，其體量固弘也。故曰：「大人耐以天下爲一家，中國爲一人，非意之也。」豫南君與余同事念菴先生，學大人之學舊矣。今以銜命事峻，歸報天子，將繇是踐大人位，而君且停驂過顧，别予山中。予慚無爲別，僭以文貞之事、伊尹之言納諸行李，意者繼文貞以振起吾邦，而道則上志乎尹者也。

賀朱兵憲平黄鄉寇序

夫哲人治國，若神醫用藥。然神醫之爲用，苟當其病，雖射干、甘遂，咸使伐毒。及非其病，雖者參、烏頭，反爲毒胎。乃其進退盈縮之間，則非庸瑣者能諳曉也。吾省贛、南兩郡綰轂嶺海，通道漳、泉，習爲盜區。自正德間，新建公始仗鉞平之。公初招各酋，唯黄鄉葉氏先附，公用以平各賊，繼征寧濠，能出死力。以是督府例用葉家兵，而葉家兵驕氣日哆哆張矣。嘉靖間，逆節稍著。迨今萬曆乙亥，巨酋葉楷等席威肆鬬，動號數千，殘剸良民，不啻百家，其極僭稱元戎，自署中軍，睥睨城池，蔑法踰制，叛跡至不可勝道。于時督府新原江公握鉞適臨，奮然議征，乃屬兵憲朱公偕分守張公，簡將矢師，期在殲魁盪巢，脅從撫之，則又屬贛守葉侯密馳招檄，而各保聽招，咸鼓舞更生，爭先鄉道。各將佐益麾兵死戰，斬其伉健，賊衆遂潰。已而，分哨疊進，圍屯火攻，自楷以下巨酋盡血刃下，其戮死捉生，俘獲及收録器仗踰制者，咸不計其數，而百十年奥隩逋寇，一旦盡盪滌之。于是督府請于朝，建縣治，以永填撫其地，遂埒則壤而齒平民，功何穹也。贛之南既多盜區，而黄鄉自怙宿勦，獨雄各區，兵動輒躓，適今不剪，則上通潮、海積逋，下厝毒于吉、臨滋厚，即若辛酉之變，猋忽蠭起，將胡以禦之？自非魁賢操符定畫，威德並運，而又獲同心協策，動應機宜，吾未知其厝毒復何如也。然則今日之捷，自吾吉以下，咸衽席而嬉矣。其功豈獨在贛、南哉？蓋昔在新建公是用射干、甘遂之力也，今督府監司是除耆參、烏頭之毒也，其爲國計一也，而贛、南兩郡侯咸曰，是役兵憲朱公功最多，爰徵予言以頌，且曰：「是當勒石，傳諸永永。」朱公諱某，叙州人。贛守葉侯某，某方人。南安守某，某方人。

重刻王心齋先生遺録序

《心齋先生遺録》若干卷。始嘉靖間，門人張水部峯刻諸江浦。隆慶間，先生仲子某偕諸門人編校年譜，并遺録刻永豐。仲子嘗屬予序，而未之逮。今萬曆四年，水部重刻于家，乃亦以序見督。予少讀《遺録》，而得先生學脉之大較矣。今且半皓，乃以水部所刻讀，忘寢食，而益得其旨歸，然後掩卷吁曰：「是刻其可已乎？」先生之學先知本，故立其身以爲天下國家之本，則位育有不襲時位者，此旨歸也。然先生所以語立身者甚詳，非曰不辨不肖之身，而徒出身以師帥一世之謂也。先生所自爲立身者甚嚴，非曰不辭不腆之脩，而輒委身以鼓舞一世之謂也。先生録中曰：「顔子有不善未嘗不知，常知故也；知之未嘗復行，常行故也。」又云：「誠意、忠恕、强恕、致曲，皆爲立本工夫。」平時揭示無欲之訓，不一而足，所著《勉仁》等篇，則又循循示人遷善改過，反躬自責，不爲葉言，是先生所語立身之事如此。水部雅爲予言：先生最嚴取予，不苟一縑一葛。予又考先生自童不嫺文義，而孝誠天至，厚義薄利，咸出性成。及聞東越致知之旨，而深造自得，日以光大，巨節細行，咸可昭日月、通神明。故嘗以一身而活千萬人，以褐衣而師表乎王公，非獨纓緌詩書之士欽風而起，覿顔而消，而下逮農賈儓隸、齠穉禿翁，一聞謦咳，若澡雪其胸臆而牖發其天機，是先生所爲立身之實又如此。而今之學者未少有得，則皆好爲人師，至南面抗顔，號召後生，猖狂鼓舞，自爲大于一時，亟高其言曰：「吾學即止至善，又焉用致知？焉有所謂無欲之功？」其極至習爲圓通，恣爲權譎，以便功利。大德既隳，猶自與曰：「吾誨不倦，即學不厭。」不知所誨果何物也？所謂出身以爲天下國家，果何身也？嗟夫！先生所爲訓與其自立者，豈端使然哉？夫衡懸則不可欺以重輕，繩陳則不可欺以曲直，規矩設則不可欺以方圓。水部既重刻《遺録》而又附以墓文、誌、傳，豈非所謂懸衡陳繩、申飭規矩以示斯人之徒者歟？雖然，聖賢立言，猶善醫者因病而施方，非可以方執而局泥也。先生《録》中有云：「出則爲帝者師，處則爲天下後世師。」予則以爲聖人出爲帝師，而未嘗不師天下後世；處爲天下後世師，亦未嘗不師帝者。是故時潛時躍，時見時飛，而未嘗有家舍用舍，行藏莫不在天地萬物，是乃先生所學孔子家法，學者亦善觀善學之而已矣。水部嘗令江浦，有惠政，民生祀之，豈亦有先生一體者歟？是刻爲學者慮至殷也，故援其意爲之序，且以復仲子。

别曾舜徵序

夫研窮，非不學也，然而滯物，高儒未嘗入其門焉；禔脩，非不學也，然而泥迹，通儒未嘗入其門焉；主敬而嚴，主静而寂，非不學也，然而涉念，聖儒未嘗入其門焉。夫聖儒曷宗？宗乎盡性而已。性之體，非有内外、虚實、動静之别，亦非有先無後有、先寂後感之異，尤非可以知識求、意見測。語其量，則囊括宇宙，發育萬物，而其實不越乎至微。學者誠得其微，非不研窮，由吾性而窮焉，則雖物非物也；非不禔脩，由吾性而脩焉，則雖迹非迹也；非不敬以静也，由吾性敬静而無所主焉，則雖念非念也。是故其學能開物成務，裁成輔相，盡人物天地之性而不爲勞。夫盡性不勞，則真全不毁矣，故又曰：「盡性以至于命。」性也，儒者知言之，而不達微之體，故雜百氏；微也，老釋能言之，而不求盡之之功，故成二氏。甚哉！知微之難言也。耒陽曾子舜徵自衡五百里訪予孟山之麓，留十日，與語聖人盡性宗旨，而莫予逆也。已而浸及於微，舜徵躍然屬予著之篇，以示人人。嗟乎！道心之微，自虞廷啓之，予雖未深知，而曷敢愛言？雖然，舜徵寧知今之患乎？患不在不知微，而在知微也。不知微之患，譬之食蘇藿者其病吐，吐者易療；知微之患，譬之食參耆者其病茹，茹者難洩。子盍觀于今之士，可省也。雖然，又有譬焉：外入者非家實，貨羨者非居積。然則予非患知微，而患真知者之艱也。子行勉哉！子將聖儒其志，盡性其宗，精之一之，乃見其微以執於中，姑毋多談。

賀劉養旦憲副歸省齊壽序

予友少衡劉君始以江西藩參請告歸，侍其父封吏部公、母陳太安人餘十年矣。會朝家强起君補粤藩，屢陳辭，不可，不得已行。踰年，蒙命陟雲南督學憲臣。君聞報，舍然取道歸，覲請得復告，終身二大人側。于時，封吏部公壽八十有四，太安人壽七十有九，雖誕生殊時，而少衡君將集宗戚，併舉一觴，冀解頤，申告已意。而或者語君曰：「先生之悦親左矣。夫二大人豈不願君膴仕哉？君倘順二大人以行，則必能萃四方之珍以腴口腹，奚止取諸湘湖之芳、洞庭之鮮？必能備四方之音以娱耳目，奚止取諸激楚之調、思郢之曲？必能爲明天子外握斧鉞、内提銓樞，龍光溢被親闈，加尋常萬矣，奚止爲里閭之頌禱、宗戚之燕遊？先生胡不爲彼而爲此？」乃先生門弟子聞之，紛然起曰：「是且未識吏部公之心，焉識先生？」蓋昔者公方年强食貧，猶然勑先生遠從羅文恭公學古聖賢之學，斯時豈以口腹之腴、耳目之娱、龍光之溢營計念哉？況今加耄矣，其所期於先生有不珍而腴，不音而娱，不斧鉞銓樞而光被膴仕，又焉爲有無？乃相率敦譚生某走數百里謁予言，以爲二大人歡，又介其門人萬安令某申之。夫予與君同年同學，兹又同情。蓋予嘗請告，重佛慈旨，乃亦舉一觴跽告吾慈闈，曰：「若子在千百里外念大人，奚能越晷刻？若大人念子在千百里外，脫有急盼，不得即從左右，亦奚能越晷刻？若是，雖日飲湌大官、綰黄金章，不樂也。今得奉一觴，唯阿在左右，無乏事其樂，豈與身都三事論哉？」而吾慈闈及宗戚相聞，絶倒盡歡，若公與太安人豈不同情，而少衡君且必有先得予心同然者矣。子歸，將睹公與太安人心愉色康，飲湌日加，眉壽之綏，以莫不增。君以是燕喜，亦且日臻于壽考祺吉，殆相爲無彊，子又奚虞？」譚生聞言，喜津津，執簡請次其語，爲獻歌南山而行。

贈唐曙台父母入覲序

君子之學，始於仁身，終于仁天下後世。夫君子一身何以能若斯遠且大哉？惟仁，則非獨四肢百骸身也。其在天下後世疇非身也，吾以其宰四肢百骸者命令天下後世，各以其相宰者仁其身，而君子其庶仁矣哉。當其在上，爲君而明明，爲相而休休，咸必曰：「吾爲天下得人以爲仁。」而處于其下，日命令天下後世相宰而爲仁，乃所爲左右君相以毗得人而佇其用也。吾嘗譬諸醫國者，採擇上藥以佇主人緩急，其視爲人解一紛，拯一戹，其功豈百一論也？然而君子惟曰：「吾以既吾仁，而他非所知也。」昔者子游爲武城，夫子問以得人，儒者止知其足以益政，而未知夫子之意蓋出此也。吾邑人文陵夷漸矣。自唐曙台公以更賢來，首政在易俗節靡，而尤孳孳務興人才，日進諸生從業舉中講習，卒澤於道，其意甚饑渴，今翩翩與計偕。陳生以躍秉浩、梁生滂、廖生同春、康生夢相皆昕夕侍，更端高第弟子也。於是吾邑中咸感公善能作人，奇諸子得師行且彙征。予則知公之爲天下得人毗也。公以是月某日戒車入覲，此四五子者請爲贈，予以爲公持此報主上，較四方循政，孰功哉，孰功哉？公志在既吾仁，不自功，公且爲吾君相進明明休休之道，其亦不踰此夫。

西昌鄉約後序

昔予分司守上川南，嘗飭保甲寓行鄉約。而駁之者曰：「是將於里甲外增民役也，無乃爲厲與？」予應之曰：「昔周室井牧兵賦與比閭族黨義取相維，豈故相厲哉？」乃下令行。未周期，而民訟大寢。會四封妖寇盛作，境内獨完。繇是兩臺臣遂檄行全蜀焉。予歸里，人聞而慕，亦相與講行，不肯輟。萬曆丁丑，予邑大夫唐令君來臨，首議民風，輒欲以鄉約從事。出其科條，語簡而義尤備。未幾，士民舉訢訢趨繩束，積俗丕變，閭閻若更生焉。公復露冕，躬履四境，作新考成，誠精爲竭，且過予曰：「子不可無一言以相。」予見是約也，它方有行者矣，然而非有保民之忱，則功令寄諸彌文而民不可孚；非有安民之政，則殘蠹生於弊穴而民不暇爲。始令君甫下車，民睹顔色，已知其卹卹焉學道愛人矣。乃予邑宿號逋賦，公爲更令，不施桁楊，而輸先竣〔一〕。過此，予知其吏格囹虛，比屋嚮方，化國日長，而三代之政左驗一邑矣。予何幸躬親揖讓其間，而敲壤歌成也。於乎，休哉！

副將康氏續脩族譜序

夫自昔有食邑相襲、簪笏充家、奕世乘朱輪者至數十人，有世業詩書、代擅著作、一門文集至七十餘人，是何其名位之穹而文藻之郁也！然其子孫皇皇樹利，浮華罔實，若楊惲、劉孝綽焉，則禍敗隨之。君子之語世家與所爲遺子孫者，其孰爲藉甚哉？是故食不必八珍，要在菽粟雖終身弗餒也；衣不必紈綺，要在布帛雖易世足温也；遺子孫者不必名位與文藻，要在德義雖百世弗匱也。雖然，自孔門以知德爲難，苟有閭巷砥行，慕義若渴，内睦于家，外誦服于鄉人，衣德傳于世世，則有不膺爵而穹，不摛藻而郁者存。它不遠引，即吾江介若陳伯宣布素士耳，乃獨以雍睦利濟訓廸子孫，鄉邦化之，後不數世，有昉有競，有旭與度，而簪紱科第，輒磊磊焉。金谿陸公賀嘗以學行教授鄉閭，而成其子，稱三陸先生，及孫持之，咸爲一代大儒。彼其在當時，若蔡、秦父子孫曾，歷世鼎鉉，其後人至不敢俎豆而君蒿之，睹此何相萬也。然則古今稱世家與所

〔一〕「竣」，原作「峻」，四庫本同。據文意改。

爲遺者，可彰彰見矣。予邑東南，康氏最古，其先家金陵，十世有二十評事，生延孝，延孝生八十評事國輔，國輔取司馬氏，一乳三子。南唐主喜曰：「此人瑞也。」咸錫封爲京兆男，伯曰子文，爲正將；仲曰子忠，爲參將；季曰子信，爲副將。以世亂，咸奉母避地泰和，卜曰：「聞鍾則止。」於是伯居銅莊，仲居横乾，季居古瑞山，皆邑近地。今所續脩譜，則爲副將季派。季之後，仕朝之系多居古瑞，至德、隆，分徙達舍、道泰，徙譚山、武城，徙千秋、象嶺。仕玉之系，叔忠徙金灘。雖咸未有燀爚赫奕，而其間著於鄉者，爲武城永高，著于官者，爲玉成，爲遇衷與某某。名位文學，亦有聞。舊譜歐陽恭簡公叙之，今續脩曰堯圖氏，獨捐費二百餘金，其兄堯命集子姓編梓成帙，皆可謂慕義偉然者矣。康氏長少某某，以姪思齊受學於予，乃相介紹屬以序。予昔受學於歐陽文莊公，公與千秋亦世姻也。嘗館穀其家，爲述康氏習樸近古，而公又壻于金灘，以其先譽髦翩翩如也。頃者，康氏義問彌著，若古之雍睦利濟，競嚮往焉。而金灘夢相氏已與計偕，試南宫，又多蒸蒸慕學，其燀爚赫奕孰禦哉？雖然，予所矚望康氏，繇其慕義，則九江無弗可；繇其慕學，則金谿無弗可。其它名位之穹，將以翊世，非爲榮也；文藻之燁，將以明道，非爲侈也。昔者文莊必有語康氏矣。

爵譽康氏重脩族譜序

儒者之治譜也，鮮不以宗法言，此特歆其名耳，而非實也。古之宗法有世爵以臨之，夫是以導則率，禁則齊，而理在其中。其在庶人兩賤之，勢不以相使，而况爲大宗者？或顓愚而售訴，則又將孰導而孰禁之？是故先王之於庶民，家有廟以萃涣，黨有塾以發矇，而導善禁不善之爲理者寓焉，烏在乎宗法之舉與廢也？至於後世，則又有譜以爲著，代叙齒之辨。自譜作而廟之萃益篤，塾之教益明，推諸先王所爲理者益周以洽，故譜足尚也。而譜之行，不患無宗法，而患其家無老成之人、譽髦之士，不足以觀磨申飭，則雖其譜牒不軌於宗法，亦奚以裨？雖然，古者又有比閭族黨，相翊於導善、禁不善，故能一道同風，雖在環堵之中，咸有老成與譽髦者相望而駢起，此先王所爲必世而仁者也。乃若以今之世而責以昔之人，而欲其旦暮遇也，不亦北首而南轅乎？嗟夫！此豈獨一家爲然哉？予鄉在邑北最平衍，巨姓棊布，而康氏稱著焉。康之先在宋立極府君，繇金陵宦太和，留家爵譽，厥後分徙雷岡，至幾世祖仲衍，來壻里之周氏，因復居其故趾，始作《爵譽康氏譜》。其後乃有舫川司馬、務信徵君樹聲相承，繼有存吾處士、養浩贈君復編譜牒，菊莊二尹、北轅長史又續修之，越今踰四紀，而齒日繁，居日析。家老長暨文學至德等咸以譜不可無修也，乃申諭其子弟某某等增修之，而請序於予。予不揆，方以孔門求仁之學爲鄉士興，而康氏子弟從者獨多。已而約束爲鄉會，而其家老長咸嚮往焉。頃，予以講學會友登其門，巍甍古第，麟列櫛比，班行中龐眉皓首，冠纓履綦，抑抑顒顒，望而知爲老成人也。子弟從事，請席奉匜，匪舒匪棘，望而知爲譽髦士也。此康氏譜之繇成也，非苟然矣。予既辱世戚，又若是習也，予固不可無一言以颺之。夫古之比閭族黨之相翊於導善禁不善者，咸以處仁而已。仁者非小器近道也，而人豈槩能之？蓋大賢由是以達于道，小賢由是以習其事。今康氏譜一事耳，而有三善，世之援華胄、襲穹爵以相詡，而實則決裂枘鑿，不蓋其贋。惟康氏自立極公以下，首末若引繩然，靡有附麗之謬。其義例則曰：「賤藝弗遺，老、佛弗録。」又何其厚且正也！康氏歷宋、元，逮明興，以明經發家，相繼登賢科，膺貢辟，簪組嬋嫣承承，到今未艾。而譜之速就，未嘗伐其能，雄其成，此三善者，皆世所難，而獨易之康氏，其將爲仁里前驅哉？若夫雅志求仁，以漸漬乃祖康公之業，而際于馮翼孝德之盛休也，是在二三子者。

張氏續脩旌忠録序

吉郡忠義推文丞相，雖孺婦咸知誦之，然不知其一時景從，艱關勤王，則邦之子弟居多，若張履翁之徒是也。履翁生永新巨宗，官學士院檢閲，雅與丞相妹壻彭震龍善。當丞相督師嶺外，束震龍爲援。履翁聞，輒傾貲起義，結邑人顔司理偕震龍爲城守，候王師不至，城屠死之，三族爲赤，悲哉！入國朝弘治，丞相得專祠故里，震龍配食，獨遺履翁。嘉靖間，御史李公採公議，疏諸朝，履翁竟得從祀，而吉人士聞者莫不咨嗟咏歌，尸祝盻蠁，宛有生氣。履翁之裔始散避茶陵、安成者，代有顯人，其居泰和沙里，自學正君惠，幾傳登正德戊辰進士爲煥。煥弟某等感先烈榮國典，因録刻省郡志所傳履翁死事及蒙褒巔末，題曰「旌忠」。屬予友王尚涵氏序諸首。今二十年餘，梓燬，孫元潤等又續刻之，請予爲序。予嘗怪荀子言性惡，及讀其書曰：「物之動者有氣而無知，禽獸有知而未有義，人生有氣有知而有義。」夫人有氣有知而有義，則性未始惡也。荀子之言不自左矣乎？今觀履翁事，予益知人心之義之不可後也。孟氏云「所欲有甚於生」，豈不諒哉？雖然，自宇宙來，未有若丞相之義烈，亦未有若從丞相者奮義之多也。即後之崇報，雖人列俎豆，祗益爲勸，曷爲繁？當其時，予邑死事劉士昭出針工，予宗靜山當敷天爲元矣，而獨以一夫操耒抗之，其事尤最奇。士昭未知得從祀否？靜山後履翁十年，始得從祀，祀不祀不足言，予獨信人心之義不可後，而又慶奮義者之必有後也。序可寢乎？亡何，元潤等又率其家之游予門者曰朝儒、朝海，暨予妹壻可大偕來視成，遂奮筆著之篇端。

賀陳柱峯六十壽序

昔陶淵明冲襟逸度，絶交賒于世途，而獨卷卷《責子》之篇，其故何哉？今夫大夫士之在世也，鮮不欲其身長久，身長久矣，然返顧無繼志之男、承學之嗣，則雖壽等老、彭，德幾周、孔，而其衷未能以盡釋。蓋觀於《詩》《書》所稱，則古今人情大略可知也，何必淵明？然則人子期爲釋親之衷、壽親之至者，豈不誠有道哉？雖然，此未可易語也。何則？道之所存，世之爲親者鮮不曰：「是奚所與于己，奚所爲脩短？」而爲子者亦鮮不曰：「是奚與吾親，奚所爲脩短？」然以是語於親之喜刀泉田舍者，則可；而以語于其冲襟逸度之前者，則咈矣。以是安于其身之營刀泉田舍者，則可；而以安于繼志承學者之衷，則疚矣。彼固不知爲人子者圮道與不圮道，其爲親修短尤不眇小也。嗟夫！此其爲父子者蓋不易値矣，而矧爲易言乎？予昔與柱峯陳君始爲友，相取在古文詞，非獨業舉，已而爲姻，又爲鄰，相左右在德業，不督縟文。蓋君先世元總管梅村先生嘗壻予之先世，總管有行誼，不濱於俗，故君世其德，而於予爲姻，亦非若世之以機利相與者。予叨仕官，而君歷試竟弗舉。然君之情致高朗，忘懷得失，遇酒輒引滿，不醉不已，蓋有類淵明之爲人。君與予今年偕六十，而予皓首柴立，不若君青鬢翛翛，酣嘯勝夙時。是秋，君嗣子惟直適登鄉藉，與計偕，而文學友某某等謀，先惟直北行，奉觴申祝，以爲致詞莫踰予。予觀君自任曠懷，洒然出物表，視世人鰓鰓仰機利者，其所享已十百之矣，乃又獲淵明所不可必之願，此非所謂天人交邑者哉。爲之賢嗣，所爲壽親之至，則將曷以？君家之先元方、季方，咸有勳德，以承太丘，非不偉燁。惟直豈以是爲道之存乎？夫道之存，以萬億世爲期者也。其身以萬億世爲期，則其親亦以萬億世爲脩，其視世之以一勛一德顯親者，何啻徑庭之遠？即世之巍膴者，已非其匹，而況懷刀泉田舍區區相矜嚴者乎？惟直辨夫？否則未可爲至，而終咈且疚，非惟無以事冲襟逸度，而亦非所謂繼志承學者也。於是諸君咸忻曰然，乃相率介予言，登堂再拜，慶洗腆致用酒〔二〕。

歐陽南野先生文選序

歐陽先生文莊公既薨之十有五年，其門人淮南李公晉秉大鈞。□□□□□□□天下學士大夫延頸歡曰：「歐陽先生抱聖人之道，未獲大行，今恢而張之，終先生志，必李相君也。」于是李公慨然嘆曰：「弘先生之學者，予不得讓焉。」乃取先生文集，摘其要者，彙成若干卷，江陵公序而廣之，以屬方伯馮公，謂吉故先生鄉也。謀諸太守周君刻置郡齋，而先生仲子中書君復屬直叙之。直少從先生游最久且密，面授手勒，更僕莫殫，未嘗屬草，故多不見集中。然耳習先生之學，則直亦不得委焉。自孔子語理曰「易知簡能」，天下理得夫易知者，即吾心良知是也。故明道之訓「格致」曰「物各付物，不役其知，則意誠不動」。不役其知，非所謂良知乎？學者不

〔二〕「腆」，底本漫漶，據四庫本補。

信孔子、明道，惟取決「在物爲理」之一語，兢力窮討，莫克反其本，學術將爲天下裂。陽明王公起自絕學，亟示之曰：「《大學》致知，乃致吾之良知，非專外也。」一時豪傑響應，而獨稱歐陽先生爲盛。先生始學近空寂，而從政疑於思索，乃以書質諸公。公答以「自私用智，喪失良知」之語。先生遂悟良知真體明覺自然，隨感而應，燦乎條理，自周於天地民物，不見有動靜寂感内外之殊。是以謂之良知，亦謂之天理。繇是沛然不疑，躬行益篤，不遺日履，而上達淵微，根心生色，人我靡形，積久宥密，愈真醇而愈輝。吉筮仕州牧、民士尸祝，兩守成均，教學寢昌。天下士方沉訓故，競詞章，信學者希。然一聆先生謦咳，飫其誠，飲其和，莫不爭師事之。先生教人，不事規條，而雅善開發。要其旨，則以自知爲入門，以庸言庸行、一循其獨、直而行之、不動於氣爲格致之實，以大人萬物一體、明明德於天下爲志願，以無有作好作惡、蕩蕩平平爲標鵠，以與人爲善爲程課。蚤歲貽書大宰羅公，中年往往復雙江聶公〔一〕，決千古疑，若指諸掌。稽其所語人者，其即所自得者歟！故言出而天下莫不傳誦，事成而天下莫不悦服。推其心，惟懼一人不入於善。遊其門殆亦不下三千，非獨元夫鉅人競相師慕，雖夙稱神奸，炙先生言貌，未嘗不瞿然顧化也。晚起宗伯，荷知先皇，益以斯世自任，若有宇宙在手之意。弼亮閎猷，已見崖畧，血誠至

〔一〕「往往」，疑衍一「往」字。

公，風動上下，其利害不入心，故憑河而不却；其毁譽不奸志，故包荒而忘遐遺。其度休，故常任天下而人不疑；其道遷，故變通鼓舞以盡神。《災異》、《建儲》二疏，皆當時所禁舌難言者，而獨發之。識者謂先生之學允乎周於天地民物，上承孔子、明道之正脉，而跡之在朝，則夷、夔之直清寅恭，伊、旦之瘝躬吐握，殆兼有之。自陽明公後稱全才者，先生弗可班已，而時勢之左，竟莫遂其初志，乃聞退語所親，有捐世之意。比寢疾，方欲乞身，而不幸長終矣。悲夫！先生視宇宙誠吾身，矧曰斯道大行，不在其身，已在其門人。而淮南公又能紬繹遺言，以嘉惠今天下士，將逮於無窮，至是，則先生復何憾焉？直獨念良知之體，其本無一物，而其究則所謂周天地民物者，不可以聲臭求而形骸隔。故先生雅言良知無外，而有外之學非真致其良知者。是以先生之學，蒭蕘可備採擇，而罝兔可爲腹心，其能自任天下之重，良以是也。雖然，是道也廣矣。向使有一物岐於其中，則峷乎其爲之隔矣，又烏能通於天下之大？彼隔焉者不足言，而世之學者又多以有物之體依傍於無外之道，遂至縱任自恣，無復格致之實，以致憂道君子又復救以虚寂，若指良知爲不足者，誠如是，則異乎吾夫子所謂易簡理得者矣。噫！此非良知之不足也，由學者未能真見良知故也。夫良知本無一物，則既不可以縱任，而亦未嘗不虚寂，故必有真志，然後能真見其良知；真見其良知，然後能以無物達無外，家國天下可坐理矣。此固淮南公之深矚，亦先生遺旨也。直何足以竟其藴。

衡廬精舍藏稿卷十一

記

臥冰記

余曉過獻縣，見荷鍤而鑿冰者紛焉，亦有寢板於冰之上，其頭面則垂諸冰竅，若熟寐然。問之，乃以暖氣餌魚，以伺鍤取之者也。余因與同行者引觀而嘆之。或曰：「吾與若破曉夜馳萬里道，冰鬢而垢面，雪沐而風飡，攘攘竭竭，犇名利而來，其不以身餌者，亦寡矣，又奚彼之嘆爲？」或曰：「吾與若皆將有事天子之庭，所謂致其身者也，非餌其身也。」余曰：「二君子之言然哉。然余聞之，昔王祥寢冰得鯉以奉母，世以爲孝，意其法亦若此矣。非必冰自剖而鯉即躍也。以是知古今人事不相遠，而其心特異。假令今人之爲此者，皆有勤君父之心，則其於致身竭力也何遠哉！然吾見今之人或不然者，雖謂之不餌其身，吾不信也。」

荆塘圖記

距句容縣治五十里爲方山，自方山東折爲三茅山，又蛇蜒三十里，萃乎廻巒，樅乎奥嶂，望之若屏立帆駛，若丈人者踞坐環瞻，羣子弟蒲伏趨其間也。然後降爲林麓，盤爲周原。原之上多嘉木良卉，紆鬱逶迤，而爲平壠，是之曰荆干村。村水自山谿而滙爲巨浸，曰荆塘，以其地舊多荆樹，故名。而地著者鉅姓許氏，許氏有好脩之士曰某，少游太學，友天下士，返而讀書谿塘之上，益種以可實可材之木、可名之葩，日引羣從諸子槃旋樂之。諸子以君之樂游也，命工圖之，且圖荆以置諸中堂，庶幾君之出而槃旋以嬉者，入而偃仰，無一離也。始予至句容，君來訪，視其氣貌，知其自腴于名山佳水者。既而，其仲子學道果以圖來請記。夫子之欲竄於丘壑久矣，然有數而甚艱，今君不絡一騎，不輂一石，悠然得諸槃旋步履之暇，而諸子又致之偃仰寢食之常，何其快也！乃吾復以其雍睦、愷悌之行，日相蒸感，荆且榮無日矣。蓋山川之靈秀，其緒者爲名葩異草，而精者爲魁賢碩德。自魁賢碩德之生，則其蒸感乎草木者益異，斯理之必可卜者焉。君之不種於原而工樹于圖，豈其意歟？矧君將出而理人，必能使幽巖遐壤之夫安其閭閻，若己之豫，復以穀其子弟，茁其草木。及其致而歸也，其爲山川光華且盛，然則君必有封植于兹者矣。于是記之，以俟諸它日。

彈子洞記

辰溪之乾溪北山有石洞，谺然張也。土人指曰：「是名彈子洞。」昔有過者又字之曰玄靈洞。凡乾溪衆水，咸歸洞底，伏流三十里，出銅馬潭，合瀘溪江東去。予數過，異之。至是，始單騎往觀，將逼洞口，即步循亂石攀緣，履口外，憩盤石上。仰視中巔，皆峭壁。壁上怪石糾拳倒垂，若鰲首然。旁兩崖峙天，若雙門闢兩掖焉。水落石間，雷吼輪轉，或爲鏜鎝之音，石勢如動。予默坐久之，復攀緣度流，始抵洞中。洞高廣俱可數十丈，下遍水石。因選石跂而外觀，則見衆流之歸也，如歸飲啗之内。洞中之右又一小洞，窈黝不測，則伏流入深處也。小洞當門有横石，負小方石，又疊負一巨石其上，若覆荷，又若茄房，咸如人所置。予欲久留，則石燕數萬穢下，不可坐也。方未入，或言穢，或言無他奇。既出，或言奇，又或言幽。予曰：「嘻！子未游於物之外也，又烏知淨穢之辨，奇不奇之分？」予獨訝者，今時旱虐苗稿盡矣，乃不使衆流分布溉之，乃獨飲啗其腹，甚非仁者澤物之意，而或謂楚，水國也，水横溢連年，江、漢、洞庭不得率其職，則又不若兹洞，獨斂而懷之之爲愈也。予曰：「若是，則洞之蓄淵矣。非予所及也。」因并記之以自思。

餘功亭記

繇桃源之辰沅抵界亭，萬山崴崔，危若梯天。至七盤嶺，旋轉崒嵂，夫役負乘，踣斃不可數。守藩參履菴萬公出鍰金，募浮屠人，從七盤東擇稍夷坦，闢新道十里，接淘飯舖，經馬料洞。掛洞壁飛泉數十丈，下泓爲湫，渴者就飲，困者就息。過車當煩敲，驟就清泠，翔幽眇，未嘗不毛骨洒洒，稱曰：「此萬公功也。」然公來湖北，絀墨節疲，興學正士，績膴澤沃，而闢道特餘功耳。于是大參雙南蔡公繼至，與兵憲檢菴李公議，建亭泉右，題曰「餘功」。又名其泉曰「噴玉」，令爲之記。今夫功者當時所賴，而非君子之所樂也。天至大矣，時雨時暘，物孰煦而澤之？惟淫霖而暘，虐旱而雨，則煦而澤之者衆矣。其在于人，朝饔夕飧，神王氣和，雖食以膏糜，人孰德之？唯夫旅餓而獲半菽之餉，病亟而值一劑之良，則德之者衆矣。國家無事，雖有聖相、虎將，無所爲異。惟當國步搶攘，有賢將相易之安寧，則異之者衆矣。若是，則功者生於患害者也，豈君子之所樂哉？雖然，使虐旱而無雨，淫霖而無暘，旅餓而不有半菽之餉，病亟而不值一劑之良，勢危而不有賢將相之力，則生民之大命去矣。故功者爲當時之所賴，又有不可以誣焉者。萬公欲以其學行天下，雖使有蓋世勛，非所樂居也，而况區區闢道已乎？諸君子與予猶云然者，誠以其賴之不容已也。亭成，兵憲沙城阮公亦至，咸誦曰宜，因併記之。

愛日堂記

蘇子瞻云：「人之至樂，莫若心無憂而身無病。」予嘗讀而嘆曰：「此引年之玄樞也。彼方術士，豈足喻此哉？」雖然，唯心無憂，而後能身無恙，自非有志之士以道自勝，則出有爵位之營，入有蓋藏之慮，上有堂搆莫承之懼，而下懷箕裘不續之虞，故嘗以不能盈百之年而抱千歲之憂，以兼所愛之身而不免四百四病之侵，斯人也，朒朒焉，蹙蹙焉。雖當皎日，如伏陰霾；雖居廣厦，而坐幽狴；雖有高車膴座，如跼蹐靡爲騁；雖子嗣盈前，日擁長姣，竭要眇之音，亦暫得頃時謔浪，景陳即戚矣。此莊子所謂日消、老洫，不可以長者。且縱令長至耄耋，比旦暮耳，其曷有享乎？然自通人博士，則莫不身知其弊，而又身蹈之。夫人身知之，且身蹈之，則使移以告諸其父兄，曰願無其然，是大不能也。彼有志之士，雖能以道自勝，而目擊其父與兄不能自享若此，則其心不尤太憂乎？予以是知仁孝君子之慶所遭也。余自掊髮，友歐陽文朝氏，因獲侍文朝太父侍御公及嚴君鑑齋先生。先生始仕，守廣德，清惠絶一時。累級至比部郎，以年例且遷矣，而先生疏歸獨殷。時余留以書，元相亦慰留，不可奪。既歸，仍其先業，日引族戚賓從爲娱。夫人尹，賢德冠里閭，又能贊先生唯所爲。文朝爲之子，則即所謂以道自勝之士。伯孫遊邑庠，且抱子，先生日相閲者四世。若是，則先生視爵位蓋藏果奚物也，而況堂搆之承、箕裘之續，靡一不酬天下之物，孰有能攖其衷而動其憂者？先生將繇兹至百齡一無恙，可坐卜矣。乃文朝氏又懼無以爲娱，别搆一堂，以奉先生及夫人，題曰「愛日」。緘書千里，令予爲記。予既慶先生父子之間以道交相望，又交相成且相遭也。予知先生以百齡不啻之身，延千億齡不可既之道，又奚羨嶠壺之客，享區區遐筭而靡所短長，反自誇而嚴之乎？予獨念童時偕文朝侍侍御公，忽忽二十載，咸如昨然，靡有寸益，而獨仕官先文朝。嘗遠違老母，甚逮數年，感「愛日」之義，則雖以吾百日易文朝之一日，不可得也。然以文朝材賢什伯于余，不日爲世庸，亦將遠於庭闈，則文朝之在今日，其夙興夜寐，日進無忝，且以承歡膝下，左右無方，雖惜寸陰可也。予辱先生及其夫人宿誼最深，情不後於文朝，故述其意，歸而爲壽，遂爲記。

雅安分司題名記

嘉靖壬戌冬，予以楚僉分司湖北，未二期，報遷蜀藩之右參議，而湖北民士不予釋也。因不自揆，妄意留楚久任之議，戒舍人上書闕下，具言久任不久任善弊之故，乞勑行自臣始。書至都中，雖一時願治之士咸詆譏，格不得上。予乃以次年夏抵蜀分司，駐上南川之雅州焉。既至，問雅民，止四里，周遭山石占三之二。問向之分司，玆土爲誰氏，不能舉一二三。曰前至者遷去不常，不能悉也。余不覺嘆曰：「嗟乎！　此久任法不行，則民士且不能道官司名氏，況能治而治乎？」乃披公篋，稽志藉，得若干人，因令有司具石，書各名氏藉里及其到日。書竣，予又感焉。夫語治多矣，而莫益於久任簡官之爲大。今上川南以藩參分司特駐雅，良爲奉璽書，督建昌六衛糧餉，俾各呈請覈支道里近耳。不知建昌抵雅千餘里，往復經月，値公出候益艱，斃瘴癘者不少。司道相去遼邈，武弁侵漁，弊穴百千，雖神智莫得盡剔。數奉欽查，則衛所官罹罪網者過半，況雅以四里石田之民，歲供分司百役及其往來寮屬夫騎給使之煩，是固有割骨朘髓而上吏弗爲覺耳。凡此皆不便之大者。夫考全蜀之兵糧，孰愈于松茂？意者當倣松茂制例，即以建昌六衛糧餉就建，請覈支于兵道；以雅、黎二所就邛，請覈支於巡道，而藩參移歸總司，專職分守，則道理之近、稽剔之易、供費之省，其與前之所稱便耶否耶，可不較而知已。若此，則雖不及簡官，而所爲簡者，不尠矣。予方有懷欲言，又未知如久任之蒙譏訶否也？乃因述題名之繇，並附記于此云。

三峯閣記

雅州在萬山中，山嵾嵂巉嶮，霧雨常翁翳，不可時遊。嘉靖甲子首秋之日，適土夷平定，田稼碩登。余乘霽出閱城東，已而渡小澗，歷土神廟之前閣。閣南向，横徑不二丈，週井榦四眺，若懸空翠屏，龍觀金鳳。雅安嚴道，諸山綿絡蔡、蒙之間，咸歸几案。獨其南牛心山三峯端聳，卓出殊衆山，若賢正士安處羣衆中，雖睹者莫不辨之，而亦屹無自見之意。閣後周公、平羌二水交焉。予顧樂之竟日。至是秋之九日，偕鄉大夫六臺李君復來，賦詩甚適，或請其名。予曰：「夫遊山於蜀，猶遊澤於楚，非以其特不足貴。」因遂題曰「三峯閣」。予嘗見《洹詞》，詆醉翁之遊近晉風，乃不曰昔文王日昃不皇食，則又時在靈囿，何哉？晉王右軍倡梓澤之詠，當時諫止玄虚，則見右軍一人而已。夫江湖與魏闕一致，此不可爲曲儒道也，而余不足語此。余方病骨濕，將東謀藥醫，陟望指白雲所在耳。因諗李君而書諸石。

夢記

予以甲子孟冬某日之夜，夢人署余考曰「小醇大疵」，夢中愓曰：「余不及荀、楊，尚何言哉？」既覺，憶余少駘宕，壯雖學，常興仆不一，每自考曰「難乎有恒」。既强，頗自飭，然未可以言仁，復自考曰「色取行違」。今稍知所求，而習心未瘳。諒哉！所謂小醇而大疵也。即使余醒而自驗，亦何以易此？以是益自愓。已而，至今年孟夏之望日，方就假寐，夢腰繫三帶：其一小者，或指曰：「此出揚子雲也。」其差大者，曰：「此出董仲舒也。」又最大者，忘其名。既覺，又自惕。予其爲子雲、仲舒所繫乎？然又有繫之大者，其可不察？此予之神智所爲，自啓發者也。蓋學不出于自性，即古聖與稽皆爲繫耳。夢之警予深矣！嗟乎！是果夢耶，抑非夢耶？若本無繫而自繫也。夢乎何醒？〔二〕

〔二〕「深矣」至「夢乎何醒」，底本缺，據四庫本補。

衡廬精舍藏稿卷十二

記

遊峨眉山記

予以乙丑仲春之念六日晨，發峨眉縣西城，從了寶樓陟華嚴寺，過楚狂接輿隱處，漱玉液泉，徘徊懷之。西上爲中峯、牛心二寺，爲雙飛橋，雙飛者，以二水從山巔懸溜百千丈，始合流於谷底，震盪林木間，聲轟如也。南爲後牛心寺，爲孫仙洞，寺僧出視孫思邈丹竈藥爐，制甚古。西爲白水寺，寺後羣峯林林，若笋然。是夜，宿寺閣，詰朝卸去車從，乘小藍輿，上頂心坡，坡嶃峭，行若躡壁。衆戒下窺，予下窺自若也。又上爲九嶺崗、長老坪、猢孫梯，咸斗絶。又上，至峯，名初歡喜，雪皚皚封崖壑，猿鳥盡絶，以爲至矣。已而歷蛇到退，至梅子坡最險，雪益塞道，不能以輿，乃與從者魚貫縋牽，彳亍傴僂，五管在上，一休一升。仰視峯腰，咸雪白一色，絶巔蒼鬱，髣髴倒出漢表。雖自顧疲殆，而神從景王，不羽欲飛。又上至雷洞坪，坪上巨木凡幾千章，皆金鐵幹，被緑髮，苔雜冰雪，礫格聲琤琤然。中通一徑，可七八尺許，左右深陷，倒視窈黑，雲霧茫沆相逐，不知幾千百丈也。相傳雷雨居其下，一聞人語鼓吹聲，則雷大作。過者毛骨洗然，非人世矣，豈亦所謂倒景非耶？又上爲八十四盤，險踰前，比上至峯，名大歡喜，路始平。入天門石，石雙峙如門，歷七天橋，抵光相寺，寺殿皆鐵瓦，是爲絶頂。環顧白雲滉瀁，若身在混沌，視天脚反在下。有二鳥，名佛見及異鼠，咸就人取食，若相鶗然。僧告予曰：「時暮矣，明晨請睹光相。」予宿，至晨起，稍霽，衆躍曰：「光必現矣。」比余跂崖巔，陰霧漸塞，靡所睹見。有儒者曰：「是不必見，彼下有放光石，當其雲蒸日麗，與石相映盪爲之光，光不爲異？」余曰：「唯唯。」有禪者曰：「是大不然，此光出時，一切見者於彼光中各見己像，甲不睹乙，乙不睹甲；若此光者出於雲日，則當如水中鏡中，彼此互見。今不互見，乃知是異。」余曰：「唯唯。」于是峨眉曹尹進曰：「某去年侍訪院王公、守巡楊王二公，咸值光現，各睹厥相，果不互見。」今人譽其所常見而毁其所不常見。姑不遠引，即此蜀地，若火井油泉，皆所目徵。若皆以常見毁之，豈不誣哉？子思子曰：「及其至也，雖聖人有不知。」歐陽子曰：「聖人治其所可知，置其所不可知者，是謂之中道。」余亦曰唯唯。至午，有驛騎促余歸，下至梅子坡，雨如注，行者艱倍前日，竟不得睹所謂光相佛燈及雪山瓦屋之奇，下逮黑水、龍門，咸莫到焉。至雙飛橋，有僧楚山潛奥洞十年，忽自牛心山後披荆莽間猿行出，逆余訊曰：「山巔睹光相乎？」余告以登陟危阻，未有所睹。

楚山囅然笑曰：「公豈以未陟峨眉爲安乎？彼未嘗安也；以未睹光相爲少乎？此未嘗少也。」余又曰：「唯唯。」既還雅，久之，有峨眉馬奎山僧某者自山五百里踵雅，稽首乞予紀遊。予憫其勤，爲書大略貽之。俾加諸石，以諗來者。

謁蘇老泉墓記

客爲言蘇老泉墓前山水穊矣。乙丑三月之四日，余方寓眉，乃偕鄉大夫張中丞往謁焉。先後出東門十里，抵石龍里之柳家溝，逶迤平岡間有墓在焉。墓前列祠屋三間，槩視前後山水無甚異。里人曰：「墓湮久矣。去兹有廣福寺，蓋宋哲宗勑建，爲老泉守墓者。曩鄉大夫士疑墓在寺後，已嘗加土特封，不知真墓隱兹地也。乃近年鄉大夫士尋訪得之，始又加封表，以潁濱記墓，有可龍里，今稱石龍，字相近。又旁有井，即老翁井，所號老泉是也。」予與張公拜畢，又走二三里，至廣福寺。寺後果有墓，又有石刻「廣福禪院」，字甚遒勁，云潁濱書，又云東坡，未可知。予二人咸感嘆。暮歸，過蟇頤觀，覽四目仙人像，相傳仙人有四目。庭前丹洞，先年龍出，洞石迸裂，龍所揚泥沙高在屋壁，予視良然。既歸，翊日，有州氓萬錦者扣馬訴曰：「官府第遠尋蘇老泉墓，不知近有萬閣老塋。萬閣老名安錦祖也。祖塋荷勑葬，今塋道牧豪民馬牛，樹木伐盡，翁仲羊馬咸爲鄉民某某舁去幾年矣，力不能返，故特訴理。」予曰：「嘻！有是哉？」已而思曰：蘇老泉，宋布衣官主簿耳，去今五百歲，其子孫無聞，而大夫士哀其湮，特封表之。萬閣老國元輔，近成化間諭葬，未幾年，其子孫尚存，墓爲人侵伐，而大夫士若罔聞知，此何以致焉？嗚乎，噫嘻！孔子所稱夷、齊、齊景公之事，數千載而下，何其相埒也！吾黨士可以鑒矣。雖然，豈獨蘇與萬哉？因備書之，以告凡百。

江源記

《書》稱導江自岷山。太史公以「岷」爲「汶」，故《括地志》稱岷山在蜀之汶川縣。余嘗遡江走汶川，求觀所謂岷山。土人指一山，無甚異。問：「江出是山乎？」「非也。」余又遡江行凡四日，至松州，見江愈隘，可丈許，以爲源也。而其人曰：「是江遡而上，二日至彰臘，繇彰臘而上，不知幾何日至岷州，則江從出焉。」時余又訊之彰臘守備官，良然。蜀省方伯楊公賢，山東人，嘗爲洮岷兵憲，駐岷州。予既歸省，詢之，答曰：「岷城之北有岷山，未知是江源否？」余退嘆曰：「事不目睹而獨信書，雖千百禩名賢相傳，猶然訛也。矧其它乎？」余又考汶川縣古稱廣柔，自隋乃有今名，則非太史公所稱汶山之地明矣。釋《書》者云：岷山在湔氐道西徼外。今自汶、茂至松，皆氐種，所謂西徼是也。而云猶在西徼之外，其在岷州不可推乎。或云岷州昔轄蜀，故稱松岷，而蜀山最著稱峨、岷云。余亦未竟其源者也。因記所目嘗，以啓後之窮源者。

果州正學書院記

學，一也，而有正學，何哉？當漢，太史公《六家要指》已置儒學雜刑名、陰陽家列稱之，則學之失正蓋久矣。其外不一家，其後有訓詁家，有辭章家。漢明時泥洹教入，爲佛家。近代有舉業家，號名經義，寔與干禄字學無殊，學龐極矣，此正學繇别也。均之學正學也，則又有先本者，有先末者，一家亦自相詆呰，並駕於天下。然則正學奚取衷哉？學不昉堯、舜乎？舜言「道心惟微」，則自古未有外心語道者也。精精是，一一是，則亦未有外心語學者也。有知求諸心，先其本者矣，然又有躬行、言説之異。學墮言説，凡皆同于不正而已矣。不正之龐易指，正之不正其龐難求，此憂道君子不能不爲之所也。果州舊有書院，歲久圮壞。予同年友愼齋伍君治果，將取九州邑髦士彙教之，乃撤書院之舊，增修講堂一區，學舍幾間，後爲祠屋，祀先儒仕蜀若濂溪先生以下凡幾公，産蜀若南軒先生以下凡幾公。因予董學至果，方進諸弟子以正學，乃請匾之曰「正學書院」。自予奉璽書曰：「崇正學，迪正道。」竊嘗仰窺列聖學術遠追堯、舜，陋視漢、唐，卓乎偉哉！今伍君又力以是訓諸學官弟子，則自漢以下刺史罕有也。漢文翁遣諸生入京，不過傳訓故而已。張叔最有名，亦靡所建樹。司馬相如工麗藻以蠱人心，爲古今作俑。然文翁獨稱化蜀，則亦正學既龐之過也。今幸辨夫不正之龐矣，爲諸弟子者其務反諸躬行，以無蹈于正之不正，俾後刺史以正學化蜀自今始，豈不休哉？是又愼齋君矚望之至意也。工既告成，君以記請。予與君均有厚責，必與諸弟子交勉之，是故力言以爲之所。

世德樓記

貴陽南明先生，性孝履厚，口不臧否人。甫弱冠，以《禮經》魁多士，筮仕教犍爲六年，膺五薦，遷保山令。保山新置，雜夷獠而屋，先生治以廉信，民翕然服，爲諸令冠。六年凡六薦，擢雲南府同知。雲南府爲滇都會，號難治。先生涖三年，事舉而民比〔一〕，凡三騰薦剡，例當内陟，以父監察公、母宋孺人憂，暨承重太母王恭人九年。服闋，戚鄙勸駕。先生曰：「吾結髮期報主，已乃録録郡邑間，非吾意，吾已矣夫。」時伯子山甫君已登上第，遴翰苑，補給舍，名蒸蒸起，方嚮用。先生復曰：「將代吾有行者，不在吾兒鰲乎？」遂焚牒不復出，築廬之西爲南明精舍，植花卉果樹，日引二三耆舊倡和薖軸，視世味泊如也。又好覽觀古今書史，究探原本，而尤精《易》，乃又築學易齋，日兀坐其中，有以自得。歲丙寅，先生已六十有二，曰：「吾晚好樓居。」又築一樓，扁曰「世德」。適山甫君以蜀川憲使歸省，落成，比至蜀，告其友生某記之。某聞古今稱樹德

〔一〕「比」，四庫本作「化」。

士，至自卜其子孫之興、門閭之充，已而酬若左契者，何哉？其感應之機固然也。夫感應之機固然，而人區區焉有意以爲之，又有心以卜之，是可以言人德，未可言天德也。可以逮一世二世，未可逮不世也。《易》首言《乾》元天德，蓋《乾》始能以美利利天下，而不言所利，無心於爲德，故曰天德。先生既嘗利一方矣，尋退而學《易》，山甫君又將其德以行于天下，濊澤豐功嶽嶽然著，而爵禄名譽一不以奸其衷，蓋方焦然爲之而又嗒然忘之，罔乎揭乎以盡夫人而恢乎遨乎以遊其天，若先生父子，豈非其以天德相承者哉？雖然，《乾》元之道大矣。人知《乾》之資始，而不知資生之功皆《乾》也。山甫君之學，固奉《乾》贊元之學也。宇宙生乎身而不爲大，造化運乎手而不爲巧，範圍不過、曲成不遺而不爲有增，此先生之厚望于山甫君，固不可以世計者也。山甫君著書數萬言，行關以西、江以南，莫不滿家，然多發闡先生《易》旨，不爲葉言。某與山甫君有弟昆之好，亦嘗辱先生遠誨，媿病不能從事，故特推其意，爲山甫君誦之。山甫君行，且儧先生所欲爲者，又奚假于某之葉言？

武功九龍山勝佛禪林記

余郡名山大者，蓋稱武功山最。友人鄒繼甫雅談其勝，余恒耳之，得神遊焉。今年春，有僧本教者三踵余門，求記其九龍之勝佛禪林。乃知九龍在武功山腹，而勝又最。本教祖號寧州者僧臘既高，自衡嶽柄教惠衆，一旦携其法侶某某等數十人始集兹境，攘剔芟夷，約遠虎蛇，盡占其勝。後築淨室，中創佛殿，東西列飯堂、禪堂，兩楹列鐘鼓樓，前闢三門，門之前爲止景橋，橋下水入安成縣江，可百三十里。其左浮屠曰「涅槃真境」，右曰「千僧寶塔」，最後峙一浮屠曰「鎮塔」，總題曰「勝佛禪林」。覽之瑰嵬蓊蔚，爲武功冠。自嘉靖癸丑創始至丙寅，凡十有四年而竣。自一瓦石至殿閣，材費凡化八千金而强。嗟乎！何功之鉅且完也。彼學大雄氏者非獨能勤苦、嚴果報、恫喝人而得之，蓋亦有大同之義焉。彼其初逃淨飯王居，反丐居於祇園精舍，捐身毒國禄，反丐食於舍衛城中。彼雖以是自摧折其慢相，亦豈非示大同於人人者乎？故其丐而得居也，亦以居人無擇穢淨；丐而得食也，亦以食人無問貴賤，彼固未嘗立物我而私之也。則人之所繇感動施與而克就其事，良亦非偶然矣。不然，何若是乎其鉅且完也？往余董學西土，嘗檄有司緝先師廟，取費官帑，而就之反艱。察其故，乃以官爲私之過也。此豈吾儒之教使然哉？蓋大同之道本出吾儒，今不得於此，而徒見諸彼，豈無故哉？余重有感，又寓思繼甫，乃爲記其本末。且將撰杖尋屠坪之奥，颺箕峯之曠，灑然御飛雲於雷巖仙洞之巔，睹廖廓中之果非有物我也。當別爲賦云。

甘白齋記

甘白先生字國賓，名仰，生儒族，治儒者書有年矣。而顧好老氏，又傳異人交乾履斗、魁罡七元之術，自署其居曰「甘白齋」，遂號甘白子。於是老之徒相與詰曰：「吾老氏之教，知白守黑，今先生乃獨白而甘之，何也？」先生忻然應曰：「子以吾老氏之指專墨墨而黑乎？今夫窈窈之內言有物，冥冥之中稱見曉，是殆有白存焉，彼豈專守其窈冥已哉？若專守窈冥而已者，是墨墨而黑也。故知白而守黑，則黑非墨守；黑以養白，則白非皦。子固安知白之不爲黑，黑之不爲白？子又安知白之非白，黑之非黑者與？」詰者無以應，而其族子直聞而異之，乃趣告先生曰：「不聞吾儒者之道亦有白焉？吾儒者皜不可尚，是內白也；涅不可淄，是外白也。先生曷捨此而從老氏？其言唐然，吾莫知所適矣。」先生乃俯躬唯唯，亦若無以應。雖然，直嘗考先生之履矣。先生少事父母，生罄歡而死且骨立。教二弟詩書，弟亡，教猶子如二弟。又教授鄉之子弟，懇篤如教猶子焉。家故貧，吟咏不輟，娛情花草。每宴坐一室，焚香正襟，人莫測其旨。嗟夫！是乃先生所爲自甘者也。若先生，豈亦所謂服乎儒而隱於老者耶？今上隆慶改元，先生年九十一矣。直方從蜀臬請告歸，謁先生。耳目洞然，步履翔然，聲響鏗然，神氣冲冲然，指目直曰：「吾所署齋名，子爲記之。」直敬諾而未皇。秋杪，先生微疾，自知終命。呼弟姪，端坐箴戒，皆平時禮法語。又爲七言律一章貽直，勉以忠孝晚節，詞甚壯瑋。詩畢，端然而逝。聞者誦曰：「是真能不詭於儒者耶，是真隱於老者耶？」子冠魁、冠朝，世其清白，一日以遺命責記，乃撮其大者爲之書。

王氏冠山墓記

古墓制無傳，而江南地湫，繁蟻浸食骸，遴葬者必循形家説，族散不一，所從來久矣，墓可無記也哉？予友王有訓氏葬所後父春谷公，祔七世祖妣曾氏之墓右，稍後而左，則自爲壽藏，東挾其故妻蕭，西則妾劉也，其外纍土苞爲巨冢。有訓特訪予鄂城，委爲記。按：王氏先虹溪先生，名叔可，宋大學生，以孝著稱。友楊文節、胡忠簡二君，語載《省志》。配曾氏，葬邑北四十里冠山。幾傳爲稼軒翁，即楊文貞所記稼軒是也。子某，生某某，娶某氏，寔生春谷公某，字于春者。公少承家學，獵經弋史，抽録古詩人傑句，軒然哦咏，至忘酬答，氣岸峭直，不能容人過，然孝友天至。初，母弟罹誣坐圄，公爲竭貲營解。生平薄利厚義，倒囊賑急，人争誦之，蓋公之節行偉矣，然竟短世乏子，其卒以正德己卯正月十一日。至嘉靖初，始葬旱塘，繼阡石壁，咸爲湫廢。至癸亥十月，有訓乃克定卜冠山，以祔曾夫人之原，豈亦其數然耶？有訓名杙，公仲弟拙逸公之季子，出後公者也。有訓與予偕事念菴先生聞學。其營度公葬地，祈免湫蟻，凡幾霤試矣，乃敢奉窆，慎可知已。有訓妻蕭孺人，出南溪著姓，父諱其訓，母劉氏。蕭孺人既生長巨宗，嫺禮度，又得有訓刑于，故其賢最。蕭孺人孝誠天至，事有訓所生翁母與所後埒，事春谷公妾易氏與其姑埒。有訓從先師學，取友四方，遠越數千里，近或百里，多至踰年，少或踰月浹旬，蓋不知其幾，而孺人爲緝衣峙粻，脱簪卸珥，亦不知其幾，咸未嘗有怨色懟言。故有訓得内謦孝友，外獲友天下士，蕭孺人之助翊膴矣。蕭孺人産子一，八歲殤。女五：坤承嫁楊典瑩，坤極嫁曾一唯，坤止許聘蕭效恕，坤過許聘劉仕鑾。蕭孺人生正德乙亥四月日，没嘉靖甲寅八月日，年才四十。拙逸公哭之痛，曰：「天殞我孝婦。」其祔葬墓左者，則歲之癸亥冬也。嗟乎！若蕭孺人，其賢足祔矣。予乃并爲叙其閫行，附墓記之末，咸以昭德闡幽，誼不可以强辭。

承天府學田記

往滁陽孟令令黄，黄人有以左道被幸得氣，憾孟之貳己也，遂誣奏危事中之。詔遣禁衛臣劉君愷逮孟，道予所轄武陵地，相邂逅。予語曰：「孟，良吏也，盍優之？」劉君曰：「何也？」予曰：「非良吏，寧與左道貳乎？」劉君首肯，遂禮孟賓之，却其饋數百金，引同饌飲。久之，孟得釋，貽書道其事。予曰：「嘻，偉哉高義！禁衛臣乃有是，是不可不爲孟君報德。」蓋心藏之十年矣。迺者予起田畝，復督楚學，遷秩過郢，詢郡中學田，博士弟子咸言：「田出劉錦衣捐貲，計一百十有四石。」訊其名，則即前所禮孟令人也。予迺知君之爲義，良有本末，又非獨郤金一事，蓋低回爲之嘆羡。已而，劉君遂過顧予，謁爲之記。予顧博士弟子，語之曰：「今人多言古事寥闊不可近。若劉君先後爲義，謂近于古事，非歟？又或言宿衛貴近下直，走馬長秋，靡不辟易，銜命建櫜之四方，不啻健鶻乳虎。今若劉君，始非有三物之訓，然能先後爲義，不漸靡于所習，豈其所爲亦出于人心固然者，非歟？」嗟夫！等而上之，大道之行，天下爲公，若禹、稷之己饑己溺，伊尹之撻市瘝躬，乃顓謂古人有之，今人不可有，又謂非人心所固然者，可歟？爾博士弟子本以固然之心，浸彼三物之教，昕夕食劉君惠貺，感思高義，有不稷、契、伊尹其心者，是重慚劉君也。矧郢爲先皇潛邸，劉君先世起家從龍，蒙被聖澤，用能厚施爾諸弟子，爾諸弟子涵育棫樸之化，爭自奮爲王國之楨，其所自爲之者，又可獨後于劉君哉？予故樂記其事，以風諸弟子，且報劉君云。劉君字某，相其事者，君弟庠，字某，己未進士。子某，學廩生。

高齋記

昔夫子問二三子曰：「如或知爾，則何以哉？」蓋探其用也。乃曾點獨欲挈侶爲風浴詠歌事，未嘗一挂于用，而夫子亦獨稱與之，出由、求上，豈以其高致爲哉？以其心不繫物而與物偕也。夫天下未有繫于物而能理物者也，亦未有偕于物而不能通物者也。紫陽先生主簿同安，扁其廨舍曰「高士軒」，而以令甲所當爲者，大書揭之楣間，豈亦不繫物之旨與？歲之己巳，予起田間，督楚學。又踰年，遷佐西粤藩事，四方同志勸予當告去者，書不下四五函。疇昔之夜夢人贈予詩，有高齋語。予尋考高齋，乃趙清獻致歸扁室之名。因自念曰：「予之當去，非獨人言，雖鬼神示之矣。」然余始亦有去意，已而逶迤安之，日親簿牒與蚩蚩者語，反若有會，間出涉奇巖、奥洞，臨流，同二三君子逌然共適，今忽忽遂忘前念。予亦自不知其是且否也？即移高齋名姑名予解舍，方且治文書其間，暇則焚香展讀《易書》，時復哦焉歌焉，浩浩焉，優優焉，頽乎若虚舟之縱蕩於大壑也。或曰：「子竟忘去乎？」曰：「行且告矣。」

遊西粤龍隱巖記

陽月之五日，余先出東江門，蕩小艇，絶江抵東岸，其友黄子、劉子從之。過花橋，橋側巨石拔地數丈，有樹相摟結，倒影漾波。余却觀裴回，循橋南山轉行，又有石豎山角，若卓杖。愈南，從怡雲亭址，先入後洞。至，則二君已軒軒翔且歌矣。洞面西，俯江瞰城，然不見城，獨見羣山之巔。雖隆冬，翠冉冉飛几案間矣。闊可坐二三千指，高不下數丈，上懸若幢蓋。後壁稍左有宋磨刻二：其一即蔡京所書元祐黨籍，首司馬光、吕公著、蘇軾、劉安世諸君子，凡三百餘人；其一爲寧宗書，字頗遒勁。二君酌而吊宋之君臣，曰：「彼京者憑天子命，謂足以貶斯人百世矣，不知反褒且遠也。自今觀之，則孰褒孰貶？孰榮孰辱？」余曰：「天下有道，則是非在上、在當時；天下無道，則是非在下、在後世。」相與嘆且笑。出洞，石多墻立，磨刻宋「方信孺」三大字頗偉，又有記儂智高事。折而東，即龍隱處。初入稍狹，中乃穹朗。上有龍跡夭矯，長數十丈，鱗鬣宛然，疑龍從上躍出，印石成文。古稱龍挐石如泥，其或然與？穿巖而出，即灘江支流，下深不測，春夏水瀰巖，非舟不通。今水落，舟止停石下。予與二君登舟，酌酒放歌，二君曰：「巖藏司馬諸君子名，所謂龍隱非耶？」余曰：「龍神物，非隱非不隱，非顯非不顯，故曰『與時偕行』。龍何心爲？」乃爲歌曰：「山之谽兮，維龍之宮兮，與道冲兮；山之闟兮，維龍之騖兮，與道適兮。」歌未闋，遂鼓枻去而東。

遊省春巖記

別龍隱巖，視日未晡，則捨舟，北過七星山，繞東度石橋，循拖縴港，並高崖上，類多睥睨下露，齗齶臨巘，有道人導而入。中稍豁，旁垂石乳，狀若蛇鰲之首。視其側，有穴黝黑。傴僂度之，漸就虛明。石乳垂益多，後壁爲道家莊嚴，前架小廊，題「觀稼亭」。客曰：「王孫題且構也。」面俯平疇，自堯山絡羣峰，奇詭並獻。余與二君倒壺酌，盡歡微酡，氣休休乎，意葛葛乎，浸不知身之所寄，喪其所爲歸，寧知曩昔是非之攸存？暝色漸合，乃從別穴出。歸時，微月泛江波，到舍，已人定矣。

遊隱山六洞記

余既遊龍隱，則詑于其友合溪子。合溪奮曰：「子不聞有形遊，有神遊？苟知神遊，則天之寥，地之弘，日月山川之羅列與夫草木禽鳥羣物之糾紛，何遇非遊，奚必龍隱？」余曰：「富哉子言。然孔子蓋嘗登泰岱，觀呂梁，樂山樂水，咸有天游存焉。第貴勿溺耳。故遊而溺者非，非遊而溺者亦非，奚必不遊？」於是至前之日，合溪子命觴邀遊於隱山之六洞。隱山者，唐李渤、吳武陵咸有稱述，亦名山也。是晨，西出麗澤門里許，至山下小亭，憲長桂君、都閫錢君咸來。乃先尋南華洞，洞水浮碧可鑑，西轉北牖洞，歷夕陽洞，愈西至嘉蓮洞。或云石似蓮，又云昔有水産蓮。折北躋一石，廣長如床，轉至白雀洞末，乃穿谽谺入小門，至老君巖，即朝陽洞也。東對獨秀山，上鑱石成老君像。左右垂石，彷彿鶴鹿，咸天造，因共酌賞之。愈北，萬石巉崋，遂南步而酌于亭，良久，復南走里許，登披雲閣。閣據叢石之心，延覽益遥。或曰：「是閣當春花秋月彌佳。」閣内一石，立如樹，與羣樹混。從後北轉爲石藪，益嵾嵯，狀如蓮瓣，如敗蕉葉。又縱觀四面之山，皆石也。萬、桂二君喜，且酌且弈，余坐其旁悠然思睡，忽齁齁然鼾也。諸君撞余起曰：「遊可寐乎？」余嘷囈語曰：「余寐，則不知天之寥、地之弘、日月山川之羅列與夫群物之糾紛，亦不知境之非我、我之非境。兀兀爾、陶陶爾，咸莫非遊也，又奚必醒遊？」於是相携下山，穿紅葉林而返。

遊七星巖記

是山亦純石，巒凡七，而巖竅其腹。余以孟秋遨其上巖，奇之，而未知下巖之奇之難狀也。上巖始入，有真武閣，回觀灘水，西北屈曲入人抱。左顧羣峰旖旎雲攢。把炬穿後穴，抵巖，寬可羅百座，上湧濤文勢澎湃，左右石柱凡三，北則哆張而天入焉。出口轉到下巖，門外睹「棲霞洞」字，遂返，輒謂奇止此耳。久之，聞都督俞公談下巖之勝。時維仲冬，方伯萬公、廉憲桂公暨予三人乃敦俞公偕遊，於是盛張烈焰，令道士前導，下歷數十級，旋就軒曠，迸出平臺，危數十丈，上坐老君像，下鑱「仙李洞」字，旁有石鯉躍濤文中。再進，一色若白浪飛撞，虬螭百千，駕濤奔角，力不可弛。上有石乳倒垂者三，滲泉滴下之三柱，若相吻然。又進，則交撑疊關，漸束就狹，道士告曰：「此地中天界也，是爲一天門。」入門有仙龍潭，石欄護之。已而，歷第二門，中立石柱。從旁登降，入三門，愈益寥闊，石乳垂數十丈者不可勝數，變幻詭絶，縱横萬貌，不啻闢秦宫、漢苑，飛閣叢臺，複道井幹，璇闥珠箔，駢列錯映，雜遝蔽虧，抑亦啓甲乙之藏，發牛渚之怪，馳長楊之異獸，森縣圃之若木。睹者目眩神飃，應接失次。道士搪然指曰：「是爲毬，爲戟，爲床，爲架，爲獅，爲駝，爲綱，爲氈，爲瓶，爲燭，爲將軍，爲諸佛，爲須彌普陀，爲百果。」又云穴通九疑。名言固多，然實巧畫不能設色，瑰詞不能傳神，不知孰生化，孰經營至是也？旁有大壑，澄泓不測，或曰羣龍家焉。愈南，窈窔偃嵌，傴僂行數十步，又復弘衍，其奇視前未肯下。又數百步，爲曾公巖，約共里許，睹天日矣。度石橋，始出洞，休慶林觀，咸若超然自世外。歸引觴，各舉其奇，不能悉。胡子曰：「巖奇，獨珍閟固隱，不一暴其倪。雖予亦嘗少之，豈誠所謂深藏若虛者耶？雖然，使非能真際其奧者，縱獲聞予言，尤不能悉也。」

還珠洞記

還珠洞即伏波山前麓，濱江，穹起谺張，中垂二石，瑩潔如磨，一不及地線許。《志》稱有紫白二蛟相向，弗之類也。左右石轉相通，如夾道，後有數穴，相傳昔有漁父從穴深入，睹物如犬熟寐，旁有一珠，拾歸。或謂曰：「此龍珠也。」恐觸其怒，戒令還之，故名。又云名由馬伏波載薏苡經此，誤謂珠也，皆不可知。洞中獨宋刻最多，其下皆平石，懸水上，若與波下上。予欲延矚久矣，適余友少微邊子從西蜀至，因送之鎮，邀共覽焉。邊子謂蜀山雖崇峻，選洞遜西粵矣。同遊即萬、桂二公，錢將軍暨予，凡五人。

學孔書院記

始予友淮海孫公解大中丞歸，而遠近問學者履盈户。公乃選偉拔山之麓，得其勝者止焉，遂闢爲書院，以居學徒，中爲堂曰某堂，齋曰某齋，軒曰某軒，亭曰某亭，後爲寢室，旁兩楹，爲學舍凡若干間。公自以平昔所學舍孔子無繇也，因名曰學孔書院。而以書抵不敏，而屬之記，凡四易載矣。不敏豈故爲緩哉？誠以孔子至聖，自《鄉黨》記其威儀言辭，下逮服食，莫不有法，若是密也；自《家語》諸家記其爲政，未幾而誅正卯，隳三都，却萊夷，若是勇也；辨商羊、萍實之繇，對羵羊、專車、楛矢之異，若是博也；自宰我、子貢、有若贊其賢於堯、舜，磬生民未有之盛，若是高也；自子思子述其祖述憲章，上律下襲，自孟氏稱其金聲玉振，始終條理，若是大且全也。後之人苟有欲學之者，猶之逐日；有擬之者，猶之繪天。彼天與日，豈終可得哉？是故不敏非愛言也，不能言也。已而，不敏亦以癸酉解粵臬歸，而自顧老矣。方不自揆，將畢力所學以冀全歸，則反思曰：「夫日至明矣，必有所以明者；天至大矣，必有所以大者；孔子至聖矣，必有所以聖者。昔者孔子嘗自名其學曰『發憤』，夫『憤』何爲也？『憤』之文從『心』從『賁』，誠以人心有至賁焉，蔀且多矣，孔子之發之也。江、漢以濯，秋陽以暴，極之於皜皜，則意識盡泯而賁之全體見矣。賁之全體見，夫然後施于四體，見于仕、止、久、速，其緒餘爲政事，其土苴爲多能，其不得已爲《六經》之删述。後之人從而稱其爲密，爲勇，爲博，爲高，爲大且全，皆責之至也，即孔子自言志學而從心不踰者是也。孔子豈嘗獵取之哉？末儒者不得孔子所從入，而遽欲討求其至者，而學之未見其能孔也。雖然，不敏既慚于老無聞也，而猶幸其晚而不迷于從入也。」又一年，孫公復起大中丞，仍鎮鄖臺，使來督記。不敏知公之得於孔子深矣，而竟不能舍從入之言以相質正，且以爲公之在門，告作《學孔書院記》。

端溪書院記

百粤自島夷發難，寇攘飈起，連數十歲不能平。今少司馬古歙殷公兼大中丞，秉鉞南來，遂移鎮端州，督師討平。甫二期，而殲夷凡數十窟，民復安堵。公乃奮然諭諸羣屬，以講求刋亂之原。于是兵憲豐城李君承公意旨，將遂營分司廢宇以大興于教化，請於公允焉，乃顔其堂曰某堂，以專會講。稍益其旁爲房舍，以居多士。有池亭，以寓游息，下至庖湢廩庾有所，題曰「端溪書院」。既峻，走使數千里，委記于某。某嘗讀《詩》，至召虎江、漢之師既告成功，乃請于天子，曰：「矢其文德，洽此四國。」古人敷文於經武之後，何其汲汲也。今公之功，視江、漢既烈，乃又以興文屬之李君。君不假官帑，因仍舊貫咄嗟告成，其事皆追蹤于古人。雖然，古人之爲教，豈若今之剿章句、襲墨義、取榮利已哉？且夫章句墨義，今之庠序其督課已顓矣，而奚假于書院？夫書院乃以補庠序之逸，而考社學之成，是故羣國之耆幼，月雜青衿而教之，俾之翩翩乎連袂，而興于《豳風》、二雅之歌詩也；蹌蹌乎駢足，而肆于士相見冠射、《三禮》之儀則也；屬屬乎摩肩，而服于小學所稱引孝弟之故實也，而功令著矣，則就其中之秀民穎士，日語以大人之學，俾日有明而時有邁，將謂嶺海不爲鄒魯，吾不信也。何則？《詩》興，民然後知狂呼怒跳之爲暴也〔二〕；《禮》肆，民然後知揭竿舞鍤之爲鄙也；孝弟服，民然後知悖公死黨之爲大戾也。而又有大人之學以浸浹震鍧其間，民其不鄒魯哉？雖然，大人之學難言久矣。古大人之學，先知本；後世學失其本，則治失其本，亂何尤焉？蓋兵莫慘于志，而鏌鋣爲下。志之所繇慘者，以其生生之心滅熄故也。生生之心滅熄，則爲暴，爲鄙，爲大戾，何不至邪？是故今之欲爲知本之學，則亦去其害生生者而已矣。生生者之害去，則豈獨興禮樂而服孝悌哉？極其大，至于彌綸而位育，參天而貳地，亦何不至耶？然則《大學》之本，即刋亂之原矣。某昔仕粤臬，與聞公指，退而共勗於李君者也。故不辭爲端之民士告，端民士其必有擇矣。是爲記。

〔二〕「司馬古歙殷公兼大中丞」至「民然後知狂呼怒」底本原缺，據四庫本補。

雙鶴樓記

邑大夫曙台唐侯以書抵山中，曰：「頃鐘樓工竣，竊已銘鐘，而樓不可無名與記。于時有鶴翩然翔集巍甍之巔，僉曰：『鶴來，異耶？』因遂扁『雙鶴樓』，非足下記不可。」蓋予邑宿有祝聖古刹，旁列鐘樓，峙居邑學左。形家者以是稱控壓焉。嘉靖間，方毁寺，遂逮樓。邑父老類以樓之興廢卜邑之隆替，會唐侯稽古樹表，以作人文，輒嘖嘖請復樓。侯乃復其地，建祝聖殿，題曰「萬壽宮」。繼建樓，層三，高七丈又二，廣若干，而懸鐘最高處。視之，尊据一方，峻出乎大塔快閣之上。登者四矚，則南撫天柱，達于五嶺，東望王山，放乎廬霍，西北引眄華武，極而瞻夫帝京，其致凌太乙，隘神區，而浹乎無垠。蓋初不知鶴之所期，兹乃蹁躚而翔集其上，豈亦有類於漢之神爵感祥政而來者與？矧曰侯之祥政皆希蹤於仁聖之遺，非若世之標表爲循良者也。鶴，靈禽，其不先得乎哉？休矣夫，鶴之爲侯祥矣。侯曰：「鶴當爲萬壽宮來，此聖天子祥也，吾何足以辱之？」予則以爲聖人之祥，在時豐民阜、才賢丕興，斯其大者。然則謂侯以祥政被予邑之士民，蒸蒸有興也，則亦疇非聖天子之祥哉？乃爲燕鶴之歌。歌曰：「載丹冠兮披玄裳，横四海兮絶漢翔，感德光兮來下，輿我侯兮帝鄉。」再歌曰：「聳翛趾兮引員吭，鳴九皋兮九天揚。翊德音兮來下，啓下邑兮賢昌。」三歌曰：「鶴千年兮羽蒼蒼，千六百兮侶鳳凰，侶鳳凰兮來下，介聖壽兮無彊。」

先妣周太安人壙記

先妣周氏，出里中漆田古族。父山，字樂樵，娶胡氏，以弘治丁巳年三月十三日生。年十八，歸先贈君晴岡先生，諱天鳳，字時鳴。以不肖直官刑曹，蒙恩贈先生刑部員外郎，先妣封太安人。始贈君卒，太安人方三十有七，窘匱絶難堪，而太安人安貧奉姑，誠孝天至。晚稍貴，慈煦儉樸如一日，其細行見邑大夫唐侯所爲誌銘中，邑大夫非漫與可者也。卒丁丑三月二十八日，年八十有一。次年四月，卜葬在邑東四十七都鄭家原之牛欄丘，艮脉庚向，螺絲形，其後列三員峯，形家謂品字三台云。前有池，山水滙爲之，買諸廬陵蕭氏。後界山巔，左砂界山脊，至前案，右砂界山脊，至廟背。山左肩之外有寺曰蟠龍山楊梅寺，創自唐。不肖直方欲買田寺中爲醮需，未逮也，佇當圖之。右砂麓外，有蕭松者守家。太安人生子三：長即不肖直，任嘉議大夫、提刑按察使；仲諒，庠生；季問，先卒。孫四：順，字進道，庠生；顒，字進逵；顯，字進通；頴，字進逈。孫女四，嫁某某。曾孫男五：士綏、士統、士紀、士經、士綸。曾孫女四，聘某某。地去吾家義和約五十里。不肖直大懼異時湮没，故爲記焉。於乎！昊天罔極，痛哉何言！

衡廬精舍藏稿卷十三

辯

太極圖說辯

昔陸子辯無極太極，反覆數千言。予以爲無極可無辯，其不可無辯者，《圖》與《說》也。蓋據其《說》曰：「無極太極。」訓者曰「是無形而有理」。夫既稱無形之理矣，則惡可以形圖哉？今夫圖天者，蒼蒼然日月著也；圖地者，莽莽然山川布也。而天之上，地之下，可復圖乎？豈惟不可圖，亦有不得而指言之者。假令有人指言天之上何狀，地之下何形，則世必咤爲怪誕人矣，何況太極所以生天地者而可圖乎？今乃規之而若輪、團之而若鏡與丸也，是孰睹而孰傳之耶？非獨太極，雖陰陽亦不得圖也。據其《說》曰：「太極動而生陽，靜而生陰。」則是陰陽特一氣，猶夫水之有寒燠，亦一物也。今乃白而陽之，黑而陰之，外之則左陽而右陰，内之則左陰而右陽，是果然哉？自畫卦者以一爲陽，以--爲陰，其取象亦足矣。今又爲白黑而左右之，不既贅乎？太極陰陽之不可圖，明矣，而其《説》則尤有不可通者。《説》曰：「太極動而生陽，靜而生陰。」是則太極先動而後靜也。夫先動後靜，則未動之先，果何爲耶？且既穆乎沕乎，其無極矣，而又何動靜之可言？又曰：「動極而靜，靜極復動。」當其昆侖未生、七政未立，不知幾何時其爲動之極也？幾何時又爲靜之極也？且太極之理，果獨立而動靜耶？抑附氣以動靜耶？如以其獨立，則穆乎沕乎，固不可以動靜言；如以其附氣，則氣之轇轕坱圠，不可停止，謂爲動極猶可言也。至其靜極，則又何狀？是必凝久爲塊而已，其可通乎？既曰：「五行陰陽一太極，太極本無極。」是無極與二五始無不合也，則又何待於「妙合而凝」云者？既曰五性感動是仁義禮智信，始無不定也，則又何待聖人先益以中正，後繼以仁義，而後爲定之者也？既曰中正，是不可以動靜偏言之矣，則又何獨以主靜云者？至以五性之感屬神發之後，善惡之分出五性之動，則與《書》之恒性、《易》之繼善益遠且誖也。憑其辭，繹其意，非獨是非繆於聖人，即其所自言者，亦首尾衡决而脉理始不可尋矣，是可謂周子之書哉？古之善言至理者莫若《易》，其次《詩》與《中庸》。《易》止言「太極生兩儀」，而未言兩儀未生之前有若是次第也。《詩》止言「維天之命」、「上天之載」，《中庸》止言「天命之性」、「天地之道」，而未言天地未生之前有若是之次第也。有問天之外者，或對曰氣也。問氣何所際，際之外又何物焉？則雖伏羲不能以對。非不能對也，不可得而對也。故曰：「六合之外，聖人存而不論。」而況二儀之生與其未生之故，又可得次第詳言之乎？後世唯《三墳》僞書，則有太始元胎、太極父母之説，周子豈效之乎？曰：「若子之言，則周子手授二程子，非歟？」曰：「然。」蓋予嘗逆於心而求二程子之書，其昆仲師友、天人至理，殆數萬言，獨未一及《圖》與《説》者。二程子豈以師之所特授者而故特遺之歟？考之胡邦衡記周子祠，亦未及焉。周子自爲《易通書》，言太極而不言無極，言仁義中正而不言中正仁義，則其非出周子亦明矣。或謂出陳希夷爲之，潘興嗣誤取以入誌。予則曰：「周子必不爲此，希夷亦未可誣。或者希夷之流爲是以附聖人之教，未可知也。」曰：「然則朱子表章亦非歟？」曰：「朱子尊信周子之篤者也。古之傳僞命者，雖忠臣孝子，或信奉之，非不察僞命，忠孝至也。朱子其亦猶古之忠孝者與？夫朱子何可尤？」

太極圖説辯後語

右《辯》，予作于蜀臺云。蜀有固陵先生者讀之，語予曰：「太極未動之先果何爲耶？此語雖周子復生，無以答。」予曰：「予非疑周子也，疑此非周子作也。」而從旁者贊曰：「此必非周子作，假令出周子，二程何不以示人？程伊川作《易傳》訓『易有太極』章，未嘗一語及《圖》，亦未及先動後静之説，伊川豈訓《易》而反秘師説哉？此可知其非矣。」予又讀宋末許白雲書，知昔人已疑動静先後之繆，而白雲答之，殊覺矯强。近歸，讀予邑《羅文莊續稿》，載《太極述》，其序略曰：「愚常熟玩其《圖》，詳味其說，雖頗通大義，不能無少疑。」又曰：「《圖》之作，雖極力模擬，終涉安排，視先天圖之易簡精深，恐不可同年語也。」豈元公未嘗見耶？是文莊亦指其非周子作也。又謂天地造化之妙，聖學體用之全，《易》中言之甚悉。於是錯取吾夫子十翼中語，組織成篇，以盡愚意。凡皆傳夫子之舊，不妄贊一辭，名其篇曰《太極述》。直謂朱子表章《圖》《說》，而文莊尊信朱子素若神明，豈故於兹有異同耶？豈亦不得已而爲是耶？學者觀所述，亦可知《圖》《說》之贅且繆，其非出周子明矣。其述云：「易有太極，是生兩儀，兩儀生四象，四象生八卦。是故剛柔相摩，八卦相盪，鼓之以雷霆，潤之以風雨，日月運行，一寒一暑，乾道成男，坤道成女。天地絪緼，萬物化醇；男女搆精，萬物化生。一陰一陽之謂道，繼之者善也，成之者性也。仁者見之謂之仁，知者見之謂之知，百姓日用而不知，故君子之道鮮矣。君子體仁足以長人，嘉會足以合禮，利物足以和義，貞固足以幹事，君子行此四德者，故曰：『《乾》，元、亨、利、貞。』大哉乾元！剛健中正，純粹精也。」

月借日光辯

月借日爲光，其説見《參同契》。宋儒遂有銀丸黑毬之譬，予竊疑之。今夫月，陰精也，腐草之螨映書，徑寸之珠照乘。明星有爛，雲漢爲章，小大雖殊，咸各有光，況其精者而獨無光乎？

此必不然也。宋儒以爲月晦則疊日而死，月朔則離日而生，月望則正對日而盈，以是知其借光，此又不然。夫以日疊而月死，則曷爲不死于晦之夜而死于念八也？以日離而月生，則曷爲不生于朔之夜而生于初三也？以日之正對而月盈，則月在上，日在下，浮雲之微，尚足翳之，曷爲大地之隔閡而竟夜能盈乎？且日月之正對，即不當有分數之差池也，又何月蝕而有分數之異？宋儒豈未思耶？無亦泥于窮理之過而强自智也。夫惟其强自智也，宜又有四邊光射與夫暗虚之説，則亦曲且勞矣。宋儒又謂星光亦受于日，不知日蝕之時，日尚不見，而星光反著，是又將孰射之？然則月有死生，何哉？或者謂陽無顯晦，而陰有盛衰，潮汐、珠胎、魚腦與月盈虧，此亦其驗與？然卒未可知也。噫！使果有人凌倒景、旁日月者，則必能知之，亦或能言之，然而終未有凌倒景而旁日月者也。

衡廬精舍藏稿卷十四

論

戒殺生論

世儒語不殺生，則必斥曰：「是慈氏之訓，非聖人所爲教。」是固未考於聖人之教，而猥以習見論之也。《禮》曰：「天子無故不殺牛，諸侯無故不殺羊，大夫無故不殺犬豕。」夫天子，尊也；諸侯大夫，貴也，然皆無故不得殺生。夫無故不得殺，則有故而殺者蓋無幾矣。孟子曰：「見其生，不忍見其死；聞其聲，不忍食其肉。」夫見生聞聲，君子咸不食之，則不出於見聞而食者蓋亦無幾矣。聖人之教蓋如此，世之儒者奈何以不殺歸慈氏，而以樂殺歸聖人？夫胡視慈氏之仁而視聖人之暴也？聖人不得已有故而殺，曰祭、曰養、曰賓，三事而已。然其養之有道，其取之有時，其用之有制：獺未祭魚，漁不登魚；豺未祭獸，獵不告狩；鳩未化鷹，不設罻羅；草木未落，不入山林；昆蟲未蟄，不以火田；不麛、不卵、不殺胎、不殀夭、不覆巢、不合圍、不掩群；弋不射宿，釣不以綱。田不以禮，曰暴天物，聖人之愛惜生物何其周也！聖人雖爲祭而殺，然在天子不過曰一元大武，諸侯以下，不過曰剛鬣、柔毛，曰肥腯、翰音，曰疏趾、明視，曰尹祭、商祭。其數可舉，其義可陳，而未嘗以四方之食供焉。庶人之祭，春韭以卵，夏麥以魚，秋黍以豚，冬稻以雁，其數可舉，其義可陳，而未嘗有二脩焉。雖爲養而殺，然六十止食宿肉，七十乃食二膳，八十常珍。又曰：「庶人耆老不徒食。」孟子亦曰：「七十非肉不飽。」則未至六七十者，雖孝子不得以享其親。雖爲賓而殺，然天子適諸侯，諸侯乃膳以犢；諸侯相朝，灌用鬱鬯，無籩豆之薦；大夫聘，禮以脯醢。又曰：「大夫燕食，有脯無膾，有膾無脯。士不貳羹胾。」其在于《詩》，其語嘉旨，不過曰脾臄，曰鱉鯉至矣。其語富多，不過曰四簋，曰八簋極矣。聖人何嘗教斯人日斷刲之以天子諸侯無故不殺之物乃取而饔飧焉？一膳而斃數命，一飲而殘百種，舒雁之外，鱉鯉之餘，乃至豹胎、熊掌、鹿胃、麋膏、麕麛、虎兕以下，誅逮犢麛，殫山之族而醢脯之；乃至雁腎、鴇奧、鴞胖、雉腒、鶩鵠、爵鷃以下，磋及卵胎，殫林之族而熬淳之；乃至鱣、鮪、鱘、鱑、黿、鼉、鯨、鯢、蝸、螺、蚌、蟜，細極鱦鰕，殫水之族而膾炙之。秦漢儒者恣其饕餮，附會記者則著之爲教，曰大者爲軒，小者爲膾，燔烈腫臄，猶未饜也。乃至薌之、蓼之、芥之、葱之、桂之、薑之、梅之、藙之、椒之、苽之、粱之、麥之，極鼎俎之芳，窮易牙之巧，將使大羅氏之適藪澤，見毳介之影，則啞啞然笑，憾不頓四極以爲之綱也；大庖氏之入市肆，睹魚肉之林，則津津然涎，憾不鼓龍泉而爲之割也。將使鶉鳥愀然不安其林，穉獸焦然不寧其穴，其于天地之心、太和之氣，其不奸乎？聖人之教寧有是乎？甚矣！世儒之愈於不仁之流也。今夫人之一身，膚甲爲疏，毛髮爲最疏。然俾人日殘膚甲而啖之，雖悍夫不能；日殘毛髮而啖之，雖忍人不爲。聖人視啄動皆膚甲，而草木毛髮也。有一草一木不得其理，聖人理之如理毛髮，何至殘食膚甲！而教人爲堯、舜之政，三王之治，能俾天地訢合，陰陽和鬯，胎生者不殰，而卵生者不殈，獸不狘，鳥不獝，魚鮪不淰，四靈可以爲畜。故其稱曰：「鳥獸魚鼈咸若。」曰：「百獸率舞，鳳凰來儀。」嗚乎！此豈以殘殺能致之哉？啄動之物，莫不有性，虎狼至毒，而有父子；螻蟻至微，而有君臣。鴻雁之有兄弟，雎鳩之有夫婦，騶虞不覆生蟲，不踐生草，烏鳥爲其母反哺，牛爲人代耕，犬爲人居守，此其爲仁義何可勝數？而人或不如斯物也，反日殘而啖之，可乎？鹿斃于矢，其麛反顧惻之，射者未能不憮然也；鶉將就食，感主人以轉轂之詠，聞者未能不動心也。射鶉者引弓入林，則一林之鳥皆鳴；屠狗者帶索行市，則一市之犬皆嗥。彼物豈甘就死亡哉？而世之悍夫忍人，乃誣物爲無知，既日殘而啖之，儒者又重佐其焰，至誣爲聖人之教，甚矣！世儒之愈於不仁之流也。或曰：「子不聞伏羲氏之王也，教民網罟，以佃以漁，《王制》《月令》，季夏命漁師伐蛟而取鼉。《周禮》，天子之羞百二十品。然則伏羲爲非教，而周之制豈未仁歟？」曰：「是不然。當伏羲氏之王，五穀未生，鳥獸至多，羽翮之健，齒角之獰，與人爭橧而居，爭穴而處，鷙鷙然相搏，哆哆然相噬也，生命之害大矣。人不得已以其智勝而殺之，茹其毛，飲其血，而害猶未損也。伏羲氏則又不得已教以漁佃，使善取之，所以消人害而救枵腹也。伏羲豈創教以殺生者乎？禹驅蛇龍而放之菹，湯德及禽魚，周公驅虎豹犀象而遠之，召公戒珍禽奇獸，不貴異物，吾聞之矣，未聞聖王以伐蛟取鼉而爲政者也。禹菲飲食，文王惟正之供，日昃不遑暇食，靈囿靈沼，自麋鹿魚鼈之外，靡有奇稱，孔子不以四方之食供簿正，吾聞之矣，未聞聖王以百二十品爲食者也。《月令》、《周禮》可盡信乎？不然，則周之生民其斃于供久矣。漢武之射蛟于江，唐憲之徵蚶于粤，當時史氏非之，廷臣諍之，又何甚乎？予故曰：『秦、漢儒者附會以愈於不仁之流者也。』曰：「若是，則與慈氏何以別乎？」曰：「子以殺生爲天地之心乎？以不殺生爲天地之心乎？如以其不殺而已矣，則吾知從天地之心以爲仁可也，又焉知聖人之與慈氏？且夫聖人之教，爲養、祭、賓。養之有道，取之有時，用之有制，固未嘗無別也。」

疑論

夫事自聖人爲之，天下是之，後世傳之，苟吾求之有逆于心，雖非之可也。事自聖人爲之，天下是之，後有聖人者作，復從而稱道之，苟吾求之有逆于心，非之不可也，疑而存之可也。武王之伐紂，非獨孟子稱之也，孔子嘗稱之曰：「湯武革命，順乎天而應乎人。」此所謂聖人爲之，天下是之，後世又有聖人稱道之矣。而蘇子獨非之，謂武王不當以兵取，紂又不當殺之。是固蘇子求之有逆于心者也，然而非之也，亦過矣。生民之初，以其有欲而亂也，然後相率就其仁能覆而智能宰者而君之焉。非徒君之，又從而服役之，聽承其制令，死生以之，其極至不敢齒及路馬而蹙其芻。若此者，凡以寢亂而祈生也，故曰：「惟天生民有欲，無主乃亂。克綏厥猷維后。」又曰：「天之立君以爲民也。」孟子曰：「民爲貴，社稷次之，君爲輕。」此公天下之論也。故以殷之天下觀天下，則武王之殺紂爲非；以天下生民之命觀天下，則武王之殺紂不爲非也，所謂順天而應人也。蘇子非之，過也。予固不敢以武王爲非，然因蘇子之論怵予心而亦有逆焉，蓋不能無疑者三事。蘇子曰：「武王觀兵孟津而歸，紂必改過。否則，殷人改立君，武王之待殷，亦若是已矣。」予則不然。予以爲成湯放桀，夏之子孫無可托者，故湯自爲之。若商尚有微、箕二子者在，箕子所陳《洪範》皇極之道，遠紹執中。使箕子有天下，其錫福庶民豈下武王？武王既誅紂，釋箕子囚，訪聞其道，即尊而立之繼殷嗣，可也。非獨嗣殷也，蓋箕子有敷錫庶民之道，使爲南面宜也。武王素殷臣，率天下尊之，從而北面焉，亦宜也。縱使箕子不欲有天下，則微子亦可王也，武王豈必自爲之乎？武王必非如後世利天下者，然而計不出此，何也？此予所疑者一也。昔者堯之將耄，求可以生天下者，唯舜。當其時，堯止一子二女而已。自堯視之，其捐天下甚易，其捐二女俾從一夫，此人情所難，雖堯不免也。堯不獨捐其天下，又并捐二女，不爲情。

堯之欲得舜以生斯人者，其爲心若斯之篤且亟也。武王既不能釋天下之歸己，又不能强箕子以有天下，則延留箕子置之中國，天子師友而賓之，大小臣工師事之，又或分國而處之，使中國之民咸被敷錫生人之澤，則武王之心即堯心矣。然終置之朝鮮異域，使與中國眇然不相爲，何其左也！此予所疑者二也。周之先世，太王生太伯及仲雍、王季，斯時去武丁未遠也。殷之澤方未艾，天下未有紂之暴，其天與人未厭殷也。其時季歷雖有聖子如文王，而太王臣道也，惡得先有剪商之志？太伯又惡用逆探其父之志，遂逃荆蠻以避之。謂其説誣，則孔子所謂三讓天下又何以稱焉？若太王果先有是志，武王終取天下而家之，則武王實成其先世篡竊之志，即《書》所謂「弋殷命」者是已，未爲可也。此予所疑者三也。予嘗求之，武王必不能釋天下之歸己，箕子或果有不可强者存焉。太伯之逃，抑或以季歷父子足以當國而故讓之。異日武王有天下，是即以天下讓也，豈必先世先有剪商之志哉？噫！斯言也，未有予證也。今安得復有孔子、孟子語予以其故，則無復以容予喙作《疑論》。

名論上

名何所昉乎？自有真宰，斯有天地；有天地，斯有人；有人，斯有性；性立，真宰竅矣。竅乃有道，道乃有物，物乃有分數，分數乃有稱謂。蒼然穹而覆也，吾無以謂之，名曰天；坱然塊而載也，吾無以謂之，名曰地。若此者，生於分之無以謂而强以謂之者也。其凡爲分名者類是也，而分之實不在是也。物有至寡，吾無以謂也，名曰一；物有至多，吾無以謂之，名曰兆。若此者，生于數之無以謂而强以謂之者也。其凡爲數名者類是也，而數之實不在是也。辟之上古結繩以爲治，謂治在繩不可也；南夷刻木以爲信，謂信在木不可也。海外有國，舉物不能爲辭，而以手示其形，形果在手乎？又有國焉，以草木紀歲，以鳥獸紀官，歲與官果在草木鳥獸乎？向使古之制名者名天以謂地，名地以謂天，奚不可也？名兆以謂一，名一以謂兆，奚不可也？又使之名鵠爲黑，名烏爲白，名鳬爲長，名鶴爲短，亦奚不可也？然則人之有姓名，其亦無以謂之而强以謂之者與？嘗試觀之，名何爲乎？號于口者聲音也，書于簡者點畫也。以視之斯人，果一耶，抑非耶？是故古今名相如者三矣，固不皆相如也；名無忌者亦三矣，固不皆無忌也。而世之君子譽則喜，毁則怒，以爲是非存焉；貴則悦，賤則悲，以爲榮辱存焉。不知名固無名，而何是非榮辱之足奸乎？乃若搢紳之彦、負介之子、鉛槧之士、閭巷之俠，以逮一行一藝，咸欲貌榮名，施于無既。三家之市、三尺童子，初無名師，莫不喜名。子不以情孝，臣不以情忠，兄弟不以情友，朋徒不以情信，藩垣起於屬毛，而戈矛藏於投膠，智競乎早，力果乎謚，而目則瞿瞿，而身則捲捲，而口含瓦礫，而心懷詛盟。焦形神、捐死生以趨之，則名之流禍深也。吾知生無以救枵腹，而死無以潤腐骼。悲夫！

名論下

甚哉，世之以名爲實，以實爲虚也。是以老、莊氏厭薄之，譏曰「名者實之賓」，曰「德蕩于名」，其言足醒也。乃老、莊氏，遂欲絶仁義，棄禮樂，羶視堯、舜，而駢拇曾、史，將并其實而廢之，則失之矣。吾以爲君子非不名也，貴實不貴名可也。蓋聞之孟子，孩提知愛，及長知敬。彼孩提雖堯、舜之無忻也，雖桀、跖之無戚也，豈故慮而知、學而能哉？其天性固然也。今人乍見孺子入井，必有怵惕惻隱，方其乍見孺子，固不知吾之誰何，而吾亦不知孺子之誰何也，豈暇惡其聲且納交要譽哉？其天性固然也。天性者，天下之至實者也。聖人爲教〔二〕，唯欲天下咸得其天性，返諸實而已，非以名也。故孔子惡夫似是，孟子斥夫假仁，其旨嚴矣。而宋之范文正則曰：「聖人以名爲教，湯解網，文王葬枯骨，太公直鈎，夷齊餓死，仲尼聘七十國以行道，無不涉乎名。」若此，則數聖人咸僞焉耳，又何淺之覿聖人也？文正又謂：「忠臣烈士，因名而勸。」則亦非矣。夫忠臣烈士，雖或出喜名，亦天性勝也。否則，焉望其能之死不回也？夫子疾没世而名不稱，非疾無名也，疾名不稱實也；四十、五十而無聞，非謂無聞問也，謂未聞道也。爲己爲

〔二〕上篇「存焉；貴則悦」至本篇「聖人爲教」，底本原缺，據四庫本補。

人，是聞非達，夫子之戒名也暸然矣。若夫聖人敦獎名教，樹之風聲，其曰積善成名、令聞廣譽，乃不得已以鼓下士，亦使之因名求性，返諸實而已，咸非以名也。是故名者，所以取人而非以自取也，所以用人而非以自用也。不然，是聖人重導爲僞也，非立教本指矣。雖然，聖如周、孔，亦不能免毁以全名，况望之人人乎？聖人之蒙毁，辟之飽食者，腹猶果然，而人詆曰：是區區枵腹者，則未嘗爲有無也。此聖人之常也。然今之學者又欲冒毁以直造于性命，此則自枵其腹以動天下之饑，又從爲之辭，斯益以遠矣。名與實、誠與僞，王伯治亂之所從繫也。吾膠膝于斯久矣，今若粗有辨，故著之論。

才論上

夫聖人以道濟天下，而天下之能事畢矣。然而夫子復有嘅于才難，何哉？曰：辟之車然，道爲之軸，而才爲之輪。善治車者，雖有堅好之軸，而棄輪則莫爲之運。是故才者，其所以運之者也。才乘於氣，氣有通塞强弱，故才有敏鈍、長短、巧拙、精粗之不齊。夫惟才之不齊，故才爲難，而大才爲尤難。宋荆氏之楸八圍，自謂能蔭，及之江介見豫章焉，其枝圍十畝，其蔭芘千乘，則縮然羞；包山之湖，自謂廣大，及出東海，則不啻十洲三島，雖百物幽怪，靡不有焉，則悅然失。此大小之辨也。甚哉！大才之不可多覯，然而求合其正性，不詭于道者，則又難矣。是故有聖人之才，有聖人之道，以聖人之才合聖人之道，斯大之大也。雖然，大之中又有間焉。何以明之？昔堯至大也，堯讓天下於數君子者，屢矣。數君子者，卒不以自與而必於與舜，舜之後又必與禹者，何也？彼遇舜之才尤大，禹之才次大，故非舜不足配堯，非禹不足望舜，而非舜、禹亦不足以用數君子之才者也。雖然，此三聖人與數君子者，其才固不一，而道無不一，故其一時上下莫不相通以道。相通以道，則非獨此數君子者能以道而御其才，即其他敏鈍、長短、巧拙、精粗之徒，咸能共成其大。而協贊唐、虞之盛者，亦良有此道耳。自禹與數君子之後，語君若湯與文、武，語臣若伊、周、孔子，皆有聖人之才與道者也。孔子雖未試，而其才舜、禹儔也。自湯與文、武、伊、周之後，語君若漢高、漢武、唐太宗，所謂有聖人之才而未聞道者也；語臣若孟子，所謂有聖人之才與道，而其才阿衡儔也。孟子之後不可謂無人，然其他敏鈍、長短之徒彌有不齊，而其道彌遠矣。雖然，使有近聖人之才，學聖人之道，或君或相，興於其上，亦必有以通乎其下，而所謂共成其大者，尤有在焉。夫惡得千百載見之猶旦暮也？此誠才之難也。

才論下

聖人以道通乎其下者，非他道也，仁是也。夫濟天下莫病乎無才，尤莫病乎有才而不出于仁。嘗試以人臣論，人臣有才而不出于仁，則不得不趍而爲術。其次則以氣，其下以詐。張子房始終爲韓，非不忠也，而卒以術勝，彼非好術勝，道不勝術也。賈生之策，度越漢廷，非不達也，而卒以氣勝，彼非好氣勝，道不勝氣也。至於詐，則小爲弘、湯，大爲莽、操，禍至不可言。乃若儒家者流，窺竊古帝王之道，依倣其近似，以就事功，又多以意行，則子產、叔向與諸葛孔明之流是也。今夫術可以應變，而不可以致理；氣可以發謀，而不可以成務。若可以致理成務，而善能持世者，則莫如意。然所謂共成其大，以臻唐、虞之盛，彼卒未逮也。何則？彼固作于意，而未始怵于仁焉故也。辟之水焉，水能潤、能溉、能浸、能瀰，其極至放海稽天，而其源則始於山下之泉。仁者，才之泉源也，不得其源，而欲其放海稽天，不可得也。今夫人一也，唯其生，則膚甲怵于心腑；其弗生，則肝膽同于楚、越，此仁不仁之辨也。聖人之心無弗生也，則無弗怵也，故其稱曰：「思天下有饑者，由己饑之；有溺者，由己溺之。」又曰：「一夫不獲，時予之辜。」今夫人當饑溺臯盤，怵於其躬，則雖鈍者靡有不敏，怯者靡有不勇，短者靡有不長，拙者靡有不工，狹者靡有不廣。彼其措畫而營救之者，曾不知内交誰何也？要譽誰何也？惡聲誰何也？而才不才非論矣。聖人之怵而生者，亦若此。聖人豈復作而致其意哉？夫意與仁奚别也？意者，忻于名義，因于往蹟，生夫人，自外入者也；仁者，觸於不忍，發于一體，生夫己，自内出者也。故曰：「大人耐以天下爲一家，中國爲一人，非意之也。」夫唯非意，則存神過化，上下與天地同流。然則才者聖人之神用者也，而術與氣不足言矣。

論文二篇答瞿睿夫

古今論文，若揚子雲、劉勰、范曄、顔之推、歐陽永叔、黄魯直等，無慮數十家，然予獨喜陸士衡、韓退之、殷璠、蘇子瞻四子者語最確。士衡《文賦》詳矣，然獨曰：「石韞玉而山輝，水懷珠而川媚。」則知文當求之色澤之表。韓退之曰：「氣，水也，言浮物也。水大則物之浮者亦大。」又曰：「仁義之人，其言藹如。」則文當先養氣，而仁義寔致養之原。以是則小慚蒙謂小好，大慚蒙謂大好，小稱意而小怪，大稱意而大怪，果惡足以惑軌轍哉？殷生曰：「文有神來、氣來、情來。」則知摹畫於步驟者神躓，彫刻於體句者氣局，組綴於藻麗者情涸。蘇子曰：「吾文如萬斛源泉，隨物賦形，嘗行於不得不行，止於不得不止。」夫行止由己者，文之至難者也，而非絶世好者莫能與。近世唐應德有喉中轉氣、管中轉聲之喻，凡皆可謂善語文矣，而未逮文之從生。予少不自揆，見當時語文唯推先子長，自謂當税駕子長氏之廷。長大涉道之藩，然後知士非不學文之弊，而不知己重之可憂。嘗致書知己者曰：士不知己重，則無所爲易時，而爲時所易；無可爲命世，而爲世所命，遠捐萬世之猷，而近貪一時之利，内薄天壤之身，而外厚蠅蝸之名，苟患失之，無所不至。故抒爲文辭，皆唯奉習聞以應求，遵成語以塞問。童誦於家，長獻於國，白首身退，問之而不知其指。間有鶩古之士，則亦不過摽掠其標格，而追逐其聲響，寸而寸之，不敢以語尺；尺而尺之，不敢以語丈。甚則借笑爲欣，雖百娛笑，不足以爲樂；盜哭爲戚，雖百號哭，不足爲悲。以若所爲，即令字字語語同於子長，其無所用之明矣。故嘗以爲今之時文辟鏤冰，今之古文辟剪綵，鏤冰者壽時，剪綵者壽歲，二者有間，其不足行遠，均矣。而士猶茲茲項項，相矜相嚴，以終其世。愚竊笑而耻之。嗟夫！士之知道亦難矣。道者，非善其一身已也，繇一家以逮天地羣物，皆吾大一身也。自大一身言，則以家族准心腹，以民庶准四體，以天地准頭足，群物准毛甲。故家族不得其任，則殘心腹；民庶不得其任，則殘四體；天地不得其任，則殘頭足；群物不得其任，則殘毛甲。故君子和其家族使睦，理其民庶使平，相其天地使寧，適其群物使若，皆所以調燮其身，俾得其任而不殘也。夫士以一身任群物，天地之大，則以己易時，時不得而易之，以己命世，世不得而命之。如此，則士之於己重矣。士有重於此，則雖山彼金璧莫能滑也，雖立取卿孤莫能誘也，雖刀鑊臨之志不可易也。雖有璇閨綺閣、姣顔膩理、仙仙之舞、靡靡之音、極都麗之觀，雖有汧渭之駿、渥洼之龍、躪飛兔而殪犯兕、窮騰鶩之樂，曾不足引其盼、回其聰也。雖使近而一家，遠而天下，咸諾諾焉；近而一家，遠而天下，咸諤諤焉，曷足以易其作止也？又尚何利禄爲有無哉？故士得其時，則發其和家族、理民庶、相天地、通群物之道於上，而謨、訓、誥、戒、狀、疏、表、劄之文著；不得其時，則發其和家族、理民庶、相天地、通群物之道於下，而論、譔、記、述、褒、頌、譏、刺之文著。蓋皆輸其成筭，而出其素有，稽諸口實，而中其事情。當時用則治，不用則亂；後世循則成，不循則壞。辟之雷霆之鳴于春，雖欲不鳴，不可得也；星辰之明于夜，雖欲不明，不可得也；儉歲之膏粱、寒年之縑帛，雖欲不適于用，不可得也，故《六經》、《語》、《孟》之語是非也若探其根，而善敗之應也若見其果，至若子長氏之爲言也，雖未能望孔、孟之藩，然猶發其中心之誠然者。故欲爲子長，要亦有本末，非今之士苟然茫然盜人哭笑以爲悲樂者之能之也。予當時著此書，語涉冗，今隱括大畧，讀者可以知文之從生矣。異時，予又爲《董督府奏疏序》，其畧曰：有爲進西崑之璧、貢南海之珠者焉；有爲漕江東之粳、運關西之粟者焉，二者其孰良于用乎？曰：子不聞昔之人有握珠璧不得食而斃者，未聞有積穀粟不得珠璧而饑者也。當燕豫，則庸瑠嬖媛，貴家紈袴之子，寶珠與璧何啻千金，一逮窘急，則珠璧豈可與穀粟同年語哉？有用之與無用，不待較而明矣。君子之獻言于君也亦然。著封禪之書，申典引之論，非不馳騁天下之巨麗，絢然如西崑之璧、南海之珠，然使人皆循其詞，以陳事于上，則上必不能曉辨以有行；皆循其詞，以諭事于下，則下必不能曉辨以有承。雖自享以千金之價，其無救於生人之枵腹久矣，則又將焉用之？予是書又似中近時顓騖辭勝者之弊，作《論文》上篇。

古今文不一體，學文者亦不能以一體局。聖人之文，大都在道，其次在法，法所以維道也。翺翔道法，因物成體者，非獨時習，亦正變者之自然也。今夫文之有正變，猶兵家之有正奇，織家之有經緯，雖《六經》不能違也。變之中不一體，猶奇之中不一機，緯之中不一色，此雖《六經》亦不能違也。是故《易》有《易》之體，而玩《易》者若不與《書》謀；《書》有《書》之體，而讀《書》者若不與《詩》謀；《詩》有《詩》之體，而誦《詩》者若不與《三禮》、《春秋》謀。彼其不相謀者非意也，自然而然者變也。自非有大觀若孔子者，通《易》、《詩》、《書》、《禮》、《春秋》爲一致，則局《易》者必詆《書》，局《書》者必詆《詩》，局《詩》者必詆《三禮》、《春秋》，匪獨相詆，且交相絀矣。是故必有孔子然後知所以盡變。孔子非好變也，其道法通也。繇是推之，苟有近于道法，則《易》之變爲《玄》、爲《老》、爲《南華》、《冲虚》、《參同》，爲後之論說、傳註，不一體；《詩》之變爲《成相》、爲《離騷》、爲《琴操》、《樂府》，爲後之賦頌、五七言古近，不一體；《書》與《春秋》之變爲《左氏》、《公》、《穀》，爲子長《史記》、爲《漢紀》、歷代史、列國志，爲後之書、奏、記、述、碑、銘、傳、贊，不一體；《周禮》、《儀禮》、《王制》、《月令》變爲《白虎通》、《獨斷》、《通典》，爲後之通考諸書，不一體；《學》、《庸》、孟氏變爲荀、韓以下諸子，爲漢、唐、宋之論議，不一體；《論語》變爲《法言》、《中說》，爲後之語録，不一體。假令有孔子者作，當必有所擇，不有所局。又繇是推之，漢爲漢體，唐爲唐體，宋爲宋體，而宋尤道法最近者也，則亦豈當爲孔子局且詆哉？

然則孔子奚詆？詆在道法離焉而已。故道法離，雖鄭、衛出于《春秋》，詞非不工也，而聖人必删而絀之；道法合，雖《秦誓》出于戎狄，詞非獨工也，聖人反存之列《六經》之中，援之綴《大學》之末。若是，則聖人所爲文，其大槩可知已。嘗試辟之，今天下九州所共聞者唯華音，而擅諳華音唯優伶，然優伶之言不貴于時者，非其音不純華也。舜，東夷人，文王，西夷人，舜與文王豈必脱然於諸馮、岐周之音哉？而其言貴千萬世者，非其音純華也。然則孔子所詆者，亦猶時之不取優伶焉已矣，孔子未嘗詆文之變體爲也。今天下文盛矣，然語者唯祖秦、漢而忘《六經》，推子長而薄孔、孟。韓、蘇之文實孔、孟出也，則尤今世之所深詆。自北郡倣傚子長，不欲一離黍米，而後之相師成風，亦唯知榮一家之體，崇一代之辭，引篇挈紙，獨眂有秦、漢子長咳唾餘澌，則相詑高之。假令誠有孔子之文，而體涉《六經》，辭近韓、蘇，則曰：「此别立門户。」甚則爲鄭、衛赤幟、優伶左袒，而駘宕後生大半贅道法而斥棄之。然則塗天下耳目，浸入六朝，靡有旭旦，非斯人之徒而誰歟？嗟嗟！予將不暇憂文而憂斯世。予少雖喜文，後自審才詘，竟自捨置，然於古今作者微有辨。夫道法備于身，不得已而文之，不以一體局，此上也，孟氏以上是也，是謂聖賢。依倣道法而籠挫于百家、囊括于羣體者，中也，莊、荀、屈子、子長、揚雄、韓、蘇以下諸子是也，是謂文人。贅視道法，唯摹畫于步驟，彫刻于體句，組綴于藻黼者，下也，相如、鄒、枚、曹、劉、潘、陸、顔、謝以下及近世詞家是也，是謂詞人。然近世非獨局一體，其實襲也。予嘗作《喬氏文序》箴之，其畧曰：古之文衆矣，司馬子長與莊、荀、孫、韓、老、左凡六七家，咸未嘗相襲。等而上之，讀《彖》、《象》者，若未知有《典》、《謨》；讀《雅》、《頌》者，若未知有《訓》、《誥》；讀《繫辭》者，若未知有《語》、《孟》，何則？文者，道法之所出，不得而相襲故也。辟之爲居，棟桷肖也，然各一其材。今曰阿房、靈光材最古，乃截古以益今，而曰規矩在焉，可乎？今夫規矩特一物，自巧匠運之爲規，而員出焉；横之爲矩，而方出焉。故規矩者，方員之母也，而方員豈規矩哉？是故道法者，聖人之規矩也，道法備而文言之，以詔後世，此規矩出方員之跡也。方員之跡無定體，故爲《典》、《謨》，爲《訓》、《誥》，爲《雅》、《頌》，不可窮極，執之則窒。子長之豪健瓌瑋，則亦方員之跡見於一體而已，何乃踆踆焉執子長以爲規矩而襲用之，遂至廢百家、眇《六經》，是焉知規矩？是序蓋與前意相出入，乃予又作《羅文恭公集序》，曰：文者，聖人不得已而用之，是故文非聖人不能柄。自孟氏没，道術大裂，文王、孔子之文湮閼不著，百氏雜出，竄竊工巧，而文柄遂旁落於能言者之家。近代儒者所著《易通》、《訂頑》、《答定性》、《序易傳》，彼能言者無容喙矣。降是，則不免於萎薾嚄唶而近俚，彼傑然好言者且唾之矣，惡能使繹而行之？何者？道術不一而枝末之析太繁也。讀予是序，則知文之弊，其責又有歸矣。予嚮者曰：「不暇憂文而憂世。」至是，則不暇憂世且憂道矣。噫！安得有主宰道法，正本達末，以柄斯文，則世在其中。作《論文》下篇。

序曰：昔予督楚學，獲二奇儁，其一黄梅瞿子九思，其一麻城周子弘禴。知二子皆當以文名世。予嘗挈瞿子遊西粤，旦夜問古文法。予慚非作者，又懼奪之業舉，未有復也。今别四年，瞿子已與計偕，名郁郁燀上下矣。方千里走使訊予山中，故勉撰二篇復瞿子。嗟嗟！予所屬瞿子，文云乎哉？文云乎哉？

衡廬精舍藏稿卷十五

議

屯田議

大司馬許公以軍餉日匱，計脩屯政，乃下群屬議之。于是觀政進士胡某議曰：自三代之後，兵農既分，則兵有待食不足之慮，農有餉兵不勝之累。於是欲爲寬民濟兵之策者，則莫良於屯政。故屯政者，所以舒漕輓、固守禦，而古今足兵食之上計也。乃若漢、唐設屯，記載昭灼，雖各有用民、用兵之不同，然其寬民、濟兵，有利無害，則一而已。逮我國家經制，各衞皆有屯田軍，以十分爲準，有事則七分守城，三分屯耕；無事則七分屯耕，三分守城。又於各道專設風憲官一員以督理之。是於守禦之中而收耕獲之利，其法視古尤良，然而承平既久，法玩政弛，內地則私相貿易，外邊則侵占荒閑，雖有屯名，而無其實。矧邊徼連年寇警，荷戈被甲，尚稱乏人，而復能分兵以耕乎？又益以客兵，則軍食日亟，軍儲日匱，往往出師百里，未及三日，卒以食盡，至煩當宁屢出内帑以賑其乏，乃者内帑又復告匱。比年以來，計國大吏始有意於屯政之脩，若内地則增設撫臣以董其政，外邊則勑遣重臣以稽其弊，殆未嘗不奮然求理也。然旋設者復撤，清稽者未行，此其利害所在，豈亦有難與圖成者與？嗟乎！此屯政所以貴熟講也。今夫内地之田，不過一風力使臣盡心清理，則弊端可塞，舊制可復。至淮、徐開荒，亦可攝之兵備，責之有司，苟得其人，其舉此非難也，又奚必以疲病之地，而增設一撫臣哉？惟今日之勢，莫急於邊，亦莫難於邊。蓋常深思今日脩屯足邊之方，則其説有六，請爲當事者陳之。一曰復侵占。夫九邊不皇槩舉，今獨觀諸宣、大可知。彼宣府舊納本色二十一萬一百七十六石有零，大同新舊本折一十二萬九百六十七石有零，其屯利亦不可謂不厚矣。嗣是侵占荒閑，損十之五。近年勑遣重臣清稽，若指揮王鑵首出原種屯田四百畝，軍人李天祐、任仲義等告訐田地其數不貲，而撫臣以爲邊地當簡節濶目以鎮定之，豈以其激則爲變耶？愚則以爲行之有漸而措之有方，雖變無繇也。不然，則豈弊端終不可稽，而屯政終不可脩與？故今日得人，則侵占不可以不復也。二曰復紅牌。昔者永樂之時，各屯置立紅牌，列書各千百户指揮管轄旗軍姓名于上。百户一員，則轄旗軍若干名。千户一員，則轄百户若干員。指揮一員，則轄千户若干員。都指揮則總其事，專設僉事則稽其成。至撫按邊郎督其入，兵備守巡分其責。故當時事皆脩舉而田亦不廢，兵可得濟。然則爲今之計，紅牌不設而欲屯政之脩，是猶治亂絲而無其緒也，其有能得其理者必不可幾矣。三曰築墩堡。昔趙充國屯先零，必乘塞列隊而後可耕。韓重華耕振武，亦屯堡相望，而後虜不爲暴，此往事之較著者也。聞近日墩堡爲寇所破壞，似當刻日脩補，計里相望，勢若牽環，使耕者不爲寇擾，而刈獲有期。不然，則雖有李悝、蒙恬以開地，神禹、后稷以導民，萬未有能耕者也。四曰增人户。夫邊徼之地，不患無田，而患無人。今每邊主兵不踰四萬，其不可以贍耕明矣。議者謂欲修祖宗流徙之法，凡富民、殘衆、贓吏、武職犯法情重者，悉令徙邊。夫富民、贓吏、武官皆有顧戀，至於子弟臧獲之多，又可以佐力而疾耕也。誠舉而行之，則與募民實塞，其爲利又大相縣矣。五曰開荒蕪。夫紅牌既設，則田各有屬，至于荒棄之地，袤延至廣，若能出令令各兵墾種，期以三年之後，若百户歲增糧壹百石，草至五千束，千户歲增糧至五百石，草至二萬五千束，則即行陞用，其有不及者，亦量爲賞酬，庶幾人樂爲勸，而荒閑不患于無耕矣。六曰擇將帥。夫屯政之脩，其責非獨憲臣而已，蓋亦由將帥得人焉。故初興之國，將帥得人，則我勢勝而兵力省、糧餉舒矣。以既舒之糧餉，而屯政益脩者，敵不得我擾故也。繼盛之國，將帥不得人，則我勢弱而客兵煩、糧餉亟矣。以既亟之糧餉而屯政反不得脩者，我望敵而棄焉故也。當今之時，正客兵煩重、糧餉孔棘之秋也。俾不求將帥而專責於憲臣，特恃乎墩堡，是猶徒手搏虎而欲以樵採也，亦不可幾矣。昔者越國既敗，得范蠡則易敗爲勝；齊國既弱，得穰苴則易弱爲彊。夫以諸侯之末世且然，而况擁天下之大，據豐亨之力、勝彊之權，猶爲在我者乎？今者當宁誠必求天下出群之才，置列大將，以操其可爲之權，振其我勝之勢，則客兵可以全省，而屯政亦復可舉矣。而建議者猶謂鹽法與屯政相表裏，曩年鹽法未弊，各商賈趨邊，自築墩臺，自備牛具，代治屯田，且種且輸，至便利也。今欲復屯政，當令衆賈如曩種輸可也。雖然，此亦昔之將帥得人故也。今將帥擁千萬衆，尚不得以存其關堡，彼鹽賈將何恃以無恐？故將帥苟不得人，則非惟徒搏不樵，而虎害益以不支。雖督鹽賈加之斧鉞，不能責其耕矣。以愚之議，自謂屯政大略，計無有易此者。或者又謂其田鹹鹵不可耕，則請拆之。以王鏜、李天祐之侵占，非其鹹鹵不可耕者乎？乃若墩堡牛具之費，則内儲必有可措設者。不然，則輟内地冗員冗費以給之，其置此亦不難矣。書生過計，未識廟算謂何如也？謹議。

說

巽說

夫聖人之學備於《易》，而《巽》之說爲盡之。《巽》者，一陰伏於二陽，其象爲風，其德爲順，是故聖人委於天地萬物，順應而不窮者，《巽》之謂也。然《巽》上爲《旅》，下爲《兌》，不能通於《旅》與《兌》之義，而《巽》之說不可見矣。夫《旅》，逆旅也，非吾恒能有也。《兌》，說也，無弗說諸心也。世之人莫不以其身爲萬萬不可壞毁，自穹壤之大以至毛髮之細，咸謂可執而有之。是故視其身之膠於物，若居不可出之狴，而困不可解之梏。當其時，視世之爲旅人於江湖間逍遥者，其霄淵相絶也。如此，則觸其目、攖其手足，罔非逆胸迫腸之地，而望其委順於天地萬物者，必不可幾矣。不能委順於天地萬物，而令求一瞬之説於心，亦不可幾矣。以吾試觀於古今人，何莫不然。是故聖人旅其身，旅其天地萬物。旅其身，則不有我；旅其天地萬物，則不有天地萬物。我與天地萬物皆不相有，而後隨萬物之低昂而委順以應之。夫委順，則無事矣。故聖人繫曰：「《巽》稱而隱。」隱也者，言無事也。又曰：「《巽》以行權。」權，即所以稱也。學至於能權，則以我宰乎天地萬物，而我無天地萬物之累；以天地萬物宰於我，而天地萬物無我之累。我無天地萬物之累，故我適；天地萬物無我之累，故天地萬物適。我與天地萬物不相有而相適，則其悦諸心也，豈獨加於南面王樂已乎？然非始諸《旅》則靡所入，非終於《兌》則不知其所歸。得其所，入所歸，則《巽》之説見，而《易》之義盡，斯聖人之學爲不詭矣。永新劉某與余同學于念菴羅先生，因出其先君《巽屏冊》示予。蓋先生所撰、諸薦紳作者咸在，固以其簡末屬予。夫予不能知君之行事，然而知先生之學聖學也。君能勑其子游先生之門，則其人可知，而以取諸其號之義，吾亦可得而言，乃於是作《巽説》貽某。

賀鳴甫字説

永新賀夢凰氏，始字爲岐甫。既來太學，遘翰林殿撰唐君，問字。君以其嫌於山名，又義無可繹，遂以「鳴甫」易之。賀子退語胡子以發其旨，且曰：「鳴世之事，豈易承乎？」胡子曰：「不然。世未知凰鳳，又焉知所以鳴？是無異其却而不敢承也。今夫世之語凰鳳者，必以其鱗翼、龍形、龜背、燕項、九像、六苞、五色、三文，然後交口而信之者，是惑于形也；亦必以其胎於火精，産於丹穴，棲必阿閣，翔必紫庭，然後交口而信之者，是惑于地也。夫形與地，凰也。使隼行而鶚聲焉，亦將從而凰鳳之乎？然或有鳥焉，雖不鱗、龍、龜、燕其形，火精、丹穴其地，静而嘿，固衆鳥也，動而鳴，則衆鳥之聲與之一，是又不從而凰鳳之乎？夫人亦然，彼尊行魁德而號賢聖者，固人之凰鳳也，則亦必堯眉、舜目，必平陽、蒲坂而後與之乎？是皆不然。所上於鳥者，非以其形與地也，以其鳴足以一衆鳥之音，斯其爲百鳥之王；所上於人者，亦非以其形與地也，以其言足以一衆人之言，斯其爲衆人之宗。夫鳴足以一衆鳥，則鳴之先必有以伏衆鳥者；言足以一衆人，則言之先必有以伏衆人者。然則殿撰君之命子者，豈不遠哉？子少而警敏，友大學之英，益滌其俗，學其將不以形地自限，且知所以爲鳴者矣。嗟夫！子誠知之，則雖不言不鳴可也。雖世人不辨其形，不信其地，不謂之凰鳳，亦可也。不然，則拘攣乎方隅，擬議乎形似，是宜其爲希世，爲絶德，而寡見其羽儀雝喈於斯世也歟？子其勉之。」

蝨說

有壯男子焉，始嘗擁貲，江湖有聲，既而以聲伎豪盡，濱老，遂衣敗絮，着敝褌，層複垢穢，竟爲蝨藪，其多至斗之不盡，以是寢疾骨立。轉復蕃息蕾蘗，蟻犇相尋，以食其未竭之血，而篦梳薰沐，勢不可復施。膚既已漸土矣，然後蝨亦随以盡滅。惜之者曰：「彼其初壯男子，其自以豪侈取匱病，已不可追數。然使斯人當病隙而烘蒸之，則何遽以此物斃哉？彼其終不然者，亦由以微小槃之而層複之爲藪澤者厚也，豈不悲哉？」嗟乎！豈惟斯人，夫國亦然。當其中葉，即輦轂之近，且多爲敝兵冗員之所盤食，而况其外而遠乎？然人亦槃以微小，而其所托於藪澤益厚，故國愈匱病，則兵愈增，官愈浮。蓋自古及今，而少有不然者。是故國不虞匱與病也，吾獨虞其不蚤烘蒸，以至於斗之不盡，篦梳薰沐之不得施，則又何獨壯男子也？壯男子，粤人，嘆其事者，亦粤人。余感而著之說。

蟻說

予平時見群蟻奔營，如有急難，無停晷，以爲鬭也。偶暇，睹數小蟻擁半死蟬，負移咫步，蟬仰而躍，群蟻顛頓，困不勝。中一小蟻返穴次，似鳩侶者，未至，值穴蟻出，聚首若相語，于是穴蟻復歸。頃，一蜉蚍巨若豆者領千百麻蟻族出，共負疾趨，倒曳入穴户。其豆蟻却弗入，四顧彷徨，復領群小蟻魚貫出，或挽蟲臂，或推饌滓，紛紜旋轉不能了。予乃知蟻非爲鬬，口實忙耳。予以天下至微唯蟻，雖飡若蟣肝，宜無弗充。然奔營不已若此者，是不可已乎？又見雀、鼠、鷄、豕終日奔營亦然，未嘗不發哂。一日予登高山，俯觀山足，若駕者、騎者、負者、擔者、趨者、憩者、呼而招者、跂而望者、隊而來又復往者，其奔營亦何異群蟻之無停？顧而思曰：「彼高人逸士卧雲霞、漱泉石，泊然而沉冥者，又不哂吾黨之爲群蟻乎？」或曰：「使人皆爲雲霞之卧、泉石之漱，則天下莫爲理矣。彼高人逸士，曷以休哉？禹八年不入，膚焦不毛，脛疾無胝。孔子席不待温，接淅而行，皇皇乎捐其身家以援天下。然則彼皆非歟？」予曰：「不然。禹、孔子所以能捐身家援天下者，以不爲口實奔營故也。向使禹、孔子咸奔營若斯蟻，則又烏能捐所切以援斯人乎？是故舜之飯糗茹草，若將終身，伊尹囂然樂于畎畝，夫然後能徵庸陟方，上下五就，援天下若斯之急也。不然，吾無哂於是蟻也。」

人龍説

夫鵬運而負天，鷽决而控地，鶴長鳧短，鱣大鱦小，各不相爲者，以局于陰而範於質也。惟龍則不然。龍稟陽德，不可以質求，無質故無方，無方故倏大倏小、倏出倏入，簸蕩三光，雨澤下土，蟠身方尺，細入幽眇，龍無不可。故《大易》以龍德語聖人之時，蓋有取焉。人生而有質，質有剛柔善惡。惡者固不足言矣，其善者，亦各因其質之近而成乎習。夫既成乎習，則沉潛高明不得以相爲，而陽德微矣。伯夷之清、柳下惠之和，雖聖人且不能以盡忘，而况衆人乎？給舍沈子某，天性醇懿，喜怒不色見，氣質稱美矣。比部羅子懼其範於質也，因其請告歸山陰，乃書册以贈，題曰「人龍」，而求説於予。予以爲人之生，質剛而難柔者，以不知剛故也；柔而難剛者，以不知柔故也。大哉人心之知，其諸所謂至陽赫赫者乎？故質則有方，有方則物而不化；知則無象，無象則神而能通。君子之學以其無象而陶乎有方，夫唯知而已矣。故剛則可柔，柔則可剛，故曰「知柔知剛，萬夫之望」，贊陽德也。是故靈知煌煌崇效乎天則，可以時乘六龍，變動不居，孔子之時中是已。充沈子願學之心，知至至之，則人將曰：「沈子其猶龍乎？」沈子勉之。

雜説四首

客有爲登守者，爲予言東海蜃氣成城墉樓臺，五色縹緲，出烟靄中，高鳥倦飛就棲，輒墮氣中，竟死海波。相與嘆曰：「悲哉，烏乎！」予因憶昔時艤舟洞庭，夜張燭，群蛾飛而赴者不下千百，麾之不得去，觸而灼死者盈案，燭竟不能明。予乃置盤水其側，死水中者亦無算。予時嘆曰：「彼赴而死者固可悲，而燭爲赴者之多，至不能明，尤可悲也。此皆無異附勢而敗滅者，固不足爲有識道。然古今才智士自作而自羅者，踵相望也。書之亦可爲古今之一噱。」

予嘗見孔雀雄者毛尾金翠殊絶，非設色者能彷彿也。詢之性，果妬。雖馴久，見童男女着錦綺，必趨啄之。山棲時，先擇貯尾，然後置身。天雨尾濕，羅者且至，猶珍顧不復騫舉，卒爲所擒。予又觀《博物志》，言山鷩亦愛重其毛〔一〕，終日映水，目眩輒溺。翟雉長尾，適雨雪，惜其尾，坐樹杪，不下食，以至餓死。悲哉！是三禽何其智于羽毛，不智其命也。古今學士文人役終生事藻繢詞，既自没溺其性命，猶自珍曰：「吾有詩若干、文若干卷，足表見于後世。」視三禽智愚，同耶，否耶？

《莊子》曰：「蚿憐夔，夔憐蛇。」此各足其天，不相憐可也。西方有獸，與邛邛岠虚者比，急難，則邛邛岠虚者負而走，其名謂之蟨。説者謂蟨足鼠前而兔後，趨則頓，走則顛，故非附物不可以行。水母無目，以蝦爲目。此二物一借足而行，一借目而視，信可憐哉！今之文士尊秦、漢勝《六經》，模擬句字不敢失黍米，語大道，罔知所始，襲晚宋儒者所言，是非爭訟不肯下，鮮不

〔一〕「鷩」，原作「鶩」，據四庫本改。

借足、目於人者，又奚二物之憐夫？

越人談象，其齒退，輒自匿土泥中，久復以鼻抓視存亡。亡則怒而觸林木盡摧，或傷人。故人之取者，恒潛爲木齒易之。又麝亦珍其香，香滿臍，痛劇，即自以足抓出之，覆穢溺中。犬逼且死，猶倒拱四足衛其臍。客又言江海間有烏側魚，八足，能集足攢口，縮口藏腹。腹含墨，值漁艇，即唾墨，令水黑以自混。漁人視黑水占魚所在，網輒獲。此三物者，或善藏其賄，或巧護其身，然皆不能免，則何益矣。余嘗喜莊生之言曰：「藏舟于壑，夜半有力者負之而趨，不如藏天下於天下，貴無心也。」然莊子又嘗訾伯夷，笑單豹，而獨贊樗木與支離、滑欲，自處材不材之間，則又與其言左矣。老子云「聖人不死」，以其動無之死地也。夫死生之來，雖聖人豈能以意違之哉？天下有不自致而至者，有避而不得，趨而或免者矣，則老子亦未可爲通論也。老子又曰「福兮禍所倚，禍兮福所伏」，斯言允矣。孔子曰「死生有命，富貴在天」，是故堯、舜不能違天而必其子，文王不能違天而必其君，周公不能違天而必其兄，孔、孟不能違天而必其時，顔、冉不能違天而必其壽，故曰：「獲罪於天，無所禱也。」言不自失其天而已。予生平行止安危，倚伏不自由，百試百驗，故余多罔所顧慮。無象麝之貨也，將焉藏？無烏側之術也，將焉混？雖然，唯不自失其天，固有不以危危，不以亡亡者存。

續知命說復耿伯子

歲之甲戌，耿伯子年五十又一，其友周子就問之，曰：「夫子所謂五十知天命者，子則云何？」耿伯子爲之說，以答周子，大畧言：天之於人，必有與而命之者。堯、舜以君，禹、皐以相，孔子以師，皆天寔命之。唯知命在我不容辭，故堯、舜、禹、臯則若饑溺、若内溝，孔子則憤樂相尋，教學相長，屹屹無已時，是夫子所謂知天命也。已又介其徒劉生以緘示胡子，胡子讀之曰：「淵哉，命乎！繇耿伯子言，則可以知之矣。」劉生曰：「何謂也？」曰：「《易》不云『窮理盡性以至于命』，唯至斯能宰，唯宰斯能知。辟之宰一家者，則一家造自我矣，故知一家；宰一國者，則一國造自我矣，故知一國。彼其至也久矣，奚復較量其容辭不容辭哉？故曰繇此可以知之。」曰：「然則宰之自我者，何謂也？」曰：「宰之自我者，是造化我出，宇宙在手，而天者不毁矣。又曷爲窮通？曷爲治亂？曷爲生死？曷爲古今？蓋非無窮通而窮亦通也，非無治亂而亂亦治也，非無死生而死亦生也，非無古今而今亦古也。《易》曰『先天而天不違』，則知命之境也；《中庸》曰『知天地之化育』，又曰『達天德』，則知命之説也。老、莊、列窺其内，則曰『死而不亡』，曰『制命在内』，曰『長于上古而不爲老』，是未嘗有生死古今也。唐李長源、宋邵堯夫見其外，則曰『君相造命』，曰『仲尼以萬世爲土』，是未嘗有窮通治亂也。然皆未易言，是故命者，誠非聖人不能知也。」曰：「若是，則何以入？」曰：「從耿伯子之憤樂相尋、教學相長，屹屹無已時，則皜皜乎盡性立命矣。立命則能至而宰矣，又何憂于知？悲哉！予獨後時未逮，有類于寠而談金者也。若世儒，則又今之睡而聽古樂者，其能有入也益難矣。」曰：「知命不敢言，敢問命何物？」曰：「知性則知命矣。子歸求諸耿伯子，將終得之。」

申説贈蕭希之太守北上 有引

蕭希之太守既解服而北轅也，其同年友唐君令予邑，雅相切琢，無仕學之異，瀕行，爲《雜説》致贈，凡十有二章，而謬逮予。予與希之不能無省發，雖予於希之不可忘言，亦未能有加於令君之深致也，故特爲之《申説》焉。「申」之云者，即荀氏所稱「前鑒既明，後復申之」之義也。諒哉！非希之莫之契，亦冀希之有以報我也。其説亦凡十有二章。

孔門學仁爲宗，而孔子自訓之曰：「仁者，人也。」人，生之謂也。孟子申訓之曰：「仁，人心也。」心，覺之謂也。是豈有異哉？夫覺，則無弗生矣。古之先覺者思天下之民，匹夫、匹婦有不被堯、舜之澤，若己推而内之溝中，而况其近乎？此非爲大也，其生道固然也。而世之肝膽楚越、門庭千里者，則痿痺弗覺之爲過也。是故有覺德行，自不媿屋漏始。

是道也，可存而識，不可以億而中；可養而充，不可以襲而行。世之億度事理、因襲往行者，其樹非不偉然，然與存久自著、養盛自茂者有徑庭焉。何則？居貨者非家珍，而經年成楮葉者異天葩也。故由知止而至能慮，由深造而達逢原，其先存存乎？

語一國，則凡出令行政，曰：「此吾國君令使然也」；語一家，則凡出命行事，曰：「吾家長命使然也。」故爲國君、家長正，則無弗正矣。人心之宰物，何異國之有君、家之有長？苟曰：「嫌二氏而諱言心，切事功而緩言心。」是舍國君、家長而求其行也，左矣。故學貴先知本。

善學者譬如種樹。仁，全樹也；志，根也；師友，栽培者也；《詩》《書》，灌溉者也。君子誠有志，則未嘗一日離師友、廢《詩》《書》；苟無志，則師友爲虛器，《詩》《書》資詞章耳。曾子曰：「士不可以不弘毅。」嗟夫！予罕見有弘毅任仁、急師友、契《詩》《書》之原者也。

曩也嘗中夜思曰：「吾苟任仁，則不節著、不技揚可乎？未可也。何則？孔子嘗言『仁爲道大』，又言『仁之難成』，吾懼任仁之道大難成也。」已而思曰：「吾苟舍仁而他學，則以節著、以技揚可乎？未可也。何則？孔子言『志仁無惡』，又言『仁者，人也』，吾懼弗仁之瀕惡弗人也。」二者嘗交戰胸中矣。已又思曰：「道雖大，然舍之瀕惡，必不可也；仁雖難成，然棄而弗人，必不可也。雖節也嶽嶽，而中也蹙蹙，技也章章，而中也役役，二者奚裨？」其天以是始戰勝：仁爲任。

古之明四目者，言以四方之目爲己目也，非謂寄目于一人二人者也；達四聰者，言以四方之聽爲己聽也，非謂寄聽于一人二人者也。夫寄目則多指而亂視，寄聽則偏聽而生奸，故君子慎辨之。

今之從政者有宴荒，有奕荒，此易知也。有文荒，有書荒，此未易知也。予昔爲監司，一日適治文，且閱書，未暇出，已而開衙，則候伺聽斷者有饑倦之色。頃接郵報，將迓往復酬答宴會，而官燭已然矣。退而鞫讞磨勘，倥偬畢事，卒不能滿心者十之五六。此非文荒、書荒何哉？此亦痿痺之一端也。

漢宣帝曰：「與我共理天下者，良二千石。」斯言雖堯、舜弗之易也。然卒何以理哉？孔子曰：「富之教之。」孟氏曰：「聖人治天下，使民菽粟如水火，而民焉有不仁者乎？」然則理天下，富之不可後矣。柳氏曰：「富民，民之母也。」故君子爲政，雖篤志於益貧，而亦不刻意於損富，亦富之之道也。

古之大人，以善養人，而不以善服人。以善養人者，唯懼己不同人，故常救人；以善服人者，唯懼人不同己，故常方人。

學者是非古今，臧否人物，意匠顒然，談鋒傑然，口若馳鏌鋣，心若懷詛盟，則有不冰而寒，不火而炎者焉。此無他，區別勝而愛憎繁也。是故君子欲爲益身，莫若退然反觀，廓然自舍，鑑垢盡則明自燦，泉竇闢則流自長。我無心，而物綜也。

古之脩身以爲教也，有可必者，有不可必者，是故堯、舜不能必於其子，湯、武不能必於其君，周公不能必於其兄，孔、孟不能必於其室，然而學者以是委焉，則亦謂之痿痺。故曰：「失諸正鵠，反求諸其身。」又曰：「行有不得者，皆反求諸己。」

君子學苟至于中和，蓋曰「匪是無以成性」，非將曰「吾以是立極於天下也」；功苟至于位育，蓋曰「匪是無以盡性」，非將曰「吾以是垂名于萬世也」。雖然，爲法天下，可傳後世，則極與名在其中矣，而君子無心焉，故曰：「君子依乎中庸，遯世不見，知而不悔。」

洗心説示羅忠甫

昔晦菴先生極言以心察心之非，以爲心一而已，而又以一心察之，是兩心也。且又擬諸以口囁口，以目視目者之爲非，不知洗心之訓出自《易・繫》。若是，則以心洗心者亦將爲非矣。此當以意通，難以文泥也。洗心之義何居？曰：「《易》，無思也，無爲也。」觀諸蓍卦爻亦無思、無爲而已。然能「圓而神」，「方以知」，「易以貢」，此豈人力也哉？聖人以此無思無爲洗心藏密，至於知識不作，聲臭俱無，故亦能知來藏往。固有不蓍而神，不卦而知，不爻而貢者在焉，聖人洗心之妙至此。蓋口與目有形者也，物也。故欲以口囁口，以目視目，而不可得。心無形者也，神也。故以自心洗自心，奚不可者，而奚有兩心之累哉？然則學者曷所入？曰：始焉日新又新，則能江、漢以濯，秋陽以暴，漸入於無思無爲之本然，而聖人之心在我矣。乃若君子懲忿窒慾，遷善改過，則日新爲近焉。小子識之。

易說示張有書 有引

余以秋日遊龍門，憩有書張生之别舘，臨别問學，出手册請書。余以老始學《易》，因出《易説》數條書之，與張生共勉焉。其説凡七章。

「初九，潛龍勿用」。以卦爻之時位言，當爲潛龍之勿用，非謂小人道盛時也。龍者，乾陽變化之象；潛者，隐而自修之義，此正幼學者事也。他時壯行，爲見、爲惕、爲躍、爲飛、爲无首，皆此潛德爲之。故舜、禹始潛，至于有天下而不與。

「不易乎世」，「易」即「天下有道，某不與易」之「易」，非啻不爲世所移易者也；「樂則行之」，「樂」即上文「無悶」之意。夫學者遯世無悶，已爲難矣，至舍己是矣。世不見是而亦無悶焉，此則不以世之一毫毁譽動於其中，《程傳》所謂自信自樂是也。夫是乃爲潛龍天德，不以纖陰參也，此學脉也。見龍之德正中，一惟庸言庸行之存其誠。蓋惟潛而後能誠，惟誠而後能善世而博、不伐而化。

「忠信所以進德」，忠信，即誠也。脩辭立其誠，所以居忠信之業。德即體，業即用，凡業莫不始於言辭，惟言辭無不誠，則業無不居而德無不脩矣。「可與幾」即「惟幾」之「幾」，「可與存義」，即「理于義」之「義」。

「學以聚之」，「聚」即與「敬德之聚」義同，蓋言凝也。《記》曰：「苟不至德，至道不凝。」言非學不凝也。學，即上文進德脩業之事。

「敬以直内」，言人之生也直，罔之則弗直，弗直則非忠信，故恒敬則弗罔而直，直則無弗忠信。敬直未有不方外者也，然必曰「義以方外」者，即《乾》卦居業意也。且直或易，遂以義宜，則大而不孤，《坤》道固如此。

「傾否」必以《同人》，而《同人》必于野而後亨〔一〕。古者邑外謂之牧，牧外謂之郊，郊外謂之野。至于野，則曠邈無隔，雖四極九埏，莫不相通。故同人于野，則誠以天下爲一家，中國爲一人，宜其大亨可涉險矣。然五位中正，二亦中正，以應乎《乾》。是以既統同以辯異，又審異而致同，則爲君子之貞，而與小人之比附者敻矣。若夫「六五，同人于宗」〔二〕，于宗固善矣，然不免隘而吝。「上九，同人于郊。」于郊廣于宗矣，然亦不能無限隔，故止無悔而已。是故君子貴「同人于野」，則無不亨，無不通天下之志。

〔一〕「野」，原作「壄」，據四庫本改。下文「野」字同。
〔二〕「六五」應爲「六二」。

《謙》，《艮》下《坤》上，其象爲山在地下。夫山至高，地至卑，以至高而處至卑之下，是有而不有，卑而又卑，其謙至矣。故《謙》六爻咸吉，無不利。《書》曰：「有其善，喪厥善；矜其能，喪厥功。」不謙而凶故也。又曰：「汝惟不矜，天下莫與汝争功；汝惟不伐，天下莫與汝争能。」謙而吉故也。老氏得《謙》之一肢者也。

衡廬精舍藏稿卷十六

解

仁解四首贈同門劉仁山使君

仁自孔門發之，先儒曰「仁至難言」，諒哉！或言公，或言覺，或言博愛，先儒咸病之，輒擬曰「無私當理」。雖然，亦辭費矣。愚以爲不若孔、孟之訓之明且切也。孔子曰：「仁者，人也。」人生之謂也。孟子曰：「仁，人心也。」心覺之謂也。唯覺則無弗生，弗覺則弗生，是故仁者以天地萬物爲一體，覺而生也。手足痿痺謂之不仁，弗覺而弗生也。大哉覺乎，上下四方之宇，往古來今之宙，備矣，矧曰天下國家，又矧曰一身？覺無弗公且愛，無弗能當於理，然而覺其近矣乎。雖然，非溺妙與用罔之謂也。

予嘗讀《詩》至「無競維人」，曰「此夫子語仁之旨也」；「有覺德行」，曰「此孟子語仁之旨也」。大哉斯人之覺！自一身至家國天下宇宙，無弗覺，則無弗生。是故《堯典》曰：「克明俊德，以親九族；九族既睦，平章百姓；百姓昭明，協和萬邦。」又曰「地平天成」，曰「鳥獸魚鱉咸若」。吁，亦至矣！而後儒猶推之曰：「聖人爲天地立心，生民立命，往聖繼絶學，萬世開太平。」斯非溢言也，必至是而仁之功始備。曰：「若是乎其生且愛也，而舜、孔又有四凶之戮，兩觀之誅，何哉？」曰：「不聞人之身有贅疣癰痔，刀鍼弗爲貸，豈故弗愛哉？彼以全吾愛者大也。夫人見刀鍼之施於其體，未有不怵然悲者也。然而舜、孔於四凶兩觀，亦猶刀鍼之施於其體者也，舜、孔豈疾其生且樂其死哉？必有怵然生悲、憮然自反者矣。故曰『好生之德，洽於民心』。而曾子亦曰：『如得其情，則哀矜而勿喜。』此又非過計也，必至是而仁之用始全。夫仁之功備而用全，此吾聖門盡性之學所以異二氏也。是故必知仁，又知盡，乃可曰吾孔氏之徒也。」

曰：「仁之難成也久矣。門人記夫子，亦以仁爲罕言，而子獨望之乎人人者，子不傷易哉？」曰：「夫子未嘗罕言仁也，而門人記云者誤也，亦陋也。夫子之門，高等則顏淵、仲弓，其下乃及樊遲、司馬牛，然而莫不以仁問者，誠以夫子之門非仁弗學也。不聞夫子曰：『民之於仁，甚於水火。』曰：『君子去仁，惡乎成名。』曰：『苟志於仁，無惡也。』向使罕言仁，則夫子固絶人之水火，且弗以君子望斯人而預待之惡矣。夫子己立立人、己達達人之心，果若是與？夫子教弟子猶曰親仁，而曾子語文會曰輔仁，乃謂夫子罕言云者，誠誤也，陋也。且夫子既曰：『仁者，人也。』以若所言，將使斯人弗之人，可歟？夫子曰『爲仁由己』，『當仁不讓於師』，又曰

『我欲仁，斯仁至矣』，若夫子不尤易言哉？」曰：「然則何以入？」曰：「獨知，其覺之門乎！是故《大學》、《中庸》咸以譜仁也，必自慎獨始。」

俗學患不知本，近世語學亦鶩乎本矣。然而精者溺妙，粗者用罔，一以爲見體，一以爲達用，以證之孔子之學，非也。孔子之學，合内外，通物我，貫體用本末而一之，則仁是也。是故溺妙則遺物，遺物未有不窒已者，程子所言自私者之流病也；用罔則迷己，迷己未有不妨物者也，程子所言用智者之流病也。二者仁乎哉？學不出仁，而曰自孔氏，斯左轅矣。

頌

衡嶽頌 有序

夫天下語功德之大者唯水，而水莫不繇衆山出。江啓岷、崍，河發崑崙，而淮、濟賨於桐柏、胎簪，此人之與某所共諳也。至謂之天油然作雲，沛然下雨，某獨驗之不然。某嘗登叢山，視奥洞，始出寸雲，旋布尋丈，蒸蒸纚纚，接乎漢表，土人指曰：「此雲升，則雨沛矣。」已而果雨。又占雨者睹山岫，則謂天作非也。是故山之功德，匪獨江河之出，而雲雨寔所從來矣。古今名山，東南若太和、匡廬、台、宕、浮、武；西北終南、大白、岷、峨、王屋、清涼、崆峒，功德非不茂厚，然奇詭窈麗，寒閟嶔岑，僅雄于一方，且獨爲神怪飛仙、苾蒭闍梨、五比丘、古先生之徒所窟據，孰有如五嶽之廣大中正、高妙不測，繼天地而獨盛者也。是故山之功德，五嶽不可及已。他四嶽某未歷，某所知者衡嶽。方其臨華蓋，陟芙蓉，視萬山眇然，以爲極矣。然求觀所謂祝融峰者，則未之睹。及躋祝融，又夷若岡阜，非有奇詭窈麗、寒閟嶔岑之異。稽其遊，其上，則聖帝明王之所登禋也，其下，則牧夫豎子之所習遊也，而亦仙釋之徒之所閒居也。某然後知至高者至隱而不爲暴，至妙者至夷而不爲夐，是故嶽之功德所爲獨盛，而唯古聖人爲類之。昔孟夫子以登泰山擬時中之聖者，不謂此與？某自弱冠慕吾師念菴先生高行，然少負不羈，欲摳衣未敢也。既壯，不自已，始謁而學焉。當其時，竊窺先生雖綜志聖功，猶以二氏之門或有裨焉，所謂假旁蹊以適周行，不能無也。及某出而仕十年餘矣，就正四方名儒碩士，參錯輿論，以求中庸，乃疑今世之學與二氏近者十六七焉，與堯、舜、孔子近者十二三焉，然心知疑而未知辨也。既歸，聞先生謦欬而睹諸行事，藹乎達人倫日用之懿，廓乎絶意、必、固、我之私，而醇然當天道人心之正。某固嘆曰：「先生之學，斯其爲堯、舜之執中、孔子之不踰矩。而某之觀之也，猶夫舍群山之卓絶窈麗寒閟嶔岑之異，而幸覽夫衡嶽之廣大中正、高妙不測，繼天地而尤盛者也。」已而，先生欲進某而教之也，則覙焉若鞠嬰孩，而不以己主，若食貧子，而復誘以生道。俾某則靡其虛而忘其高，狎其大而迷其妙，久乃茫焉自失。然後知先生之學不復如向之可以窺識，蓋亦猶祝融之不可以仰而睹也。今年之冬，先生壽届六袠，爲弟子者有請席執爵、跪而祝頌之禮。某縻于官，遠在蜀藩，莫能躬致。竊覽古人之事尊親，其祝頌以山川爲極。是以詩人擬之岡陵，孔子稱爲樂山，蓋良有意焉。今某無遠見，所瞻止衡嶽而已，而況有取類乎聖人之實者也。于是作《衡嶽頌》，托同門友王有訓、歐陽文朝介小子順申斯語，跪進先生之廡下，而祝頌其百一焉。某恂知纖埃不足以加喬嶽，然不容寢也。其辭曰：

業業衡嶽，蔭牛奠軫。蟠根楚甸，胎孕吳閩。百粵支裔，六詔雲仍。廬阜、泰和，爲隷爲氓。台、宕、浮、武〔一〕，群從畸零。汗流兩海，沫噴洞庭。交黎南貫，泰岱東賓。濊仁博德，弘逖無垠。猗維先生，克成克京。不出庭户，包括群情。幸甚至哉，配千億齡。

顯顯衡嶽，炎德孔明。神靈恢張，不爲妖憑。聖帝斯狩，明王克禋。金簡兆功，玄圭告成。天維載填，地軸以寧。掣擘日月，嘘噏霧雲。名賢棲跡，釋仙閒臻。神靈托宅，兕貙亦馴。芬桂表陽，醴泉溜陰。法天無私，傚地維平。猗維先生，是則是程。中正明夷，可久以貞。幸甚至哉，萬壽作朋。

〔一〕「宕」，原作「蕩」，據序文及四庫本改。

於衡嶽兮，廣遠中正。醜欽其尊，孰測其峻？躋躡芙蓉，幾千萬仞。仰觀祝融，曷見巔崀。斗星錯之，雲霞翳隱。匪雲霞之翳峻，不可晛以覲。于兹有明，覿觀上聖，至高不暴，至妙不夐，不矜爲禹，舍己爲舜。猗維先生，作配孔殷。帝實度之，貊其德音。氣培溟涬，德裨崑崙。先天弗老，後天長存。

三君脩元公廟頌

方予尋元公羅田舊址，屬州大夫羅君某祠之。退，伏念今肉食君子，繽繽多便文自營，有能覈簿牒、嚴期約、不窳事者，十不一二矣；有能急隱瘼、剔蠹羨、不窳民者，百不一二矣；有能崇學術、篤風教、不窳士者，千不一二矣。予雖云然，疇克如予指，乃不知州人夫果遂營廟宇一區。既行覲，永郡理官崔君來攝，慨焉作新會，領巡撫趙公檄，乃復大搆。語具予所撰《家廟碑》中。先二君又買近田若干畝，畀公家孫博士君某世守供祀。崔君又刻公集郡齋中，皆出予畫外。先是，永明邑令何君念永明去道州故里最邇，已請廢寺崇構仰濂書院，配用二程先生，存國故以興邦人，意勤勤著矣。趙公已自爲文載碑，故不詳言。趙公又檄何君更脩道州城内廟，亦大壯固，咸有別述。要此三君者，非篤意風教、有味乎元公學術者，其烏能成哉？世求之千不一二，而環百里中遽有其三，可不謂幸事快睹哉！博士君某以書抵予，曰：崔君名某，字某，太平人。

羅君名某，字某，家銅仁，其先清江人。何君名某，字某，簡州人。三君于風教固殷，其不齋事與民，莫不稱良云。予既謝病治農，不與聞激揚，乃爲作頌。頌曰：

道國甫甫，春陵顒顒。月巖濂水，羅田之宫。五星奠隩，左豸右龍。縮結九嶷，羽翼祝融。是曰嶽降，篤生元公。逖溯精一，近嗣《中庸》。炳幾握要，無欲爲功。施之公溥，中實明通。至理内溢，奚必外窮？三綱九法，以叙以從。既殊寂滅，亦異玄同。闢天開地，如夜斯曈。啓程夫子，如日斯中。公隮帝右，故里攸空。後幾百禩，化爲荆蓬。狐豕傯傯，麀鹿攸叢。肉食者鄙，疇哉是崇？顯顯三君，眂焉惕衷。趙公既唱，三君同風。五峯之柏，三涪之松。是斷是度，是作是封。荒忽薈蔚，會朝穹窿。枚枚寢廟，神罔時恫。煌煌講堂，趨者雍容。春祀秋嘗，子孫樅樅。士者之來，乃繹乃宗。斯文之起，繇繫繇隆。匪自三君，疇哉是功？外無齋政，内爲道忡。倬倬礌礌，頌辭匪豐。

贊

拙贊

有用亦既也，無用亦既也。有成亦徂也，無成亦徂也。任無用以爲用，守無成以爲成，則拙之功不菲矣。故君子安拙。

四公贊

范文正公仲淹

范文正公卜一宅基，堪輿家稱最勝，當屢出公卿。公曰：「令吾一家世爲公卿，不如令一郡爲之。」遂捐宅基爲郡學，今蘇州府學是也。

贊曰：人心最私，私在孫謀。雖有時賢，懷千歲憂。不營蓋藏，必營宅丘。矧言世卿，有如攜取。苟得以道，孰爲之去？矯矯希文，不取而與。視郡人士，猶己曾玄。堯、舜遐矣，異勢同詮。瑋哉斯人，絶利一源。

韓魏公琦

公守相臺日，方祀宣尼，齋宿省中。夜半，有偷兒入室，挺刃求濟。公曰：「几上器可直千百金，以與汝。」偷兒曰：「願得公首。」公即引頸。偷兒稽顙曰：「以公德量，故來相試。几上之物，已荷公賜。願無泄也。」公終不以語人。後偷兒以他事坐法當死，備言其事，曰：「慮吾死後，使韓公盛德不傳也。」

贊曰：死生大矣，自古記之。恢恢魏國，視死如嬉。既嘗刺客，復試偷兒。彼偷者子，知公彌稔。屬公勿言，公竟爲隱。公而隱之，豈曰予訒？如巨海漚，靡有端倪。如太虛雲，靡蹤可期。吾儕淺夫，語公汗頤。

張忠定公詠

張忠定公知益州，時王均、李順作亂，官屬多不挈家以行。又憚公嚴，莫敢蓄侍婢。公不欲絶人情，遂自買一婢侍巾櫛。自此官屬稍稍置姬侍。公還闕，呼婢父母，出貲嫁之，仍處女也。

贊曰：男女大慾，慾炎性憒。伊其憒矣，百惡攸萃。自匪至人，涉境彌潰。廼惟柳下，抱婦無嫌。千春奇躅，誰歟比肩？曷如忠定，處室彌年。若金在冶，若蓮在泥。不虧不點，真性固而。予哀學道，舍兹疇師？

王文正公旦

王文正公生平聞謗，輒引咎，未嘗致辨。公嘗薦寇萊公爲相，數稱其長，而寇多短公。上爲言之，公曰：「臣在相位久，闕失多，準對無隱，益見其忠直，此固臣重準也。」上由是益賢公。又一日，上示公詩，公袖歸，謂同列曰：「上詩有一誤字，俟奏改。」王欽若遽密奏之，翌日，上怒公不奏。公惟引咎，樞密馬知節具以實對，上始顧公笑。

贊曰：人悦榮名，競徇以死。孰識無名，乃人之始。猶跡履出，而跡豈履？聖貴名教，匪名斯棄。樹名表實，以率邇遐。實苟無庛，名奚損加？古有至人，非之無悶。王公休休，識度彌近。雖曰未學，天資可聖。

外祖周處士樵翁先生像贊

某孩時，睹予外祖樵翁先生形脩器偉，俞俞焉而色康。今再拜遺像，宛然夙昔屹立，具觀百夫之望也。蓋先生長於盛時，不耳末季之事，故不彫其渾龐；産於名族，不蹈猥瑣之行，故不隳其典常。某又幸今老母八袠，烈節毅氣有丈夫風，知予外祖所樹者貞剛，而所遺者永長。矧厥子若孫，振振蟄蟄，益足彰矣。

處士張仁夫君像贊

昔之君子意不得管樞握衡，則思爲國醫以活乎人。豈不以澤有大小，而爲仁則近。唯張處士究農軒之玄機，研越人之秘髓。志與物以偕春，心超世而獨炯。貌亭亭兮孤鶴，度汪汪兮千頃。臨槎水兮酌清泠，咏橘頌兮壽且寧。中流一瓠，享以千金。計君所活，曷止百身？衆合而稱之仁夫，如其仁，如其仁！

贈評事王矢齋先生像贊

偉貞姿而修髯兮，紛既有乎内熾。韶紉蘭以蹈繩兮，長佩椒而崇祉。雖侘傺而顑頷兮，睹機利而懷耻。既侃侃而不刓方兮，洵機發之如矢。抑恫恫而粥粥兮，豈悻直之爲使？苟豪曹之出割兮，豈切玉之足擬？迺稱力以澤物兮，胡訝其不爲江河而爲沚。瞻者則曰：「瑩然若玉，寄乎尹於貞璞，故昌其後昆，鏘珩而鳴璜。矯然若鴻，謝繒繳於雲漢，故大其門閭，起鶱而騰凰。燕山五桂，河汾三樹，猶未足以擬其芳。」彼欽丰儀而稽德履兮，盍綈誦乎天章。卬再拜而仰止兮，慨疇昔以佪翔。

王母劉孺人像贊

顯顯孺人，閨箴孔明。樸不喜飾，勤且克貞。蹀孟操臼，追桓汲罋。翼彼夫子，抱義亨屯。迺毓靈雛，仲也奇珍。爰慕善養，何謝尹焞？母曰：汝學佇爲國禎，室融和氣，族溢賢聲，終溫且惠，滲漉姻隣，僉言壺德，後必有興。髦猶翼翼，百世儀刑。

介齋蕭先生像贊

奕乎冠纓之胄，蔚乎黌序之英。六翮脩而南溟未徙，三花備而千里靡征。廼藏輝而匿耀，爰遺世以葆真。夷猶兮祿岡之巔，扣革兮螺水之濱。人咸知景介石之君子，蒹葭之伊人，而不知其外嶔岑而莫犯，中履坦而平平。於戲！有頎其軀，如松如筠。有腴其色，如璧如金。稽其事孀母，小心翼翼，兼備乎鼎養；教子嗣，義方稟稟，式抱乎席珍。允哉，其不詭于儒紳。嗟翁已矣，偉茲儀刑。

蕭母嚴孺人像贊

讚曰：《詩》歌淑慎，《易》著安貞。維母斯迪，名閥徽音。孝敬溢乎梱棫，温惠孚乎宗姻。相彼夫子，《雞鳴》之義尤篤；式穀爾嗣，《熊丸》之風有徵。婦則母儀已，秩秩乎可程矣。廼若造家同拮据之艱，履儉佩絺綌之箴，不僭不差，有脊有倫。是雖丹青莫爲之狀，予靡得而詳舉云。

衡廬精舍藏稿卷十七

策問

問：自三代以下，兵家者流獨喜言智算，故孫子曰：「多算勝，少算不勝。」或者謂：「非仁義之師良然矣。」然《詩》美大將則曰「克壯其猶」，《易》戒害成則曰「機事不密」，孔子行三軍，亦云好謀而成，則智算若不可廢者。不識古聖王仁義之師，果皆不用智算？如陳餘、房琯自矜儒者，聽其善敗，可歟？苟不聽其善敗，必如《易》、《詩》、孔子之言，則謂仁義不廢智算，亦可歟？至如崤谷兵寡，兼行增竈，智矣。今若兵寡，可復增竈乎？歷城運竭，唱籌量沙，智矣。今若運竭，可復量沙乎？不戰收保，衆指爲怯，卒至以奇陳大破殺匈奴十餘萬騎；留兵分屯，人訝其遲，卒能以重兵大擊先零，降斬四萬有餘，此皆以智算勝者。不識今若禦敵，亦可襲而用之歟？或云：虛者實之，實者虛之，虛虛實實，形人而我無形，以極於神且微者，此兵家勝算之妙也。不知亦有可指言者。或又云：「善廟算者先間諜。」〔二〕今用兵者既不善間，又多以偵諜失真致敗。果何道以致其真，庶有裨于仁義之師歟？凡此皆兵家要機爾，諸弁士訓習有年矣，試悉心以對，用觀折衝之略。

古今談兵事者浩矣。檢括其論議，甄别其功用，則其家有二。蓋言仁義者下智算，語智算者迂仁義。二家之説交持域中，而世之用之者則咸覞覞睢睢，左仁義而右智算，趨若江河，變若風雲，若是者何也？則言仁義者之過也。彼言仁義者曰：「仁義之師，堂堂皇皇，惟主于問罪，令自服而已。故有舞干之格，而無寢鼓之襲；有因壘之降，而無絶幕之誅。若乃區區伐謀致勝，是爲詐力而已，儒者不道也。」嗟夫！是説也，其于智算眊矣，而仁義亦未爲瞭也。愚請姑言智算，兼明仁義，漸復明問可乎？今夫天下有上智，有中智，有下智。何謂上智？治未亂，保未虞，其爲化理感通者豫也。故有協和之德，斯成舞干之化；有求寧之政，斯致因壘之效。彼二聖人者，豈一朝夕然哉？《易》所謂「聰明睿智，神武不殺」者是也。斯非上智哉？故上智即仁義也，外仁義無上智也。何謂中智？蓋世主非先有堯、舜、文王之治，一旦寇叛猝起，夷狄内噬，人臣上急君父，中援社稷，下厘生民。徐俟之，則血已赭于原隰；微懷之，則燼已飛于都邑。近募遠徵，日銷萬金，主震國揺，生民鼎沸，當此之時，乃曰：「我爲仁義，不用智算。」内不

〔二〕從標題「策問」至「善廟算者先間諜」，底本缺，據四庫本補。

能爲可勝，外不能得敵之虛實而制其變，坐視危亂，莫之能救，是不仁義之大者也。故田單不爲火牛炫燿，則即墨將爲墟；陳平不出女子于城，高帝且坐虜矣。此必不可也。然猶曰田、陳不足語也。不曰郭汾陽伏士壁内，陽爲逃遁，以敗慶緒；范文正密備板築，不告士卒，而城大順，是二君子者，睹其心何心也？故智算者，仁義之妙應也。以其未能先圖而出應變，故曰中智。何謂下智？則詐力是也。若劉先主欺劉璋而奪其國，唐太宗以宫人私侍高祖而脅以臣虜，此固不可言仁義，而亦難言智算也。孟子曰：「行一不義，殺一不辜而得天下，不爲。」君子之心必出于此，而後可以用智算。繇斯，以談智算而謂之仁義者無它，以其出于公焉故也，智算而謂之詐力者亦無它，以其心出于私焉故也。知此，則執事之明問可復矣。今夫天下之事，既出于公，尤必準諸經，折諸聖，而後可以無憾。執事引《詩》言壯猷，《易》言機事，以及孔子所稱好謀，則既準經質聖，瞭然知有仁義之智算矣，又豈獨曰仁義不廢智算已哉？若夫孫子所云：「多算勝，少算不勝。」其言雖有符於《詩》、《易》、孔子，而其心則純以兵家爲詭道，以伊、吕爲間臣，是亦惡足與語仁義也哉？至于陳餘絀廣武不用而斬于泜水，房琯用劉秩車戰而敗諸陳濤，是非獨不知智算，則亦未可言仁義者。至哉！仁義之智算可易言乎？何則？兵家有不可豫圖之變，時勢是也；用兵有因時審勢，以成致勝之機，虛實是也。夫曰不可豫圖，則執成見以馭之者必格而左，曰因時審勢，則席故智以行之者必膠而漏。虞詡兵寡，兼行增竈；檀道濟運竭，唱籌量沙，此不足而示之有餘，所謂虚者實之是也。今若遇兵寡運竭而復用之，則亦觀于其勢而已。苟有善者，雖虚，而虚之可也。李牧椎牛饗士，虜至收保，趙充國上書闕下，留兵屯田，此有餘而示之不足，所謂實者虚之是也。今若遇虜至羌亂而襲用之，則亦審于其時而已。苟有善者，雖實，而實之可也。雖然，虚實豈可以定擬哉？時勢者，其變也。强弱、贏詘、大小、治亂、衆寡、劳逸、堅瑕、遲速者，其形也，庸將泥形以待變？故我有形而人得形之。智將因變以制形，故形人而我常無形。愚也請指言其一二，而執事試采聽焉。法曰：「十則圍之，五則攻之。」言貴多也。故王翦取郢，非六十萬人不可；而謝玄則以八千精鋭涉渡淝水，破苻堅百萬衆，此多寡之形不可預泥也。法曰：「以飽待饑，以逸待劳。」言貴逸也。昔王國攻圍陳倉，不克，疲敝解去，董卓謂歸衆勿追，皇甫嵩率兵攻之，連戰大捷，國走而死；而段紀明追羌出奢延澤，輕兵一日夜行二百餘里，擊賊破之，至士卒饑渴，又勒衆推方奪賊令鮮水上，此劳逸之形不可預泥也。法曰：「攻堅則瑕者堅，攻瑕則堅者瑕。」故孫子教田忌取上駟與中駟，取中駟與下駟，蓋攻瑕之方也。而韋叡攻魏小兒城，反先挫其驍勇，因以拔城，此堅瑕之形不可預泥也。法曰：「兵貴拙速，未睹巧之遲也。」故李靖征蕭銑，秋濤漸漲〔二〕，諸將請江平進兵，靖曰：「兵以速爲神。」於是

〔二〕「漸」，原作「斬」，據四庫本改。

進兵，銑卒以降〔一〕，蓋用速之利也。而郭子儀討虜邠州，諸將請擊，子儀曰：「客深入，利在速戰，吾緩之，賊自携貳。」已而賊果敗走，此遲速之形不可預泥也。夫兵家衆勝寡、逸勝勞、堅挫瑕、速摧遲，此常形也，然善者用之，則反以之相勝者，何也？玄固知堅衆之可亂，而段知東羌爲易與？叡能知己，子儀能知彼故也。若是，則兵不可以定形，不可定形則不可以窮極。故守之藏于九地之下，敵不知其衆寡之孰分；攻之動於九天之上，敵不知其奇正之孰從。作之若轉圓石千仞之上，作乎不得不作；止之若散滃霧皎日之下，止乎不得不止。故曰：「兵無常形，能因敵變化而制勝者謂之神。」又曰：「神乎，神乎，至于無形；微乎，微乎，至于無聲。」嗟夫！此虛實之極變也，然而非間諜不能致也。執事策末，又以間諜爲問，愚敢不爲執事盡之？今夫間者，離人者也。彼離人君臣父子，其爲仁義者必不忍也。然爲間以間與國，則不可；爲間以間寇賊，則雖仁義弗之違也。故陳平用於閼氏而主全，武穆用於兀术而國賴。是故間者，仁義之師所擇而用者也。若夫諜，則不然，諜者，所由得敵之虛實也。用兵而不知敵之虛實，猶登山而不知道之險易。不知道險易，雖孟賁罔弗顛也；不知敵虛實，雖太公罔弗僨也。故諜者，兵家勝算之權，而仁義所必資也，豈獨裨仁義乎？然今之時，用兵者不知用間諜，雖用矣，不能得敵

〔一〕「銑」，原作「駪」，據四庫本改。

之真，此其故何也？則孫子已言之矣。孫子曰：「事莫密於間，賞莫厚於間。」非獨言間也，諜莫不同也。今欲得敵之真，豈有它詭哉？其惟制其命而厚其賞乎？法曰：「興師十萬，日費千金。」過此相守一月，則費且三萬金；相守三月，則費且九萬金。然獨愛千金，不以賞間諜，而忍於僨蹶喪師辱國而不顧，非生謚至愚者不爾也。乃今天下未見有千金予間諜者，又烏能得其真乎？雖然，蓋猶有本領先焉。今夫射者之教射，使衆工人教之，則必有惰弓，使后羿教之，則人人雙視而持滿矣；匠者之教匠，使衆工人教之，則必有佚斧，使郢人教之，則人人運斤成風矣。故將者，國之后羿、郢人者也。自古國家未有不得將而可語用兵者。故苟得孫武，則宮壼之姬可使赴湯火無難也；苟得郭子儀，則市井之衆可收召而趨敵也；苟有韓淮陰、諸葛、武穆，則囊沙背水之策、木牛流馬之技，可不督而能也。今天下羽檄日馳，邊隅報敗者，非兵法亡也，以不得將之害也。且今爲將臣，秉鉞掛印、開府侯食者，豈無人哉？然號而問之曰：「孰可爲孫武、郭子儀？」非獨人弗許，彼固無任矣。是法雖存，其又孰舉乎？將不得法不舉，則邊陲事愚莫知所終矣。雖然，昔者韓信一亡卒耳，蕭何一與之語，即知爲大將，高祖即信而拜之；孔明一耒夫耳，徐庶與處，即知爲卧龍，玄德即任而相之。不知蕭何、徐庶曷爲憑空言得真將耶？今天下脱有抱仁義智算之士，亦或有如二子者，不知今之君子曷繇識而取之？是故用法固難，而得將尤難；得將固難，而識將尤難，執事試以是登而獻焉可也。

問：學術爲天下裂，廓而正之者存乎其人。蓋自孟軻氏殁，學者不一家。楊、墨之下，可略而言。稽之周、秦之間，有鬻熊子、老子，已而有南華、冲虚、文始三子，有子華、亢倉、鄧析、鶡冠、尹文子五人，有慎子、鬼谷子、文子、商子、孫子、吴子、尉繚子、公孫子、韓非子、孔叢子，其最著者荀子。漢、六朝之間有《新書》，有《繁露》、《玉杯》、《淮南鴻烈》，有《論衡》，有《潛夫論》，有《昌言》，有《申鑒》，有《說苑》，有《中論》，有《世說》，其最著者揚子、文中子。唐、宋之間，有天隱子、玄真子、聱隅子，有《潛虚》，有《意林》，其最著周子、程子。此數十子者，總之則道德、縱横、刑名、儒家者流，國朝儒臣宋氏蓋嘗疏剔而詆排之，始以鬻子，終以周、程，其歸依可知已。要之，夫人之學，各蔽所見，而失其本，若道家蓋求其本而過者也。縱横、刑名，則依彷之以相馳騁，而儒者反屑屑於其末，其極則博而寡要，宜不足回數十子之轅也。嗚呼！周、程至矣，非所謂由本達末者哉？今之論學術者欲令數十子咸知所歸依，豈亦當反觀其本者歟？諸士涵泳問學久矣，矧昔海濱嘗有嚮道君子出焉，由其說廓而正之，諸士責也，曷正言之？毋辭。

三代而上，道術出于一，故行道者衆而言道者希；三代而下，道術出於二，故言道者衆而知道者希。夫道之在天下，有本有末。本者，人見其藏於内也，而不知非内也；末者，人見其散於外也，而不知非外也。非强一之也，雖頃暫不得而二也。不觀諸日月乎？今夫日月貞明之體至約也，而其耀下土、皦八埏，鉅而山川，細而草木，莫非日月之末光，豈嘗有二物哉？自人之求日月者，或獨索諸貞明之體，則嘗拒山川草木之光而眇忽之，是固謂失也。而愚者謂日在淵，而逐於淵；狂者謂月在江，而攫於江，則其失益遠矣，是本末二之也。嗟乎！此所謂後世之語道術者也。夫道之本果安在哉？心者，斯道之日月也，性，其貞明之體也。率之爲五倫，散之爲萬行，置之塞天地、横四海、貫古今，則貞明之寓於山川草木者也。是則有本即有末，夫惡得二？唯孔子既殁，大義既乖，微言瓅絶，而天下之異議起，異議則二之爲患也。雖孟氏獨得其傳，而當其時固已有楊、墨諸子竝駕其説於天下，故孟子曰：「吾爲此懼，閑先聖之道，距楊、墨，放淫辭，邪説者不得作。」彼楊、墨，孟子既距放之矣，庸知其後愈熾愈盛，言人人殊，何啻駕五車、汗九牛哉？然則廓而正之者，寧不望斯人歟？執事發策以諸子著述下詢承學，將廓而正之，而愚非其人也。請得而彷佛其大都，鬻熊著書二十篇，老聃著五千餘文，莊周著内外雜三十一篇，世稱《南華經》，列禦寇著凡二十篇，世稱《冲虛經》，關尹喜著九篇，世稱《文始經》，至於《文子》，鈃著十二卷，《亢倉子》九篇，《鶡冠子》四卷，《子華子》，程本著，十卷，《鬼谷子》，一名《玄微子》，或云即王詡著，十三章，孫武著十三篇，吳起著六篇，尉繚子著二十四篇，公孫龍著六十四篇，尹文子著二卷，韓非著五十五篇，孔叢子名鮒，著七卷，荀况著三十二篇，此則周、秦間之著作者，然猶有曾子、子思子、言子、管子、晏子者，世皆知其贋，故弗及也。漢、六朝之間，陸賈、賈傅並有《新書》，暨董子《玉杯》、《繁露》，世咸僞之。《淮南鴻烈解》出漢劉安，招集其徒著二十一篇，《論衡》出王充，二十五篇，《潛夫論》出王符，凡三十六篇，《昌言》出仲長統，三十四篇，《説苑》出劉向，二十篇，《申鑒》出漢荀悦，五卷，《中論》出魏徐幹，廿篇，《世説新語》〔二〕無足論，揚子《法言》十三篇，《文中子》，王通門人所記，十卷。唐宋之間，《天隱子》，或曰即司馬承禎所著，凡八篇，《玄真子》出張志和，十二篇，《聱隅子》出宋黄晞，凡十篇，《潛虚》出司馬公，《意林》，唐馬總會元撰。其他作者百家，咸弗論。嗟乎！自周、秦而下，何其多言哉，何其多言哉！不有周、程，則漫然無旦，天下曷所趨？國朝儒臣宋氏嘗著諸辯，以爲《鬻子》非自著，於老子稱豪傑士，傷其本之未正，而末流之弊至貽虚玄，長晉亂之機。於莊子，則惜其未見孟子；於列子，則疑其多同竺法；於荀子，則譏其才甚高，而不見道；於楊子，則云雜黄、老；於《文中子》，則辨其附託，而取其爲近。其他評隲是非，鑑别真僞，若辨白黑，而於篇終，則唯以周、程爲歸宿，其旨瞭矣。然而未究本末之實，未致幾微之辨，則趨者終莫已也。蓋孔子既没，其本末一貫之宗，先本後末之序，傳諸曾子，以逮軻没，不得其傳，獨西河以文學名，其學尊聞見，謹器數，後代傳之，寖失其真，至有累世不能通，當年不能究，故譏者曰：「儒者博而寡要，劳而少功。」不

〔二〕「新」，原作「晉」，據四庫本改。

幸老氏直窺本原已出久矣。而其言象帝之先，知常曰明，其與《大易》先天不違、神明其德之旨無以大異，謂其無得于本，不可也。雖然，至于此而愚有二概焉。嚮令老子者從是而培其本，順達其末，不使失序，則何惡於老哉？彼則以本爲精，以物爲粗，嗒然獨與神明居，而竟嗇其末，迫焉後動，不得已而後應，此則所謂獨索貞明之體，而拒山川草木之光，謂其本之能正，亦未可也，此一概也。當其時，又令吾儒咸務其大而先其本，不牽於聞見器數，而漸進其末，則爲老之徒必曰：「儒者之道，有本有末。而《大學》之序先本後末，一何其全且中也，彼之賢而蚤智者必有歸也。」然吾儒者猶復以末爲先，以六藝爲工，以聞見器數爲上，至爭一典一器之是非，攻若聚訟，膠若刻舟，誠有累世窮年而莫殫者，則彼將憚其艱，苦其多，而悲其泛，不反顧而走哉？是吾儒之驅之也甚矣，又何異乎逐日於淵，攫月於江，而竟忘其本，此所謂益失之遠者也，此二概也。繇是莊、列鼓其波，諸子煽其焰，而天下不之儒而之老者，葢紛如矣。是故谷神不死，玄牝之門，則神仙家之焉；聖人不仁，芻狗萬民，則刑名家之焉；將噏必張，將弱必强，則縱横家之焉；以奇用兵，以無事取天下，則黄石、張良之徒之焉；我好静而民自正，我無事而民自富，則蕭、曹與漢文帝之焉。然蕭、曹、文帝卒使天下食寧一之福，致刑措之盛，終漢之世，而老氏不爲無功。雖然，使語以五倫萬行，塞天地、横四海、貫古今，若堯之協和、舜之風動，以及鳥獸魚鱉咸若，若此者，老氏寧有之歟？然則有志斯道者，欲廓而正之者，果何以也？嗟乎！本末之序，愚既言之，乃若幾微之辨，謂不以老氏常嗇於其內，而後儒徒涉於其外，將本末胥病之歟？漢儒他勿論，若揚子，蓋嘗考其年，無仕莽之實，而宋氏已病其涉黄、老矣。《文中子》雖近，而附託淆訛，終駁書耳。執事謂人各蔽所見，愚不意一蔽而千百年之久也，其不足以回數十子之轅，亦曷疚哉？天運往復，于是乃有周、程二君子出，周子《通書》則以無欲爲明通公溥之本，程子則以大公爲順應之本，而尤致意於性無内外之一語，其於聞見器數未皇急焉。當此時，非獨有老，蓋亦有釋，獨賴二君子倡明其間，天下乃知學之有本末，而先後之序亦彰。其視二氏與他諸子，猶日月一出而群星不得以肆其芒。孟子以後，至是一明，豈非廓而正之者之得其人歟？然廓之者未幾，而蔽之者復衆。所謂蔽者，又非若諸子之舛繆怪賊也，蓋未詳則本略，此重則彼輕，其勢然也。于是天下士莫遡其源，則又鮮之老而多之釋焉。然而儒者猶復增壘濬塹，以拒其來歸，乃至吾儒中有詳於立本之旨、明於先後之辨者，則槩以二氏拒之。嗟乎！《大學》訓曰：「物有本末，事有終始，知所先後，則近道矣。」又曰：「此謂知本。」後儒咸倒置焉，愚不知斯道之奚所底也？我朝成化間，海上嚮道君子若陳獻章者，初非不知求諸繁也，蓋其始從臨川，繁而無得，乃反觀而求之約，體道於勿忘勿助之間，悟道於至近至神之妙，固已近登濂、洛，上窺孔、孟，而多自得矣。其時天下識者至稱之「活孟子」云。愚讀其言曰：「我大而物小，物有盡而我無盡。」則我物猶二也，其於程子性無内外之旨猶未盡也。雖然，其亦今時之詳於立本者歟！其間博極群書者反詆之爲禪，然則今天下之語學者，蓋轉喉而觸之諱矣。學何繇入？道何繇正？學者既莫取衷，而彼嘵嘵若數十子者，何以回也。雖然，執事已言之矣，斯道猶日月也，日月之明體未光，雖各因於所見，而日月自若也。知本之學，非曾子始言之，孔子蓋曰：「女以予爲多學而識之者與？然非也。予一以貫之。」繇是上稽帝王之業弘矣，而其學曰精一，曰建中，曰懋昭，曰緝熙敬止，蓋未有不始自吾心本體之明者也。吁！世之任道君子豈無有揭日月而行之者與？而執事曷憂？愚生竊有志焉，幸進詔以竟其旨。

衡廬精舍藏稿卷十八

題跋

書大司馬許默齋公録襄毅公疏草後

右疏爲大司馬許默齋先生録其先襄毅公所草上武皇帝者。當武皇帝時，群璫竊柄，導上佚遊，媟嫚極矣。而襄毅公方起廢，爲大司馬，則奮然曰：「是不可獨攻其標。」故因經筵有見疏，言帝王之學在養心親賢，而經筵爲首務。推此類，具陳之。於乎！大哉言乎。雖古大人格心之道，曷以踰焉？夫唐虞之世，天下政務不少矣，然元聖上賢交議文陛之上，則獨以道心精一爲授受，以兢業佚欲爲勸戒，皇皇焉不敢以他務先之。彼豈不欲咨實政而亟爲此窾言哉？誠以天下治忽之機，在人主之一心，而心之難操，又非可與衆庶論也。故雖以元聖輔之上賢，猶懼罔念之爲狂，而况武皇帝左右狎溺，蕩心伐性，且十百尋常者乎。是故公當其時，人不與適，政不與間，乃奮其衷赤以帝王之學爲言，意庶幾焉君心憬寤，獨斡于九重之密，則彼么麽者何足難更置哉？雖其時言不必行，然昭然遜覽，爲政治先計，若標世之大臣知此義者，何可多睹也？此又豈可與拘攣淺儒者道哉？某少聞當時卿士閣臣朋力攻瑾期致之法，公獨曰：「此屬得疏斥足矣。過峻懼必有甘露之變。」已而果然。然則公之能爲斯言，良有斯疏也。不然，公豈獨鏡其末而未究其本與？公平生弘量遠識，推轂名流，爲一代宗臣。其征牙木蘭也，雪夜深入，大破桀虜，獨大士刺守者八百人，公皆諭而下之，不戮一級以爲功。議者謂公有致身之義，斯有格心之道，又豈不然哉？然則公所爲本末可槩睹矣。默齋先生識量德位，靡不同符，而居勢之艱，猶若倍之。異日崇勛峻烈，炳在史之世家，固不以某小子之言稱也。辱先生出示斯草，屬題簡末，乃拜手誦服，用抒仰止，且以附名焉，非敢謂知名賢之世德也。

書唐荆川先生夷齊廟詩後

唐荆川先生示予《謁夷齊廟詩》，詩末引王臨川疑夷、齊叩馬事不經見，因自以意論夷、齊與文王同心，則不得不與武王異志，以此信其叩馬之事無疑。是固已辨矣，而猶未足以致其實。蓋近世多以叩馬之事出《莊子》寓言，而太史公誤信。然予觀《左傳》臧哀伯之言曰：「武王克商，遷九鼎於雒，義士猶或非之。」義士非夷、齊誰也？且臧哀伯前孔子數世，去周未遠，其言或可信，以此證之，則叩馬之事亦傳之久矣，其不創出於《莊子》明矣。孟子曰：「君子亦仁而已矣，何必同？」然則伯夷又何嫌其與武王異耶？且伯夷之論在天地間何可少？而臨川膠於一是而非之，亦拘矣。孔子又言夷、齊餓死於首陽之下，而臨川謂伯夷死於北海，及來而死於道路，與夫至文王之都而不及武王之世，其説皆無據矣。

書青尉傳後

余讀青尉事，未嘗不憮然自恧，泫然而追思下涕也。青尉，龍陽幕官耳，因民潦傷，叩闕蠲賦，不報，遂雉經闕下死。皇祖悼之，錫之廟食，而邑賦終免。此自史籍載記未有睹者，尉可謂獨行君子矣。借使尉居幕職上，尉所爲又何若也？予忝監司，分隸兹土，目稔潦旱，又苦衝疲，民之蒙鰲，蓋什伯於尉之日，每有興革，不能以去就爭之，矧能如尉之自捐其身乎？夫天下事莫難於任，苟能任，則四海之内均爲己責，苟爲弗任，則雖其職事弗爲責矣。古之任天下者，一夫不獲，引以爲辜，矧一邑乎？若尉則與古人之心又何擇焉？人謂青尉過此任者過也，奚過爲？然予見今之人有當職弗之任者矣，予故始而自恧，繼而追思，不可置悲。嗟嗟乎！青尉。

書蘇子瞻書傳後

昔唐荆川先生語予曰：「曾見蘇子瞻《書傳》乎？」曰：「未也。」「盍求之？」歲之甲子，予行部至眉，求諸鄉大夫張中丞，得其寫本，讀之，益知蘇氏之學。蓋予自壯後，始能讀蘇氏文，喜其言能自立，不爲詭隨。其論當時大計，是非利害、開闔抑揚，皆有本末，可以醒寤人主，措諸事功，不誣。及讀其《中庸論》，乃知蘇氏未有得於性道，以至强非而妄斥，則又怪其自立之過。今讀其《書傳》，誠有篤論，獨其訓「欽明文思」，則指以爲聖人之才，舉五教，亦與孟子殊。其病略與《中庸論》同。然後知君子之貴於聞性道也。雖然，若蘇氏父子，其學皆嘗遠探於經而博取於傳，以發其中心之誠，然所謂一家之言是已。其視今之棄經尊史、附和景響者，則大不侔矣。廼歸其本張公，而寓書其末云。

書郫縣志後

往予閲及揚雄仕莽投閣，劇秦美新，而《綱目》書「莽大夫」，嘗怪雄以彼其才而媚莽〔二〕，心竊鄙之。後見程叔子取其「美厥靈根」之語，愕曰：「雄乃有是語乎？」又韓退之、邵堯夫、司馬君實諸君子咸稱引其説，往往怵予心。已乃取《法言》讀之，其紬《六經》，翊孔、顔，義甚深。又嘗高餓顯、下禄隱，雖不韙屈原，而屢斥公孫弘之容，且曰：「如詘道信身，雖天下不可爲也。」予則

〔二〕「嘗」，原作「經」，據四庫本改。

嘆曰：「世之論雄其然，豈其然乎？」終無以決於心。最後讀《雄傳》，稱雄有大度，自守泊如，仕成帝、哀、平間，未言仕莽，獨其贊謂雄仕莽作符命投閣，年七十一，天鳳五年卒。余考雄至西京見成帝，年四十餘矣。自成帝建始改元至天鳳五年，計五十有二歲，以五十二合四十餘，已近百年，則與所謂年七十一者又相抵矣。又考雄至京，大司馬王音奇其文，而音薨永始初年，則雄來必在永始之前無疑，然則謂雄爲延於莽年者，妄也。其云媚莽，妄可知矣。蓋予懷此久矣。今年春按部郫縣，而雄郫人也。讀其邑志，得予鄉人簡公紹芳辯證尤悉。簡引桓譚《新語》曰：「雄作《甘泉賦》一首，夢腸出，收而内之，明日遂卒。」而祠甘泉，在永始四年。雄卒永始四年，去莽篡尚遠，而劇秦美新或出于谷子雲。」以予校之，莽自平帝元始間始號安漢公。今《法言》稱漢公，且云漢興二百一十載，爰自高帝至平帝末，蓋其數矣。而謂雄卒永始，亦未必然。計雄之終，或在平帝末，則其年正七十餘矣。因雄歷成、哀、平，故稱三世不徙官。若復仕莽，又詎止三世哉[二]？繇是知雄決無仕莽投閣美新之事，而簡公謂班孟堅早世，曹大家輩傳失其實，豈不然哉？當平帝末，莽已有都四海代漢室之形矣，而雄猶稱漢道如日中天，力不能回莽，而假《法言》以諷切之，雄之意至矣。雄其媚莽者乎？諒乎，叔子之言曰：「閣百尺，未必能投。」曰：「然

〔二〕「世」，底本脱，據四庫本補。

則史不足信乎？」曰：「太史公記子貢、宰我，一以爲遊說，一以爲叛亂，是亦足信乎？而孔子主癰疽，百里奚自鬻身，在當時之言比比也，何獨雄哉？」予悲守道君子蒙誣逮千載，故因簡公之言而畢其說。

讀鶡冠子

《鶡冠子》稱一壺千金，韓子讀而悲之，予讀則尤悲焉。夫得壺於汝、泗，則濟者十八；於江、漢者，十五；於東海，則十壺無一濟。然俾壺有一髮之漏，則汝、泗猶東海耳。嗜慾之賊道，雖聖人不無。文王至德，猶必無然畔援，歆羨，而後誕登于岸，蓋文王猶乘筏度溪澗耳。若賢人之慾，則汝、泗也，其次，江、漢也，其下，則東海矣。今者欲濟東海，舍萬斛舟而乘漏壺，此予尤悲也夫。

書陶靖節集後

某少讀淵明詩，喜其辭旨冲逸，不犯功力，而未知其幾于道。嘉靖乙卯秋，忽夢侍先府君談詩，先府君曰：「詩人最淺陋者爲孟郊，郊得第，詩曰：『春風得意馬蹄疾，一日看盡長安花。』是其器與辭咸淺陋不足觀。」某因質古今詩誰勝。先府君曰：「無踰淵明。」某竊心識之。次年登第，乃寤先府君預用以示警然。因是益喜讀淵明詩，反覆讀至《神釋》諸篇，然後知淵明之幾于道，而杜子美未悉也。不然，何其明三才之中，重魯叟之思，乃出于道喪世衰之餘，若是乎勤且篤也，而世止以隱逸忠義槩之，亦淺矣。然淵明以彼其資，乃終逃于酒，弗能大有明于斯道，豈亦未有以參三才之學告之者歟？噫！使斯人果與聞於學，則冉、閔儔矣。乃益寤先府君之啓予者深也。暇日，復讀淵明詩，因追書于簡端。

書神留宇宙卷後

是爲文信國《集杜絶句》墨蹟，有予邑陳海桑先生題跋。予少嘗假閱陳氏，異之，則諭之曰：「是神物，不可狎，狎則懼風雲勃生座間，將變化翔去也。予且見子屋極將有白虹紫光，燭天而照夜也。予雖不識書，然知大山長河不可以蹊徑辨，子善寶之。」垂三十年，是書歸予友王有訓氏。有訓遂請諸先師羅文恭公，題曰「神留宇宙」，續跋其後。又七年，予起畎畝，將行，有訓携以贈予。予謝不可。有訓曰：「子不知信國不有其身，吾黨又安能長有是翰墨乎？吾不以授子，子不吾受，皆非達也。子又不觀信國方坐卧小楼，日有數死焉，而其字勢獨閒遠自得，有隱士逸仙翩翩凌雲之氣。宋之天地裂矣，而公獨以一身障之，公之雄槩加萬古矣。睹其字畫，又敻然出埃壒，若不以世故滓其靈臺，是豈易言哉，是豈易言哉？子姑藏而繹之。」予于是再拜受，而識諸卷尾。

書復合溪子語

隆慶辛未之秋，予偕合溪子從端州返西粤，舟中過從語學，日有相發。合溪子曰：「往見子詩嘗援用釋氏語，得無令後世惑乎？ 子之語志學也，必自孔氏，求孔氏之宗必曰仁體，夫詩言志也，志在孔氏而用釋家語，可謂志乎？ 據觀子詩，後必傳，子乃以釋家語惑亂後世，可謂仁乎？」予應曰：「往作詩，誠有之，亦偶適逸興已爾，非必信從其學者也。今不作詩六年矣，矧釋語乎？」合溪子奮然曰：「吾期子爲孔子作千萬世人極，豈淺淺哉？ 子以後慎哉，無爲此。」予聞之，不覺憮然色阻，謝曰：「不敏敢不如教。」已而默然，檃括自心尚荏苒，視孔子，若未必能臻，視千萬世，亦若不以予一人重輕其間也。乃知予平日自視尚眇薄，其于仁體，未誠有得。矧予去孔子耳順年不遠矣。今若此，予將何以求孔子哉？ 予將何以求孔子哉？ 雖然，予舍孔子無爲學也。自今日至千萬世，非夫人之責，無誰責也。於乎！ 中立天地，負荷宇宙，余雖嚮老矣，不敢復諉。正其鵠以中之，竭其才以至之。古人云「死而後已，不知老之將至」，此余事也。其能否臻于孔子與夫千萬世之重輕，非余所當計也。因書此志慚，并貽合溪子共勉旃。次年，合溪子遷閩藩行，始書而貽之。

題宋高宗所臨蘭亭帖後

余曩藏宋高宗題小李將軍畫二，得是帖，點畫無不合，知爲高宗字無疑。嗟嗟！高宗何時也，固乃忘情仰膽而殫精洒翰，棄忠武中原之烈而躭右軍梓澤之風，卒之身辱國癉，禍貽中夏至爲慘毒，可不爲大哀乎？是故藝成而下，物玩而喪，匪獨人主，君子取游焉可也。

書子昂擊壤圖〔一〕

子昂畫《擊壤圖》，又自爲跋語，出袁柳庄家藏。余得之句曲曹生。觀子昂跋語，自謂有感，不知子昂當宋末運感而爲之耶，抑元初爲之耶？於乎！當今之時，堯、舜在上，非宋、元可幾萬一。然邊圉孔棘，吏上計先催科，海内黔首窮蹙，視二十年前加十七焉，民未嘗不耕鑿，然欲嬉遊擊壤不可得矣。或者咎諸法，乃神祖聖宗法未嘗不善也。今之君子尤喜言法，然而斯民若是懸絶，何也？儒者有言：「誠心而王則王，假之而霸則霸。」今曷繇使上下皆誠心爲王耶？果誠心矣，又曷繇使邊圉不棘，催科政舒，民得嬉游以樂生耶？子昂衰世不足言，今如盛世何

〔一〕《書復合溪子語》篇「淺淺哉」至本篇標題「書子昂擊壤圖」底本無，據四庫本補。

哉？或云前畫出子昂，其後跋字爲贋。予不暇深辨，姑書而藏之。

書鄭使君家藏祝枝山書

書末藝耳，然亦未易言。書家以畫沙印泥不落蹊徑，號稱最妙者，亦非可以强致。大要在捉筆得法，令鋒行畫内，積久而神凝天放，自臻其妙。縱之則騰猿飛獵，怒猊奔驥，奇詭不測，亦自不踰矩法之内。所謂如珠走盤，不越於盤者，其圓體自致也。彼捨中鋒而以側媚豪宕襲似之者，則亦如優孟學孫叔敖，其言言笑笑雖得近似，終不離伶工相耳。又如人之生，其精神行骨肉之内，則骨不孱，肉不溢，而秀傑之氣自著。不然，雖嫵若少女，驍爲健兒，其神氣無觀也。予嘗習觀弘治以前書，咸出中鋒，雖有未工，其生氣自殊。正德後，則古法蕩矣。予問以語一二工書者，靡不掩口。近時海内工書，推文衡山、祝枝山二君，誠一時名家，盛行在正德、嘉靖間。是卷出祝君，爲莆陽鄭公宰河源時所得。君時尹興寧，與公往復唱和，及倣效諸家，辨論各體，可謂富矣。其書法後必有辨之者，予不假言也。予獨羡公遺子孫唯圖書，文采風流到今可想見。子壺陽使君出示，屬爲之題，因漫書簡末，使君世工書，視何如也？

書丹鉛總録

《丹鉛總録》，新都楊升菴慎所著，初各本散録，近好事者始彙刻爲總録。世咸稱升菴博物爲一時冠，予獨疑天下物未必能盡博，偶得是録，因揭首册一二條，以身所經嘗者較之，則所録誠不能無繆。予然後知天下之物果不能以盡博，然亦不必盡也。今畧記下方云：

升菴録稱火井在蜀之臨邛，今嘉定犍爲亦有之。其泉皆油，爇之燃，人取以爲燈，正德間方出。予嘗仕蜀駐雅，道邛，詢昔唐時有火井縣，以井中出火，故名，袁天綱嘗爲火井令。今縣與井俱廢，而其地已隸天全招討司。厥後，火井乃復出于潼川州。潼去邛近千里，予寮趙僉憲親往觀，云：「井水故冷，土人以物引之，常時烹鹽煮藟，至今爲然。」此火井大略。若嘉定犍爲乃油泉，非火井也。其泉果類油，今吏部洪雅陳君語余曰，渠家亦以油泉燃燈。則知與火井異地，亦二物也，而升菴説混矣。升菴又謂積陽之氣所産，何獨此二方有積陽耶？又何邛之井始陽而終陰耶？此皆不可知。子思子曰：「雖聖人有不知。」此之謂也。

太史公自叙「上會稽，探禹穴」。升菴訓云：「上會稽，總吳、越也；探禹穴，言巴蜀也。」又曰：「禹穴在蜀之石泉縣，禹生之地。近劉巡撫搜古碑，刻有『禹穴』二字，李白所書，始知會稽、禹穴之誤。」余嘗遊綿，石泉實屬邑，因令人之石泉，搨「禹穴」二字，字方丈，楷壯奇偉，然未著姓名，安知出李白？又考太史公稱禹，黄帝之玄孫，父鯀封崇，不曰在蜀，蜀安得有禹生之地？獨《史記註》引《蜀王本記》云：禹本汶山廣柔縣人。又考廣柔，自隋時改汶川，取汶山導江之義。《括地志》又云：禹生在茂州汶川縣石紐山，其地去石泉數百里。若是，則凡言禹之生蜀者，亦無定在，又安知果在石泉否也？此皆數千載以上事，相傳淆訛。好事者所書，惡睹其實，雖博古士亦惡得執言之也。《書》曰：「蔡、蒙旅平〔一〕。」《書傳》與《水經》咸言蔡、蒙二山在嚴道，嚴道即雅也，余固已疑之。升菴則云：「蔡山在雅州，蒙山在雲南。」余尤不信。余嘗仕蜀駐雅，尋蔡山，殊眇不稱名，若蒙山，則寔在雅之名山縣，山峻，甚難登。余嘗登巔，有唐時古茶樹，約二三十頭，其茶今上貢品，味絶天下。余得一二勺，以療病，神效。詢故老及鄉縉紳，云古稱「蒙山頂上茶」是也。而世繆以東蒙山石莓當之，豈亦所謂幸不幸耶？鄉縉紳又出升菴所作《蒙山茶辨》。余曰：「升菴既辨茶，乃云山在雲南，何耶？」皆相與大噱。雖然，自《書傳》、《水經》皆在數千載後，其是與非不可知，乃若雲南未經禹績，而蒙山不在雲南，似必可知也。

《書》云：「岷山導江。」註云：「岷山在湔氐道西徼外。」又《水經》稱：「岷山在蜀郡氐道縣，江水所出。」酈氏註云：「在徼外。」今未知氐道何縣？大要稱徼外，則岷山非在今之汶川縣

〔一〕「旅」，原作「屢」，據四庫本及《尚書注疏》卷五改。

明矣。蓋太史公雖以「岷」、「汶」字通用，然汶川實古廣柔縣，至隋時因「岷」、「汶」通稱之故，遂改廣柔爲汶川，則太史公所指汶山，豈端在茲縣哉？後人不考，遂謂岷山在汶川縣，非也。升菴所引蜀王觀汶水之流，語亦非。余嘗至汶川，詢故老，求岷山，茫無所得。復問江源，則江已可浮方舟矣。溯江求之，三日至松藩，江雖狹，然非源。或云在彰臘，余詢彰臘守備官，咸云在陝之岷州岷山。自岷州岷山出，穿西戎地，始至彰臘。蓋其先岷爲蜀轄，故岷、峨配稱，且稱松岷云。余因考《一統志》，稱岷州城北果有岷山，山黑無樹。嗟夫！天下事不出真見，必得真聞乃可信。而後之儒者槩以簡册胸臆決是非，左矣，左矣。升菴别篇云：「江源實自西戎萬山來。」是説爲得之。

書三妙卷後

是卷爲白沙先生自書《春日》詩，凡幾首。余邑侯仁卿唐君得之，以其詩與書兼妙也，而出先生手，彌足重，故稱三妙，爰示某題之。某稽病，未有言，已而挾入山，伏居奥洞，日對層巔嶔岩，峭壁峯石，窮奇極勝，若或爲之剞劂雕琢，而絶無斧鑿跡，乃嘆巨靈之工，雖百郢匠莫之措也。而以擬于先生之墨妙，其奇勝出自然者，殆不可軒輊之，乃亦巨靈爲之，非耶？嘗考先生始從吴聘君學，未得，因反求諸約，端居久之，然後洞見本心之體隱然，參前倚衡，而以應務觀書，若馬之有勒，水之有源，始涣然自信曰：「聖功在兹。」而其語學，遂一以自然爲宗。故其放于翰墨者，亦即與天者相出王。蓋先生之巨靈不在外矣，世不知先生之巨靈取諸衷，乃徒爲剪綴，將枝枝焉脩，葉葉焉排，而求爲奇勝，以規名于後世，其不自賊其天者希矣。唐君後先生出東粤，將亦反求光大先生之學，故以余委。余固自顧瞠然，而不能已于言。

書張果傳

吾嘗讀《列子》，稱季咸能知人禍福、壽夭如神，而卒不能相壺丘子，自失而走。壺丘子曰：「吾與之虚而猗移，不知其誰何？」予以爲此寓言也。今偶讀《舊唐書·張果傳》，言邢和璞善筭人，玄宗令筭果壽年，則莫知其甲子。又有夜光者善視鬼，與果並坐，而終莫能見，以果之藏於虚故也。乃知壺丘事非誣。又嘗覽忠禪師者示三藏觀競渡、弄猢孫，則咸知之，已而爲之無心，則三藏莫得而測。何則？夫人形動則人見而知之，心動則神見而知之，惟無心無意，則鬼神不得知，而况人乎？此非獨二氏，雖吾聖人之無思無爲者無不然也。然則聖而不可知者，蓋必有之，而遽難言也。

書王庠經説

昔王庠以《經説》寄蘇軾，謂：「二帝三王之臣皆志于道，唯其自得之難，故守之至堅。自孔、孟作《六經》，斯道有一定之論，士之所養反不逮古，乃知後世見《六經》之易，忽而不行也。」軾以爲名言。予以爲孔、孟作《六經》，歸於一定，非孔、孟故爲定也，性至一也。然孔、孟大要在知本反約，而後儒註疏乃至逐末騖博，腷臆杜撰，往往强孔、孟之言以就己意，蓋騁其射覆之見，著爲畫一之論。《大學》親民，《易·繫》窮理，皆孔子之訓也。其在《書》曰：「百姓不親，五品不遜。」此親民之旨也。今必改曰新民，新民雖亦通，而不知其與《大學》本旨有間也。其在《繫》曰：「和順於道德而理於義，窮理盡性以至于命。」此其本文相屬也。今必訓曰窮至事物之理，舍理於義之本文，而增贅事物于其間，而不知與《繫辭》本旨彌遠。是則孔、孟雖定，而後儒不以爲定，何尤孔、孟哉？夫孔、孟在知本反約，故常定於一，而其萬之不齊，不必定也；後儒逐末騖博，故常取其萬者而定之，不獨萬之難齊，而終失其一也。噫！孰知其愈趨於末，愈騖於博，而愈悖而馳也。暇日偶讀庠之言，感而書之。

書松原别語册後

某將入蜀，時其友王有訓、歐陽文朝、王信卿以册求先師羅文恭爲贈語。公卷卷以實修，期以收斂靜定入。蓋嘉靖癸亥春也，距今已十有七載。公與文朝先後去世，而某且皓首踰六又三矣。册中云：「自蜀歸，以實脩者盡言之。」公之策直至矣。既公歿後四年，某始自蜀歸，尚未有真得。悲哉！俾某果實脩而有得，亦安得公爲言之？况到今仍慚斯語，回顧不尤悲哉！又云：「論宋學則首明道而疑濂溪。」夫濂溪無可疑，某亦曷敢妄疑濂溪哉？蓋嘗疑《太極圖説》不出濂溪手，非謂疑濂溪也。某獨未嘗明舉以告公，致有疑之之説，是亦某過也。雖然，某所欲質正我師者，詎止若一二册中語哉？乃敬識諸簡末，以洩予悲，且用爲惕。雖然，使師在今日，其爲予策且惕，又何若也？萬曆己卯重陽之日。

衡廬精舍藏稿卷十九

書

上陳撫院論倭寇

某聞天下之事非必大也，誠得人，則補天柱地之績可以坐奏，而矧其小者焉；亦非必小也，誠不得人，則股疥脛癬之害不可以疾除，而矧其大者焉。夫得人者，非盡以一人之奇智長筭駕等常而震當時者爲足以定之也，以其能收千萬人之拙謀爲己之奇智，收千萬人之短識爲己之長計，亦非曰拙可以爲奇、短可以爲長，誠以引伸而觸之者大也。是故治水一也，以鯀之方命圮族則敗，以禹之不矜不伐則成。由是而天下之善敗可知其故矣。今蘇、松固東南財賦之首區也，比者倭寇屢獗，三歲用兵而未有顯績。迄於今日，環甲數郡，若不敢孰何，事不可謂小矣。聞兩都薦紳之論、天下草茅之議，以爲非踔絶闊達沉計之夫，莫能坐定，而非明公，誰復其人？以某之卑薄，雖騃不曉事，亦望之久矣。某日以地里相比，詢諸用事之人、臨陣之卒，似能得其利害，妄意其一二，而無所陳説。今者伏睹明公，其色戚然，以天下爲念；其氣毅然，以賊之必殄爲志；其度恢乎，若有以包納天下之短識拙謀而迄無自德之意。斯誠天下踔絶闊達沉計之雄，今日補天柱地之所推先者也。某故自忘其短拙，而妄有所陳，其説蓋有十，惟明公採擇。一曰審戰地。夫倭寇之來，發釁于寧波，已而蔓于温、台，繼而爲浙道之兵所挫衄，終乃移攻于松之上海，而其鋒遂若不可攖。夫寇之挫于浙者，雖其將卒之良，亦地形便也。蓋東浙阻海，皆崇嶺連亘，居高而臨下，彼方仰高而攻我，則高者勝而下者負，其勢然也。至在周原曠野，兩兵相接，其形勢之便否，見若觀火，是以戰計可預定而勝權在兹矣。若蘇、松則不然，邊海皆曠衍卑下，瀰漫水鄉，其高而可由者衹田畛耳。方寇之整居内地，畛路之利，彼皆主之，我兵方由畛以往攻，彼已據畛待之矣。夫待者實而往者虚，實者勇而虚者怯，以一畛之内，兩兵之對，而勇怯既判，則我之後兵，雖有千百賁、育，無所施矣，矧溪澗蘆葦之伏一起，則我兵披靡，雖欲不遁散不可得也。然則不審地勢而妄前進者，豈非我兵之自僨耶？以我之自僨而不審其由，遂謂寇之不敵，亦過矣。聞之《孫子》有云：「凡先處戰地而待敵者佚。」此則今日禦寇之要計也。今郡邑之側，豈無曠原？我能審得其地，謹待而勿戰，徐伺其間而擊之，則實在我而虚在彼，勇在實而怯在虚，謂勝權不在兹，吾不信也。二曰嚴間諜。夫敵之來，以不陣爲陣，以不攻爲攻。故其始至，用少見誘我墮，而前伏必四起。我兵遇伏，萬人盡碎。彼其所以然者，由吾之間諜弗真故也。

其間諜弗真者，以我無死士故也。聞賊獲吾士人，必質其父母妻子，令爲間諜，人盡死力，我莫孰何。是賊尚能劫吾之民以間吾之邦，今居吾之邦，用吾之民，反不得其人，不亦恧乎？古云：「香餌之下，必有死魚；重賞之下，必有勇夫。」誠能不愛千金以出死士，而又質其父母妻子以責後驗，馭以非常之恩，驅以莫逃之威，則民之用命不獨可以探敵，即使陽携投彼以爲内應，無弗可矣。三曰操刑賞。夫賊既善戰，又善識陣。彼見吾兵，必攻其瑕，瑕者方壞，堅者已遁。方其欲遁，雖嚴爲掠陣，兵寧赴淵而死。若此者，以兵不畏我而畏敵也。兵不畏我者，以刑賞之不素操故也。惟刑賞不能素操，則臨陣誅斬、屠血成川，亦徒自伐而已，其于勝敗奚救哉？是故元臣巨將操握刑賞，信如四時，堅如金石，陽闢而陰闔，海轉而山移，夫然後能動於九天之上，行于九地之下，而無敵於前矣。四曰選戰將。夫文臣雖有統衆之權，而無臨戰之責，故臨戰必責之武臣者，此國制也。今之武臣怯者畏戰弗前，則爲敵驅而罹于敗；勇者求戰甚急，則爲敵誘而陷于覆。故今日之敗覆，皆以無戰將之過也。方寇之始至，匪獨賊勢之叵測，抑亦人材之難知。故苟可以戰，不必皆宿勇也；苟可以守，不必皆故智也。今時日已久歷，戰陣已屢經，將之勇怯智愚亦灼然可睹矣。安知下寮之夫不有名微而勇勝、職卑而智鉅者？非督府元臣爲之簡白而顯奏之，則戰將奚以賴？戰將無賴，則三軍之命棄而三吳之生靈從之矣。是故博詢遠採，搜求戰將，此督府寢食晝夜弗皇而先務急也。五曰簡士兵。蓋古今不患無兵，而患無將，故將有膽，則三軍皆膽客也；將有智，則三軍皆智士也。苟得膽勇戰將，則如古人收召市井可以拒敵，驅迫囚徒可以底功，而况海濱之沙船、淮揚之鹽徒，孰非兵也？側聞今日議者苦於寇勢之張，專意狼苗之兵，紛紜符檄，徵調四出，竊爲不取。夫狼苗之兵雖稱鷙悍，然在彼則易於生競，易競則撓功而不足以嚮敵；在此則難于相制，難制則撓法而不可以善内，此不待智者而辨也。誠令今日既已調集，則貴於撫馭者之得其人。至于邊海居民，自沙船、鹽徒之外，尤當精簡預練，以需後用可也。若專恃狼苗而無意募練，則如服砒礵者，雖決于殺毒而傷人不免夫。六曰善戰技。今夫倭人之于中國，非有弓馬之强、火藥之利之難支也。彼所恃爲長技，惟一人兩刃之爲利也。然彼刃雖利，不過三尺餘耳。繇吾無以禦之乎百步之外，則彼得以相及，於其相及而欲以敵之，此吾之自捐其勢也。今自捐其勢而遂謂賊之不可乘，亦左矣。不知賊之赴戰，裸股而疾鬬，横足而捷犇，此正中國長技之所資也。今中國長技莫烈於火砲、火鎗，莫勁于邊箭、藥弩，誠令三軍之士未戰得裒而練之，臨戰則操而縱之，則賊之裸股横足，萬未有不斃者也。聞之是賊天禀堅悍，性耐寒暑。一夫挺身，目無瞬避。若我之矢刃未制死所，彼且狠然以兩刃之利加我矣。終始合戰，迄無陣法，惟有前突乃其所長。而中國能抗之者，恃有此火器毒弩耳。若狃于尋常之矢刃，拘于素講之陣法，捨其長技，莫知决從，則猶之自斷其臂以求搏虎，其爲虎噬久矣。昔魏楊大眼萬人敵也，梁韋叡令千人并力以强弩射之，大眼忘魂而走。當賊以一夫挺身，及數人見誘，則惟兹火器毒弩并力殄之，如韋叡之法，彼其能終恃乎？今又聞賊身在陸，而賊舟則貯滿以竢行。若吾能夜用千人銜枚掩襲，亟用火攻，順風縱發，載蘆葦以益其焰，將使彼進不得前，退不得後，此之謂批亢擣虚之勢，賊雖天幸，亦萬未有不覆者也。此則所謂時也，機也。時者難得而易失，機者難乘而易隳。相時度機，則惟在操柄元戎立裁而坐決，非數百里之外能盡議也。七曰築水寨。夫邊海雖有禦敵之兵，然方敵之既退，勢必解兵返于衛邑，而沿海數百里竟無與守。一旦復遇其來，其長驅豪奪，劫殺殆半，然後倉皇而出兵。兵之至日，則勝地已爲賊有，其勝權又復在敵，竊爲今不取也。夫今日之勢，不難於攻而難於守，不貴于一朝退虜之奇而貴於終身無虜攻之患，此何道以致之也？昔劉忠宣公平閩海寇，則常總諸水寨之兵而身爲訓練，用之勝敵，此前事之良鑒也。譬諸人之居室，由門而墀，由墀而堂而室，苟令一夫當門以爲守，雖數十寇無能詣其堂矣。今郡邑城隅直際海畔，靡有遮限，則吾之堂室與寇隣矣，終安得不爲寇壓也？爲今之計，莫若沿海要地間築水田以爲埸，地約以五七里，從埸上設寨置壘，俾守禦相望，聲援相應，虜必不敢瞠然躋岸以相規。縱使其至，亦不得越寨以攻城矣。或者有力，則效東北看家樓，或十家爲之大者，或五家爲之小者，遠近聯絡，列兵陳械，時時守之，寇來則拒，寇去則耕。惟在上者嚴其諭約，俾得三五年不懈，虜必不復萌内寇之心，此誠數百年之上計也。八曰廣戰艦。夫水寨之兵，非欲其擁坐而已也。欲其以先聲奪虜之心，而捍其勢于未至之前者也。平居無事，各陳艦艘以習水戰，使虜知我之備嚴，則其入寇之心奪矣。虜或有至，則負岸列艦，以靜待動，弓矢火藥之利，我得而制之，則其進寇之勢捍矣。矧虜所負兩刃之利，而欲與三吳之士相角于舟楫炮矢之間，其長短之技、巧拙之機可易而知也。是故備敵莫如豫，執豫之權以鼓衆士，則怯者可勇；謀敵莫如制，乘制之良以摧孤寇，則堅者可瑕。《孫子》有云：「先爲不可勝，以待敵之可勝。」「無恃其不來，恃吾有以待之。」豫與制之謂也。九曰破資格。夫邊寇之守令，非得文武才志者必不可也。今皆盡用甲科爲之，不知甲科之能自樹者固多矣。然而膽智過人、臨敵出奇者，豈盡出甲科哉？今者邊寇守令似當置于督府，而不當制于銓部，苟其才瑰而智鉅，雖出他途，亦必聽督府奏而用之可也。十曰恤内地。竊觀今之海内所以坐匱而不能給者，其初非虜寇之爲釁也。彼古人所云三冗之大者，已不可勝數。其外則士大夫之貪墨，而附以虚文之爲害也。由是民財之費，若傾河海，瀰漫横放，不可以立障而坐排也。然非有龍門底柱爲收其勢而障之，則其害不可以少息。今國家之制，若三公不假言矣。至于内有吏部總院，外有撫臺按院，固亦百司之龍門底柱者也。然部院不得近民，按院迄無久任，則撫臺獨爲要焉。是故自撫臺導之行則行，雖泰山之重，不能以不行；自撫臺導之止則止，雖長河之迅，不能以不止。然則今日之頹波，舍明公德位，其孰爲之立障而坐排者？今蘇、松財賦寇攘已極，其諸鄰境通邑，官司往復，徵兵紛擾，費亦不貲。若蒞民者復爲之乾沒，則恐倭寇不獨海洋，而閭閻之下皆矛戈也。兹者幸賴明公在上，照若白日，孅醜立彰，故賢者憑聲而奮績，不肖者畏風而改心，誠今日庶草之大幸也。然而層崖陰谷之窈，洞房重閣之奥，苟非爲之曲照而旁燭，則雖以太陽之晅赫，其能無遺明也難矣。且夫常例之説，固有志者不忍挂口，而近當事之人或視爲固然，非一日矣。矧例之外又靡所不至乎？側觀近日邑貳以下者之歸資，類加諸昔日之卿相，此其所有者何自也？夫若而人者于民最爲親比，辰出令而善，則辰及于邑之人；巳出令而不善，則巳及於邑之人，孰有美服，可立而奪之衣也；孰有美食，可立而奪之食也。蓋洽比日深，則巧取有方；資秩既畫，則廉志寡敦。雖有不然，百鮮其二，斯民剥膚之害，孰踰此焉？此惟久民間者能知，而地位隆峻者或忽之矣，是故不得不槩察也。至于近日虚文之甚，其委細者固多，而大端則有五。一曰無名雜徭，二曰浮羨供應，三曰宴會多費，四曰借關濫應，五曰奢借無度。然則神明斷割，起利出害，計無有先此者矣。大都上下儀文，往復報施，得若成化、弘治之舊，則吏可以省事而供職，民可以節用而愛身，此不獨以障今日之頽波，濟方今之匱急，而主上南顧之憂亦足緩矣。惟明公尚垂察焉。

奉大司成尹洞山先生

去秋别雷平之館，繼奉書丹陽，以去使未識所候，遂竟闊絶，至今闕然。每一馳瞻，誠不能自解其勞結也。去冬楊選部寄來手卷，伏讀公見贈古詩，過甚期待。靈鳥神劍，匪敢仰承。第以斯文爲短翼之脩，以前哲爲鉛刀之磨，則不敢不自前耳。至于卑棲鈍割，非所計也。獨業舉一事，終覺如鏤冰刻脂，情知其戲劇而猶爲之，令人中心無雋永之況，然欲絶之，又不可也。如何，如何？倭寇賴近日某公宣力，遠近稍有望，且秖以各守城隍爲幸。寇則伸縮自神，莫敢孰何。彼戰者又不審機妄前，屢取挫衄，將孰尤也？且寇之重屯在柘林，三吳之子女、玉帛、珍希、鉅麗者萃焉。諸公無有逼柘林而守者，則寇之伸縮宜不能制也。既不能制寇，兵雖各爲墨守，則何益矣！諸公近日至計，唯倚重狼兵。彼狼兵各主，易生競忌，又重之搶擄，視倭猶勁。俾勝敵猶可處也，不勝，則雖狼兵尚未可知，而況倭寇乎？今日之計，恐不免召募沙船、鹽徒與練鄉兵爲長計耳。事之所終，在廟廷必有成筭。若草莽譾陋，曷敢議焉？偶得便鴻，敢附起居，拜獻佳章石刻山中各古刻，及直所奉贈拙詩繕録呈覽，伏希裁教。

奉念菴先生書

近敝邑人歸，敬附書儀，轉付家僮馳上，計仲春時可致到桐江也。奉書後又自覺勇斷一番，自分此生此身在天地間，只爲公物，何至如鷄彘營營，秖作一己之計，以自負其天命之重，以辜吾父師教督之慈。然此意近似有可執憑者，第憾從前荒怠。今年四十，方少有省發，正所謂越午鳴鐘，亦晚之甚也。又賤軀素弱，往時斵伐近憊。今臨事稍過，則耗倦繼矣。即日雖甚護養，尚未能頓起。都中事體多禮外之禮、情外之情，雖强有力者亦不足以善其後，而况於弱者乎？不肖某即日意圖南補，或其資序亦相愜，然未必可也。吾師尊體近想平復，惟加珍攝。又所謂酬應文之可已者，近必斷謝之矣，何如？以今海内先後學者不少矣，然高者只自繕其性命，而一不恤于形迹；次者于斯道甚有發明，而或未能密檢身之功；至于任氣機爲良知者，則又自憑其猖獗銜霍之資以恣其寡廉鮮耻之習，此其罪浮於暴棄之人，又豈有志者所忍助之波也？此三者雖有間，皆不免于過不及之弊。然則直接孔子博文約禮之學以光大近日王氏之傳者，宜惟吾師爲獨盛。但向年歸寂之説，不肖亦頗疑之，想近日指點又不然矣。不肖近以師教之殷，感發及此，亦將得間以求指歸之所在耳。佇俟歸日，得承痛誨，不任延領。

又

正月李兄行，復撰短啓，計必達上。相違數千里，回首南天，自老母之外，唯吾師在念。深嘆往日相從，竟自空負，今悔無及。去歲扇翰教督語，意切至正，猶以應時之甘澍潤未絶之枯株，其根芽不得不萌露也，造化之功大矣。比來病中體驗，真不敢不自勇斷，日覺臨境有力，雖未盡灑然有手舞足蹈之妙，然自信主意血脉斷不在紛華藝能也。其與子夏之交戰而癯者，或亦不同。以此則於博文約禮隨地實際，從此深造，以臻孔子三十而立、顔子如有所立之地，或不違矣。昨在馬上思吾師「盡忘世界，始作得千古真事業」之言。因念曰：吾身苟足善俗，雖不俎豆鄉賢可也；苟足裨國，雖不録名臣言行可也；苟有明于吾道，雖不從祀孔子可也。如此，則吾心更無規忌，而博約乃其天則矣。所謂千古真事業者，豈非以其出于天爲，而不以人爲爲之者與？何如，何如？吾師近日精采何似，緬思姑射神人，膚體綽約，自當與凡塵夐絶也。冀加珍攝，冀加珍攝。不肖南補之意，頗以資序相難，今尚欲力請，然未可知也。敝同年中同會者凡若干人，用功者亦不少。固不肖之幸，亦吾師之欲聞也，敢附及之。劉太僕行，力疾布此，瞻繫不盡。

與樊户部

去冬小僮南去，曾戒書儀脩慰，不謂渠從他道，竟浮沉到今也，悵嗟莫及。前書重悼令弟雋才，上友伯氏，可以蹀迹兩蘇，再著西川之盛，詎謂雙羽方馳，乃遽剪其一耶？然聞吾兄篤念至于黧瘁，何其過痛而不自知也？子夏所謂「死生有命，四海皆兄弟」之語，某不能不述以進。惟吾兄善解以自玉，且爲尊公慰，至囑。今春拜翰誨凡四矣。每書皆若面傾，知近况曠然翔于寥廓，嗒然忘其不平之意。此非誠有卓識逖見、凌出乎方域之外，其曷易能之？昔者董仲舒作

《士不遇賦》，李習之猶謂自待之不厚。今兄可謂之自厚其身加董子所造矣。然則某之服兄文，豈獨礌砢之節、逸宕之氣而已乎？某數多病，近日齒益加長矣。向時所馳騖劻勷如詩文一事，皆已若沸水之覆于淵，則其他世俗所矜慕者可知也。吾兄昨所示佳章，皆逸才妙思，倜儻高朗，瀁乎若春河之方汎。某且驚避之不皇，何皇品題哉？蓋兄方年爽氣健，神精焕溢，且翊以留都佳勝，少隙從事，可以發性靈之藴，探古人之心，而極斯道之所究。某將拱手待之，藉之以發矇而娱志也。惟兄益嶽積而淵藏，然後出其緒餘以爲之，則于方駕古人也何有？某近因讀劉章言田之事，似寤古人爲文之意。兄試取觀，可以一笑。久不奉書，臨楮不覺長語，然對兄猶謂非長也，亮之。

復朱鎮山中丞

曩王僉憲行，適報楚臬命下，故倉卒附聞，知明公素念篤也。行至德州，伏領差使致到翰惠，内三紙俱出手勒，中間教督勤切，若倒肺肝，而訓之守官者咸不出守道，自非哲人懸域外之觀，出驗白之緒，軫道義之契，急故舊之歡，曷能及此？夫不肖某樸遬頑鈍，不能曉通世變，此明公所熟悉也。初意今秋得遂請告歸，理宿恙，不謂遽及今補，一作外吏，遂不得自由矣。辱明公卷卷見問以速出之故，然某速出誠有故，計明公亦終當有聞也。雖然，在某值此亦有足自慰者，試爲知己者布其一二。某往玷儒秩，繼冒閒曹，素乏理人之術，絶鮮潤物之功。今者獲藉仁庇，少試方隅，倘在一日，則不敢一日不罄其愚，俾稍垂蹄涔之波，以幸活徑寸之鱗，即自考無憾矣。此某所自慰者一也。某少負不羈，長墮清虚，雖日嘗折節，猶覺齟齬。今者得磨鈍于磬折之煩，練志于簿牒之叢，將迓足以驅惰，酬應足以警懆，庶幾《大易》「撝謙」之義，詩人「敬慎」之旨，此某所自慰者二也。某志在遺榮，而意頗矜名，若糾纏然。往在清宴之地，得遂自全之計，故每以敝帚而竊千金，以燕石而冒連城，未嘗不内愧發汗也。今則臧否寄之他方，毀譽懸之衆口，欲餙躬以徼譽，將獲甲而遺乙。于是向日之矜重者失其憑，握矯餙者喪其窟宅，庶幾形骸之遺，獲見性命之真，此某所自慰者三也。此外若世俗所競肥瘠榮落崇下，一切不敢以滓靈臺，即令今日蒙污衊，快當路而去，尤忻忻自得焉。然此特可爲明公言，未敢爲他人道也。雖道之，反增疑，豈復相益哉？來教所謂忠信出聰明，此至言也。顧某於忠信未有諸己，明公又曷策之？某往奉書門下，以近代馬、余諸老爲明公稱願，邇過清濟，上下數百里，凡播之編民，傳之輿厮，騰之置郵，詳之有司。譚鴻哲之照，則秦鏡不爲明；誇介白之操，則冰淵不爲潔；述惇大之休，則溟渤不爲容；語節養拊循之恩，則慈母之子愛子不爲煦也。明公將以此登古人之勛閥，亦猶窺左足越閫限耳，其何不酬之有？伏惟珍重。某自兹南矣。尺書往復，不若燕、齊之易，縱厘教督，曷繇即至？此不能不悵望于臨岐也。荷索拙稿，無足可爲大方呈者，略書數首，聊當抵掌，風便還示，指切尤幸。

奉聶雙江先生

前冬便省還家，取道謁廓翁、念翁二老，稍就正此學。雖以不敏不强之資，然亦已領其槩矣。而獨以未得摳衣明公之門，求一言之誨爲慨也。緣其時改卜先人，又赴任期迫，故未逮耳，迄今爲嘆。往年聞明公歸寂之訓，某時以妄動之體，得此語極有藉。已而試之，似尚未得明公意指之所歸也。某以爲心體誠無内外，故莫非吾心之文，則莫不有吾心不可損益之天則行乎其間者，禮是已。故夫子告顔子不曰理而曰禮者，懼人之偏於内也。近世學者，處物接人、進退取予多不得其當，非良知之罪也。彼重良知於内而置事物于外，陵遲及于是病，而不知良知之無内外也。以是知明公之教必不顓顓以守其靜虚爲功，而某輩誤承其指歸者，過也。不知明公近時指示又復何如？别久裁候，并佈積懷，恐負長者宿教，故僭以請正。倘不靳指南，則幸大矣。

答何吉陽亞卿

向陽邏驛中奉短啓，雖造次猥草，知明公之所必鑒念也。今到楚凡四易月，坐武陵分司僅一日，其外靡朝不在車馬間。邇以祗事新藩，過貴府，展趨宅上，與周廣文及會上人宴坐移時，相與追誦宿教，又舉手相慶，謂明公得息肩留省，暫頤貴體，其爲同志之賴且慰也弘矣。周君於此學甚有明，如某慚負何可言？數年以來，第覺聖人之學，自堯、舜、孔、顔皆歸于仁體。仁者，通内外物我，渾然爲一，與二氏之學夐乎異旨。今學者專志於二氏，無假言矣。然爲聖人之學者，亦多詳乎内而略乎外，適乎己而妨乎人，則固未嘗不昉于崇二氏之爲崇也，其於失仁體則均矣。以孔子之聖，而必曰不踰矩，而其告顔子之爲仁，不曰理，而曰禮，至顔子之學爲仁也，又必曰「擇乎中庸，得一善，則惓惓服膺而弗失之矣」。然則聖人之學其必有以也夫。其必不顓顓于詳内適己而已也夫。明公試以今之學者觀之，果當爲同乎，爲異乎？蓋近日教門既寬，而慧辯之士又語之太圓，宜其以二氏之意承聖人之言，卒使天下之士立身臨政，蕩然與世，無底其極，至導人于狂猾，陰阻天下豪傑嚮往之志。且今天下士競民窮，劇且動矣，使爲學者而又猖爲寬圓之行，以濟其弊而阻其志，將比于宿昔訓詁支離之害，其仁不仁又何如也？然則某與明公之在今日，雖不能爲龍門碣石，其不宜以身同其波、使自爲謗也審矣。明公其謂之何？尊使報行，且言道駕不久寧家，先此布久闊，并質所疑。佇容專修候賀，以既鄙忱。

又

去歲遘紫貢士及盛使，兩奉小啓。既以謝明公之宿昔，而又請質别後之新得，蓋盻盻然望之矣。令甥嚴氏回，果拜手翰，情切語詳，不以其愚而挈示之以心，不以其柔而重屬之以道，雖有拱璧以先駟馬，曷如明公之貺我厚也？某雖不敏不强，其敢不承乎？某觀今之海内仕者，從事學問非一人矣，然求道如饑渴、愛同志如骨肉，則孰與明公？天下信而從之，以爲斯道之宗盟、人倫之師表，亦孰與明公？至其撫江右，未朞年，謗議沸都下，已而詆之益多，相知者且疑之矣。然又有解者曰：「今之君子其他利害忘情猶易，至于毁譽忘情至難。」若明公所爲，豈欲自冒天下之毁，以庶幾直造性命之真者與？不然，何有是也？某謂斯言亦可謂善求明公者。數年以來，反覆上下，每取證於孔門，然後知聖人之學固不必若此也。今觀明公來書，自叙所以致謗之由，有自以爲然者，有不自以爲然者，以是知明公之心真如月日之食，過也，人皆見之；更也，人皆仰之。豈嘗如近日之學，必欲冒天下之毁，而後以造於性命之真哉？然則斯言也，爲明公今日自計，則善矣，而以爲學問必如此，恐非也。明公來書謂：「近日學者容易承當，輕率攬結。」某則以爲近日之學非獨承當之易也，恐其所承當者非孔門之學故也。所承當者既非，則其所攬結者自左矣。夫孔門之學主於爲仁，而其告顔子爲仁之功，則唯曰「克己復禮」而已。以孔、顔之相遇也，不直指之以見性成聖，而必曰禮云者，何也？異日，顔子亦曰「博文約禮」，又何也？近日學者以爲禮之字義不必拘，而孔門立言非有深意。噫，近日之學所以爲容易承當者，此也。今夫自吾人之視聽言動，以交于天下之事物，有一非吾心之文乎？故莫非吾心之文，則莫不有吾心不可損益之天則以行乎其間者，禮是已。是即堯、舜之中，箕子之極，孔子之矩，而顔子所以直接之者也。自晚宋儒者專求其則於事物，君子固非之矣，然今懲而過之，遂曰：「但求吾心，無他而已。至於事物之出乎天則、不出乎天則，不必顧也。」如此，則當其應事接物之時，又以何者爲吾心？是二之矣。故其應也，不失之大過，則失之不及；不牽己而從物，則病物而適己。苟且以支其煩，而自以爲不累；任智以御其難，而自以爲妙用；交際則有百取，而無一辭；仕官則有前進，而無後退。至於事不得理，物不得所，天下從而尤之，則曰：「此吾能冒天下之毁，以直造乎性命之真者也。」又曰：「吾寧甘心埋没一世，不得出頭，始與性命相應。」如此，則古之悦于天下之士，與夫言而民莫不信，行而民莫不從，建天地而不悖，質鬼神而無疑，考三王而不繆，百世俟聖人而不惑者，皆不得爲盡性之學矣。是何認瞿曇、蒙莊之精魄，以爲堯、舜、孔、顔之性命，其亦不仁之甚歟？且聖人之學，行其出乎天則者，而止其不出乎天則者，蓋欲體仁盡性以至乎命而已。聖人固未嘗知其前之有譽而後有毁也。如知有譽而故避之，知有毁而故冒之，是前後皆意之矣，又惡能有得于性命之真體哉？夫聖人固無意于天下之毁譽，然而天則之所在，聖人雖欲逃天下之譽而莫與之逃矣，雖欲冒天下之毁而莫與之冒矣。何則？天則者，天心也。天且弗違，而況于人乎？況于鬼神乎？是故天下之士悦之者，非悦聖人也，自悦其天也；言莫不信，行莫不從者，非信從聖人也，自信從其天也。建天地不悖，質鬼神不疑，考三王、俟後聖不繆惑者，非强合也，各取足其天而已也。設有聖人者不幸而處非其時，則若湯之征伐，犯不韙之大，而天下猶知其非富天下也；若柳下惠之納奔婦，失别嫌之道，而天下猶知其非淫于色也；若孔子之往佛肸、赴公山，始雖有門人之疑，而天下終信其不磷而不緇也。蓋非獨智者能知之也，雖匹夫匹婦莫不與知乎聖人之心者也。何則？天則者，天心也。天且弗違，而况于人乎？况于鬼神乎？若謂真爲性命之人，必至于埋沒一世，内不見與于鄉戚，外不見然于士大夫，朋友門人之始而信者，終而疑之，以此爲相應，則是聖人性命乃同于海畔逐臭之夫，不可以相通，而天下之人心，果若唐人所謂「化爲鬼魅，不可以至」。誠動同然，感必不然矣。是言也，彼固有托以自恣，然而悮天下高明之士蓋久矣。伏觀明公來書又曰：「由衷信古，曾不多見。」則知公之所學本乎天則而證乎孔門，以直接堯、舜、箕子之真緒。其在今日尤宜加切。而謂必欲冒天下之毁者，非明公素心矣。然則某與今天下士所恃爲宗盟爲師表者，其卒孰與于明公哉？來書所指不經之談者，聞其間一二已置于法。甚讚，甚讚。然斯人破露，人猶易見，至于倡埋沒之説以恣其所如之便，而自敗壞其師門之教，得諸公并直之，尤斯文之大幸也。某之愚柔，明公所素念。今也勉臨民物，竊嘗自試，以爲誠有天則，第恐燕人寶石爲玉，而况燕石尚未爲已有者乎？且憾聞此之晚，徒爲空論，以終歸于愚之厲、柔之妄，則其去天則益遠矣，可不懼哉。明公既不忍於棄絶，惟不靳反復之，至幸。

與宋望之

某與公别且四年，不通書問者又一年。回思都下時，昕夕綰結，談心論文，形骸兩忘，不知復在幾何時也。懷之，懷之。去春行時，曾馳小詩短啓，未知達否？久之復得外調之報，始聞駭嘆，已而思之，又未嘗不爲慰。何則？當公兩疏之時，此其幾已動矣。今者果朋計而亟逐之，俾今日有事，必需之才乃置之拓落，不得當局之地，此非獨某嘆之，蓋人人嘆也。然某嘗從公論古今人才，若庸庸無所短長而坐登津要者，此不足論矣。唯魂礧非常之士，始未嘗不從屈抑，然後乃有大樹于世。何則？魂礧非常之士不能無輕當世、眇萬事而挾其不足爲之意。惟夫經承屈抑，奔頓瑣尾，動心忍性，增益其所不能，乃知當世之人無大小、衆寡之可慢，而天下之事有不爲，然後可以有爲，此其所以有大樹于世者，豈苟然而已哉？姑不論古人，即如近時諸老中一二典刑士，曷嘗不出此乎？其不出此者，必庸庸無所短長，始未有魂礧非常之節故也。故龍之德始於淵潛，而終於天飛，其潛不極，則飛不厲，此某所以既嘆而重爲慰也。計公所自處者必灑然矣。或謂：「望之有高氣，值此必不復出。」某謂望之篤志問學，其行止必不任氣。以彼其才，尚望其俯從抑屈，發舒其所負，此當世之幸。若欲退托山林，與吾郡諸老長相戮力以發明此學，則隨所欲耳，固不當以高氣不能屈抑者自主也。某居此，惟日事奔走，一歲在車馬之間者十之七八，即有禹、稷之心，亦無日力以行，而況未盡禹、稷之心者乎？今所能者，唯無積案停獄與屬吏不敢爲墨耳。閭閻之下，頗亦傾信。若謂仁意藹然行於其間，則尚未也。精神亦似稍長。又幸楊朋石、鄒繼甫來此，得數會相切，亦奇遇也。數年絶懶作詩，亦無暇刻，第從僕馬寫行役之懷，或迫寮友問倡和，得數首，今附呈，庶知近況。公有作，得令人録示，亦見解遠懷也。辰下無事，顒惟日會同志，直求性命，無墮俗塹，此潛之第一義也。弟與公皆漸老矣，舍此即成衰翁，可不懼哉？久不致書，披冗不覺累幅，晤對無期，千萬自愛。

復吴峻伯

某履楚踰年，日惟覸覸然、僂僂然〔一〕，支離乎車僕，而黴纏乎簿領，目不離印篋、胥史，而語不出堂皇方域。雖歷洞庭之曠，涉沅、湘之虚，遨行赤壁，放登黄鶴之間，泳漢、沔之波，挈蘅杜之芳，極汗漫之遐，觀躡靈均之名蹤，然而心若絓結，口若噤吃，而不能出一奇、奮一詞。非故有厭也，誠以矇者索處則無與爲指，弱者喬立則無與爲倡。子長不云：「誰爲爲之？孰令聽之？」此之謂也。去年思節憲長行後，益樂喑嘿，不復有云。逮聞足下臨楚，私心蹶然慰躍，若

〔一〕「覸覸」，原作「覸覸」，據文意改。

蟄虫之感氣自鼓於壤穴之中，已而接蓋乎郢城，交轡乎湘陰，聆《白雪》之音，傾談天之辯，然後廓焉有指，以發其矇；倬焉有倡，以振其弱。洞庭、沅、湘，若滋其曠；黄鶴、赤壁，若滋其奇。漢水滋其清，蘅杜滋其芳，靈均之遺蹤，咸滋其勝，然後心若啓緘以有營，口若開噤以有吐也。荒辭穢論，不皇自恧，殆磊列而出矣。若是，則足下非獨有德於某，且有德於楚之山川厚矣。然則某與楚之山川，其不可一日無足下明矣。差吏至沅，謂有捧祝之行，期在孟夏。遄車戒途，創聞皇遽。或謂足下欲假道了婚嫁事，然足下名賢久淹，即留且遷，則晤言遼渺，某不足言，其如楚之山川何哉？某方以此慨慕，踰日又得足下郵筒之書。書云與某神交已二十年，且見督勗，以力主於斯文。此又足下屬之過也。夫足下膚才炳譽，某聞自弱齡，又睹鉅篇於歐陽君座，當此時，已與足下神游肺腑矣。乃若今之主盟斯文，則亦在足下囊握耳，足下何自讓爲？某少無他腸，性雖嗜文，然學之二三十年，迄不敢自命。其故有三：韓愈有言：「能者無他，能自樹立，不因循者是也。」如某則矇不自發，弱不自奮。昔嘗從事，亦復觀人眉睫，步人軌跡。如正德間諸公模司馬子長聲口，既爲陋矣，輒又模模之者之聲口，其不尤陋乎？已稍有知，心切慚之。然使己傑然獨樹，不倚於人，而合乎天，乃又未之能焉。此所爲不敢自命也。某連蹇南宮，大半歲月，耗心業舉，每自辟雕脂鏤冰，萬貌宛然，靡所用之。雅嘗厭薄，仰求諸古，則朋怪戚怒，群起而相唾。晚得一第，勉服官政，方欲追理舊業，而力已倦矣，又安能奮迅筆墨與古之豪賢爭先乎？此所爲不敢自命也。長大從先生老長遊，稍知涉道之藩，既又反求《六經》，然後知古聖人之文不倚乎人而合乎天者，非技也，有本存焉故也。今某心匱于久耗，力分于多嗜，本之未碩，而枝莖葩葉縱極婆娑，則亦終無可食之實、可匠之材矣。其與前所謂觀眉睫、步軌跡，特五十百步之間耳，此所爲不敢自命也。非獨有兹三不敢，且又有不能者存焉。雖然，某承足下督勗，則不敢不勉於道而已。足下得第最早，用力最預，又奮自家學，本碩而末自豐，辨道可與有明，議政可與有行，斤斤乎非當世之觀眉睫、步軌跡者流也。孔子云「文不在兹」，足下不以自主，則今之君子將孰望焉？某既慨足下之行，又縛跡當官，不能相從澤畔，引滿一别，某所與足下别者，踰此又孰望焉？行矣，足下，努力自珍，拜使長言，并用爲答。

復孟兩峯

遠使復臨，雅誨諒切。冗中讀之，如在波漂中得指南車，公仁我厚矣。又荷佳貺稠疊，媿感無量。僕向所謂本然天則者，正即良知本然之覺照，無内外者是也。初未嘗黜覺照而言良知，亦未能外良知而求天則，即如好惡是覺照，無有作好作惡是良知，亦即是本然天則者也。來教所謂不以己私參之者，固已得之。若專認能覺、能照、能感應無窮者即謂之良知，則凡人之作好、作惡、淫知、巧識、狂慧、苛察，頃刻之間千變萬幻者，孰非能覺照、感應者爲之也？亦皆謂之良知可乎？以至恣情縱欲、戕人病物者，亦孰非能覺照、能感應者爲之也？亦皆謂之良知，可乎？故謂良知不外覺照可也，其專認覺照爲良知，則去良知何啻千里。此皆未見良知本然無内外之則，未悉陽明先生致知不離格物之旨，故墮於重内輕外之弊有如此者。蓋恣情縱欲、戕人病物，則正輕外之明症也。今公反以求本然之天則者，爲是内而非外，是又未悉言者之意，而似爲認覺照者之地。以此爲平日求堯、舜、孔子脉路之正，恐終北行而南轅也，詎可至乎？至謂「寂體透微，仁體謹節」，似又以仁體爲不微者。蓋仁無寂感、無顯微，而亦未嘗不寂不微也。今二氏之學，何嘗不寂不微？而可以言仁乎？雖然，至於微，難言矣。非微不足以見本然天則，姑容再盡。盛儀附來使返上。佇俟脩報，以盡款款。

奉廓翁

某不肖，幸生吾邦，夤緣長者風教，聞學近二十年矣。然苦質駁習深，展轉陸沉，未能有得，虚靡時日，忽忽四十，其間雖號名從事，亦終竊二氏之膚末，其於聖人中道槩未逮也。邇年叨與令子繼甫兄同第同署，竊於家報問獲窺手翰，領帝矩之訓。又見今世學者往往恣情欲以認性命，樂圓妙而遺天則，辭受進退，皆不合道。每自念，以爲陽明子之學，豈端使然哉？然嘗觀陽明子平生仕進之間，祇見其退而已，絶未嘗與當世比，而老先生之居身垂訓莫不皆然，然後知今之學者之未知有矩也，而陽明子之教荒矣。然猶幸有陽明子與老先生之矩誨在，後生小子尚有歸依焉。去歲同司諸君均擬致壽門墻，而令不肖某爲之言。緣鄙薄逡巡，又坐奔走，不能即就。所謂游于其門而難爲言者是也。至今乃得勉申一言，而未知其能得老先生之一二否也？專使獻上，并以請質焉，仰惟門下鑒教，幸萬萬矣。

奉復座主洞山先生

去秋過建業，撰啓奉候，具告所以速出之故。既還家，幸改卜先兆。首春抵楚，奔謁無寧期，今已踰半載，猶尚在車馬間。昔居京，每痛厭拜謁事，不知外出猶有煩於拜謁者，乃今則化而安矣。近晤衡陽劉兵曹，相與仰嘆，門下德猷弘密，恨不蚤握魁柄，俾當時蚤沐其休澤。某則以天下既弊，而使賢人不得當柄以庸者，固天也；天下既弊，而幸有賢人列散以俟者，亦天也。天雖叵測，與人相近，安知其不有意于幾將哉？此弟子所爲拱手而待也。乃者正欲附布鄙臆，坐迫冗頓。不謂門下賜書先之，遠諭勤勤，勗以德業，譬以不足槩懷之意。某平日所奉教門墻者，何也？乃顧以外出爲槩乎？且某外出分也，語資則尚越乎同列，語地則猶寧于他方，但使某居此，不逐逐車馬，日坐理于其間，亦未必無小補，豈若在内一不得逮人也哉？以此觀之，司柄者厚某多矣。第地衝民瘠，旱潦相仍，黴運未息，即欲使閭閻暢然樂生，尚未知其方也，尤希教其一二。連得鄉音，劇寇焚掠，戕及方面，可謂殊變。自匪異才，何以戡之？此在門下與二三卿衮少煩採擇，不容不瀆，請當柄早作家門計可也。江右官私士民仰藉拯援，不知今叫號當何似？計門下已先聞，豈假多嚽？盛宗居貨寓兹，某方鋤一二奸貪吏，以嫌不得欵浹，然不敢簡也。告歸匆迫，裁啓先謝。東望眷然，莫既所云。

又

仲夏，得門下宗老齎到翰惠，尋附復啓。時出猥草，冀不深斥。柳子厚云：「凡爲門生而不知恩之所自，非人也。」子厚所言，特流俗所爲。門生止能銜感一朝之遇，欲得當以爲報，此自盛唐以來，凡庶士升司徒者類皆若是，未足難也。獨其間有出門下者，卒能自力於文辭行誼以稱報無窮，則曾子固、蘇子瞻之於歐陽永叔是也。斯固以難，而亦非至也。唯夫爲主司者以道德望於天下，而其門墻亦能以蹈道迪德爲報，斯未之多睹也。雖謂之甚難，未爲過也。仰惟門下行方而不爲劌，知圓而不爲同，學通天人而不自輟，文高一代而不自矜，汲汲騖乎周、孔之途，而兹兹嚴乎老、釋之辨，其於道德可謂勤切而弘深矣。以某之下劣木强，幸荷甄録，依門墻之末光，今六七年餘矣。然未嘗以一言道謝於左右，非忘之也，誠以感恩思報之語非足以仰答有道之一二也。昔者堯、舜三代上下之相與，非相爲悦也，而况親如師弟子，又焉用區區焉以感謝之語爲？已而欲追步文辭之間，庶幾得垂片言，以不湮欝爲門墻辱。然竊睹門下之文，譬若溟渤之廣淵，非溝瀆可望；神駿之奔越，非凡騾可追。且又觀之古今之人，其文辭非不工，聞譽非不隆，然即其言以責身之所履，循其名以求實之所歸，其不至憮然自恧者蓋寡，是故無用專以文辭爲也。意者道之所在，初不以愚不肖限，俾嚮往焉而少有得，以不辱乎門墻，此真鄙心之所至願幸也。然質駁習深，號名從事已有年矣，而一無所得，駸駸老矣，恒用爲惕。偶見孔門之學以求仁爲宗。仁者非他，人心生生之理，靈乎中而體乎物，有天則存焉者是也。故非禮勿視、聽、言、動，而居處恭，執事敬，與人忠，皆求仁之實功。晚宋儒者不知生生之理靈乎中而體乎物，而繆指在物者之爲理，其失爲支離不誣也。近幸有明，乃又不知靈乎中而體乎物者之必有天則也，則懲而過之，往往重内而輕外，喜妙而踰矩。甚者恣欲放情，疑阻來學，猶自爲超形器而越方體之極。此其學既已遠於求仁之實功，而適以增老、釋之藩垣，其病視晚宋則若加甚矣。此門下向者所爲痛排而深辨之也，非門下過也。兹者不肖某不自揆量，誠願畢力以此爲報。伏惟門下亟指其迷，俾得究其功，可乎？往年門下曾示儒釋之辨在虛實，某以爲釋氏誠虛矣，吾儒則不專實而已，其謂虛乎？則三千三百非專虛也；其謂實乎？則無聲無臭非專實也。然則斯道固至虛而至實者與？子思曰「費而隱」，又曰「知微之顯」。蓋儒之所以異釋氏者，以其虛而實者異也，非曰釋虛而儒實也。若然，則某所謂靈乎中而體乎物，有天則存焉者，或庶其近似焉。

門下其果許乎？繇兹以往，誠令某嚮道而少有得，將謂主司門生以道德爲施報，自門下與某始，豈不可也？聞江省寇至萬，桑梓之殘，亦仁人所隱切也。意者虔之軍門，其貴得人乎？劉主政還部，敬以請質，并附啓處，言不盡意。

復趙柱野中丞

某顓且侗，然好覽觀古人之事，而竊有慕矣。古之稱名人必曰「所交盡天下豪傑」，曰「門多長者車轍」，然非盡以此爲重之也。誠取其磨德講業，而宗依者有地也。磨德講業、宗依之有地，則其人之重亦從可知矣。仰惟明公以俶儻魁雄之資，而弘包括寓内之度，是故語才則豪傑，語德則長者也。某在都下，於門下素無介紹之因，乃辱高車睠焉先顧，遂從定交，每自幸宗依有地，而又苦於中道之間絶。邇復得明公絳騶過臨芷水督教，眷與情不殊乎肉骨，而誼有加於往日。某因聞所未聞，言所可以言，其厚幸之甚深也。某誠有終慶矣。乃敢脩使，敬布賀謝，并附小稿，仰祈斧裁，以終嘉惠。

復劉朝重

舍人回，辱教勤勤，爲師門傳諭，以今之君子咸不能無欲，而遂自附於一體，反有秦、越其骨肉之間者，此篤論也，領教多矣，獨憾不得更共師門一面承，殊耿耿也。學問、工夫、頭腦，亦只一語而已。無欲、一體，亦一功也。非謂先已無欲，而後能一體。若只先作無欲一段工夫，則當時豈盡離人倫事物而爲雪山、少林之事，止于一身而已耶？況吾輩已臨民施政矣，此心之體本時時與物相通，故謂之一體。時時與物相通，而不以形骸世累之故二三其念也，故謂之無欲。一體即仁也，而非有内外也。無欲所以爲仁也，而非有先後也。聖門之學，以求仁爲宗，故一日復禮，天下歸仁，其與二氏之學絶異在此。若語意之間，先後大重，則用功亦有拘礙，不獨遠仁也，願兄再教之。前聞幼郎變故，今又有内子之憂，殊爲愴恍。然觀兄柬中語，似近得此學作主，故於哀戚自有天則，弟復何言？夫以兄之哀戚而自能中節，此正見無欲、一體之非有先後也。弟與兄皆長矣，弟今獨學，幸望時惠數語督教，彼此不文可也。

上徐存翁相公 以同志友阻未上

某嘗觀唐韓愈三上相君書，皆自爲求試。雖曰不以私利，人不信也。至宋，蘇氏昆弟贄書當塗，慷慨言天下事，又皆出疏遠創謁，冒無因而至之嫌。是二者皆過也。某之不肖，自歲丁酉出相公門，今二十年餘矣。既不欲爲私利，又非同于無因之嫌，然平時未敢一通問門下者，亦過也。況嘗奉一言之誨，寧無請質以求終教於左右，可乎？某初出京時，相公立而誨曰：「君子義以爲質，必孫以出，不孫不足以成義。」某謹服膺。到楚之日，每以從事，或值膠轕，其言無不驗信，然後知聖人經世之學爲周，而相公所以獨斡乎玄化之機者，恃有此道也。往者相公雖久踐端揆、共贊皇序，然而權或不能以盡操，力或不能以自致，而相公潛握其玄化之機，以曲成其康濟之猷，嘿嘿焉，閔閔焉，若辨亡子於道路，不得即號而呼之。天下曨然知相公之心，而不知所爲也，蓋睢睢乎望矣。邇者相公操可爲之權，運自致之力，天下莫不昂首戴目，以爲有赫然迅然震動改易于世者，而某知其不可也。天之有秋冬，方其嚴霜凌冰，觱發凛栗，天下恒患苦之矣。天非不愛也，然未能以一旦變爲煦日和風者，其幾微也。向使挾其愛民之意，使今日方爲秋冬，明日倏爲春夏，則萬物之滅熄也久矣，奚獨患苦乎？洪水之横流，懷山蕩石，若是烈也，禹非不欲與水爭地而治之，然必讓而下之者，其勢順也。向使禹之區區焉與水爭尋丈之地，以矯一旦之功，則中原爲大壑矣。凡此者皆遜說也。宋之盛時，以韓、范、司馬之賢，爲明君之所眷倚，然終不能有爲於世，爲萬代惜，其亦或者未得遜出之權，卒然以秋冬而變春夏者與？抑與水爭尋丈之地，而未能少讓者與？今相公晉陟元輔方半年，而聲色不動，其閔閔焉，嘿嘿焉，猶前日也。相公之措設，可謂孫而出，微而順矣。爲是心也，自非古之上賢誠有己溺己饑之憂，若内溝中之耻，必求以生天下之人者，且不得而知也。矧肯委蛇行之而姑待之乎？雖然，天之幾至微也，然元陽未嘗一日而不運，其鼓盪于域中，雖幽壑不能不生色。禹之治水，其勢誠順，然而鑿龍門、決淺原、疏九河、分四瀆，以漬漸而放乎四海，其功未嘗不震動乎九圍，亦未嘗不歲月效也。是故微者固大有所爲，而順者將大有所拂者也。今天下誠若一身然，以京師爲首，則趙、齊爲肩，晉、冀爲背，雍州爲腰，淮、揚爲咽喉，中原爲胸腹，吳、越、江、楚爲肋脇，閩、廣爲脛足，蜀、滇爲兩肱。數年以來，自中原發難之後，雍州有地震之虞，淮、揚、吳、越、閩、廣皆浸有倭夷之害，又近有澇溢之眚，江右有寇盜之殘，楚、蜀有木政之疲，而楚又有藩封水旱之交坤，燕、趙則有車馬之役，晉、冀則有虜馬南牧之困。以是語之，辟諸人之一身，自肩背以至脛足，無不創也。一身無不創，使元氣足以勝之，猶可爲也。然而元氣之弊久矣。某嘗以爲必有神醫如秦越人，庶可以胚胎元氣，血肉孱骨，起沉死而回立生。然今之世，舍相公，則孰爲秦越人者？某嘗過楚之公安，其邑中殍者日數十人。某時與之議賑，邑令告曰：「得免催科，民或不亡，雖斃有所矣。今斃且亡，賑奚以爲？」某聞其言而悲之，然則天下元氣之弊至此蓋極矣，而徵輸又非可一日寢者。今相公欲以復天下之元氣，雖至不可爲，亦必有爲之所矣。雖然，猶有要焉。夫元神者，所爲主宰元氣而運行之者也。孰爲元神？則今天下在位者之人心是已。自二三十年來，天下在位之人，氣奪于名位，魄靡于權力，而精髓則浸淫于錢泉，如人困淩崖、伏幽穽，以桎梏自娛，以波漂自悦，而迄不知皎日之爲明，周原之爲安，其可悲也蓋又甚矣。故今日必先出斯人於淩崖幽穽之表，解其桎梏，遠其波漂，俾知有皎日、周原焉，則庶幾易其耳目，移其肺腸，然後斯人能收召其氣魄，斡旋其精髓，展發其四體百骸，始能有爲于世。此某所謂元陽未嘗不鼓行，而鑿龍門、决淺原，不免震動之爲勞者，其意蓋在于此，其大槩要示天下人心曉然無所利之而已。向使人心未回，雖有秦越人，止能還血肉之一二，未幾而終于仆矣。是故元氣至急，而元神先焉者也。其次，則莫若盡蠲天下之虚文。蠲虚文之功，恐亦不後于鑿龍門、决淺原之當以歲月效也。不然，則神氣之弊日益加矣。夫虚文之大者，莫首於冗員。往時議革冗員矣，不過以知事、教官、所局等官應文而已。至於楚省内設總兵，歲時坐分貧軍月餉，此何爲也？某所轄湖北止二郡，而監司者有守、巡、兵備三道。每郡既有守一員矣，而又加員半監司以臨之，其不爲冗乎？舉一湖北而天下可知也。其小者，遷代之擾、饋餉之黷、内外參謁之騷、夫馬供應之靡，自上視之，未見其弊，而自下膺之，弊莫有加此者也。是故必行久任，則遷代可無擾也；必絶輕賫，則饋餉可無黷也；議處驛傳而品節之，則供應可無靡也；力謝見面而勸懲之，則參謁爲無騷也。若此者，則又在言臣一申飭之，而非有大拂乎人心，若果鑿龍門、决淺原之難也。雖然，某固知相公之亦嘿嘿焉、閔閔焉而必有爲也。某自佐楚臬，甫及二年，罔有寸效，遽遷蜀參，頗内媿于心。輒不自揆，令舍人賫疏，懇辭新命，祈行久任，請自某始。然事踰常調，則駭者相格，議自下寮，則尤者相稽。所恃相公在上，必心察而力持之，倘或以一夫之狂言，決久任之懿法，是又相公所以轉動人心、調護神氣之一大端，將欣從而不痛斥者也。某謹以是日離篆屏跡，祇候覆題，以取進止，臨啓附申嚮往，并布請質，不任戰慄！

奉少宰李石麓公

某辱與明公分誼之深篤，此猶其細耳。所最幸者，荷相期于斯文，非世之所爲交游而故舊者也。夫以明公所任之重大，而某辱分誼之深篤，又若是其相期也，使某而無所疑于斯文，則亦已矣，使某少有疑焉而不以請質于明公，可乎？夫道在人心，本廣大也，而精微者，廣大之實；本高深也，而中庸者，高深之極。今之學問士，爲廣大者，至于宕情；爲高深者，至于遺物。其語道也首圓妙，襲圓妙者，則放而爲玄虛；其行己也先活變，席活變者，則肆而爲猖狂。進退之節、取予之義，蕩然與世無底，其極至失己徇物、妨人利己，皆所不免。蓋已大阻天下嚮往者之心，而與於競墨之徒，猶自以爲超形器而脱竟氣之極，若此者，以不知人心之有天則故也。昔顔子得於孔子曰博文約禮〔一〕，夫莫非吾心之文，則莫不有吾心不可損益之天則以行乎其間者，禮是已。禮者，即所謂精微中庸是已。使今而言禮，言天則，則彼必曰是拘陳迹，是落言詮而已。

〔一〕 四庫本此處文序錯誤，「約禮」後誤接《奉復座主洞山先生》之「弟子所爲拱手而待也」，至《上徐存翁相公》之「輒不自揆，令舍」；再接《奉廓翁》之「往往恣情欲以認性命」，至《奉復座主洞山先生》之「安知其不有意於幾將哉？此」。

自某觀之，世以爲陳迹、言詮，而不知妙道之存也。彼其不拘陳迹、不落言詮者，則反依附二氏之粗以出入五伯之微，二者既相混矣，又自以爲是，遂至于忽棄聖人天則之正，而自恣其一時見解之偏。後生輕俊，朋聲附和，卒不能反其原。夫是以若此蕩然也。夫世道弊矣，所恃以維之者，有學道之人在焉。今學道者又若此，其復何恃乎？然則今日能起而障之者，非有道當樞如今元相，如明公，其孰能爲之？今夫孔、顏之天則，非有出乎人之外也。設使有稱名人者有行而過焉，雖匹夫匹婦知其過也，非徒知之，且從而訶之矣；有行而不及焉，雖匹夫匹婦知其不及也，非徒知之，且從而刺之矣。是非匹夫匹婦反智于名人者也，彼其天則所在，雖至愚、不肖，亦不可蓋而欺也。夫以匹夫匹婦不可蓋如此，寧可以學道者而依附于二氏，出入于五伯，遂混而不知乎？有道而當樞者，其欲有以障之，非自其身表之不可也。往某之南出，時門下三公子及夫人亦南也。門下竟不用勘合乘傳以取官供，乃獨以一葉蓬舫浮濟、汶，達淮泗、淮揚之間，凡在匹夫匹婦見者駭觀，聞者竦耳，以爲今一命之微，尚假借鷁舫充牣河腹，而況天子之近臣且方膺簡睠，一旦而登樞者乎？以是而匹夫匹婦之上，其知者莫不興矣。然則明公其所謂獨爲身表者耶？某竊自嘆，使學道者人人若明公所爲作，其欲見孔、顏之天則也豈其難乎？使在位者人人見孔、顏之天則，其欲返斯世於古也豈其難乎？然則救今之學道者以救今之天下，其孰踰於明公之所爲身表者？今愿得明公旦夕握樞，與元相下上其論，即旦夕以斯道持世可也。

某之不肖，自叨楚臬，甫及二朞，未有寸效，遽荷今遷。然而媿悳不已者，乃亦天則所在，不容自蓋故也。輒不自揆量，差舍人賫疏，僭辭新命，祈行久任，少裨聖化，請自某始。然事踰常調，則駭者相格，議出下寮，則尤者相稽，然非上恃明公心察而力持之，斷不可也。雖然，使久任之法得由某以行，則某雖蒙踰調之責，受越分之誅，所不辭矣。

奉大司空雷古和先生

某腐劣末學，然嘗奉教於明師友，髣髴窺姚姒之大都矣。當帝堯之御世，其樹官置吏，惟司空爲首秩，而禹之爲司空也，史臣稱之曰：「地平天成，萬世永賴。」若是，則禹之功峻乎，衎乎，與天壤並矣。然稽其所繇致，禹亦誠勞矣。或語其繇曰：「克勤克儉。」又曰：「膚焦不毛，脛疾無理。」又曰：「禹三過其門而不入。」史臣又記：「禹娶于塗山，辛壬癸甲，啓呱呱，弗子。」斯其明禹也亦至矣，然猶未足以明禹心也。惟孟軻氏曰：「禹思天下有溺者由己溺之，是以如是其急。」嗟乎！此足以明禹心矣。夫禹曷爲其任之已也？今人有居家者焉，寒求衣者於吾，饑求飯者於吾，顛求起者於吾，爭求理者於吾，疾病呻吟叩醫而爲之治者於吾，此責之莫可辭者也。苟寒弗爲衣，而卒以凍；饑弗爲飯，而卒以餒；顛弗爲起，爭弗爲理，而卒以仆且傷；疾病弗爲醫，而卒以斃，此心之莫可已者也。禹知其責之莫辭，而心之莫已也，故引而自辜，必曰已溺。

是故禹之克勤克儉、不毛不理、四日而行、三過而不入，蓋不以天下居天下，而以己居天下也，此禹心也。是故「東漸于海，西被于流沙，朔南暨，聲教訖于四海」，以逮于天地平成，萬世永賴者，禹特以安定其一己而已。向使禹非其初有天下一己之心，則方勞而倦也久矣，豈能强成逮此乎？某觀今之宅膴位者，欲其以身勞國事如明公，幾何人也？方三殿之議，復皆以爲天下且靡幾千百萬鏹，閲幾十歲時，而後可成，又懼其無以繼也。已而得明公出身主之，寅入而酉出，風櫛而雪湌，雖片石必訊，雖隻木必理，奔走其五官而不知其瘁也，焦愁其膂腸而不知其疢也，故其費之裁也不知幾萬千，其時之成也不出乎三年之間，而其餘蓄又足以供主上不時之需，而無至罄竭天下之力。今上自縉紳，下逮厮役，莫不誦明公之勞而歸其功。然則明公豈獨以身勞國事乎？吾不知其果有己溺之心，亦能以己居天下焉否也？雖然，禹在當時，其既安定一己也。禹未嘗自已也，亦必有所以贍足而休養之者。不然，則禹能救之于既溺之日，而不知養之于既救之後者，尤非禹心也。然則今日所爲贍足休養之方，在明公與二三元臣，亦必如三殿未成之日，奔走其五官，焦勞其膂腸，而某固未之能測知也。昔者明公門墻甚峻，叩謁之士如雲，而某獨蒙以國士見遇，又辱寵之雄文爲先世光。某嘗私竊欲以身報，此猶末也。惟不自棄其愚，且求以粗效其一二，以庶幾少報知己萬一，固其心也。到楚以來，甫入二霜，日疲道路，人已無裨，遽叨今遷，惶悚何言？兹不自揆，令舍賫疏，欲辭免新命，乞行久任，請自某始。但事逾常調，則駭者相格；議出下寮，則尤者相稽。然某所以固守其愚爲門下報，而明公與二三元臣必欲贍足休養乎元元，恐亦無能加於此者，是故非仗明公委曲力成不可得也。某謹離篆屏迹，祇候覆題，以取進止。臨緘附申謝臆，并布鄉往，不任區區。

答諸殿撰

別後聞吾丈旅途抱恙，繼有内艱之戚，則與二三知己爲之惝怳，恨不面相慰護。蓋誠有膚肉之痛，非相爲好也。去夏叨命楚臬，歸家，幸改厝先人，畢事赴任，適有景府之役。又邊徼弄戈，奔走無寧，久擬脩唁，倥偬未皇。忽拜遠翰，既慰且慚。讀來翰，知篤志斯學，則所謂哀而中節與惟疾之憂者，吾丈當以先得之矣，復何言哉？某素支蔓多岐人也，幸藉師友之訓謾，嘗剿襲以求正門下。不謂高明採聽，知吾丈勤與人爲善之心，夫是以取諸人若此也。此學自陽明先生發之明矣，然先生欲人致其知於事事物物，使不昧其則，正與堯、舜「執中」，孔門「不踰矩」無異，非止欲守其空靈而已。今乃或重内而輕外，溺妙而遺則，甚者妨人病物，疑阻來學，猶自以爲超形器而脱意見之極，其于先生實致之旨不亦遠乎？先生之旨遠，則於堯、舜、孔子脉路益難言矣，豈不亦大弊哉？吾丈聰悟絶等，其必豁然于本無内外之體。若夫舍物則以玩空靈，當不爾也。今之君子非不知無内外之體，以爲吾心既無他，而外之弗檢，固無足爲恙也。彼一輕重之間，而其弊已滋矣。昔者伯子不冠而處，使其于心體無恙也，則未必即同于牛馬，然而夫子痛譏之者，何也？蓋使己常不冠，人亦不冠，天下皆從而褫冠焉，恙不亦甚乎？此夫子所以譏之痛也。不冠猶譏之痛，而況進退取予之際乎？故非禮勿視、聽、言、動，而出門使民若承賓祭，孔子且以之告顏、仲焉，而況始學乎？大抵今之君子崇二氏而詈孔門，固無怪也。雖然，此猶高者之失，彼過此者其亦藉而言之者與？此天下所以弗信學也。然則遡堯、舜、孔子之脉，以回今日末流之弊，非魁健如吾丈，其孰望乎？某近因冗劇，益若有明，恨無由面質，故不避多言，遥爲請决。亮之。

奉答鄧鈍峯先生

向年寓京，奉啓請質，過後自悔誕妄。昔者孔子大聖，尚問禮於老聃，聽其教戒，若弟子之於嚴師。未聞孔子遂欲以所學易老氏也。孔子之不以易老氏，豈非以其取諸己者當重，而求諸人者未可輕歟？况不肖某實蒙教於足下，今日得稍不墮落，懷有性命之虚見秋毫，足下力也。乃敢忘所自，而欲以一時未定之己意易數十年已成之厚積，其爲誕妄不既甚乎？某數年間與相知者談公，則恨不得再晤。以爲不得晤公，但得公之謦咳一言，或得似公者，即慰我多矣。乃者忽然天假令弟默成兄致到公之手教，某晤默成兄如晤公焉。久違同心，得默成兄一二語，及讀公手教，暢然洒然，如更洗濯於清淵也。第不肖某所處地衝，又方有冗政，不得盡承默成兄教督，且不暇細探公之近得要領，雖獲兹奇晤，亦若成夢語耳。不肖某即欲揮此而去，相從公于湞江、曹溪之間，又未能決。此身浮游，蕩若汎汎之舟，當如之何？惟公有便，尚嗣教之耳。公老矣，某亦四十有五，晤言當復何時？嗟乎！使天終不棄，令不肖某終有明也，其必有合乎？望之《王公祠記》容後另復。

衡廬精舍藏稿卷二十

書

奉復念翁師

某千里奔歸，期決所疑，并求鞭策。然一瞻盛德之容，一聆有道之言，弘度虚襟，蕩乎恢乎，如睹蒼旻，如遊溟海，如乘條風而飲甘露，不覺醉心。又如貧子見富人之樂取，不暇乞金，而反以鉛鐵褋物傾而獻之者，以縻於虚而移於大也。即此一段，吾師真得聖胎，而不肖媿死矣。連日與有訓、文朝感誦，求不負師門重托，以仰報與人爲善之盛心。但自惟平日質駁習深，雖稍見性命影響，又坐氣浮，不能深造，總緣立志不貞，築基不堅故也。恐無以勝此仔肩，虚靡一生，將若之何？復荷差使遠將鉅篇篤誨「虚心不休」一語，何以承領？何以承領？而箋示又退若引躬，俾不肖某益無以自容，師門教望若此，不肖某若復不自痛癢，不自勉憤，真物也夫？真物也夫？嗣兹猶希吾師直指切責，蓋寔不敢憒憒度日而尤自懼于内荏也。乞師仁而植之。龍谿指乍見孺子即堯、舜心，亦必以其無三念者言之也。此處佇俟明，請不復煩聒。

二

昨差吏馳壽，計以後期，殊深疚，於心當已至久矣。數日間乃得吾師七月内手教，知道體又少愆和，恨未躬侍，甚爲悵瞻。吾師杜門靜息，何應復有忘病。竊疑吾師每事睹記過詳，雖出肫肫淵淵，若不見其勞。然耳目精氣無有用而不損者，太史公引老氏「精大用則竭」之語，似非虛漫。陽明先生亦云「發散是不得已」。此處在吾師亦自有天則，而不肖某不能忘言，以所天者在師，真猶子之於親不容已也。柳子厚所謂欲久存其道是已，惟師教之。然吾師完養深至，尚有此，在吾輩當何如哉？此某所以臨境而思歸也。不肖某近無他進，惟見宦況如水而已，歸興寔有七八分矣。

三

六月間差人回，拜領教旨，且悉起居。繼又於周經歷處承翰誨，且示朝聞夕死，與物無對，不染順應之實，令人快慰警發，何可言也？此所謂後死者與於斯文，天其專屬吾夫子乎？某號名學問，歷年種種有請證者，然生平色念最溺，每自考，謂色取行違，良以此念不時竊發，剸吾腹中，圮吾德業，未能自信。至近月妄謂按伏此箇，葛藤似斷，其餘亦覺稍易，頗有自信之意。比得耿侍御寄到吾師文集一部，内閲《與蔣道林公》及《尹道輿》，論宇宙渾成一片，而一身乃其發竅，固驗與物同體之意。不肖某數年間實借謂從事於此。非此，則非堯、舜以來脉路，故有博約之請，天則之説。然反身未誠，尚不免有以己合彼之時。方其順手，亦自謂是約禮順則，是與物同體，是不爲免毁譽、畏法度而爲之者。然前念一剸吾腹，則所謂天則同體頓失其真。雖費力認之，亦不易得。是日此念稍净，似此理日在目前。得師此二書，讀之益覺顯然。張子《西銘》雖亦是此意，猶覺稍有間隔。道林公所謂一體，似亦尚在同氣上看，終不若吾師所認一箇精神爲真也。今師所謂不染順應，無問可否，其亦順應於同體之間否乎？猶希再證，何如？辱師問及用世一節，夫既稱同體之學，則用世自是本分。不肖唯有見於一體也，然後知吾斯之未信，未信者，正所謂以己合彼者也。且師門既遠，短世有限，又濕病潛伏，久勞益增。老母家居，弟兒輩不知承順生平，身不行道，種種未盡，未有用世之本。自入夏來，已欲舍去，但告行甚艱。今覿察在邇，或得挂名其間，不費辭説而去，何幸過此，則亦不得爲人留耳。向年承手教多紙，其間甚有緊要語，今集中皆未入，豈編者遺耶？向求《啓賢書院記》，蒙師垂允，即日得成之至幸。遣僮歸報請質，皆出情語，惟便翼不靳示。

答趙大洲先生

某之不學，祇可躡屩從問世巨賢、林泉遺老，奉匜撰杖，昕夕左右於數十年之間，則庶幾哉有所薰浸而從入矣。宿昔海内諸有道俱長逝，今之遺老東南惟我念翁，西北明公而已。某初有蜀命，獨以得從明公游及登大峨爲肺腸快。向過貴邑，獲謁明公，聆緒論。近出眉陽，引瞻峨眉，皆得其形貌大畧，至其峻極發育之實，均未領也。區區吏事，頗不爲牽纏。第近有土司殺戮逆命，不免脩防以冀彈壓，坐是遂稽續請。且日覺滞漏，動入有爲，功德殊媿，無以對大覺者言。前録寄念翁以門下教語，亦皆圖其形似而已。感思精髓，幾欲棄而走從，乃辱翰教儀從眷然先及，且動鳴鳥出谷之懷，乃知明公眷眷於某，此即一體之仁藹然峻極，發育流形矣。第即日尚阻前役，孟夏有按院臨審。五月漸暑，不知能出臨霧中瓦屋，以俟秋初登大峨，可乎？霧中即隣鶴鳴及瓦屋，皆某本轄地，縱有官羈，亦不相病也。

二

昔之任道君子，方其出而宰世，日與禁近之賢，圖惟亮弼之功，猶虞疏逖者違於左右。豈不曰：吾既得大奉而行之者之爲慰，又不若兼得夫領而傳之者之尤爲慰也。故俾其解而伏於林泉，其求疏逖之士甚于士之求己，其誠有以也。今者辱明公眷眷于不肖某，而不肖某亦已窺見任道君子之至意矣。乃其心亦欲乘此時以求領其旨歸，是可謂交相需而勢甚便也。然兩承相期，卒以人事天時不果相從，若此，豈非天哉？此某所以重自慨而望無已也。某本乏才能，比來一切與民爲簡，盡汰向日操切之政，朝夕唯以空言決士民嚮，似覺上下精神比前反𢡟。第未得再面請以畢宿疑，徒惘惘自憾耳。又濕病日增，決計明春東歸，已訂二三友爲終焉計。至于摳衣門墻，竟未卜遲迅及遂否也。前所乞《六經堂記》文，計已就草，明公主盟斯道，注脚《六經》，知必俯藉以發矇瞽，匪獨爲訓迪不肖某而已者。不肖某得領其旨歸而南也，倘因是以窺其大都，則明公之道南矣。

三

前差舍回，辱垂教，語有「大事未明之嘆」所云云，豈非吾儒所謂全歸者歟？孔子云：「生，寄也；死，歸也。父母全而生之，子全而歸之。」自後世儒者懼入於禪，遂以吾儒全歸之學皆歸之形體之完，而不關於性命之復，其亦左矣。若以爲形體也，則凡臧獲盜跖得保其首領，完其四體者，皆可爲全歸。而比干之剖，巷伯之刑，子路之結纓，屈平之懷沙，以至顔魯國、文信國之徒，將不得以完人稱，其可通乎？曾子之全歸在觀其易簀與吾知免夫之所指，而不在於啓手足之間。曾子疾革時，令人啓動手足，此病者常事，非欲門人啓驗其手足之完否也。曾子手足之完，門人豈不知？而曾子亦豈不知門人之素信也？乃又欲啓視而驗之，則亦失之僞矣。故某嘗以身體髮膚不毁傷者，此孝之始事。唯孔子知天命，乃至命之地全歸之日，此爲孝之終事。楊龜山引《老子》「死而不亡」，惟顔子當之。而晚宋儒者遂詆其近於禪家輪廻之説，豈不尤左乎？不知禪之説某亦闢之，蓋其害道有在也。今晚宋儒者但知禪之害道，而不知聖人之全歸乃兼有夫禪者也。某嘗以爲聖人能兼夫禪，禪不能兼夫聖，以其間有公私之辨，此其所以成毫釐千里之異也。夫晚宋姑不辯，而吾儒不至此，不得爲仁孝。今某年已四九矣，視此尚若泛海未有所歸，得明公借佛語相督發，讀之汗不覺發背霑衣也。《六經堂記》重荷不彼，俯示發明，垂光百代，如不肖某何以爲報？夫經，大道也。某未能由于大道，今幸得大賢指示五子以爲參合入路，若不知勉從而獨執偏小之見求之，則遠媿聖訓，中慚先世，近負巨篇，亦與仁孝遠矣。但先世事蹟尚具别幅，惟門下再加詳定，尤幸。先師念翁以去年八月中秋日長棄，至昨二月十一，不肖乃得聞訃。某歸，將何依哉？此真天喪予也，痛可言哉？今先輩達者俱已凋落，西南巋然唯獨我公。某輩若不早圖稟教以求指歸，何以自終？且荷來諭，有霧中瓦屋垂訪之意，乃發原僧踵請，倘慨然命駕，某當撰杖留俟之上川南也。遲此必欲力告，求東爲築場計矣。專啓布謝，并以奉期。扣心請質，統俟面罄。

答謝高泉書

金大醫行，力病撰啓，未卒所請，頗抱鬱於。某自捉髮喜操詞章，然幸不能詭隨人意，以獵時稱。所爲古近詞，雖亦追響於黄初、正始，辨音于貞元、天寶，總轡緩驂以馳古人之遐軌矣，然必發自肺腸扣衷而出，必不肯爲無愉而歌、無悲而哭之聲。既壯，稍知問學所從，始悔而决捨之。邇年仕都中，諸詞家學侶邀入社會，往往以病自卻。後雖間嘗爲之，自知不工，亦多不録。方諸君子柄盟斯文，雅尚氣骨，某獨以爲氣骨尚矣，而神韻先之。故宿昔所作未嘗出以相示，非獨悔而决舍之也。庚申之冬，歸檢故篋，時取讀之，似亦有所寓寄，因並與都中所作録次沈藏，終不敢以出。前金大醫過，述門下追徵鄙作，傳示勤篤，繼又得文博士轉致翰教，誘掖不倦。往曾聞吳霽寰中丞論及明公有囊括古今、網羅述作之意，每下逮於鄙作，是明公於某若斯其殷也。某又固以悔捨之故，終沈藏而不肯出也，其可乎？某嘗觀曹陳思稱丁敬禮好人譏彈其文，應時改竄，曰：「後世誰相知定吾文者？」稱引以爲達言。某竊笑而鄙之。夫君子進德脩業，咸不諱于三益，而况文辭小藝？倘獲大匠繩削而約正之，其又何諱于後世之相知定吾文者耶？某既感門下相求之殷，實乃祈大匠繩削而約正之爲重也。矧繇此進於德業之大，將或門墻所不靳者，詎不在今兹哉？尚惟門下還示一語以相導正，至惠。

答張泰嶽宮諭書

别五易歲矣，才兩得公書，所最慶罾者，荷不鄙棄，賜撰先人墓表。夫以畎畆之逸夫，而辱鉅公名賢爲之表章，閭巷之沈修，而煩雄篇大雅爲之述序。讀之閎深典密，遒潤圓通，無勞苦觢闎之狀，即來教所謂浸涵醲厚不得已而後發者，蓋自道也。視公往日他文似加勝焉。先祖藉以有傳，九原其不死矣。弟何幸，何幸！頗已自盟及飭弟兒輩，當終生不敢自委棄以辱高文、媿雅教，即不至悖先人地下矣。其他則靡足爲公報者，謝豈盡言哉，謝豈盡言哉？朝政丕新，仕路載清，皆藉有道共爲維持上下。省事不小，但如貴省及蜀中瘡痍尚多怵目，最苦州縣，官不得人，大抵不肖者速去，賢者久任乃可善治，然必不能行，奈何？近得耿楚侗書，謂公訝弟前久任疏爲不識性體，緣不當於澄水起波，斯言教我深矣。雖然，俾弟專爲一身計，誠自波也。若令斯世皆久任自弟始，則波之潤廣矣，又安知其不爲澄水也哉？不然，豈習見者皆性體，因循者盡順應耶？弟即日病濕，欲棄而東，懼以逃譴，自覺世味如水，而瘝曠亦加甚矣。公復何以教焉？今日主宰斯文斯世，自存翁外，所望在公及石麓公二三老耳。珍重，不宣。

答程太守問學

前月楊教官致到三書，僕於冗病中具答，計二幅，以未起草，故莫記次第。大要言吾心獨知之體，通乎天地、民物、古今，故天地、民物、古今，皆己責也。故行有不得，皆當反求諸己。其說頗詳，不謂未到，復勤下問，反覆周悉，則知足下之求道，誠有不啻饑渴者也。僕寧不復盡其愚，以求足下之歸一，庶幾復有以正我也。且承命歷歷詳答，謹如教條之于左。

來書云：孟子所云「行有不得，皆反求諸己」者爲突兀語，以致孟子之後無真儒。云云

孟子所云「反求諸己」，即來書所謂反其智仁敬，非突兀語也。大抵學問貴知頭腦，若得其頭腦，則聖賢千言萬語非是突兀。如使孟子不先言愛人治人一段，而止云「行有不得，反求諸己」，亦非突兀語也。孔子「學而時習」一章，竟不言所學何事。孟子一日又曰「行之而不著」，亦不云行何事，此皆爲突兀語乎？孺子《滄浪之歌》尤爲突兀，自孔子聞之，則得其自取之旨，非得于孺子，蓋自得也。孟子之後，真儒不獨晦翁。如濂溪、明道二公不謂真儒，孰爲真哉？且不論其學問，足下試觀其治行爲何如？其它如邵康節，即宋之柳下惠也。象山之學，盡出孟子，荆門之政有三代風，蓋皆以其大本達道，不爲支離虛寂，可以直接堯、舜一派之學，故謂之真儒。今足下謂孟子之後無真儒，且謂是孟子出語突兀所致，則似求之太過而失之愈遠矣。

何如？

來書云《大學》，則云必慎其獨，《中庸》。云云

獨知一語，乃千古聖學真脉，更無可擬議者。曾子獨得孔門宗旨，其著《大學》，推極平天下，而功夫只在慎獨。子思，受業曾子者也。其作《中庸》，推極位天地、育萬物，而工夫亦只在慎獨，斯豈可以文義求哉？往僕於晦翁獨知之訓未甚緊也，後因學問不得力，無可倚，只有其中獨知處耿耿不自安已。又觀曾子之言曰：「十目所視，十手所指，其嚴乎？」子思又自訓曰：「内省不疚，無惡於志。」所謂嚴，所謂内省，所謂疚，所謂無惡，非獨知誰也？乃知晦翁獨知之訓已得千古聖學真脉。又知此訓非始晦翁，乃曾子、子思自訓解已明白矣。僕嘗訊鞫大盗，雖刑之，不肯輸服。及至一二語中其獨知，盗不覺服。所以然者，非盗不閑掩飾，以觸其獨知，若天所管押，雖欲掩不可得也。可見此知不容一毫虚假，乃天下至誠之宅者也。在盗且然，而况于學者乎？其所謂明德，所謂天之明命，所謂虚靈，所謂天理、天則、天聰明，所謂仁體，所謂生理，所謂性，所謂人之生也直，皆不能外此。吾人舍此更何所倚？故唯慎其獨知，則可以誠意而至平天下，可以致中和而致位育。曾子、子思豈欺我哉？夫獨知如此其顯見，曾子、子思自訓如此其明白，豈可視爲突兀語而復致疑於其間哉？陽明先生雖憂傳註之蔽，所云良知即獨知也。又豈能舍此而别爲異説哉？今吾人止當求獨知爲大頭腦，其或言必慎，或止言慎獨而

不言必，此各因行文不同，不必大泥也。

來書云：易「獨知之時」爲「獨知之體」，非憂慎獨。云云

雖然，獨知一提便明，其能識獨知者難矣。晦翁認獨知爲動時事，不知靜時炯乎湛乎不可得而昧者，非獨知乎？是故獨知無間於動靜者也。近時學者亦嘗以念頭初動分別善惡爲獨知，以念頭既動爲善去惡爲慎獨，此雖愈於一不用工之人，然亦未見獨知之體者也。此體不假推測，不事湊泊，不生二三。非無念也，念而未嘗爲念；非無慮也，慮而未嘗爲慮。蓋立於念慮之先而行乎感應之間，通乎天地民物古今無所爲而不容已者是也。故古之善慎獨者唯顏子，顏子有不善未嘗不知，知之未嘗復行。所謂未嘗不知，則亦未嘗成念者也。豈以念頭初動而後分別其善惡乎？所謂未嘗復行，則亦未嘗成行者也，豈以念頭既動而後爲善以去惡乎？此處則真有不容混於意者。足下亦信之乎。

上李石麓相公

某萬不肖，曩者天幸獲荷相公睠誨，引之道義之末，有同肉骨之好，自天下士蒙知與於門墻，若不肖某亦可謂至渥矣。然闊絕七八載，未能一通書政府者，非爲薄也，蓋亦固守其愚，不知其過耳。雖然，以天下若斯之大，犇走下執事若斯之衆，而獨某之猥陋不敢以形迹事左右，則

又寧非相公所終與不忍棄者乎？方某伏林莽，祇聞相公首秉鈞衡，私念姬公以來，未嘗無真儒，若孔、孟、周、程，竟未大試，惟今代獨相公以真儒首贊皇序，蓋數千年一覯見而已。往昔相君非不有意斯文，然言醇疵者或相半焉。若相公，衆所謂醇如也，故二三年來端揆之上好惡不作，誠有蕩蕩平平雅道以浸浹於天下士，而天下士無不延頸思見，道化之成，豈不休哉？雖然，孔子聖之時者，自今人觀，謂孔子時乎？爲任時乎？爲清和而已也。某獨不然，某以爲時乎爲任，則有時弗任矣；時乎爲清和，則有時弗清和矣。此非所以語孔子也。夫時者，蓋孔子無時弗任而不爲任之跡，無時不清和而不爲清和之形者也。今者思相公所以爲天下計，則惟無時弗任而已。雖然，相公蓋覿孔子之深者也，某何足以測？前者家食時晝談夕夢，未嘗不在相公左右，然亦未遽通書，乃辱相公拔之畎畝，且托陳太常、歐中舍督示之，不肖某感激不敢自錮。今至楚五月矣，適今歲場期迫，又三楚實録未竣，方披冗力疾勉緝成帙，遣承賫奏，并獻覽正。但踈謬之病，竊所不免，冀惟相公曠然寬貸。儻不至罪譴，幸可言哉。外惟爲國爲道崇護，以續姬公之績，償孔、孟之所未酧，則某與天下均幸不細小矣。

上江陵張相公

去秋山中具復，倉遽未能自道其意中語。蓋斯學自堯、舜啓之，堯、舜雖未嘗語仁，而明峻德，親九族，下至鳥獸魚鼈，欲其咸若，此非爲大也，以仁體固然也。故堯不吝二女，禹不念三過。伊尹耻君不堯舜，一夫引爲己辜，非相湯時有之也。其在畎畝，樂堯、舜之道，則已然矣。是數聖人者莫非仁也。而至孔子始發之，自孟氏後發孔氏之旨，則莫過明道與象山。明道曰：「仁者以天地萬物爲一體，莫非己也。」象山曰：「宇宙即是吾心，吾心即是宇宙。」是二言者，夫固得堯、舜、孔子以來之學脉也。斯脉隱久矣。所以然者，蓋未能信天地萬物之即己，宇宙之即吾心也。吁！信者果難也。唯近代自東越發之，於是乎大明。東越之徒得者固不少，其間一二不見其全，多喜妙而違則，遂至漫漶無章，卒并其妙者無得也，而東越之學且淆。于時，海内傑識士慨然懲焉，則又專求諸虚寂。夫人心之體無虚實，寂感一也。故語虚則與實對，語寂則與感對，有對則二矣。彼以爲得其虚寂則無心，而天下之物綜焉。而不知有二之心終與天地萬物爲對。欲其有堯、禹、伊尹之大且周，不可得也。而要之，必窒於天下國家之理。是故有虚寂而不足語仁者矣，未有仁而不虚寂者也。昔先師羅文恭公始嘗言虚寂，其後寤，遂置之。觀其《答蔣道林書》可知已。而近時學者似喜言虚寂，以爲覿體，浸浸乎視己也愈峻，而視物恒貳。某懼仁之道益遠，而堯、舜、伊、孔之脉左矣。抑不知其不窒於天下國家焉否也。今夫理天下國家若調鼎，然古之善調鼎者非獨俾鹹酸辛甘之適宜，固將轉陳爲鮮，易腐爲芬，雖五味之變，若一味也。夫然後可以上供大官而下不螫於衆口，否則赤芝青精非不苾且潔也，欲以通於天下之口難矣。故學如調鼎，乃仁之致曲者也。某近十餘年始若粗窺其門户，然未得也。伏惟相公淵然嘿也，而任天下恒迅於雷動；山然立也，而憂當時恒密於雲族。方其任且憂天下莫得窺其際也。以相公蓄養若斯之厚，不知有取於仁道致曲之功否也。抑欲俾堯、禹、伊、孔之脉，不至隱且淆，則舍相公其孰爲如往者？兹者因進奏實録，布所欲請，惟俯焉教其所以，至幸。

上趙大洲相公

某自違相公東還，忽忽幾年，日與同志商理舊學，未嘗不以門下爲歸。昨歲辱朝命拔起畎畒，復典楚學。行及中途，乃聞相公簡自聖衷，入踐台階，一時欣躍，爲斯世、斯文慶幸，誠唆唆不能道辭也。自庚戌間柄國事者集議通貢，于時相公引《春秋》大義，廷斥其非，議遂得寢，中國賴以尊安到今二十年，皆相公力也。而海内有識延望登樞以幸天下，亦既二十年，兹晚矣，乃獲酬所望。雖然，以相公之荷任，蒙主上之特知，則猶未晚也。某遠臣，又迂謭，無能稱道爲賀。雖然，相公昔嘗教某以莊子知經，某始疑之，近締觀其《天道篇》，乃知莊子真知《易》也，非獨知經也。《天道篇》曰：「無爲也，則用天下而有餘；有爲也，則爲天下用而不足。」又曰：「驟而語刑名賞罰，此有知治之具，非知治之道。可用于天下，不可以用天下。」蓋嘗讀《易》而知其言有自也。《易》首《乾》《坤》，而聖人繫之曰：「乾知大始，坤作成物。」夫曰知，則《乾》虚而無爲，曰作，則《坤》實而有爲，惟其知而無爲，然後能運其實而有爲者也。是故以君道較臣道，則君爲乾，臣爲坤。以大臣之道較小臣之道，則大臣爲乾，而小臣爲坤。何則？君與大臣皆朝夕相與，以用天下者也，非用於天下者也。雖然，《乾》之中又有道焉。蓋嘗讀《易》至「九二，見龍在田」。是龍已離潛出淵矣。然至九三，猶朝乾而夕惕，九四則或躍而在淵，若是乎畏懼退遜，不舍夫淵者，何哉？蓋九四雖已稱見龍，然而聖人無自見之意。夫唯不自見，然後能循《乾》之體，懋惕之功，出淵而未嘗弗淵也。淵乎，淵乎，此聖人所以無爲而天下歸。雖欲使天下，吾釋不能也。天下不吾釋，則用天下矣。此所謂《乾》之深也，又非《莊子》能盡之也。某嘗經怪賈誼、蘇軾，以彼其才，不能用漢文、宋神以及其在廷之臣，卒至于弗自用。此非獨遠于《易》，即亦遠《莊子》耳。若張子房，則善用漢高與蕭、韓矣。然而功烈如彼乎卑甚者，蓋又特知《莊子》，而未嘗知《易》，以未有聖人之學故也。嗟乎！古今有聖人之學，而得《乾》之深者，幾何人與？今天下有志聖人之學者，孰愈相公？相公一旦荷主知踐台階，是既有九二之見矣。將使相公與天下優游而厭飫，日需而月磨，嘿然以用夫天下，而天下熙然求爲相公用而不可釋，此其消息闔闢，淵乎微也。謷乎，大也，則惟在相公耳。某固知未晚也。某念天下士慶幸固同，或未知所以賀相公者，某辱相公知與誨督，自謂先天下士也，故述所夙聞爲賀。相公果不倦夙眷也，必有以教之。

啓江陵張相公

某辱相公教眷無假言矣。兹值相公秉軸，所欲效助左右者，亦所謂千百載遇之猶旦暮也。然思主少國疑，劑調乂安，相公才度游刃有餘，第以天下大計有三，欲入覲時獲遂面展，不虞老母病稽，此真命也。夫真命也，夫直今亦病困，他不暇詳，其三大者猶不忍不爲相公盡也。其一正聖功。某聞主上沖齡，聖明殊絶，然三代之下亦有沖靈異資，第以大臣無格心之學，不能引君當道以志于仁，遂致苟且相狥，終成雜伯，爲可嗟耳。所謂三代，又非欲以井田封建爲也，唯其志出于仁體，根諸誠心，則即以三代之心行近世之法，何不可者？禹、稷思天下饑溺由己，伊尹一夫不獲，時予之辜，此仁體之著也。繇兹仁體父母天下，自既厥心，不爲名歆，不以功幸，此誠心之操也。然漢、唐以來，人主未有臻此者。今者惟在信臣日誘以唐、虞、成周帝王誠心之韙，日辨以漢、唐、宋諸君雜伯之卑，以日興主上之志，夫是乃謂養正之聖功。故下有格心之功，則上有養心之學，三代心政不見於天下久矣，乃若漢文帝、唐太宗、宋仁宗終於小康雜伯，無大裨于天下。所謂心政不望於今日聖明殊絶之主，則數千百載之間無復望矣，豈不自左矣哉？某又不喜相公昔年試策中「法後王」之説。夫我神祖六官八度，孰非法先王者，而奚顓顓以後王語也？或者以兹一語之小不必拘，而不知天下人心之趨係之，此不可無辨也。其二豫人才。某觀近日人才多以事功進。夫事功，誠急務也，然黠者激作粉飾，未有爲民長利，爲國遠猷之心。某在外睹之殊確，每退與一二知者嘆之而已。至爲氣節，尤可笑。凡爲是者皆色厲内荏，吐剛茹柔，觀望以下上其手者也。又議論嚄唶，罔睹大體，即如陽明先生從祀，爭論不一，殊鮮平和，匪獨不知陽明學脉所繇，乃亦不知朱子學術所底。以某近日細觀朱子晚年學術，即陽明無異耳。而談者徒自燕、越，隨人附和以爲妍媸，可不悲哉。至于多種浮議，此自古非常之人所不免者。如大舜有臣父之譏，伊尹有要君之誚，孔子蒙尤不尠小。近代篤行如程伊川，人猶詆之爲市井五鬼之魁，則聖賢何嘗不挂當時之多口哉？此事唯在相公審擇。如陽明果不詭于孔子之學，即自與一二執事君子定決之耳，又焉用紛紛爲也？雖然，今日之人心猶未回也，說者由多智識者以鼓動致然耳。自非在位大人一以重大體、正人心、明學術爲上務，其能使回心嚮往哉？且翰館，儲相地也，即如相公及淮南公咸由前哲以斯學淬磨成之，故今天下食福不鮮。今相公豈不欲爲後日地乎？此仁體先事也。故云：「爲天下得人謂之仁。」不然，則相公之仁窮矣。計相公已先得之，非遠臣所知，特一言之，爲泰岱加飛埃耳。其三培元氣。夫民爲邦本，本固邦寧，此元氣之說也。自分宜秉政，聚歛成風，倭胡相仍，徵輸無藝，南北交困久矣。比年某再履荆、湘之間，有遍邑蒿莽，萬畝波漂，孰爲吊訊？至如敝鄉，昔時腴民十喪八九，詢諸吳會之間，亦莫不然。搢紳之素凉者將匄貸而無門，說者謂陵粟穴金蹢在墨吏之家，豈不然哉？然令今日盡殲墨吏，斯民困猶故也。若神祖時間歲免民租税，今已不可望。乃當宁猶以催科爲上課，豈亦爲無何之計故耶？稽之《唐書》，其中葉猶以催科爲下考，今盛世乃如此。雖然，使今不催科，則國計不充。使仍以催科爲課，則民困不知何所終也。十餘年來，計國大吏咸畫無所之，此元氣之弊也。或者謂安邊即以安民，某則謂安民乃以安邊。今姑不暇持籌條言之，幸有相公燮調，群賢贊佐，所爲計安元元，必有得其大者。相公愼無以汰一幕官、省一傳廚爲足務也。此三事者，誠朽生迂談，然野人芹曝，以是爲大。久未皇獻，今自念與世絶矣，豈忍不爲一盡？力疾無次，不任區區。

寄何古林亞卿

某結慕明公廿餘年，屬者獲遂炙侍，坐羈埸事，繼以覯行，平昔請益宿忱，竟未能達其一二。某今又以老母病，遂亦自抱病身既隱矣。即安得復叩門墻，問更端耶？今世之語學稱明且悉矣。彼濫竽假道者靡足語，乃至談高妙席圓通者，害道殊不淺。至或以定性爲宗者，恐亦未可以得性之本體也。古人語性曰養，曰存存，未可以定論，故横渠語定性而程子非之，以性本定而又欲强定之者意也。白沙先生詩曰「定性未能忘外物」，良以是耳。近談學者開口即稱程子《定性書》，不知程子言兩忘，則性自定，兩忘者，即養與存存之謂也。固非以有意定之者爲是也。

今據學者自用力即可驗。雖然，此固在夫人默識何如耳？夫默識亦難矣。伏惟明公巋然海内巨儒，蓋有得於成性存存者，奚啻識性？所輯《白沙先生言行録》，俾天下學者曉然知先生貞履足爲今之談高妙席圓通者深警，其功德後學者膴矣。然序中亦似微取于定性之説，豈一時行文固當爾耶？抑别有所見耶？風便布謝，并申請質，不備。

答山甫中丞

歸來已全成白髭癯叟矣。喜聞吾丈復起鄖臺，正欲得仕楚者附數字相問訊，忽拜遠使累緘長篇短語，又惠及老母，一時若覿面承音，傾領不盡。來諭别已十年，弟屈指計之，誠十年矣。念之，不啻懷丈之篤，且增過時不學之懼，讀至末，有握手造膝不可再期，至爲下涕，弟亦不能不踟躕濕裳也。蓋弟往日見先師羅文恭常命千里之駕，獲遂四方之遊。初欲效之，謂與海内知己如丈必有晤。不自意前度告休，以病阻遊，及起補楚，亦無由與丈覿。今歸爲老母足病。至今歲，弟亦病足，近病痔，不能坐卧，其衰態可想見。此心雖未已，然其勢不能相從左右如往昔，恐當如諭矣。嗟嗟！豈不可念哉？雖然，弟與丈所求不相負者，必有在矣。彼世俗之交不足論，嘗見紫陽與象山因議論不一，即有斷來章之説，如此亦未可語同心之交也。今弟與丈從事此學，弟數年前雖名學孔，然舉孔子不能無悖意。向得丈委記，甚有激發之益，是與丈相期在孔子，相見在發憤皓皓之中。古人所謂不約而同者，不在兹與？弟前者起楚，亦非敢漫然。蓋弟實見一體之真，不以隱顯家國殊，致隱非離羣，而顯非爲邪；家非在内，而國非在外。故濂溪云：「古人束髮爲學，將以有爲。必不得已，止未晚也。」所謂不得已，顧自觀精力與事勢何如耳。今弟之精力憊矣，止可收拾作全歸計，將來苟真有得傳一二人足矣。即不能傳，亦罔若何。丈少我十年，精力尚健，才識過之。今方出事，勢正可爲，即有微恙，居鄖臺調理似較便。而來諭乃又有行且告之語，似猶以隱顯異觀，恐終墮意必耳。夫一體而無意必，乃真以血髓學孔，而非以膚甲學孔也。不然，則弟記内所謂蔀其賁者，其能免乎？丈可一笑矣。拙記謹如命，因稽來使，力疾成之，而自顧功不副文，詞不達意，幸丈正之。然所以報丈一二者，亦不出此。外惟爲時爲道，百倍珍調，則非言語可能既也。不宣。

答唐明府書

承示《别四生序》，仰見明府篤意問學，雖政冗不爲倦，雖以僕之衰落而不爲棄也。甚荷甚服。僕方索居，正喜明府臨教。已而延引之情既顓，講求之意亦至，僕忻願祇領不啻口出。然辱首談即曰：世所稱心學二字最可惡。僕時漫然畧致其愚，已而思之，必明府之有懲而云然也，非誠以心學足惡也。僕近壯始知所慕，今者年躋耳順之期，尚慚不惑之實，焉敢置喙語學？

然進承師資，退稽于堯、舜、孔、孟嫡旨，而下訂於四方之耆宿，蓋苦心者有年矣。誠以道固有本，而學貴知本，此《大學》明訓也。《大學》所引「明明德於天下」一條，究其序，之所先在「致知格物」，而經文以「知本」訓「格物」，亦皆犂然辨析，灼然可證，乃知道之本在身、心、意、知，而要在知本。然又非創自孔、孟，昔者虞廷之訓蓋曰「道心惟微」，固知道不離心，則學不離心，精一執中之爲學，曷嘗離心以求之哉？伊訓曰：「一哉，王心。」周公訓成王曰：「殫厥心。」至于文王之緝熙，武王之執競，雖不言心，實不能踰心，而必謂心學爲非，恐未可也。自孔、孟後，子思慎獨之功極於中和，孟氏慊心之學配乎道義，乃至詩人之語善牧者猶曰：「秉心塞淵，騋牝三千。」曰：「思無邪，思馬斯徂。」其治兵曰：「克廣德心，桓桓于征。」《記》之語射曰：「内志正，外體直。」唐人之語弓亦曰：「脉心不正，則木理不直。」語書曰：「心正則筆正。」然則天下事孰外心，而況於學乎？昔某居刑曹，其刑家比擬招詞，凡盜曰不合輒起盜心，凡淫曰不合輒起淫心。蓋非心有盜淫之端，則盜淫曷從生哉？故《春秋》者必誅心，而刑家法之。然後刑情始確，刑事始革，是世之不善者起於心，而謂善事之不起於心，其可乎哉？孟子又謂：「是心足以王。舉斯心加諸彼有不忍人之心，斯有不忍人之政。」曰：「生於其心，害於其政。發於其政，害於其事。」曰：「盡其心，存其心。」曰：「此之謂失其本心。」又曰：「學問之道無他，求其放心而已矣。」而已矣者，無餘蘊之辭也，而必謂心學爲非，恐未可也。自漢儒溺於逐末，當時遂以末學爲訓。故唐宋與國初儒者但知競末，至於爭一字一文之義，始則纏轄於器數，而不知器數之所由來。繼乃恇惑於訓詁，而不知訓詁之所從出。歷數千年，而知道之原者不一二人。故韓愈曰：「軻之死，不得其傳。」雖以濂溪、明道極力救正，然而繼世則小明大晦，而視知本之學反若仇敵。嗟乎！世不得堯、舜、孔、孟以爲證，而俾學者倒施至是，亦何怪之有哉？僕以爲見今之語心學者，當謫議其力行與不力行，而不當竟詆其學之爲非也。然則明府誠必有懲而云然，而非誠以心學足惡也，又明矣。即若高文所引三物者，又孰能外心？三物者，一曰六德，二曰六行，三曰六藝。以六德言之，則首智。智者，吾心之靈覺，而紫陽夫子所指本體之明是也。謂之覺，則伊尹所稱先知先覺，詩人所咏有覺德行是也，其總之，則謂之智，又自此智之惻怛而流行也。曰仁通明而無滯也，曰聖裁制而得宜也，曰義一無偏倚也，曰中一無乖戾也，曰和中和焉至矣。其謂六行，即六德之見於倫者也；其謂六藝，即六德之見於事者也。非有二也，要之三物皆道，三物之從出皆心。故道心盡而天下之物從之，可見心非專内也。應天下之物必出於道心，而後當可見物非專外也。然君子之學無内無外，而其本末先後之序則不可以倒施，是故非不煩也，而其求端則始於簡，故曰：「易簡而天下之理得焉。」非不博也，而其致力則歸於約，故曰：「以約失之者鮮矣。」此皆本末自然之序，爲之亦非有擇也，故曰：「貴知本。」高文又致重於禮樂，直不敢杜撰一語。《記·禮》者曰：「非自外至也，自中出，生於心者也。」《記·樂》者曰：「凡音之起，由人心生也。」而夫子括以一語曰：「人而不仁，如禮樂何？」若此又未可謂心學爲非也。明府又謂：「民可使由，不可使知。」以故深咎學者語心之非，愚則以孔子斯言未必即如先儒所訓，倘如所訓，則亦所以語齊民之事，而非以爲大人之學也。古者七歲入小學，十五入大學。夫十五既入大學，則所講者皆明德、親民、止至善之説，曷謂不當語心也？況如某之學且白首矣，明府今亦近强年，已臨政居上，處大人之位矣。其所誨四生亦皆今時嚮用之人，又寧不告以大人之學，奚必拘攣齊民之事以誨之哉？且孔子又曰：「百姓日用而不知，故君子之道鮮。」孟子曰：「行之而不著，習矣而不察，終身由之而不知其道者，衆也。」觀此則孔子貴人之知道，而不貴人之不知也，不可推歟？不可使知之語，寧非民日遷善而不知爲之之旨乎？是故君子之語學貴本，而不可貴末；貴近，而不可貴遠；貴虚，而不可貴執也，又不可推歟？以某目中所睹所期，不滯世塵而單騎見古人者，如明府不二三人，惜哉！有獨往之力，有邁古之志，意在求道，不免燕指而粤轅也，豈非有奪於其中歟？三公之貴，百鎰之富，不足以奪明府，而獨奪於韓愈之高識與工言，乃遂謂斯道惟韓愈爲盡之。嗚呼！斯亦不左矣哉！雖然，此猶衆人之所爲疑明府也。某不盡然，觀今學者重内而輕外，喜妙而遺則，談先飛龍而行後跛鼈，言踰尋丈而事儉方寸，至于妨人病物，阻天下嚮往者之心，此則近世志不真者之過，而非語心學者之罪也。然則明府所懲果在是，此非惟明府，雖某亦惡也，明府豈誠以心學足惡哉？或者又謂明府最惡老佛，以爲語心學者之近於老佛也，故惡之深而遠之嚴，非得已也。某則以爲老佛之言，或類吾儒，而吾儒之言亦有類老佛者，此則譬之食稻衣錦，雖莊蹻皆然。有賢人者則曰：「莊蹻之所食而吾弗食焉，莊蹻之所衣而吾弗衣焉。」此卒不可格也。今以老佛之學在心性，而吾因以弗心性焉，此亦卒不可格也。何則？莊蹻從事衣食以爲不善，而吾人事衣食以爲善，寧不衣食乎哉？老佛從事心性以度生死，而吾人事心性以盡倫物，寧不心性乎哉？今之君子豈非所謂因人之噎而廢己之食者歟？嗚呼，是誠左也！已乃若明府之虛心求善，必不因莊蹻事衣食而遂棄衣食，亦猶之不因老佛事心性而遂疑心性也。此某之所爲進衣食、提心性以報明府，豈容後哉？明府所師中石翁、所友史君惺堂，今二君之言具在也，誠以印諸不肖之言，有弗合與？吾固知明府有懲而云。然非誠以心學足惡，又豈俟辨而後明哉？聞道篤遄發，語不隱括，然大意則不敢踰堯、舜、孔、孟與《大學》知本之旨而已，所望明府亦不爲韓愈而爲堯、舜、孔、孟而已。惟明府舟次熟覽，果不以心學惡而還教焉，則所爲斯道之托在左右者，亦不必下帶矣。

答人問獨知

來書及《仁論》俱以中在仁前，仁在獨知前爲言。此似未嘗證驗於心，而猶爲文義與舊說牽繞故也。來書曰：「獨知是仁，不識未知時作如何看？」此乃專泥於先儒以意念動時爲獨知，即謂有；有知時，又泥於先儒未發前氣象一語，而謂有無知時，此大誤也。夫心，虛而靈者也，即獨知是也。此獨知者不論動與靜，有念與無念，有事與無事，總之一虛而靈而已。決無有冥頑不知之候。即睡時，人固謂冥也，然觸而覺，呼而醒，不可得而冥也。今之學玄嘿者，每自謂冥心坐忘，然知冥者又爲誰？可知其不可冥者，以虛而靈故也。是故當人心靜時，縱無一念一事，此虛而靈者昭乎不昧，未嘗遺物，其與應事接物者無減，故曰「未應不是先」；當人心動時，縱有萬幾萬應，此虛而靈者昭乎不昧，未嘗倚物，其與未應事接物者無增，故曰「已應不是後」。殆如鏡之明體不拘有物無物，總只一明，豈有專屬知一邊之說？此知即是天之明命、人之明德，亦即是源頭，更何別有源頭可尋？亦如鏡之明，即是源頭，又豈另有鏡源頭耶？若如吾子言有未知前一段，則人心必有冥然不覺、槁木死灰時矣〔二〕，此安得爲源頭？亦猶鏡子以不明爲源頭，可乎？今之語靜與寂者，適近乎此。此在二氏，尚斥爲靜縛頑空，若吾儒寧有此哉？緣吾子只認念頭動時爲獨知，又爲先儒未發氣象一語所泥，故有如許層數，如許疑擾，而不知獨知本然虛靈，不倚一物，不遺一物，固不容以動靜及有念無念，有事無事偏言之也。此獨知不倚處即爲中，不遺處即爲仁。又安有中在仁前，仁在獨知前之異哉？故無私當理謂之仁，即謂之

〔二〕「槁」，原作「稿」，據四庫本改。

中，亦即謂之性，中與仁與性，名雖異而體則一也，要之皆獨知也。剥復數語，皆是慎獨求仁工夫。故孔子語顔子曰：「有不善未嘗不知，知之未嘗復行。」夫有不善未嘗不知，知之未嘗復行者，以獨知之體常知故也。亦如鏡體常明，雖有纖塵，不能掩也。夫是乃爲剥復真工。大抵獨知之體若能直下承當，常用剥復之功，俾之覿體見面，則自無如許層數，如許疑擾矣。辨之勉之。

疏

謝欽賞疏

奏爲恭謝天恩事。嘉靖四十一年月日，該兵部題爲仰仗天威，擒獲元惡，剿平逆苗，邊患悉除，地方安寧事。奉聖旨李心學等各賞銀拾兩，一表裏，欽此欽遵。臣係李心學等内員數，隨於本年月日接到承差某，順領禮部發出欽賞銀拾兩、紵絲一表裏到。臣當即焚香，望闕叩頭，謝恩祇領。外竊惟蕞爾醜苗，恃險負固，釀亂數年，剿撫一旦，皆賴我皇上聖德丕顯於九重，神威遠加於萬里。故一時督撫諸臣爲之運籌，而虎賁將士咸爭協力，是以元兇授首而邊徼以寧。臣等何功，敢叨重賞？但奉命自天，感恩無地。賜需内帑，庸資幸荷於陶鎔；賁及遠臣，矢志曷忘乎衣被？睹金思德，益堅砥礪之真；捧幣捫心，願切絲縷之報。臣無任悚惶，感戴之至，爲此專差承差某親齎，謹具奏聞。

祈行久任疏

奏爲懇乞天恩，准辭新命，照舊供職，祈行久任，以隆聖化事。臣江西吉安府泰和縣人，叨嘉靖三十五年進士，由三十六年四月二十九日，除授刑部河南清吏司主事。三十九年四月二十八日，陞授本部雲南清吏司署員外郎主事。本年五月十八日，陞授湖廣按察司僉事。四十一年十月二十八日，伏睹邸報，以九月二十八日旨下，陞臣四川布政司參議，欽此。臣聞人臣委質，惟命所之，朝而聞報，夕而戒途，勉效馳驅，圖裨涓埃，此非獨大分，抑亦大義也。是以國家之制，凡厥庶寮小臣及列在藩服之外，各有奔走之責者，咸無辭免之例。至如臣某一介微賤，誤荷陞級，榮寵自天，欣戴無地。臣非上大夫，焉敢以辭言？但自臣分限言之，榮踰則媿恧愈滋，恩盛則惶悚益深，此臣所以不能已於鳴也。臣少不自飭，長益無聞，逮於邇年叨録制科，始知勉修，以圖少效。遽佐楚臬，冒玷大方。爰自命下以來，甫及三年，到任之後，日事奔走。自顧蹇鈍之資，竟無及民之實。况湖北連年旱澇，疲憊尤甚。以臣閲歷，至今始諳民隱大畧而已，銓部偶因乏人，抑或以臺臣誤薦之頻，又或以臣素抱迂愚，故持少假，無非仰承皇上望治求才之盛心，不知臣非其人也。臣竊窺皇上以天縱神聖，恭事帝天，彌乂彌殷，無非爲生民計也。而楚地實爲龍飛之鄉，故與其早移臣於蜀參以試未歷之政，莫若姑留臣於楚僉以展未竟之功。臣雖菲薄，或因積棐之故，少有裨於楚民，亦庶幾報皇上萬一也。且臣聞之自昔帝王興致太平，皆以久任收效。蓋歷久，則民情愈諳；施久，則民情愈馴，此古之政治所以功不勞而實惠流也。况新舊頻更，迎送煩數，時日曠遠，靡弊不貲，而當官者亦皆自比傳舍，陽浮度日，始無鞠躬盡瘁之心，而繼有轉顧他方之望。奔競之風所由以長，生民蠹害，莫此爲甚。凡此之弊，臣實親睹。至於大吏方面之頻，更尤非地方所宜。近日言官建議久任，陛下已賜允俞。蓋大聖靈哲，既洞鑒於玆矣，臣復何言？故臣願陛下勅行久任，請自臣始。俾臣仍守原職，遲之歲月，果有寸效，則惟陛下甄録遷轉，以成其始終。臣尤當摩頂放踵，捐犬馬之身命，報聖恩無窮也。緣臣今遷未踰常格，臣之辭免雖僭非矯，倘蒙聖明憐其一念區區意在久任，別無他故，容臣仍以湖廣按察司僉事照舊供職，所有四川參議缺官別選賢能，以充其任，庶幾陛下久任之旨不虚，而天下人心以定。是則事體雖至微，而關係者非細；舉措雖至簡，而裨益者良深。臣嘗以爲陛下有萬年靈長之禧，則必有萬年久安之治。自今觀之，計無有踰此者，惟陛下裁之。臣直幸甚，天下幸甚。臣不任惓惓。

乞休疏

奏爲在途驚聞母病，憂惶成疾，十分危篤，不能赴覲，懇乞罷斥歸田事。臣年五十七歲，江西吉安府泰和縣人。由進士初授刑部主事，陞授員外郎，歷陞湖廣按察司僉事，四川布政司參議、按察司提學副使。嘉靖四十五年因病乞休，致仕回籍。隆慶三年六月，内蒙命起補湖廣按察司提學副使，陞廣西布政司左參政。萬曆元年正月内續陞今職。本年九月間，例該大小官員應三年朝覲，准本司關臣督同首領官，該吏領齎册文。已於本月二十日離任赴覲，外行至江西贛州府地方，得報臣母周氏屢病痛苦在褥。臣聞之不覺驚疑，浹夜憂惶，漸成痰咳。又爲在廣水土不服，侵冒瘴癘，時作冷泄，日夜數行。時欲中止，重思入覲大典簡書至嚴，矧聞皇上沖齡睿質，聖學日新，思竊快睹，曷敢以私情逗進？不虞行至臨江府地方，續報臣母病加痰喘，眩暈瘦損，鮮就飯食。臣愈增驚悸，旋亦眩暈，傾跌伏地，心内怔忡，亦成痰喘，泄瀉不止，肌骨柴立，神思昏憒，飲食頓減，强行轉篤。臣猶欲力疾前驅，其若病勢沉痼，伏枕難移。臣不得已告鳴臨江府，撥醫調治，屢藥無痊。若不以血誠上訴君父放還調理，恐一旦先狗馬填溝壑，臣母聞之必成不諱。是使臣進退維谷，忠孝兩虧，終爲不韙大罪，臣胡以自解？故臣寧不避斧鉞，冒昧陳情，矧臣屢歲扶病供事，奉職無狀，分應擯棄？懇乞聖明，將臣特賜罷斥，放歸田里。臣與母勤氏互免憂虞，病勢獲減，殘喘苟延。是臣母子將來餘生皆陛下賜也。若是，則陛下仁孝之勸既廣，幽明之典亦彰，匪獨臣母子之幸。臣不任冒死干犯之至，爲此具本，令義男胡安抱齎，謹具奏。

衡廬精舍藏稿卷二十一

碑

勅賜霧中山開化禪寺碑

猗兹霧山，青霞紅崖，内坣嶕嶢。東峨西岷，迤南瓦屋，外若遶繚。嵔嵦峞屼，峉洫幽隩，中谽而缪。曰彼天眼，神覿斯奇，内典攸標。挺挺騰蘭，創涉中夏，寓錫維僑。閔兹支郍，鬬剚漸啓，若奔救燎。爰肇蘭若，鬬婆羅門，若疾沃焦。伽護繩鉢，圓澤嗣基，名勝孔昭。普達崛興，欣我盛明，來並迢遥。恢恢帝度，因艿彼法，法宇爍岧。假乃慈雲，藉乃法雨，覃化魅魈。翊我禮樂，熙我歲時，永無漓澆。浩閻浮提，緜億萬劫，鞏我皇朝。

席文襄公祠堂碑

苟有告末世之大臣者曰：「若無以技能爲也，唯休休有容而國家保，不笑，則鮮不疑之；若無以强智聞識爲也，唯好善而天下優於理，不呵，則鮮不笑之。不知曾子、孟子獨取而喜焉，何哉？」嗟乎！此古今學術政治之緜分也。古大臣孰與伊尹？伊訓曰：「德無常主，主善爲師。善無常主，協于克一。」後世唯不知一，故不能斷斷無技，必騖以强智聞識自己出。學者承之，至耻一物不知。夫既耻己之不知也，又烏能舍己師天下之善乎？故以司馬公元賢至議役法，遂不能上下蘇氏之言，矧其他哉？程伯子以爲新法之弊，吾黨當分任其過，自匪知一者，其孰能言之？是故唯知一，然後能虚。唯虚，然後能無我。能無我矣，然後「艮其背，不獲其身，行其庭，不見其人」。然後包荒馮河，不遐遺朋亡。然後聞善言，見善行，沛然莫之能禦。然後不矜不伐，天下莫與爭功，能此古人有容、好善、學術政治遠絶後世者，不緜兹歟？今上龍飛入繼大統，實準聖祖兄終弟及之訓。論者膠議先儒，不能虚心觀善，遂致紛紜嘵喈，是非相攻，善類一時幾盡。唯蜀遂寧席文襄公議符祖制，爲張、桂二公録奏，仰當皇心，簡任秩宗，乃疏辭再四，必不得已，然後趍任。方趍任，聞異議諸臣伏闕被逮，乃獨上書乞貸宥之。既入《效姚崇要説十二事》，其大者曰清心寡慾，接見賢臣，聽納忠言。又言當今急務，求賢尤重，繼因時事，疏薦少師楊公一清、新建伯王公守仁，最後上所修《大禮集議纂要》。雖與前異議者駁論是非，然遇人品良者，未嘗不别白，意不欲以言廢人也。公又因世廟成享，勸上倣宋郊覃恩，寬異議諸臣以次宥放，奏入嘉納褒答，然竟爲執政中止已。又疏舉吏部尚書羅公欽順自代，當此時，異議諸臣大憝張、桂與公等，張、桂亦慂諸臣。公獨上書，力救諸臣，不憚委曲，海内才猷稱楊公一清，學術稱羅公欽順、王公守仁，此三公者皆天下名賢上選也。時方百千忌阻，而公不獨舉之，又自以爲不逮，既特受主知眷禮非常，繇前爲異議者忿誣，繇後爲同議者媢忌，公惟責躬求退，未嘗怙恩一詆言者。今自有識者觀之，若公所爲其庶幾哉。休休有容，好善優天下者，是耶，非耶？末世之大臣有公之心者，衆耶，寡耶？嗟嗟！公豈獨異人哉。方王公謫貴陽，始倡聖人之學，公首相推信，贈之文，其言曰：「君子先立其大，不晦其明。譬之開廣居，懸藻鑑，物來能容，事至能應，蘊中爲道德，發言爲文章，措躬爲事業。大至參天地贊化育而有餘。」又曰：「朱、陸二氏各分門户，從陸者謂爲禪會，從朱者謂爲支離，道至是一明，亦至是一晦。」觀斯言也，蓋蒸蒸入至一無我之門矣。悲哉！三代而上非不用技能，然先立其大，因材自達，亦以達人，故能協一。若後世顓力技能，自鶩强智聞識，馳精於物理，鐫功於器數，即其所樹非不有瑰瑋之節、轟鍧之績，適足堅人我是非之壘，增伯術功利之藩，其于至一之道有徑庭焉。宋仁、神間真儒挺出，世不能用，古今扼腕。今公傳絶學，明大本，際遇令皇，天縱睿哲，學先敬一，君臣道協，心契誠孚，可謂千載一時者矣。向使蚤獲握樞，天假以年，將論道經邦，明揚巨儒，俾野無遺賢，可以回三代而躋唐虞[一]。詎

[一]「回」，底本漫漶，據四庫本補。

謂公入朝未幾，天不憖遺，遽騎箕尾，此豈人爲也哉？抑天矣？夫既卒，皇上親製祭文曰：「學得真傳，德惟一致。」胡端敏公不妄許可，獨稱公曰：「斷斷休休，唯善是好。」又曰：「近世以來未有及者。」蓋實録云。直方爲童子，鄉先達稱近世都尊官不喜佞諛磬折，不以恩怨臧否人，唯席元山一人，聞之心嚮往焉。今年春，予典學兹邦，遂寧令某偕學官弟子員請爲公祠，且有故鄉賢空宇在斗城書院後，將特祠焉。某曰：「噫，何晚也。」遂檄邑令修輯，肖公像祀之，巡臺近麓李公重韙其事，允議編徭辦祀需。公季子常德守某，冢孫工部主政某，枉三百里請爲祠碑。某曰：「此予夙志。」因摘述公大節關學術政治者著之石，以寓其意。公名書，字文同，元山其號，其他治行具《國史》并楊文襄、胡端敏文中，兹不載。

道州濂溪先生樓田洞中冢廟碑

御史大夫汝南趙公某撫楚之二年，自鄂渚行部，旋移旄鉞，趨道州，謁濂溪先生故里。睠冢廟犄隘，屏在穹巖絶麓下，甚非所以妥神而芘嗣也。怳然登降，得其故址樓田洞中，諏所部吏，曰：「是地故篤生大賢，其果勝耶？」所部進曰：「地故稱勝。」因舉直曩謁時眡所勝語符，公大悦。尋下所部出鍰金若干，屬永郡理官崔君某成之。先是直讀元歐陽玄所撰祠記，稱左龍右豸之勝。比承命督楚學，坐迫場事，弗遑躬閲。明年，自西粤歸，乃取道謁拜先生里下，獲尋故址，以左龍右豸驗，則當面南離矣，然南面皆叢嶺閼塞，靡足睹。若北眄則前之數里林林奇峯，列漢表，可矚州。大夫羅君進曰：「斗嚮視之北眄審矣。」是當爲右龍左豸，其庶幾青烏家協。直因嘆昔之君子或未躬閱，而相襲于傳聞之淆，雖數百載其疇辨焉。然則學術之傳以久而淆，亦何異之有哉？獨直以去楚轄，力莫能復祠故處，羅君曰：「斗也竊願就之。」尋即搆廟堂一區，會覲行崔君攝守，慨然有表章作新之志。既奉公檄，殫力夙夜，與羅君先後增修正堂，並列五楹，中妥舊像，又前闢儀門大門，鑿沼藝蓮，以識遺愛。右居宗屬，旁立學舍，嵬垣繚之，丹堊文之，垣之外故有五星墩，誌載以爲孕賢徵表，咸封土復焉。創始某年某月，至某年月竣工。二君又捐餼金，買旁便腴田若干畝，畀先生冢孫博士君某，世守供祀。曩見一荒區耳，今猝睹言言翼翼，膴膴鱗鱗，蔚乎闕里之亞觀也。非獨子孫，雖遠近學士大夫忻忻奮躍，若復瞻儀刑，駿奔其側，宛有生氣，而公與二三君崇報夙心其酬矣夫。于是二三君暨博士君戒仲子某、季子某，將公之意走八百里以廟碑告執筆，且欲發先生絕學之槩。直從雉髮讀先生書，將壯，浸聞父師訓，始識先生聖誠之旨、無欲之功，越千百年獨接堯、舜、孔、孟之緒，與後支末之學指𡌴。今皓首學未就，拜辱諸君命，益低回不能言。雖然，言未可易也。因撰叙始末，納周氏伯季用復諸君，歸加之石，永詔來者。若其故里山川之異，遷徙世系之詳，暨公之德猷，二三君之懿政，則各有志載者存。

祭文

謁告南岳文

某聞人神之職均大，以其均有尊貴之性故也。自匪聖人，往往窒於形氣，弗能以至性爲大通，是故人之舉其職、踐其尊貴者，蓋鮮。惟神魁然超形象，寥然絶睹聞，鼓行昆侖之内，宰割溟涬之間，嘘噏風雷，吐吞雲雨，凝洩寒燠，揭日月爲燭，列山川爲宇，出王天關，旋轉地軸，握禍福之柄，尸慘舒之令。雖以遠近顯晉之異，人物喜惡之殊，其無所逃之明矣。故能贊功天地，撰德生民，造命百物，沛然而舉其職，巍然而踐其尊貴，以視之人，則力易而功倍。矧惟南岳德秉炎精，位正朱明，胎孕南紀，噴沫兩海。其靈挾群山爲宗，其秩視三公爲儷，其道自玄德之聖爲賓，其能嘘噏吐吞，洩凝出入，旋轉握權，尸令沛然而舉其職，巍然而踐其尊貴，以視之百神，則其力尤易而其功尤倍，是故語盡性希聖稱崇盛者，唯岳神爲獨擅。某無狀，自前年秉憲湖北，欲謁未逮。兹者道出衡陽，枉奔山麓，夕睹月星，私多神惠。比至五更，烈風猛作，再經翌日，凌雨成雹。息轡虚堂，心疑形悄，屏獨自思，豈塵鞅未蠲歟？豈牲幣未脩歟？豈以予曩政之窳，神將力拒之歟？雖然，今之仕官以王事載馳謁岳容與者衆矣，匪獨予也，不可謂弗蠲；縣官告具牲幣，予以非典祀也，不欲煩民，不可謂弗脩。予曩政雖竄，神念宿轄，必有陰牗，曷忍終拒？嗟乎！予知之矣。予嘗自怙其尊貴大通之性，猶不免形氣睹聞之窒，妄謂聖人可學，而斯之未信；與神均大，而未能質之不疑。此神所爲深隱而暫却也，神之教且彰彰。予今請與神約，所謂超形氣、出睹聞者，予惟必斯之信，必可以質。庶幾予之舉其職，踐其尊貴，冥符幽贊，神不予違，是亶在予。若神于兹日斡禍福於須臾，回慘舒於焱忽，易震風而興祥雲，變淩雨而揭暾日，詰朝之明，升我祝融，將翔身寥廓，極目弘衍，沐髪東陽，舉首南極，引頸六合之外，既以卜神之果非予拒也，又以知神亦舉其職，踐其尊貴，殊惠玄造，天不神違，是亶在神。某謹採靈均之蘭茝，擷湘妃之蘅杜，命玄夷之使，策黄鶴之仙，奉瓣香以告神之左右，惟神夙夜圖無忽。

謝雨文

惟神與直，並蒞兹土。廼當首秋，浹旬弗雨。民來告曰：「禾之穗者漸墮，田之汙者已龜。」直與文武諸司，咸切憂咨。方自引咎，齋沐躬祈。遽際甘霖，越日淋漓。不後而時，不溢而滋。民相歡呼曰：至哉神德，不假叫號。覃霈厥施，寔豫且慈。報謝之典，其敢弗飭。牲酒既陳，神鑒翼翼。尚享。

歐陽母蕭太淑人誄文

於昔鴻德，孰不有先。匪伊哲父，胎教維甄。三遷遐躅，千春罕踐。韓國紹之，六一肇賢。瑋茲洪族，明德世延。曠三百禩，母相後前。猗母之生，西華精搆。竇婺昌暉，皇姥贊厚。璿式金相，桂芳蘭茂。磊砢岩翁，六一景胄。豪不事産，鶉裳氊牖。母昔相之，德伉志耦。少君婉嫕，翟氏貞淳。敬脩蘋藻，孝飾椇榛。絺綌載績，雖耄猶殷。彩翠明璫，雖貴罕親。匪母之瘁，孰翊翁仁。又孰俾翁，賦詩酣醇。坤德靈含，育茲少宰。母訓之學，曰志其大。少宰敬持，希聖自待。迪惟母言，兢兢罔怠。白首宦名，毋弗内慨。歲在涒灘，翁也長辭。母偕八袠，嗷嗷孔悲。孝子有懷，篤念母耆。擬臥林阿，奉以逶蛇。徵詔自天，夷猶且疑。母執不可，督往以期。曰爾終養，孰與以禄。矧乃未究，曷云終伏。吾尚健飯，偕爾北轂。少宰弗奪，乃脂其軸。上國三霜，蔑不戩穀。帝睠日崇，喜且弗告。維帝簡在，將扶皇樞。視母食幾，爲國休虞。焜煌封典，眷意則殊。卜相淵衷，龍章已書。補天柱地，可計居諸。禱母百齡，朝野一趨。倏焉告祲，收華委戢。容軒朝改，靈衣暮襲。純孝擗毁，呼天莫及。哀徹九乾，帝聞於邑。逝者可悼，行者可悒。上公庶士，同茲阨塞。吁嗟母福，純嘏彌臻。偕耄伉儷，猶踰十春。式穀爾伯，學漸聖隣。亦有叔子，隨和希珍。孫曾蟄蟄，瓊樹石麟。凡茲福德，韓國莫倫。某等誼綰兼玉，情均子姓。少宰之門，昕夕就正。母壽祺吉，靡晨弗詗。聞前之日，緝紉維竟。兀爾神遊，聆者疑信。天未回遹，殲茲女聖。登堂闃寂，題湊已宮。翠帟飛埃，錦幬凄風。酸心白旐，眇泣房櫳。悲豈一端，能不忡癃。灑奠晨輼，曷罄哀衷？

代祭繆進士文

於維先生，挺髦韶稚。鑽玄丘索，邀精百氏。搖藻飛華，夙標瑰麗。南斗躍鱗，北闕奮翅。治安天人，期展恢議。純孝結衷，有懷不寐。痛思慈堂，榆日將墜。勃焉舍紱，反服初志。晨夕潘輿，宴林禊汜。自視斑裳，衮龍詎例。彼惽庶草，絶裾囓臂。名閥雖熿，滅天傅穢。先生巍峩，敻超末裔。生罄其歡，沒而殘毀。庶幾昔賢，永思弗寘。純懿天毓，恬漠自味。瑋茲明德，頹風有禆。遠期未伸，戢景何易。衆物新蕩，賢者曷棄。招搖墮彩，少微隕嘒。某也應乏昇邦，欽風托契。寳厥懿璞，渾淪莫刺。慨茲龍淵，霜光未試。過車腹痛，繚思莫置。緬惟立德，芳流百祀。彼庸握樞，雖髦曷貴。先生長歸，曾史奚媿？感舊懷賢，薄奠遥致。

代祭馬翰林母太夫人文

嗟乎！余聞太夫人之訃，未嘗不摽心紊息，蹙然怳然。追嘆賢母之德，痛傷孝子之心也。

雖然，余又未嘗不爲太夫人慰。昔者臯魚少游四方，故以不及母子相歡爲痛；子路得歡集矣，則以不及鼎茵之奉爲憾。二者雖爲人子之至悲，然親之遇不遇，亦有命焉。自余蒞兹土，得竊交翰林君，知君之爲養者甚盛，而夫人之遇不可謂不厚。始君以名才著江左，至片撰隻字，皆爲海内珍慕，夫人嘗用以解頤矣。迄君起甲科，翔翰苑，人孰不君榮？君曰：「吾豈可一日違膝下？」遂謝去金馬之庭，疾返玉華之麓；遺棄世俗之交，日奉慈闈之座。吳、越珍技，山海奇品，圃則板輿，溪則畫艇，少可娱顔，靡不戒陳。既鮮臯魚離析之憐，又罄子路鼎茵之欣。矧夫人冠德名閥，惠問昭閎，相其夫子倫魁仕成，祺壽多祜，凡皆備至。求之近世，寔寡其儷，夫人亦可以舍然自慰矣。嗟乎！余豈獨爲夫人慰，且亦爲翰林君慰。用馳薄奠，敬奉斯忱，於惟靈淑，庶幾有聞。

代祭大總臺屠公文

粤昔陶唐，分能釐職。契教繇形，皓髦弗易。譬人一身，股行肱翼。各奏其工，乃凝庶績。公生明時，長立辨朝。逮事今皇，實際唐堯。爰作副相，憲臺握杓。遂迄其身，曷異于繇。自公總臺，有肅其紀。外察百寮，内贊銓旨。貶退稱揚，黑白直指。正色立朝，衆莫敢睨。世方鶩靡，公獨松柏。世方炎熱，公獨冰雪。臺端風生，門羅可設。法冠表儀，群紳橛闑。其止淵岳，其動雲雷。吳鈎劃象，秦鑑擢眉。國有大議，定如灼龜。當衆紛呶，執義不回。弱翁封奏，延年法令。思謙謇諤，方平孤勁。以公方之，實兼而敻。匪帝知深，宫保曷命。猗公生德，派出鴻系。太宰兆興，斌斌有繼。丹穴飛鵷，洼渥産驥。玉幹瓊基，瑰辭瑋藝。登朝鮮褐，聲蜚已融。爰自筮仕，受命乘驄。威稜崒嵂，蚤已稱雄。簡花飛霜，筆端凛風。持斧江藩，鷹揚虎視。跋扈顔消，神姦魄褫。郡國藩臬，奇績魁壘。累級遭迴，迺登卿貳。載進司寇，帝眷彌力。復借法臺，左右孰識。蒼珮雄班，絳騶夐秩。匪公之鍊，始終曷屹。人皆幸公，重休累吉。鼎鉉台垣，贊機決密。云胡傾阻，慭遺弗戚。天子震悼，群公淚溢。穆穆天子，禮憲是崇。謚以昭德，贈以榮終。龍章鳳藻，映邦輝宗。豈獨焜煌，賁於玄宫。某等分綴末寮，情均戚姓。隱甫方嚴，敢不承令？循念夙昔，徘徊悲哽。懷德憶標，憒悰各韞。北望靈軒，莫持紖紼。緬惟我公，終爲世則。後代有述，終天靡没。托辭布心，曷究彷彿？

祭貞穆先生王九逵文

於維先生，胡可云亡。孰緘來訃，迫攪我腸。始聞則號，號訴彼蒼。既諒猶疑，疑益彷徨。彼人生質，儻蕩浮游。才佻器狹，位溢寵流。此儕不延，曷疑以愀。我憶先生，匪若之仇。廣顙豐頰，巨準長耳。其止山屹，其行雲駛。背可負天，力可劃兕。脩路方馳，亡也豈理？先生生德，淳懿淵澄。中年聞道，恭嘿而凝。觸之井井，扣之鏑鏑。酌江不竭，注海不盈。才也如虔，轗軻奚右。器也如雄，矧未有後。志豐位儉，德祥命疚。維天操權，尚滋其壽。胡焉貞穆？謚於莆陽。胡焉靈輼？歸返家堂。張生之音，瞭矣其詳。彼蒼回遹，先生果亡。予少狂悻，高自摽己。貌彼醜庸，唾弗以齒。先生顧笑，欲規復止。予觀其顔，化吝消鄙。於時先生，强仕年踰。名貴長行，遜避碩儒。廼忘年德，降友于余。靡日不談，靡談不俞。兩上春官，同舟合舍。庚戌之歲，閲涉春夏。禮闈試蹶，選部名挂。據稱年例，邑郡是借。予曰不然，曷審於兹？薄書繳繞，孰與學師。朋怪僮怒，先生罔移。聞莆之教，以聖爲鵠。以身爲倡，以志爲鏃。賢愚大小，如炎斯浴。如飲於河，各充其腹。閩士之慶，吾黨之悲。猶期誨我，豈曰長離。我於先生，骨肉契誼。哭未憑棺，奠莫躬觶。燕臺别手，遂成永棄。已矣勿言，期之夢寐。

蜀歸告歐陽文莊公墓文

初吾師之薨也，不肖某操血爲文。悲夫！以重厚如勃之身馭變化猶龍之氣，乃不得大斡斯世，徒騎箕而疾返于斗維。今吾師墓木已拱，不肖某猶鞅掌闊絶，未能早歸。伏宿草而灑杯酒，回視古人築場獨居之事，邈乎遼哉，即痛以殞，其胡爲贖？不肖某宣力四方踰十年，雖於道未有得，然自是驗知吾師之學灼然可以繼堯、舜、孔、孟之真者，以出于仁體故也。當師之時，世之語學高者溺虛寂，而卑者入權術，師慨而言曰：「是皆未見本心，唯不忍人之心乃本心也。」一日，不肖某陳述遭風舟顛不動爲難，師曰：「既不動，而能計慮救拯，乃難。」嗚呼！是乃見堯、舜、孔、孟相傳仁體，大而天地，散而萬物，遠而千萬世之上下，四海九州之内外，無不相通，無不可盡者，此也。於乎！吾師已矣，獨恨不肖某不能以身發明，痛毒何可勝言？雖然，師之道無先後，亦無隱顯，其致一也。不肖某今雖病伏草野，猶期晚節，要不隳仁體，具以上報罔極之德，敬用粢醴告師之墓。惟師至仁，尚默相之。

初歸告先祖父文

叨第十稔，柄學二霜。心欲有爲，而病適相左；時方可效，而氣未克充。今荷皇命以歸寧，寔藉先德之弘庇，小子某敢不欽哉？仰承我祖父忠孝一脉，雖伏草野，彌求無忝。謹用清酌庶羞盟，告我祖父之明靈。

呼程後臺太僕文

嗚呼！吾兄逝近載矣，而某相去不千里，尚不馳一奠、寓一哀以告兄之靈，某疏薄極矣，然而痛兄莫某若也。某往實愞弱，始遘金隣，荷相挈於道。當時視兄行若飭，氣若恬，其語道若親。又數年，復遘燕臺，當時兄別有得矣。視兄行若達，氣若健，其語道汪洋不可以畔岸。某曰：兄進矣。已而疑之，以書質於兄，書之意曰：人心有本然不動之體，而無以氣魄當之；有本然無爲之用，而無以氣機承之。仁者不憂，勇者不懼，此本然不動者也。若夫身臨矢石，了無驚怖者，雖亦不動，特氣魄之雄耳。故有持美人以悲歌，面故君而戰悸，則雄者餒矣，而可以氣魄之雄槩認之爲不動之體乎？孩提知愛，及長知敬，此本然無爲者也。若夫好色，一接忻愛隨生者，雖亦無爲，特氣機之順耳。故有對賢妃而斂容，睹桑妻而生媿，則順者阻矣，而可以氣機之順槩認之爲無爲之用乎？是故本然不動之體，不以氣爲雄餒者也；本然無爲之用，不以氣爲順逆者也。蓋性雖不離於氣，亦不混於氣，任氣混性去道遠而。嗚乎！某斯言也，非獨書也。邇年兄官僕丞，某又以告，而兄終未有以明見復也。詎謂兄自認其學，浸淫病且逝矣，而予猶不忍不以斯言告兄之靈也。嗚乎！兄已超形氣，翔大廓，魁然與造物者遊，兄必有嘿以啓予者矣。予獨憾不能盡於生前，而徒申於死後也，故曰莫如某痛兄也。

鄒東廓先生誄文

於昔姚姒，執中啓傳。文功紹之，帝則以宣。箕福之歛，皇極攸先。猗我尼聖，獨纘其全。縱心不踰，爰在傳年。大哉斯矩，靈承自天。渾淪無朕，萬感燦然。裁成輔相，維變所遷。雖變無方，天矩行焉。微有低昂，禍害孔延。肆惟上聖，兢兢業業。亦惟上賢，《中庸》斯擇。晚宋之儒，惑焉莫得。弗揣其本，外求物則。探索紛紜，訓故磔裂。天啓粵賢，獨禀靈特。曰惟致知，匪假推測。致其本良，匪外物格。上遡中極，千春一脉。寔啓吾邦，瑰哲駢昌。煌煌鄒公，登孔之堂。繹公韶齒，奮策帝傍。左馬揚班，非心所臧。致知之學，自信而當。請事有年，醇明堅剛。國有大議，精白飛章。邅迴外服，愈挫益揚。孤忠碩節，日月同光。德聲義問，四裔彰彰。起佐青宮，沃心孔亟。圖上聖功，施弗遑及。嗣教成均，士風是植。匪惟多士，朝紳有立。爰及門墻，達者匪一。感事乞歸，朝野共慼。原公之志，六合同室。稽公之學，位育可必。既卷而懷，憂道彌力。豈同淺夫，悻悻自逸。大推所學，與世共明。繼絶開來，仔肩攸承。下逮寒畯，上比公卿。有扣斯應，兩端盡傾。如彼喬嶽，不震不騰。文梓枯樗，鮮弗抽英。又若溟海，瀇瀁瀰溋。神龍毒鰐，悠然並生。公庶幾哉，博學難名。維公道博，約之有主。維公智員，實方而矩。行上庸德，言無綺語。孝弟之行，神明可睹。進退之操，雲漢一羽。細行必矜，片善是取。物俾得理，人令獲所。瞻其儀刑，慢者就度。聆其謦咳，狂者氣阻。教脩林閭，風加海宇。乃當時士，趣徑騖奇。高者悟性，圓覺無迷。妄者適情，儻蕩載馳。以是自堅，蔑視典彝。未及志學，縱心委蛇。取予進退，謾無所持。三千三百，曰外威儀。孔孟盈談，迦周寔師。流澌之弊，桓文卑卑。禍道之深，豈曰支離。獨賴我公，正色自持。手揭日月，以開群翳。身爲砥柱，頹瀾寔支。曰知本良，唯致乃盡。赫赫帝矩，罔念爲病。全生全歸，毅焉獨任。豈謂今兹，遂終正命。豈孔之學，壽筭亦並。公無少憾，世獨弗幸。某與令子，世誼維敻。矧荷公教，豈殊子姓？倏聞公訃，五内崩殞。人孰無逝，孰無可傷。唯公之逝，豈關一方。維世於公，冀還亮弼。堯舜君民，寧論召畢。終老洛社，僉猶望之。一朝傾徂，天不慭遺。斯世何辜，斯道何阨。公既往矣，魑魅晝列。喬嶽若騫，溟海若竭。日月之懸，雖明孰揭。前年京歸，走門請謁。公面命之，仁道是責。我今復來，誰爲我惻？我哭無聲，我痛何烈。期與令子，共率公教。帝矩之訓，願言自斆。惟公之神，無間顯幽。尚期翊我，鑒兹黄流。

祭羅念菴先師文

維嘉靖歲之乙丑二月十又九日，不肖門人胡某寓蜀之彭山縣官舍，於時聞先師念菴先生之訃，設位致哭。易七日矣，乃敢以香楮牲醴之儀，矢心陳辭告靈位前，言曰：嗚呼！某自初春寓蜀省，客有言先生以去年中秋日棄去，聞之皇懼，如墜如摧，欲言弗忍，欲詢罔從。然而情知先生之逝也果矣。蓋先生前年書云：「右臂不仁，於夕死可矣爲近。」已而，去年六月書又云。某固知先生之已躋於全歸，而又不欲先生之數數語此也，孰謂先生亟爲永訣捐斯世而歸耶？嗚呼，痛矣！夫善世者道，善道者心。自明道、象山二先生之後，學者仇心以索道，辟諸掩目而求天。至近世得陽明先生而一明，得先生而天下始信。今先生即長逝歸矣，其若斯世之將復矇矇何哉？嗚乎，痛矣！如小子某少負不羈，長益駘宕，方壯而耳學也，身棄之。踰壯，從先生遊，入悦也，而出違之。既近強年，始稍知尋繹，十稔以來粗謂從事，然兩歸就正，先生兩訶之曰：「是子所謂目長而足短者。」某聞言凜凜，亟欲解組，卒業終身，而謀歸不勇，旋成長别。自是以後，將孰爲予訶而予證也？天而喪予，則喪予矣，乃喪予先生，予何歸哉？某又何獨爲先生痛，爲斯世悲已耶。嗚乎！生既不能就左右以終至教，没又不能啓手足以聆遺音，豈某也天厭之甚，而先生遽絶之深耶！報者云先生臨終沐浴冠服，端拱而後化。自報者未知其爲得先生之心也，而某固已嘿睹之矣。先生其誠全歸者與？嗚乎！某今年去先生之終少十有三年耳，以先生之淵懿而不留也，況若某者其能久乎？使某之學誠以日爲年，則日且不足矣，又安能望先生之全歸？雖然，舍全歸無用爲生，亦無爲先生報。異時曷從見先生九原無靦面耶？嗚乎！某之斯語心商之七晝夜而後敢告，惟先生其終相焉。嗚乎，悲乎！松原欝欝，桐水湯湯，哲人萎棄，山川凄凉。繹先生之末路，雖閉户其皇皇。胡靈鳥之不至，將令天下仰日而違光。睠衡霍之崩頹，羌何依以相羊。維予心之憒慍，横大塊其靡藏。魂乎乘九乾其飄飄兮，予獨睹儀刑於秋陽。爰矢心以報德，瞻昊天之茫茫。唯反躬以爲歸兮，或庶幾先生之毫芒。神靈浩渺無不之兮，駿雲氣以來嘗。

祭軍牙六纛文

自昔元戎聲討逆命，建牙樹纛，貔熊交映，指揮三軍，威靈甚盛。今承帝旨，戡兹不靖。大兵啓行，吉辰協應。惟神精光驅雹，毅氣乘風，騎青龍而翊白虎，握太一而叱豐隆。招摇東指，直殲元兇。兵不血刃，妖穴坐空。克謐蜀土，用昭我聖皇安民之功。爰脩禡祭，神其允從。

祭張南軒先生文

自孟氏没，而功利之習日倡日錮，堯、舜、孔子仁義之道日以闇蔽，漢唐儒者徒知矜其名象，涉其藩垣，然而功利之入人者未瘳。辟之陷泥淖之中，雖有强者左傾而右跛，有能登其岸者彌寡。唯宋濂洛崛興，得千載不傳之緒，以無欲爲宗，以天理爲極。其相繼而出者，雖見有通塞，得有淺深，皆知求無欲以復天理，總之歸於爲仁，蓋皆嚮往堯、舜、孔子之徒。然人雖知功利之非，亦或有依違其見，不知念慮之微少有所爲，即與粹然無欲曒然天理者不相爲矣。南軒先生聞道甚早，大本卓然，先儒蓋嘗稱之。至其立教以無所爲爲義，有所爲爲利。然後斯人灼然知一念之有爲者，無論善惡，咸出功利，咸非無欲天理之真，而天下學道者之趍始從以定。是先生之有功於斯道，吾不知其與紫陽夫子孰後先而遠近？某少喜駘宕，長乃聞學。然質駁而習深，將就而繼涣，邇知媿奮，恨無若先生者爲之就正。兹者繆執文柄，過車遺里，高山仰止，載瞻載奠。意者以一時對越先生之心一無所爲者，即無欲天理之真，將以此自終。以此喻先生之鄉士，俾皆繇仁義不入功利，寧非先生之指，先生鑒而牖之可也。

大益書院祭文

具官某敢昭告於宋濂溪周先生之神，維神崛興荆楚之介，遠紹鄒、魯之傳。闡無欲之至教，啓學聖之真詮。心法迪乎來哲，身範賁諸西川。爰惟兹土，歲祀孔嚴，暨明道程先生、伊川程先生、和靖尹先生、譙先生、南軒張先生、鶴山魏先生、大明敬軒薛先生、道林蔣先生，或宦遊而往復，或篤生以後先。雖古今之殊代，寔教澤之同源。咸配享於無斁，將佑啓乎來賢。

祭蕭晴川姑夫墓文

惟公生於熙代，醇氣未失，故能以太樸爲使，純素爲匹。雖世故之多更，而迄不知有奇衺之習。育於仕門，家範彌殷，故能以詩書爲腴，禮讓爲芬。雖先業之克守，而終不知有勢力之榮。不含舊惡，不責宿逋，衆或病其寬也，而公則自喜其無尤於世；不跋湖山，不踐公庭，衆或譏其懦也，而公則自安其無累於己。求之古人，閑家若龐德公之敬，履世若李士謙之任，公其或庶幾哉而無愧。是雖謂公爲遺民，爲處士，蓋今一鄉之靡有異喙。直不穀，辱爲公夫人猶子，爰自結髮，粗諳詞章。公愛若掌珠，護若荆璧，惟悸其或傷；養若蘭芷，望若杞梓，惟忻其日揚。蓋嘗舉先祖父之薄修以勗其大者，又奚啻若世俗之冀以顯融而焜煌。逮直壯，領鄉書，隨復連蹇，世或見病，公獨掉頭哂曰：「若子，何虞不晚榮耶？」以公自負，誠若古之冰鑑，而直亦冒登一第，官中大夫，列職憲臣，若足以償公之夙望。然學不成身，業不裨世，顛毛半斑，思報未能，而公已仙遊無有之鄉矣。兹者幸乞身於林莽，懷知己之難忘。尋龍洞之奥室，采虎峯之幽芳。憶儀刑於故武，裭百結之迴腸。謁靈丘而灑泣，痛欲報而莫將。跪剩酒而陳詞，擬明鑒之煌煌。終何以酬德於九原耶？期不靦顔乎娍姥之崇岡。

奠歐陽蜀南兄文

於悲嗟哉！兄乎兄乎，乃曷爲乎遽前予而長往？乃曷爲乎遽履兹而中斷？彼蒼蒼者，既封殖其德矣，乃曷爲而不能引其年？彼人人者，既傾誦其懿矣，乃曷爲而不能衍其算？予又曷忍搴帷憑棺，燎香灑酒？奮予臂也，不能把兄之舊裾。躡吾屩也，乃復涉兄之宿館。兄之顧予愛而且望，若屬于毛，若比于目，聯則達，弗聯則弗達，不啻若世之所爲肉骨。予之視兄敬而相倚，一爲腹心，一爲藥醫，有則生，弗有則弗生，不啻若詩之所稱塤箎。維今之日翳，誰之爲有此懜懜？乃裂吾屬毛比目之親，刲吾腹心藥石之重，予曷繇自達自生，竟天壤而抱長痛。憶予綰髮，操習時義，妄獵古辭，狂咤雄睨，誤損高鑒，鐫心盟契。有偉王生，曰尚涵氏。曁予三人，陳雷自例。鼎足交峙，車輪互麗。始從茶山，龍洲相繼。晨展共書，夕眠合被。廿年之間，有離不季。嬉笑罵怒，寧知諱忌。有亡臧否，寧分此彼？父同伯叔，母成妯娌。維妻與子，各執分誼。於頽波中，特樹友紀。孰使然哉？唯兄之義。豁達慷慨，令人傾肺。當此之辰，兄出紈綺。予孤且涼，捉衿不蔽。予反嗜狂，兄獨陳義。直諒貞風，世孰爲儷？曁予壯齒，折節慕學。躬弗逮言，屢興屢落。間趍二氏，兄心厭薄。強仕天牖，繆悟博約。兄聞欣欣，蹶然而作。月書歲緘，期共有獲。晚復同師，堅貞澡濯。嚮道遇饑，聞過雀躍。亦有王生，有訓嶽嶽。予倚兩君，爲鑰爲郭。唯兄毅然，指瑕糾錯。翊予悅親，敦予體國。小言藹藹，重語諤諤。是歲之春，予歸林壑。茶山之剎，襟簪復合。予察兄志，彌勵而卓。兄訂予功，若漸有覺。追兩師門，冀共光爚。時云暮矣，皓可無怍。予喜得兄，殘齡有托。繇斯以言，兄之于予，豈曰友之？蓋友之上，而師之末。於悲嗟哉，天而喪予，則喪予矣。前歲殲吾師，今歲又殲吾友，予果曷所依以畢此殘齡？其爲弗達弗生決矣。予嘗較量，以兄之詞翰，雖文踈柳、李，詩闖岑、王，可幾也，兄獨中斂而不揚其芬；以兄之經猷，雖小爲龔、卓，大爲姚、宋，可幾也，兄獨坎壈而未導其泓。

乃徒徽跡於黌序，局步於江城。豈弟被于鄉閭，孝友範于家庭。俾里之人士，生而群頌，死而巷哭，咸曰：「善人，善人。」此蓋千百中，睹兄一人而已。天乎懵懵，曾不哀益，乃不爲千百中而延茲一人。於悲嗟哉！予歸未半朞，而兄以病聞。予謂病常也，抑有托也。孰謂兄竟潦倒浸淫，遂遄別而終冥。若俾予徒懷萬斛，而未逮一語；若俾予共要千里，而未升一程。傳兄病殷亟呼予名，豈兄訃此將有云云。予念及茲，益靡爲心。今也挈帷，胡不聞聲。呼天大叫，秖摧我膺。雖然，若在他人死則死耳，於惟我兄其必炳靈。余來哭此，豈不聆音？維兄高堂，自抱德馨。余與二王，起居必勤。驥子麟孫，日長以成。久要之約，豈獨世盟。兄姑寧矣，無悽以怦。倘有來生，猶冀長親。於悲嗟哉！兄生而期余遊五嶽，覽重溟，今兄翺翔太清，靡所不之，翩然而洙泗，渺然而洛濱，其將閔余聲之嗷嗷，而笑余涕之淋淋者耶。

祭歐陽乾江兄文

嗚呼，嗚呼！吾兄其果逝與，抑非逝與？其可逝與，抑未可逝歟？唯予創聞，勃焉震墜。既信猶疑，既疑且悸。疑信之間，一欷百淚。胡浩浩之回遹，仇吾徒之特酷。厝萬毒以蘊隆，莽一朝而隕禍。肆之子之遽遺，若駒迅而飆促。延倉公而舌橋，扣華生其駭矚。辰搦筆以摛章，已遊神於冥録。豈至寶之易毀，抑吾道之竟孤？爰雪涕以致詢，偉孝誠其中紆。依慈母之轒輼，羌屏獨以云徂。曰余偶玆奇運，適寢瘵而避居。徒撫枕以飛血，吭欲絶而猶呼。將叫天而無從，急憑棺之未得。增頷顑而侘傺，彌菸邑而繚結。緬思子之幼儀，濡夫子之貞則。少醇懿而姱脩，又益之以博物。越既壯而雄飛，冠多士以稱傑。謁南宫而屢剥，試中秘以獨馳。台垣資其文彩，同志倚爲龜蓍。維訏謨與讜議，世食福而弗知。旋爲郎於都水，屢宣力於曹司。時瞻雲而惝怳，尋遄車於孝思。世方欽世德而景名才，冀豹澤以大厥施，何哲人之長萎，若濟河而摧其巍桅。嗚呼，嗚呼！人孰無死，孰死於親。唯兄之逝，實孝之屯。世孰無殀，貴反於真。兄年五八，視耄尤珍。翳予小子，踰冠募宕。造謁夫子，稟學函丈。誤題狂簡，槩語以上。退辨于兄，粗識如往。閲歷歲年，誼孚情罔。既均裘馬，亦協寢餉。異胎同心，殊宗一尚。維予質駁，多岐亡羊。中年仕宦，取友四方。往轍徒悔，來軒猶僵。各成皓矣，復合一堂。期犄角於脩途，補東隅於榆陽。方將朝聞以夕死，庶不赧夫子之門墻。縱侈哆以百車，獨相保於心銘。念尺書之昨飛，展宿墨之猶瑩。何虞子之捨我，曾不留信宿之爲停。乃一語之未訣，雖千號其孰聆？矧慈母之未歸，兄豈忍忘於怔營？且令予矢力於末路，又誰爲之啓扃？亦孰芘而孰翊，恫惟予之僝仃。闃登堂而弗睹，煢諸孤以涕零。奮百身以從之，亦安能返子于幽軿。知醴脯之空薦，挈肺肝以嗽明靈。

奠袁生文

雩陽袁國用，少從先府君學文。今歲萬曆甲戌春，忽自雩獨身訪予山中。盻予舍不里許，移跬之間，遽告終矣。予創聞，駭痛躑躅，尋備棺斂，殯之旁便地。抵秋，厥叔某遣迎其柩歸雩。予適病，不能送江滸，情益愴惻，乃治牲醴之儀，爲文將之，其詞曰：

悲袁生乎，悲袁生乎！生昔者被服紈綺，僕隸雲從。乃兹則鶉衣擔簦，獨行無徒，胡豐約之異致也。生昔者韶齒蕣華，有力如虎。乃兹獨孱骨愀容，寄死道塗，胡死生之變迅也。子獨不知豐約者，幻也，幻不以先後執；死生者，常也，常不以遲速避，從古今不尠矣。奚獨子哉？然則人之寓世，曷豐曷約，曷死曷生，如菌曷嗇，如椿曷賒，西昌曷旅，雩陽曷家？嗚呼！靈其歸矣，無滯以嗟。

同郡會祭雷太母文

唯天孫有淑季，字瑶姬而明靈。睠秭歸之壤奥，逼埵竈而氣蒸。出黄牛之神峽，溯峨岷而始平。將間世其氲祟，孕三楚之奇珍。駕列星以爲軫，勑女須而導征。既降芬於名閥，幼婉嫕而居貞。厥相攸而獲樂，逑君子以作盟。彼君子之顯允，偕令德以爲行。介和祉而祥發，爰篤生此岐嶷。鳳振輝以鳴漢，驥驤首而騁逵。庶淵騫而履順，絢賈馬以文馳。乃飛華而颺藻，標瑰麗於彤墀。亶執法於爽鳩，爲律魁而靡緇。誕帝眷其洵美，曰唯繇兹母儀。既褎表以鳳冠，又張之以嘉詞。分大夫唯虎符，牧下國其勿辭。盍愉養以徹侯，鼎五七而前施。嗟此邦之湫陋，獲神君與仁父。首露冕以詢俗，恫地瘠而吏窳。祗白齒而肉之，登沉溺於澳煦。既露湛於嘉禾，亦霜清乎狐鼠。外蔭棠而瞿瞿，内承萱以與與。矧抱冰以壁仞，疊九邑而風鼓。合庶草之忻忻，靡不歸顧腹於太母。方伺母之休虞，指遐齡於西華之姥。胡大命之有極，致眂祲之遽告。既大夫之崩穹，亦吾氓之喪昊。慨蘭茝之收華，嘆驊駒之梗道。誠吾邦之凉祚，豈明賢之寡造。嗚呼，哀哉！某等僉飲海而思河，咸瞻璞而欽寶。睹素旐之翩翻，盻櫬舟之披縞。外爲民而灑血，中憂思其如擣。爰悼逝而愴離，跽陳詞而薦藻。

同邑會奠劉軍門母太夫人

嗚呼！豫章之材，横絶百畝，上負青旻，下芘千乘，而匠石者斲其末枝，可棟王闕。長河之流，深灌地軸，經帶秦、晉，潤澤中夏，而都水者引其支派，可浮萬楫。其功德若是烈也，而不知其托於靈嶽，發于名山，貞靜博厚之蓄固敷森瀇瀁者之攸植而攸溢。昔者五嶺之粵、楚、閩之交，雄虺卯蕃，恣睢吞餐，雖當事者破斧缺斨不能定也。維中丞公開府仗鉞，弘布條教，間飛尺鐵，噓噏尊俎，三省坐帖。又昔以繡衣操斧，巨芘渥波，浸被下國，不啻豫章長河之烈，而不知其出太夫人貞靜博厚之遺澤。人之言曰：「可爲衆母，不可爲衆母母？」今太夫人，衆母之母，寔靡慚德。矧聞聖善，含祥紫金，挺淑名族，仇德高閭。母儀璿式，婦則蘭馨。近蹀中國，遐儗桓君。乃中丞公奉乘傳於江介，萃海錯而山珍，方衍祉于下方，遽掩彩而歸真。痛寶婺之墜曜，愴天孫之闇明。豈中丞之失恃，洵吾邦之隕厥親。倘逝者之可贖，亦何恤千百乎斯民。佇龍章之自天，將焜爚于泉扃。偉中丞之揚顯，信振古而耀今。嗚呼！太夫人且逍遥從西華之軿，而民士之將迓者又曷庸欷噓而掩襟？某等或叨通家，或激輿情，悼逝悵離，覼旒心崩。抒悰寫詞，薄奠聊陳。於爍明靈，翩焉居歆。

祭少司馬張公母太夫人文

猗太夫人，武閥焜崚。作媲名哲，轟振儒宗。曷言振斯，義方教崇。毓驥渥北，孕鳳河東。温温少府，循政稱雄。暨少司馬，灘水雙龍。伊昔司馬，爽鳩發軔。時有重人，繆操魁柄。頤指朝紳，從風奔命。紛世澒洞，寰海氣祲。英英司馬，亭亭孤憤。飛章熛闕，借劍剸佞。彼髯且都，冠珮峨如。聽咸縮頸，語競全軀。每恃創至，猝聞而愉。大哉訓詞，罔替乃初。世之頌母，女冠丈夫。維漢滂母，千載同符。子戍夜郎，母返西粤。荏苒十霜，國是再揭。司馬登朝，母惪彌赫。鎮虔撫楚，脩能瀸澤。彼穀者疇，緊母之烈。帝曰允哉，忠孝一轍。簡倅樞府，安攘是資。視母健否，計國安危。司馬伈伈，曷忍倭遲？回車覲母，封疏自題。臣母耄矣，將母有期。帝意未釋，母壽遽違。我知二難，擗踊摧裂。指紳共悼，帝聞孔惜。猗太夫人，上壽屹屹。矧維賢嗣，芳流靡極。矧茲司馬，歸慰且訣。純嘏世稀，誠孝天格。某也憶自解褐雲司，共升司馬堂奧，道義情忻。邇侍楚臺，飲德滋深。今官茲土，休戚同襟。耳熟聖善，日領徽音。慚未摳衣拜母階庭〔一〕。薄奠遥馳，於赫來歆。

祭歐陽鑑齋先生文

於維乎翁，遽作化人，寢於大室。令人哀擗，如摧如擊。某也爰自束髮，好文負氣。傍徨馮閎，交遊紛集。所不雜者，惟與令子文朝，偕尚涵氏。少同研筆，長共衣裘。瑕疵相箴，德業相求。出王衍遊，有若麗澤之爲儔。緣是承接翁之顔采，而沃領其風猷。誼次骨腑，情通戚休，誠非一言之可以酬。獨唯昔者予自蜀歸，翁已縣轂，七衮高年，髮鶴顔玉。予隨弁紳，搆文爲祝。拜翁元配，偕臨皓顛。融融堂奧，祖孫曾玄。日宴賓友，傾倒繾綣，雖立酬百觥，而令儀之不諼。

〔一〕「摳衣」，原作「樞衣」，據四庫本改。

竊度翁之遐齡，蓋有巫咸莫能測算，而司命莫能制年。亡何，某起楚學，繼辭廣臬，感先慈之衰孱，再馳疏而舍紱。獲睹翁之風度猶曩，而慶翁之年齡及耋。擬爲翁賀，情彌殷而意彌結。乃今賀者未幾在門，而吊者已即及乎庭闑，又曷強爲之哀些？某也憶翁之慈祥性植，孝友天畀。愴先人之手澤，雖耋年而隕涕。仁睦三黨，初終不替。守廣德，佐河間，曾有部民夏氏藏金於茗篗，翁則立拒峻却，有若拔刺。蓋既追崇公斷獄之求生，而又嚴伯起四知之尤勵。兩地士民寔咸有來暮之歌，而翩聯去思之繫。頃以郎署疏歸，雖故相推轂，而拂衣罔滯。迨抵家晉秩，已近暮齒，猶藹藹而若處女，抑抑而逾壯穉。或者語及干謁，輒赭色掩耳而爲之引避。蓋翁抱德煬和，復謵不餽已外非譽而忘人似矣。以故鄉衮子衿日相評議，不云古之長者，則曰今之善士。夫以翁之居家、當官，以逮處鄉，非啻寡過，寔垂典型，彼造物者雖假之純嘏，而綏以百齡，庶足答姱脩而慰群情。胡天使難弟文子之溘喪，淑配冢孫之繼亡，翁以一人亢完，休畢一門。不二三年，翁亦病足痿而退養於闥房。以粗床敝席爲佳趣，以劬躬熹後爲美場。詎其食飲起居，靡有奇尤，乃焱欻乎乘東維，騎箕尾而神遊乎茫沆。某也撫今悼昔，又安知涕横之短長？於維乎翁，人之聚散死生，懸諸大鈞，猶之大壑然，注焉而不能滿，酌焉而不能傾。若翁之令德冠鄉閭，宿名重朝紳，天壽八袠，暢其緒業。矧又有孫曾雲仍，衍麟定之振振，翁亦何憾而不爲長瞑。某自聞訃恫哭，恨不飛越，乃阻哀艱，有功緦不吊之例。然某與翁父子殊宗一體，又詎可以例埒，乃奠村醪，乃宣積悰。知翁之用物弘而取精豐，溯虚泳爽，冀必能憫鑒予之沉衷。於維乎翁。

祭太僕少卿劉仁山文

於乎銅爵，逸足翠華。是肩函牛九鼎，弗以烹鮮。大器重負，自古則然。悲嗟我公，廼獨弗延。百年長筭，短日而捐。萬里脩途，末路頓顛。公乎至此，豈天弗憐。予始聞訃，涕泣有摽。適也居廬，沉疴百繞。幾爲化人，從公世表。念至必吁，談及生悄。公秩僕卿，秩若非尠。公壽踰艾，壽奚爲殀？所孔悲者，匪世之曉。維公巨才，匪擬常局。六飛未駕，虚稱高躅。試爲池沼，豈罄淵谷？世患無才，才莫竟録。既録而晚，乃至中墮。於悲嗟哉！匪予也獨。追惟疇昔，盍簪駢轂。當斯之時，楚材寔繁。磊砢廓落，惟公軒軒。祝融是孕，雲夢可吞。榜則連茹，師乃同門。情蒙例海，學共探源。予西公南，各天異轅。胡期西粤，爰追熊轓。職業既聯，心腑彌結。昕遊膏繼，夜集曈輟。身箴是琢，民理均切。于時覯公，如揮巨闕。星軺所指，霆颸雨澤。計耘小醜，兵殲巨賊。蹇蹇鞠躬，夔夔許國。蠻烟毒霧，積僨疇知。早不登公，暮稍陟斯。扶摇奮躍，竟遠天墀。一朝長委，如山斯隳。方窺牙纛，竟塞鍾彝。天既昧昧，世則疇資。矧予違世，於公厚期。公竟已矣，百贖已遲。公返夜臺，今已三朞。掛劍有在，絶絃爲誰？表墓緘愫，病不身馳。孰諒予悲，公必諒而。

衡廬精舍藏稿卷二十二

傳

盛公小傳

盛公者，吳縣人也。名昶，天順間進士，授監察御史，以直諫，謫羅江縣令。爲政廉明，務興利寢害，不誰撓，吏畏而民信之。時邑寇胡元昂嘯集稱叛，昶著檄諭，散其黨，遂緝元惡，平之不煩隻兵。隣邑德陽寇趙鐸者僭稱趙王，所至屠戮，攻成都，官軍覆陷，殺汪都司，勢叵測。羅江故無城，昶令引水繞負縣田，晝開四門，市中各閉戶藏兵，於内約砲響兵出。又伏奇兵山隈，陽示弱，遣迎賊，賊入市未半，昶率義勇士開戶，聞砲聲，兵突出，各横截殺賊，賊不相救。山隈伏兵應聲夾攻，殊死鬭，賊大北，斬獲不記數，俘獲子女財物，盡給其民，邑賴以完。父老泣曰：「向微盛公，吾屬魚肉多矣。」肖其像，今存。初昶至邑，衙後有廟，神素妖，左右以例請祀，昶弗聽。至夕，有鷄伏神前，如釘置然，昶曰：「神敢妖若此？」促毁之。時前令張尚留，至夜，神夢張令求解，張晨語祂，祂弗允。張夜夢如前，張夢語神曰：「若何不自訴？」神曰：「前者乃鬼卒爲耳，盛公威靈，何敢干也？」其爲鬼神憚伏若此。祂後陞叙州守而去，至今羅江民祀其像於寺，歲不廢云。胡子曰：余校士按羅江，訪名宦誰氏，署邑者報，邑自創無名宦，亦未有祠。予檄責之，而學官導士民以盛公事狀上。余覽之不置，蓋爲之斂容，屬屬然而慕也。盛公決策挫賊，存無城之邑，斯既以奇矣，廼能使鬼神憚伏其威德，此何以致哉？夫行立則人知，念動則神鑑，然能矯于行者不能矯于念，能逃人非者不能逃鬼譏。若盛公事，非其素念無頗，不可矯而得也，豈不亦至難乎？余未暇考盛公始末，粗傳其事，將刻置祠中，視吾黨士及吏茲土者，得以覽鏡焉。

蕭丈人傳

昔先太父謙齋府君布衣抱當時志，方直八九歲時，屬望之固遠，而直之姑丈人蕭晴川君一見，與太父意合，遂取而館穀之，令從其族彦二岡先生學文。先生語曰：「是子可教。」丈人輒忻忻解頤，輒又屬先生教益篤。先太父、先君繼逝，直昆弟僔僔疢疾，唯丈人相吊問。嘉靖癸卯，直舉于鄉，丈人迎之大噱，生平難酒，至是飲輒醉，曰：「吾老矣，無希于世，吾獨念若祖父世修闇弗聞，幸顯白有地耳。」久之，直連落南宫不薦，丈人款接無倦，或詆曰：「是將爲不食泉矣。」

丈人奮激大言曰：「焉有如此士而終不名世耶？」退勗直「無溺古文辭，病進士業」。丙辰，直成進士，而丈人已先期捐館矣。隆慶改元，直始從蜀臬解文柄歸，始走哭丈人墓，洒盃酒，僅僅濡壠上草耳。悲哉！直去丈人二十年，顛毛改矣。自顧迂謭，内無樹于身，而外不能毗世，不獨負丈人，且負先太父。直何以自償焉？雖然，以丈人之隱德沈行，俾終不暴於世，則直之罪戾益不貸矣。乃爲之摭其事，以傳其傳曰：

蕭丈人者諱川，字胤仲，號晴川居士。邑南溪里人也。性醇夷，不爲攢眉，遇人無猜腸。少事父巽菴公及繼母，能得歡心。兄卒，遺二孤，撫之尤恩。賓客過從，隨所有盡歡。退居時時吟哦不休。有紿之者，後雖知其紿也，無較意。貸弗克償者，無過督。門無叱咤之聲，僮奴逆節，佯矯以好言，謝過，輒悠然不加挺事，至遽委仗之出肺腑，不記其嘗逆也。丈人族系最遠自宫師尚約公，以後纓緌文學士益彬彬稱盛。丈人每見秀出者，輒喜動眉睫。歲賓興族士捷者，必先見夢兆，無不驗，故族人歲視丈人夢卜進取。丈人好形家學，自以其學卜厝巽菴公埋葬之，具咸已辦，弗逮弟姪家。故住武姥山下，山奇勝，有龍王洞、虎鼻峯。丈人歲時尚羊其間，曰：「吾歸骨此地足矣。」然竟未可仟。卒年若干，葬某山之原。子三：伯某，季某，先卒，仲某，世其家。

論曰：蕭丈人之質行懿度，休哉有古含哺之遺韻，豈非煦育孝皇帝瀸澤太平之盛民者與？以視今之人，如包瓦礫揉榛棘，其疲佚安殆何其相萬也。嗟哉！今之人何不爲丈人而爲此。又曰：丈人田畝士耳，其愛樂後雋，何異世之賓璠璵、育蘭芷者？睢睢然覬望其成，猶懼一日毀而萎也。彼非有希于世，豈亦其天性固然者耶？向使丈人居位有力，其於當世何如也。余故詳著其事，匪獨追感今昔已耳。

仙門先生小傳

仙門先生始業舉，輒工登等，竟弗售，乃改業。奮曰：「吾豈復挾一經，捐大旨，鐫墨義，求有司提衡哉？」乃精讀《六經》，博觀群書，下逮稗官小說，靡不窺。治一帙，則究骫骳是非善敗，若擊目指掌乃釋。以是作爲文章，無不當是非善敗者，曰：「吾不爲款言矣。」讀史至盛帝喆臣事踔絶者，輒作爲傳贊，以詔于其子伯元、仁卿者曰：「是當倣，是不當倣。」有王學諭者，崑山人，博物君子也。一見，大相引重，至是而先生門徒履屬不啻百矣。先生教人，授經先行，曰：「吾貴實，不貴華。」始先生弱冠居約，邑人弗知也。鄉先達鄭令尹獨敬禮曰：是吾老友。竟後禮不輟。嘉靖乙卯，仁卿年十五，侍先生館饒。鄭令尹相見異之，慰喜賦詩，期許不淺鮮，衆乃知鄭令尹有遠鑑。云仙門者，先生故里名也。鄭令尹見，輒呼仙門先生，先生讓弗居，則稱仙峯，從門人號也。鄭令尹没，先生乃勅仁卿從其子游，以明相報。既去鄭令尹踰十霜，語及未嘗不追慕嗟咨也。先生治家，恥纖然，性勤約，歲督耕穫輒稍贏，而性最好施予。其姻戚待先生舉火者至四五家，嫁娶其女男者六七人，而先生不歆其德，人亦竟忘德之。然先生猶多量出，而配某孺人喜施益甚，常時不較有無，不設猜疑，叩輒倒囊，故閭左右感誦孺人澤彌殷也。孺人初歸時，見田不五畝，數匱，輒解釵簪資先生遊學。既稍贏，先生爲父介菴翁上壽，致客奉觴匜，視者不後縉紳家，然其間多門下士，覘知者曰：「孺人助不尠哉！」生平薄視榮利，忘情得失。鄉人或以貴富詡也，頷之，兢是與非也，必立鮮之。世珍膏壤巍甍，綺服玉饌，瓊榭仙葩，姣童駿驃之以相聞也，未嘗口之，而獨嗜吟咏，又喜閒，其賦詩有求閒未得之慨。人謂有淵明風，既晚益任悃愊極其致，則芚愚之爲之左右也，恬漠之爲之酣飫也，寥廓之爲之行廬，日月之爲之燭照也，羅浮、潮海之爲之琴瑟，烟雲泉石之爲之角觝，意未厭也。蓋其於世夐矣。仁卿既長，領鄉書，浸知問學，則獨勅曰：「學在實，其辨在義利。毋若近學者荏苒恣世譏耳。」其它與仁卿語者至多，世咸莫得知。仁卿自叙生平無外師，父即師耳。萬曆甲戌，仁卿第進士，令泰和，褆身刻廉，政教純用仁禮，蔚爲時冠，而世莫不頌先生爲教者豫且弘也。己卯三年，政成。天子下玉書褒封如子官，母爲太孺人，適先生暨太孺人偕年七袠，人稱異數云。先生姓唐名某，字某，潮之澄海縣人也。胡子曰：「古抱珍之士逃棄塵鞅，娛情泉石，彼其於世豈崖然絕耶？抑無所希，而尚有貽耶？今夫海，人知其瀇瀁無端涯也，而不知出於河，河之先又胎於星宿海，其貽者遠也。黃石、鹿門始不欲以名姓落人耳，然亟求子房、孔明而授以其道者，何哉？彼其抱而珍者，固可以立濟天下之具也。故其所貽，于當時之天下若響應，然彼豈它有慕哉？然彼挈所抱以貽人，亦豈必人人授之？苟得一人焉，吾事畢矣。甚哉！一人之難遇也。昔之遇于四方，或遇于鄉，遇于家，總之皆以立濟當時之天下者。雖然，遇于家者則唯古賢，其他鮮聞，今仙門先生與仁卿令君蓋庶幾哉，蓋庶幾哉！」

墓表

袁東山先生墓表

昔先君抱道未試，出授經於虔之雩都，友其士何公廷仁、黄公振之、袁公育秀，及育秀之從叔東山先生。三公皆用學顯，而先生獨隱於醫云。先生子淳，受學先君，直幼隨侍，爲同學托館轂焉，先生及今配王夫人視以兒子。直嘗見虔人稱先生醫道能生死人，四方求診視者户外履常盈。先生無論戚疏貴賤治之，多不問謝。貧不能購藥者，則自與藥藥之，無不早愈者。時有奇症，衆醫方縮手傍睨，則必叩先生。先生爲之切脈一過，曰是可治，是不可治；疑不能決者，先生色衈衈焉而不皇食，目睢睢焉而不皇寐，必究其端崖投之，往往亦愈。嘗在遠鄉望見塗中人中暑死者，遂停騎視之，其目口血脉非人也，獨其腹尚微温。曰：「是尚可生也。」因托宿一日，治之竟愈。訊之，其人道暍，飲水腹痛，則伏地三日矣，其橐資已爲人倒去，則又與之斗米遣之。又嘗合丸製膏，槩與病者，絶不責償，其終身未嘗倦也。蓋先生少業舉已就，一日感母病，遂棄去學醫，此其心發自仁孝，非有所規而爲之者，故能用志不分，業精而奇中。又嘗居山中，遇異人，授以神術，能呼召風霆，役逐鬼疫者，嘗爲邑令及督府禱雨，皆應。已而，雩都視他邑，虔視他郡，皆獨受有年之慶。邑東五里有巨潭，中窈黝，俗謂有物，每三年必沉其渡舟，死者無筭。先生禱潭上旬日，雷雨冥晦，頹山頂石以實其潭，夙患遂息。直嘗視先生義重如山，利薄如埃。其几席置古經方書，多至拂棟。前植花藥，穴小池，種魚數百頭。休暇，非閱視方書，則灌畦飼魚，于于栩栩，若不知有塵世事者，故其精神旁達若此，其皆有以，非專術也。先生名某，字某，嘗隱居東山，故以爲號。先世君賢公自泰和來家雩，傳幾世生端公，領鄉薦，教授蜀中，封刑部主事，先生大父也。父慶雲公，以貢爲上杭司訓。子淳，第丙辰進士，今爲監察御史。先生之始病也，屬曰：「汝習諳青烏家，其爲我相厥宅兆。」已而郡守林公以官地某方畀侍御君覘之，果勝，遂以葬焉。侍御君既得顯者爲誌銘，復以墓道表委諸直。直痛思先君與先生均未試，今幸侍御君閎紹先生之德，於先君之志，當亦無憾矣。又念直微時與侍御侍兩父如前日，今皆忽忽髮漸斑，不知何者爲兩父酬。其於述先生之遺行，彌有感焉。遂含涕撰所睹聞，以表諸石。

處士屠宜菴先生配汪孺人合葬墓表

余間閲今之縉紳士有能發言悃愊，兢兢爲約躬之行，大率皆有所興發。不然，則其先世喜脩者也。余于同年中昕夕切劘若三四君子者，試發其先世咸然，而寧國屠子因得悉其祖宜菴翁行義習吾耳。已而屠子祖母汪孺人以今年某月日卒，則又過予，泣涕請曰：「昔者羲英先祖方盛年已，能傾廩困賑里中饑。既匱竭，即又剖資買粟，伺有急多寡食之。既又匱竭，至自嚼草根木實不厭。非直不厭也，方食，即又憮然語吾祖母汪孺人曰：『吾思某某家絶炊烟久，將殍卧填壑也。吾與若其奈之何？』而吾祖母汪孺人亦忍餓節蓄，恣吾祖之爲義日力。先祖生醇厚，自童至白，不知有公門。内行孝友，外謙退，好急人，其天性使然。又素諳青烏家，爲人相，埋輒吉，意未嘗責報。至延禮名師，教兩叔父，逮羲英，而汪孺人皆贊佐，成先祖意，然先祖初欲羲英等不隳落士者業，非知榮禄位而趨之者。今羲英乃得從朝仕末，惜不及吾祖。猶幸吾祖母汪孺人存，今又背棄去矣。羲英旦夜莫爲心，乃者家大人書來，以今某年某月將合葬於先祖某山之兆，誠得子一言表諸墓，斯羲英之爲愜顧不小。」余諾而退曰：「信哉！屠子之賢有以也。余因念古今之孕賢昌嗣，皆自其陰善玄德，隱惻天至，當上帝生生之心。以翁孺人所施，則非獨今日，將世世閎耀其衣德，表于不可窮，豈以余言足發者？」於是爲次其言系之。羲英舉進士，爲户曹主事，即余所稱屠子昕夕相切劘者是也。

曾秋潭先生墓表

予邑南月岡曾氏有砥行之士二，其一已用子貴，其一則秋潭先生是也。先生之行，余不暇細舉，予獨舉其大者三四事，而槩可知也。先生少爲時文，初試有司，見有賄合者，即佛然棄去。因自關戶不出，盡讀其家藏書，遂卒志蓬虆而不自悔。父東峰公晚官嶺表，先生留侍已數年。因自念曰：「大人適暮齡而不忘仕情，吾兄弟過也。」力告公謝去，公感其能養，遂致以還。先生率其昆弟竭力娛意，凡八年而公歿。一日江行，感暴屍慘然，命棺瘞之。因歲予貧者棺，至終其身。而上所居文水溪決旱涸，先生首倡鄉人建堤數里，躬荷鍤畚，跣行赤日，歌笑以勸工。方工之成，而先生告終。鄉人哭之曰：「不有曾公，疇或稷我？」至於今而里得有秋者，皆曰曾公惠也。先生之行多矣，若此三事者，余嘗較諸今世之士，其守人闔戶，借譽賈寵者弗怪也，而先生則寧謝去而不悔。子弟之幸利席嘗溷其先聲者且有也，而先生則寧善養以爲安。今官至上吏都侯邦者亦尊矣，然能不殺人挺下、暴虐取者即謂爲難，其有恩施於暴骸，力竭於旱潦者，十不可一二人也。先生直布衣耳，理亂不挂心，是非不聒耳，乃能爲古良有司之事，以此而觀彼，其相去何如也。嗟夫！古之王者以六行教民行成，而上則有族師閭胥書之，鄉老鄉大夫獻之，天子令内史貳之，於是進最於朝，退憲於學，而歿祭於社。上之待者甚殷，而下之所自待者其有所憑也矣。自後世純用文辭，不稽行誼，故雖有賢望由夷、行齊曾史者，不得書於族閭焉，况其他乎？今先生之爲此，又孰爲之書？曰：「某行爲孝友，某行爲任恤，由前則無族閭鄉老内史之録，由後則無殿最憲老祭享之榮，上無所憑而下無所利，而獨爲之不已者，是非所謂傑特之士乎哉？」先生名某，字某，自號秋潭逸人。卒以嘉靖某年某月日，年才六十有一。子四人，某某治進士業，今以某年月日奉先生葬某里某之原，見委爲墓道表。予媿悳所言不能比於族師閭胥，故爲叙古今之慨，俾鑱諸石，用以答孝子之心。

南太僕少卿仁山劉公墓表

鄠縣仁山劉公卒於南太僕之官邸，其南省寮大司馬以下涕洟而誄曰：「天不吊，殲兹賢哉！大事疇屬？」楚之薦紳，自元相而下，咨嗟以唁曰：「天不吊，殲兹賢哉！卿士誰則？」四方同志縉紳以下，欷歔以嘆曰：「天不吊，殲兹賢哉！斯文疇依？」而孤時舉等則犇奉旅櫬歸，卜某年月日，葬公某山之原，其宗督學劉公爲狀其事，其友少司空連江吴公爲銘其壙，時舉等以予之友公不後二君子也，遥請表其墓道。而某之始聞訃也，哭不置，今而表公也，奚暇愛言？按狀稱公上世出永新劉楚公沆，五世徙茶陵石陂，又幾世徙中溪，後割創鄠縣，遂稱鄠縣人。傳至諱崇者，以《禮經》領貢，授縣令，不赴，則公曾祖也。崇生灝，灝生一峯翁泰，一峯翁以貢丞嘉善，服除，補合肥，取孟氏，母有淑行。先是一峯翁夢鹿鳴于堂，又徵隣夢，輒卜産奇。已而公生，警敏殊群兒，稍長，習《春秋》，尋改讀《易》。邑令張某者試屬對，含譏姍，公對亦諷令，令大驚改容，器之。十六，補博士弟子員，督學使者至，試輒高等。癸卯，舉鄉書，時衡守德清蔡公有文名，獨偉公，而公名益著。丙辰，第進士。當此時，四方赴公車者類多名士，公既喜交游，而四方士亦多縻公之謙而傾其誠。公于是始折節叩聖賢之學，從太僕何公遊，退而究異同于友人羅惟德、鄒敬甫，耿在倫偕予三四子，而識者已覘公幹濟才。乃除公南兵部武選主事，歷職方員外郎車駕郎中。時大司馬克齋李公始未相知，已而熟公行事，乃獨才公。公嘗以徵料奉檄行江西、湖廣，間抵吉州，謁羅文恭公，北面而稟學焉，曰：「此吾宿志也。」又之安成，謁鄒文莊公參訂學旨。然後涣然當於心，曰道在是矣。往復書問具見《文恭集》中。公官留京幾四祺，最莫逆連江吳公，暇則偕之燕磯、牛首間吟嘯，若遺世然。秩滿蒙恩，贈封父母如其官，尋得擢廣東僉事，備兵南韶。時南韶僮賊負固恣睢，民習苦之。公按部咨禍胎，過在鹽禁，而猾商遂鼓煽爲亂，激使然也。公不謀衆，乃單騎突入賊穴，諭以吏禁之過。今皆貸不兵，計自新。各僮賊始愕眙，繼相感泣羅拜，聽公約束，不復亂。山寇馬五、陳倫、盧本清等剽掠爲患，衆頗虞之，公悉以計擒，不戰而耘，迄無蹀血。兩廣總督、南贛軍門兩吳公偕綉衣使者咸偉公，代疏諸朝，就陟南韶兵備副使，仍理道務。公感奮曰：「諸寇幸夷，獨黠賊官祖政者，智勇雙絶，爲群寇雄長。不殄戮之，是翊於諸寇爲暴者也。」乃陽爲不問狀，以懈其防，密令祖政妻舅何某者圖之，故泄其事於祖政馬夫口，于是二賊生猜，互相格殺，部落死者幾六百人。公曰：「事可舉矣。」乃上書督府題請大征，分兵六哨夾進，公督翁源哨，追殺祖政於黄峝，俘獲被虜男婦幾千數，餘黨撫化，不爲窮治，群黎讙呼動地，至今翁源與黄峝各肖公像樹祠祀焉。又以英德邊各賊巢，相地增築外城，鬱爲巨障。韶郡故有明經書院，公爲葺修。群諸生督之課，延宿學者一二導以正學，昕夕樂育，雖兵旅劻勷中，意藹如也。公體故癯，以是積劳感病，遂憖然有歸志。聞之兩臺，兩臺與士民固留不可得，乃爲代請。得旨，暫還調理，疾痊舉用。尋以前功，蒙欽賚者凡二。公既歸，勑家事勿關白，棲跡祝融、天臺間，復構精舍于雁峯之麓，鑿石爲洞，嘗嘿坐其中。中丞汝泉趙公問俗湖南，造訪題曰「龍雁書屋」，公因稱「龍雁山樵」云。又嘗與同郡僉憲易公某、南宫士危君某、廖君某、曾君某舉會，相爲切磨，遠近興者頗衆。丁卯，偕廖君出遊太和山，從止一僮，遇意會處，輒徘徊詠歌，以寄獨往之意。相繼撫楚臺若唐岩劉公、幼溪陳公、文川郜公疏薦，靡不首公。隆慶辛未，省臺大臣以下應詔，咸交口推公。於是起補廣西副使，分巡桂林道。公聞報愀然曰：「吾仍病骨，豈堪驅策？」擬疏乞罷，而當事者力止之。公不得已戒行，會予亦起畎畆，從楚臬擢廣西藩參，蓋與公同年同門又同治一道，喜不自勝。時古田甫平，尤艱善後，撫臺殷公獨信仗公，凡一經公畫者，輒抵掌稱善，亟行恐後。予亦感公相得，咸不忍夷其民也。相與撰《粵嶠俗諭》，以開其迷謬，正其瀆亂，僮民至今誦焉。西粵靖江王府故貪殘，自失勢，不能制諸宗室。諸宗室中多鷙悍好圉奪齊民，挾持有司，甚則趣入縣廨，鎖吏莫敢訶。又嘗手劔逐方面官，走署邸，以是益得氣，不可孰何。予至，會一宗室殯二屍，當分司孔道。予入司，輒紆徑非體，而以謀諸公。公乃創殯室郭外，遣兵卒移其殯殯焉。已而公與予出，則宗室子婦咸攀號，且譁且詈。時予已追攝其姻戚，撥置者施之桁楊，而攀號者睹之，始戢退，不敢復譁。自是凡宗室暴民者，各司輒罪姻戚，而西粵强宗掃迹矣。兩臺聞之，喜曰：「二君治强宗勝治僮矣。」時府江分憲員缺，公兼署其事。公以府江爲兩廣襟喉，而各僮憑險出没，戕殺官吏，劫掠民商有年矣。若不請兵大加删戮，則兩廣梗塞，禍亂無已，寧獨古田哉？議上，三院是之，合疏題請大征。會東廣缺海道副使，吏部難其代，遂就近以公調補，職典夷市。凡南夷賈舶貢艦極天下之珍希者萃焉，前者雖名人猶有點，公立法既簡，又請同藩司官共閲，而夷人莫不忻其便、服其公焉。天子篤念邊臣，加恩，贈一峯翁如其官，母爲太恭人。尋陞公參政，仍兼憲秩理海務。公益殫心，刻期清海氛，巨寇林道乾、朱良寶依據島嶼跳梁，勢益熾。而殷公時爲督府，公則時時爲殷公畫策，以是朱良寶就擒，而林道乾遁海外，餘黨解散。他如增戰艦，創縣治，設參將，諸所條畫，殷公悉采納，題請施行，且寓書政府，屬公爲己代。又以廣西府江征勦捷聞，而撫臣郭公疏曰：「原任分巡桂林副使劉某倡議，請兵鋭情討賊，凡諸機宜，悉有成畫，尤宜優叙，爲用事者勸。」於是吏部采兩省功最，陟公南京太僕寺少卿，蓋暫假優閒，託寄重大之意。公至任，得見峯王公、明宇韓公爲寮，無不相契許。公暇，則追先哲歐陽公、王陽明先生舊遊，而公方新脱戎馬，遨神散局，足稱吏隱。乃不謂公拜表入南都，宿疾復發，醫藥罔效，竟考終太僕行臺之邸。蓋萬曆乙亥之十月某日也，距其生某年月日，得年伍十有七。當疾革時，公自知不起，索筆書貽時舉等，唯孝友語，略不及家。南都知厚若少泉汪公、合溪萬公、坪石屠公、巽川李公暨王、韓二公咸爲買棺視斂，靡不周備。亡何，復以廣東功，蒙恩陞一級，而公已不逮矣。嗟乎！豈不痛哉！公孝友出天性，教育異母弟，不後其子。與人交，不設畛域，開口若出肺肝，有急輒爲出力，罔恤其他，而友誼之篤，遂聞天下。居鄉恂恂喜利濟，睦宗敦故，無間賢愚。又多奬借後進，口不臧否人，以故人樂爲親。食其德者不尠，爲諸生時受里人侮，至入仕未嘗口之，即加侮者服其量。談學必先事功，蓋亦曰不如見諸行事之深切著明也。生平貌不勝衣，至其憂國奉公，有萬夫莫奪之勇，而天下名賢矚望，以爲總文武憲萬邦者，屈指必公。孰謂公遽已矣？則謂天之不吊，非耶？自予取友海内，大半多楚材，而同官合舍，久而彌親者，則孰踰公？往公從廣西，别予之東廣，輒涕泗横下，曰：「吾安能舍子？」已而，予至東廣，赴覲北首，公又涕下曰：「予安能舍子？」嗟嗟！予既與世違，而所期在公。今公也柰何先舍予逝哉？予喪所期矣。雖然，予不兩侍公于粤，則安知公之碩畫偉伐若是詳也。然則表公之墓，則亦孰踰予？故爲叙次行事最詳，而不爲讕言。

封監察御史朴菴張公配楊孺人合葬墓表

自昔稱義俠，貌榮名，蓋獨推關中焉。予同年出關中者類多奇，而予嘗礱德礪業，下上古今者，則韓城張君最。亡何，張君以監司涖予郡，予歸自粤，謁君。君擧予從容談，玆玆有利濟當時之忱，予曰：「君其有自來耶？」君曰：「予幸濡先大夫身訓耳。」已乃出予友耿侍御所爲《朴菴公誌銘》，求予阡表，意甚篤。予因嘆公始未有名位，而利濟若是博也，其古稱義俠非與？按誌：公諱孟德，字天與，朴菴其號，居韓少梁里之芝川，爲著姓。曾王父樊，大父幹。父蓮，配秦氏，生公，乃出後于從父傕。公生而隆準廣額，炯目方頤，聳眉脩髯，音吐洪鬯，創見若神人。少坐貧勉爲僧，然性剛敏，倜儻不以地局，而氣蓋諸瑣瑣者矣。奉所後母王氏，艱滫瀡，遇腆饌，不忍置筯，因告主人挈以享母，而自甘脱粟。復乃得肆力農桑，又得楊孺人操井臼，治蠶繭，勤績紡，揭揭畜畜，始能充朝夕。而伯仲氏故猶窶，公爲推食外内，無難色。伯氏子負貸不能償，公惻然爲鬻産代之償，其孝友蓋天性也。又嘗爲里中折豪暴者伏之，里中以是推高其義，有争輒來質平，公爲之排觧措畫，曲中人情，至倒囊，屈體不恤，絶不爲勢家利孔高下其手，以故訴者咸服。雖至重辟，有不之官府而之公之舍，公一口裁，罔經官府，若奉成案，莫復平反。如是者凡數十事，里中免破産隕命，皆公惠也。歲乙卯，張君舉于鄉，有司例徵里中麥贍其家，公重困里人，亟令辭麥。自後韓士薦者習其風，卒不爲韓人病。繼舉進士，授紹興府推官，滿最，貤封公文林郎，顯里中矣。顧嘗着短褐，閱耕隴畝，有時襲錦綺，翱翔貴游間，又無縮朒態。已而君晉爲御史，聲采大著。人或以榮公，公恬如也。公卒之時，適張君上御史考，詔改封如子官，而里人有哭同張君哀者，其感深矣。予嘗見史稱郭解能解人紛，關以西延頸願交，然彼特有挾焉耳。若公好義利濟，其天植與？故曰義俠。然公始教君書，則繇楊孺人夙夜督課。每令君讀書，紡車燈下，而公之蒸蒸爲義，亦多出孺人贊佐力。孺人故里中楊公諱某者女也，不二年，繼公卒，可不謂存歿伉儷哉。子三：長某，仲某，季士佩，即張君今爲江西按察司副使。張君先後厝公偕孺人鎮北之原。其生卒葬日語具今耿侍御及馬太史誌中。兹特載其行誼磊砢著者表之碑後，張氏子孫得覽鏡云。

衡廬精舍藏稿卷二十三

行狀

念菴先生行狀

於乎！念菴先生逝凡三雨露矣。其孤世光以嘉靖乙丑七月十五日卜葬近里同江赤石潭之原。又一年，世光偕其戚曾于野同亨、門人王暹、曾乾亨、羅徵竹等編纂其遺事，以書抵西川告同門生直，屬爲先生行狀。同門茶陵劉應峰、同邑王託、歐陽昌繼以書曰：「是學術所係，不可不勉。」直念先生逝之先三月尚無恙，而移緘曰「朝聞夕死，喜爲近」之語，若爲永訣者。直讀之盡然，遽求東歸。乃先生竟棄去，未能啓手足，侍含襚，摧心裂肝，茹恨終天。蓋非獨侗淺不足發先生淵藴，誠亦有不忍言焉。第舍是則無爲既厥衷矣，直可已乎？昔歲乙卯，聞先生僑寓楚山，廢書塊坐三月，恍然大覺，貽書及友人道林蔣公信，大略言：此心中虛無物，旁通無窮。無内外可指，動静可分。上下四方，往古來今，渾然一片，而吾一身乃其發竅，非形迹能限。是故縱吾之目，天地不能滿吾視；傾吾之耳，天地不能出吾聽；瞑吾之心，天地不能逃吾思。古人往矣，其精神即吾之精神，未嘗往也；四海遠矣，其疾痛即吾之疾痛，未嘗遠也。是故感於親而親，吾無分於親也，有分吾與親，斯不親矣；感於民而仁，吾無分於民也，有分吾與民，斯不仁矣。其感於物亦然。是乃得之天者固然如是，而後可以配天。故曰：「誠者，非自成己而已也。」盡己之性，則亦盡人物之性，故爲天地立心，萬物立命，往聖繼絶學，萬世開太平，非自任也。又曰：「知吾心體之大，則回邪非僻之念自無所容；得吾心體之存，則營欲卜度之私自無所措。然此特自知，不以語諸人，第謂此萬物一體舊説，未有省也。」又嘗貽其門人尹轍亦云：「且曰陽明公萬物一體之論，寔此爲胚胎。」又曰：「陽明公後，殊未見其比。」直時寓都中，奉讀二書，㦼然嘆曰：「大哉淵乎！何幸堯、舜以來正脉逮茲罄洩。」此非先生言，程、陸二子寔言之。程子曰：「仁者以天地萬物爲一體，莫非己也。」又曰：「此道與物無對，大不足以名之。天地之用皆我之用。」陸子曰：「宇宙内事，即吾分内事；吾分内事，即宇宙内事。」非二子言，孔子、子思、孟子寔言之。孔子曰：「天下歸仁。」子思曰：「上下察。」孟子曰：「萬物皆備於我。」非孔子、子思、孟子言，堯、舜、禹、稷、伊尹之心寔見之。堯、舜始以天下得人爲憂，終以天下與人爲悦。禹、稷饑溺由己，三過不入。伊尹耻君不堯、舜，若撻諸市，一夫不獲，引爲己辜。此數聖人者，豈皆好爲其大者哉？又非獨數聖人之心，吾人之心實有之。於乎！自堯、舜、孔、孟後，乃得周、程數子；自周、程數子後，得陽明公。當陽明公之始倡斯道，及門得者誠有人矣，其後漸涉異同。今之語萬物一體者尤夥，詰其所以，則唯泥于《西銘》同理氣之説，而不知天地民物之本出吾心也。至數十年後私淑而自得者，則惟先生一人而已。雖然，「苟不至德，至道不凝。」先生其必有凝之者矣。

按：先生羅氏，諱洪先，字達夫，既長，讀《書》至「克念作聖」，遂自號念菴居士。其先由豫章徙廬陵，唐懿宗時，諱岗者居戡村。至十四世孫志大，婚吉水谷村李氏，始居谷村之橙溪，遂爲吉水人。志大孫珙，入國初，舉茂材，爲仁和縣丞，貶交趾，子朋壽夭，無子，以姪昌壽子慶同後之。慶同者，即先生所傳善菴府君，大度輕財者是也，是爲先生高祖。生曾祖良貢，補廣海衛經歷。生祖玉，贈奉直大夫兵部武選司員外郎，配周氏，贈宜人。生雙泉公，諱循，字遵善。公附籍陝之白河，舉進士，仕至山東按察司副使，爲人慷慨質厚。初署武選，首罷劉瑾爪牙凡二十八人。尚書王敞至膝行瑾前，祈免憨，公持益堅，尚書窘莫奪。陝中同年李憲，羽翼瑾，得通政，導公，公却之。瑾敗，憲擯故黨縮匿，公獨載酒郊別，憲伏地哭曰：「公古人，古人。」兩守劇郡，咸以廉惠著稱。公配谷村李長史公某女，封宜人，以弘治甲子十月十四日子時生先生。誕降之期，適雙泉公自白河挈家起復，寓京師，復除工曹理吕梁洪，遂以命名。先生神穎殊絶，身不踰中人，方面秀眉，脩髯皙膚，吐音鏗然，目無游睇。自童端重，不爲嬉弄。才五歲，夢至通衢，紅樓夾映，百貨沓集，市人肩摩，自知爲夢，呼曰：「汝往來者，皆吾夢中，尚自攘攘，何耶？」拍手大笑，遂覺，告李宜人，聞者知非埃壒人也。八歲，屬對語奇，長史公驚曰：「汝當爲大丈夫。」九歲，始就塾師。三年，授《尚書》，竊讀古文，遂喜爲古文辭，慨然慕羅一峰之爲人。方十五，聞陽明王公講學虔臺，心即嚮往之，遂卑視舉子業，常斂目端坐。同舍生譙讓之，曰：「是羅道學先生耶？」比《傳習録》出，先生奔假手抄，玩讀忘寢，往往脱頴見篇章間，同舍生益驚避之。年十九，始就試，補邑庠弟子員。二十二，舉於鄉。時雙泉公偶感疾，遂輟會試侍疾，適里中谷平李公中家食，乃偕王魯直某、周欽之子恭師事之。公端嚴，有「守學以閑邪」爲訓語，具先生所著《谷平公傳》。年二十五，赴會試。明年，舉南宫，比廷試，世皇帝親閲，奉御批云：「學正有見，言讜而意必忠，宜擢之首者。」賜進士及第第一人，官翰林院脩撰。先生方聞報，無矜喜色，心怦怦念雙泉公不置。次年正月，遂請告南歸，至儀真，病幾殆，畱數月愈。乃謁谷平公浙邸，訂其舊學。方病時，有瓜州富人王紀者坐事，爲同年項甌東某按治，乃飾名姝、介萬金謁求解，已峻拒之矣。而項聞之，微以意嘗先生，先生辭益厲，項嘆服，遂定交爲深分。既歸，悔曰：「紀所遺當拒，而罪不當死。」久之，有同年饒比部録刑江北，致書生之，已弗逮矣，爲之憮然。是後二年，先生侍雙泉公于家。公訓飭不殊童穉，言動少錯，辭色必厲。客至，令衣冠行酒，拂席授几，無不忻忻從事。又明年壬辰，有詔覈諸告者過期，公趨之行，至京，補原職。時南野歐陽公德、今元相存齋徐公階共事館中，先生每過從論學，歸輒綴記。久之，遂載帙矣。次年二月，充經筵官，躬展御書。三月，陪祀孔廟，聽講彝倫堂，俱錫宴。五月，忽夢別雙泉公，伏地哭大慟，悲極而醒，淚零枕席，心掉不能出户。日未晡，而公訃音至矣。先生痛欲絶，奔歸，至揚子江，舟人難之。先生曰：「吾不得見父，奚用身爲？」疾驅抵家即喪次。三年銜哀不入室，蔬食水飲，葬祭以禮，常携二弟壽先、居先出寓近里玉虛觀，四方士友來會頗衆。同邑羅公僑貽書，諷居喪講學非宜，先生復書，畧云：「春來以弱體多疾，因處舍旁之玉虛觀，蓋亦竊居廬之意，而便靜養之功，求免於辱喪焉耳。而周子欽之聚友切磋，某亦或側坐聞其緒論，其會則諸長者主之，某不欲避嫌引去，蓋主於求益，固非敢以開講爲也。若夫開講者，以身淑人，而非淑諸人者也。是樂育者之責，而非哀疚者之有事也。昔者東萊吕子行之矣，象山責之以爲非禮。夫以儼然衰服，而乃納贄帛、擁臯比，則何異於墨衰即政，非惟禮之弗宜，顧精力有限，亦恐有所弗暇也。」服既闋之二年，李宜人病痺，先生廢寢食，躬飲饍，藥必手烹，溲必親覘，衣不解帶者數月。諸婦請代，宜人不許，曰：「出吾兒躬親者，吾饗之安。」居喪痛慕，執禮彌殷。一日，讀《楞嚴經》，得返聞之旨，遂覺此身在太虛，視聽若寄世外。友人睹其顔貌，驚服。先生忽自省曰：「嘻，殆哉！是將入禪那矣。」乃悔置前功，篤志求孔孟正脉，必繇濂溪之無欲遡而上之。居常與同郡東廓鄒公守益及諸同志切劘無虛日。次年，遷厝雙泉公、李宜人于廬陵之盤龍山。己亥，推補宫寮，改左春坊贊善，赴召道南都，兩入城，晤同志與王龍溪畿，極論無欲之旨。至維揚，趨會心齋王公艮，咸相質辨。心齋一見，期以孔子大成，作歌贈焉。先生登舟，感切，著《冬遊記》。又爲歌曰：「父母生我身，師友成我仁。我身如不仁，形神皆非真。聞歌乃易簣，受言永書紳。誰知百年內，二義無踈親。」讀者咸爲感奮。踰歲，抵京，入春坊進講，與其友唐荆川順之、趙浚谷時春居相比。荆川每語先生之學，輒傾誠嘆服，而浚谷生西北，未悉也。一日，邀先生出遊，屬其内子謁曾夫人，闞室中一無有，乃曰：「羅君内外皭然若此。」繇是三公交好浸密，日相期許，以天下自任，中外咸稱異之曰「三翰林」云。時東宮未定朝儀，浸聞有它異。先生乃與二公各上疏，請預定東宮朝儀，已而忤旨，謫爲民。先生出京，與荆川各買小艇聯發，角巾布袍，蕭然世外。每暇，共編圖史，日書字萬餘，咸寓運甓意。既歸二年，二弟請析居，先生盡推先世田宅，咸令主焉。乃于舍外別建一宅居之，題云「芸館」。先生自歸田，削跡城市，應酬禮文，辭受取與，咸裁以義。世局時格，秋毫靡狥，人不敢干以私。嘗曰：「此吾當然，非爲免毁譽而爲之者。」素憫通邑多虚糧，乃貽書上官，力請丈量其廣阡陌者，至爲毁言撼阻。先生曰：「病民孰踰此乎？毁何可恤！」復爲書促郡縣，竟成之。時郡中東廓、南野二公及雙江聶公豹咸家食，又有彭石屋簪、劉獅泉邦采，先生每特往訪，會者至數百人。先生性撝謙，抑抑求麗澤，未嘗以言詞先人，然瞻其容止者，非僻爲之潛消。一時薦紳青衿快睹景行，有不假言辭之末者矣。仲弟壽先病，返家視藥，既卒，哀楚累月，寢食失常，其友愛篤至如此。久之，遊衡岳，門人尹轍、王託、劉天健從，爲文盟告岳神及白沙先生祠，語載集中。山絶巔爲祝融峰，峰下爲會仙橋，橋外石可二尺，側出懸不測，人無至者。先生躡足而登，放歌而坐，徘徊乃返。過觀音岩，有僧楚石者，不出岩八年矣，至是迎見，且曰：「吾嘗受異僧外丹，無足傳者，今以授公。」先生曰：「吾道自足，寧須此乎？」拒而不受。丙午，季弟居先如南雍，送至金陵，過毘陵，訪荆川，夜語契心，相對躍曰：「庶幾千載一遇乎！」遂達旦不寐。時先生與荆川皆以重名爲海内宗依，所至聚觀，望之若仙。然荆川自以博大不如先生，雅曰：「念菴之學平正。」而海内士亦以是定二公所詣云。十月，闢石蓮洞，洞故虎穴，荆莽蓊欝，不知年矣。先生異之，遂加攘剔，閲其中，容可百餘人，遠望類蓮花，故名。先生自是多洞居。錢緒山德洪偕龍溪邀會如青原，士友同聲至者百數十人。先生多告以去欲除根之方，訂約擇龍虎山中爲江浙會所。先生遂預赴龍虎之僊岩，過冲玄觀，登愛山樓，意甚悦之，遲諸君子未至，爲書壁歸。一日坐洞中有悟，恍惚大汗，洒然自得。問者曰：「到此能無續斷乎？」先生哂曰：「今固去了又在也。」邑令王西石之誥，以先生聚講無所，遂脩玄潭之雪浪閣。既成，集士友大會，西石自是日津津嚮學矣。先是吉水兑米貯縣倉，納戸市米䙲穀沙，移運水次，展轉多費，運户買補類破産。先生惻焉，乃言邑令，率鄉人建倉同江水次，納户就辦貯倉，遂免前患。已而，五鄉咸因取法，至今利之。庚戌，聞虜逼都城，先生目不交睫者月餘。已而病作，幾不起。于時友人有以仙學招者，先生寓書拒之。始先生謂儒者之學在經世，而無欲爲本。夫唯無欲，然後用之經世者，智精而力鉅。自後儒失傳，盡主多識，本末倒易久矣。天地之運不息，必有所寓以顯其神，失此得彼，不得不旁落釋、老之徒。若儒者能不自惑于本末之故，取其所長以相激發，比諸陶漁芻蕘，則周、程大儒固有之矣，故雅于二氏徒侶未嘗盡絶，然不知者，輒以相招。至是寓書謝之，然後知先生毅然一出于正，非衆人能測識也。先生又以晚宋號理學者無慮數十家，其書連數千百卷，往往轇於理氣、動靜之分，漫衍贅複，益無以見聖人用意之微，讀之使人心煩目眩，亦孔氏一厄也。至近時傳良知之學者，又多失本指。語知矣，而不必良；語良知矣，而罔致知之功。一聞用功語，輒生詫訝，過在於任心流行，而不復辨欲，遂於聖賢所指凝聚兢業之功盡與掃除，其弊將哆於晚宋支離之失，使陽明公復生，當爲攢眉。故其平時提誨學者多主周子「無欲故靜」，《易・繫》「寂然不動」之語，以爲能靜寂，乃爲知體之良能，收攝保聚，一切無染，乃爲主靜而歸寂。異時《答郭平川應奎書》，其畧曰：「陽明公良知之教，本之孟子。故嘗以『入井怵惕』、『孩提愛敬』、『平旦好惡』三言爲證。入井怵惕，蓋指乍見之時，未動納交、要譽、惡聲而言；孩提愛敬，蓋指不學不慮、自知自能而言；平旦好惡，蓋指日夜所息、未及反覆而言。三者以其皆有未發者存，故謂之良，朱子以爲『良者，自然之謂』是也。然以其一端之發見，而未即復其全體，故言怵惕矣，必以擴充繼之；言好惡矣，必以長養繼之；言愛敬矣，必以達之天下繼之，孟子之意可見矣。陽明公得孟子之意者也，故亦不以良知爲足，而以致知爲功。」又曰：「思慮知覺與良知不可混，良知者，能發思慮知覺，而不雜於思慮知覺者也。」繼又作《良知辨》。讀者謂先生語良知，蓋盡發陽明公之本旨。數年，先生簡出。久之，出晤荆川於康郎山，訪周訥溪怡于九峰庵。既歸，習靜天王寺。癸丑，先生年五十矣，徙居陽田。是秋，遊玉笥山，登九仙臺。明年，趙大洲公貞吉期會天池，乃偕友人赴之。至九江，大洲公行矣，遂展謁濂溪先生墓，爲書三碑，托九江守更之。於是龍溪適候先生會海天，遂同舟西歸，謂龍溪曰：「往年見談學者皆謂知善知惡即是良知，依此行之，即是致知。予嘗從此用力，竟無所入，蓋久而後悔之。夫良知者，言乎不學不慮自然之明覺，蓋即至善之謂也。吾心之善，吾知之；吾心之惡，吾知之，不可謂非知也。善惡交雜，豈有爲主於中者乎？無所主而謂知本當明，恐未可也。知有未明，依此行之，而謂無乖戾於既發之後，能順應於事物之來，恐未可也。」龍溪曰：「近自覺何如？」先生曰：「一二年來，與前又別。蓋當時之爲收攝保聚，偏矣。識吾心之本然者，猶未盡也。夫謂感由寂發可也，然不免求寂有處；謂寂在感先可也，然不免待感有時。蓋久而疑之。夫人心，一而已矣。自其不出位而言，謂之寂，位有常尊，非守内之謂也；自其常通微而言，謂之感，發微而通，非逐外之謂也。寂非守内，故未可言處；感非逐外，故未可言時。此所謂收攝保聚之功，君子知幾之學也。」龍溪曰：「今於感中寂得否？」先生喜曰：「切問也。

豈曰能之？收攝保聚焉耳矣。雖然，其或免於適越而北轅矣乎。」返舟會玄潭，龍溪再問，先生以工夫不撓心爲言。已而龍溪曰：「何以贈我？」先生曰：「陽明先生之爲聖學無疑矣，惜也速亡，未至究竟，是門下之責也。」又曰：「公等諸人，其與往來甚密，其受煅煉最久，其得證問最明。今年已過矣，猶未能究竟此學，以求先生所未至，是非先生負諸人，乃是公等負先生矣，復何諉哉？」四方傳者以爲使陽明先生復生，不易斯語，非啻諷龍溪也。乙卯春，先生將西遊白河舊廬，留滯楚之旅舍。時王龍溪至自浙，遂共避暑山中。先生居數月，靜久大覺，即所貽蔣道林書自叙渾成一片者是也。蓋先生自丁酉後凡數悟，然不能無少疑，至是洞然徹矣。尋病作，不果白河之行〔二〕。至九月返舍，而曾夫人卒先一旬矣。踰年，贛江水泛，陽田居漂没，因假借田家，泊然不以干意。先生自登第後，臺省建坊，咸力辭，則又餽坊價，多至百餘金，先生悉却之。然有司仍帑藏積凡數千金，撫臺鍾陽馬公某知先生家故窶，又以水廢，檄理前金將併致，然已入墨吏私囊久矣。先生懼爲官屬累也，致書馬公，以悉領爲辭，事遂得寢。聞者莫不嘆服。學憲王敬所宗沐來問學，又率邑令各致助，少宰尹洞山公臺咸爲分俸，先生用搆正學堂于洞南，曰：「吾以此集四方士，則拜惠多矣。」戊午正月，荆川邀會齊雲岩。是時荆川以兵事起，欲與先生共

〔二〕「之爲收攝保聚」至「不果白」，底本無，據四庫本補。

訂出山。先生辭曰：「天下事爲之，非甲則乙，某欲爲未能者，得兄任之，即比自效可也，奚必我出？」荆川意乃寢。次年，先生復徙居於今松原，顔其堂曰「體仁」，尋著《覈丁記》。先是吉水藉多虛丁，漫至九萬，派差負苦。先生力言當道，覈其數爲七萬，一邑稱便。時元相嚴公既推轂荆川公矣，乃又致惠問自京師，以出處嘗先生。先生答書，願畢志林壑，辭婉而厲。嚴公嘆曰：「是乃真不要官爵者。」入冬，以病謝客，屏居止止所中，不復窺户。蓋先生自大覺後，其語學者多言知止。又曰：「欽厥止，安女止，此舜、湯語學次第。」故扁其室曰「止止所」。又製爲半榻，越冬春，多嘿坐榻間，自是心每前知，凡鄉邑事巨細咸先得，絶未嘗露。一日，有南昌儒生來乞書，先生遣問其字，未報已先知，書之果然。或問之，曰：「是偶然，不足道。」荆川訃至，哭始下榻。始先生雖在榻間，然四方書問未嘗不應，族戚交游之休虞，與國事之然否，聞之未嘗不致意。蓋嗒然玄嘿而物無不綜，澹然無爲而自無不爲。由是益明儒佛幾微之辨，《答雙江公書》乃駁其專主寂靜。又以佛氏之異吾儒，其棄倫遺物之大者，人未必入也。其誤人易入者，惟在幾微似是之間。今後儒斷斷闢佛，其身已遺本逐物，反以阻其歸矣。乃又止攻其棄倫遺物之大者，則入之者曰：「是大者，吾未有也。」彼方自信其未有，而不使之知幾微似是之辨，則趨者弗已也。乃著《異端論》三篇，專明似是之非，斥釋氏精髓之弊，語詳集中。蓋先生自叙，已自信不惑矣，故其書問論議，咸爲學者指迷決疑，雖以考前聖不繆，俟後聖不惑可也。時同水鄉鄉約成，適春饑，先生預擇士友密訪邑中寠人，移書郡縣請賑，得穀數千石，舟載就哺，量地艤船，刻期散給，按寠差等，貧者必濟。商賈因以沸騰，一邑賴之。六月，閩廣寇流突吉地，官兵失利。先生貽書兩臺，得右轄敬所公及段都司提兵捍臨吉，時先生依然室中，而密畫贊佐居多。同江一帶，約令晝守，鄉兵萬衆，各相競勸，軍容整飭，聯數十舟上下警巡，戒客舟毋得近岸。賊莫得渡，一境晝全。次年，邑當攢造，先生念詭灑未絶，乃戒同水鄉各都分置區域，按畆出收，擇士友公正者尸之，俾人得自盡，一時稱平。於是黄册道陳公，就以册事敦請先生處分，先生慨然身任，終日應酬，往來紛拏，一室之中，環席雜語，傾心剖割，雖嫠婦寠兒，咸輸其情，故宿弊頓除，貧苦者歡若更生。獨富室以其厲己也，故爲嘵嘵，冀撓其事，先生屹不爲動，曰：「吾此中若天然，毁譽好醜，咸無與焉，夫安得撓？」適王龍溪來訪，先生延之止止所，信宿語别，作《松原志晤》。先生嘗移書龍溪致規切，至是復發其槩，蓋不欲盡也。次年癸亥五月，先生以觸寒失治痰，遂病健忘，六月愈。先是，錢緒山來自浙，以陽明先生年譜請校裁，迨是編竣序之，畧曰：「某嘗反覆先生之學，如適途者顛仆沉迷泥淖中，東起西陷，亦既困矣，然卒不爲休也。久之，得少蹊徑免於沾塗，視昔險道有異焉，在它人宜若可以已矣，然卒不爲休也。久之〔二〕得大康莊，視

〔二〕「賴之。六月」至「久之」，底本無，據四庫本補。

昔之蹊徑又有異焉，在它人宜可以已矣，乃其意則以爲出險道而一旦至是，不可不爲過幸，彼其才力能特立，而困猶夫我者，固尚衆也，則又極力呼號，冀其偕來以共此樂，而顛迷愈久，呼號愈切，其安焉而弗之覺者，顧其呶呶至老死不休，而翻以爲笑，不知先生蓋有大不得已者惻于中。嗚呼，豈不尤異也乎！ 故善學者竭才爲上，解悟次之，聽言爲下。蓋有密證殊資，嘿恃妙契，而不知反躬自求實際，以至不副夙期者多矣。某談學三年，而先生卒，未嘗一日及門，然於三者之辨，今亦審矣。學先生之學者，視此何哉？無亦曰是必有待乎其人，而年譜固其影也。」閱者知先生意，所慨望深矣。是歲，先生年六十，乃預爲書謝絶友姻觴祝，惟四方及門士相繼叩請日繁，先生弗以病倦，乃又於止止所後闢有斐亭。于時，杜偉自吳江，周采自安成，劉孟雷自廬陵，曾乾亨、羅徵竹即先生隣戚也，咸先後稟學，嚮往篤切，及舊遊諸君，日聚襟亭中。先生痛懲末世口耳，其教先嘿識，重躬行，日以精神相蒸，因材有造，不事規條。初至者誨令靜坐反觀，俟稍有疑，然後隨機引入，故泛常視者，若未嘗施教，而稍知尋求者，則皆充焉而各得其得也。每日環坐，先生相對默然，起立循闌，吟哦上下，或時浩歌，從容指發一二語，聞者莫不興起。九月間，復病痰，右臂痛，遂廢捉筆。至甲子春夏，集有斐亭者先後不絶。時亭中竹樹交蔭，林鳥和鳴，歌聲日夜不輟，先生日凡三至，雖終日忘言，而精神流溢，真意融盎，飲其和者自不覺其入之深也。六月間，郡推周少魯弘祖躬來請問，先生親書册以復，章凡三，其首曰：「凡與人解釋文義，發揮道理，此心甚是明白。言説既畢，此理無存，如此只是説話，説話不濟事者，有所倚故也，不知何物與道相當。」次曰：「落思想者不思即無，落存守者不守即無，欲得此理洞然，隨用具足，不由思得，不由存來，此中必有一竅生生，敻然不類。」末曰：「言此學常存亦得，言此學無存亦得，常存者非執着，無存者非放縱。不存而存，此非可以倖至也，却從尋求中得來，由人識取。」蓋先生末年語學者，既言知止，又曰一念不漏，曰幾先，曰良知與物無對，可謂淵矣。然未嘗語其所得。至是始發明一竅生生、無存無不存之實，此豈偶然也哉？先生久謝棄文字。八月初，門人酃縣劉朝重穩乞其父合肥公墓表，先生曰：「吾不文久矣。」重違朝重意，竟爲撰之。又以子世光方省試，親書白沙公一絶句走示之，蓋絶筆也。方與諸生訂四季會，令先聚玄潭，會畢詣亭就正。初七，感脾痛，移頃止。至十三日痰作，翼日漸熾，語家人曰：「吾明日行矣。」家老長問疾，睹室中無長物，曰：「甚矣，空囊也。」答曰：「吾平生無所餘，窮固自好。吾子歸，以是語之。」姪國光再問，笑曰：「死已矣，復何説耶？」十五日中秋辰刻，滃雲四起，風雨交至，震驚林木。門人王託、李希稷、周嶅、曾乾亨、劉孟雷偕家族人環侍，先生以意示欲起狀，託等扶翼危坐，先生正巾斂手，端嘿如平日。忽見精神若離，連聲疾呼，而先生長逝矣。年六十有一。時暴雨鳴簷，天黯無光，聚哭者充户，雖山谷細民，聞之灑泣。訃聞，四方大夫士識與不識，無不悼曰：「天喪斯文。」馳文告致奠賻者，不遠數千里，日踵于道。邑諸生請於臺司，祠列學宫之右。

門人設主奉入玄潭閣下，邑令遂扁曰「江陽書院」。方先生之歸田也，攻苦淡，鍊寒暑，躍馬彎弧，考圖觀史，其大若天文、地志、儀禮、典章、漕餉、邊防、戰陣、車介之事，下逮陰陽卜筮，靡不精覈。至人才、吏事、國是、民隱，彌加諏詢。曰：「苟當其職，皆吾事也。」至五十前後，睹時事日非，始絕意仕宦，然饑溺由己、撻市引辜之衷，未嘗一日不業業也。當事者例薦特薦，章罔虛歲，天下士想望其出以卜治平，雖先皇重于起廢，臺臣有甘被廷杖而言不已者。今天子即位，多召用舊臣，天下士咨嗟嘆曰：「悲夫！念菴先生不逮。」直於是蓋又有重悲焉。先生嘗言：「孟子之後，學者本末倒易。」信哉！然《禮記》者猶曰「自中出，生于心」，未嘗主理爲外也。宋儒繼出，發憤啓明，濂溪、明道，倬乎尚矣！厥後取必「在物爲理」之一語，遂斷斷主理而外之，其析若縷，其爭若仇，其多若九牛毛，其極至竄易孔氏之言，破除明道之語以自果其說。其求堯、舜、禹、稷、伊尹之心，則案跡以索其似，其訓夫子之「歸仁」，《中庸》之「上下察」，孟子之「萬物備」，程子之「莫非己」，咸專主于外索。苟有曰「是皆自中出，生于心」，則必詆曰：「是何異二氏之以心法起滅，天地山河大地之爲妙明心中物也？」噫，其左哉！彼蓋懲曰：二氏之棄倫遺物，咸有本心之失。不知二氏之失，非心之罪也。今夫手主持、足主行，常也。有惰者焉，珍其手足，不肯一舉而投，是豈手足之罪哉？心之體主明物察倫，常也，二氏珍其心，不肯一用於倫物者，彼蓋有奪也。今乃遂以罪心，必曰理不生心，可乎？理之説昉《易·繫》，《繫》曰：「易簡理得」，道之説昉虞舜，舜曰「道心惟微」。《中庸》語道曰「率性」〔一〕，孟子語仁曰「人心」，彼世儒不抹而置之，則强解以附其説，譬之索形于影，索音于響，索日月于重淵，倀倀終其身。道不與心謀，學不與政通。雖甚賢者亦皆隳於「彼長而我長之」爲義，訓詁者悦其似，辭章者便其博，知謀者假其跡，語唐虞三代者，不求其本，而齊其末，而帝王之心政不可復希矣，奚獨孔氏一厄已哉？明興，陳白沙公學爲知本，天下反詆爲禪。後數十年，陽明公作，獨手抉重陰，掀揭白日，身犯群嘵，號呼以挽天下之士，其要在致吾心之良知於事事物物之間，則事物得其理而無不格矣，是謂致知格物。其旨與明物察倫，雖數千載，若出一語，天下始疑爲禪，已而信之者衆，及門之士翼而明之彰彰行矣。其後有玩弄於知識，縱任乎氣機，馳鶩于言説，沉浮于老、釋，莫能實致其良知，是蓋知求道于心，而又莫知吾心之有天則，此孔子所以裁狂簡也。氣質之不美者，益恣益遠，其極至妨人病物，疑阻天下嚮往之心，正先生所謂任心流行者之弊。夫任心流行與離心言道者，其爲禍道埒焉，斯又陽明公一厄也。天佑我文，先生中起，兼江陝之靈秀，禀陰陽之正氣，孝友通神明，忠誠堅金石，潔白寒冰霜，凝重峻山嶽，蓋自少然也。比長聞學，邁往仔肩，退乎恭默，遜以入也，確乎躬行以日履也，湛乎感應之常寂而非虚也，炯乎先幾之常復而非

〔一〕「特薦」至「《中庸》語道曰『率』」，底本無，據四庫本補。

念也，兢兢乎嚴細行之矜而非小也，屬屬乎盡人物天地之性而非大也，浩乎環轢于四方而非動也，寥乎屏坐于木榻而非靜也。至于一切知見、氣機、言説，以逮老、釋，似是之非，咸不得參。故讀中年移道林之書，則知其大覺之後，經綸爲已分；讀末歲告少魯之語，則知真得之餘，工夫不足言。蓋自其生平用志不分，竭才凝道，已駸駸乎達天德，入聖域，若未見其止也，矧窺其際乎？爰自廿年以來，天下尊慕師表，奉其片言，咸爲取衷。上自王公，下迨畸士，語天下真儒，必曰先生。故良知之訓，先生與人同也。至其不言而人莫不信，不動而人莫不從，俾天下皎然知末學之非，而堯、舜、孔、孟之緒必在於是，則自先生而定，先生不得與人同也。此豈能以聲音笑貌爲哉？《易・繫》曰：「苟非其人，道不虚行。」又曰：「默而成之，不言而信，存乎德行。」先生以之。先生才六十耳，鄉使先生不大行，得久存，以極其所詣，長爲斯人指南，又不知何如也？今皆已矣，此直所重悲也。直少負不羈，沉湎辭章。既壯，見以文辭。先生勸歸身心，乃北面而稟學焉。當其時，竊窺先生雖綜志聖功，猶取二氏所長以相激發，如嚮所叙者是也。至其擇人而教，慎物而與，又若近於可者與之之流。及直出而仕，就正四方，年比四十，始知所往。既歸，聞先生謦欬，而睹諸其行事，崇而能卑，介而勿劌，至周而無比，至近而不褻，藹乎達人倫日用之懿，廓乎寡意必固我之私，而醇然當天道人心之正。最後讀《異端論》，明辨幾微，乃知先生之于二氏，匪獨指瑕，實乃攻堅，其于彼之所長，非拒之不動，乃足乎此，無待于彼，是真不動也。蓋綽乎得堯、舜、孔、孟之正脉，二氏烏得而比之？生平敬老慈幼，哀惸屬婦，故人孤嫠在數千重外者，必托全之。有誦孝廉忠節事，雖遠，若自己出，其見篇章，未嘗不三致意。雅誦程伯子盡分之語，每書以示人，意肫如也。末年，尤以成人材、厚風俗爲任，尊賢容衆，嘉善矜愚，無論貴賤、賢不肖，接者無不醉心其教。雖不事言説，然頫焉若掬嬰孩，而不以己主；若食貧子，而復誘以生道。凡被教者蕩乎如睹蒼旻，恢乎如遊溟海，穆乎如滌條風而飲甘露，焕乎如就春陽而臨秋水。又如寠人見富人之樂取，不皇乞金，而返以鉛鉄雜物傾獻之者，誠縻于虚而移于大也。所謂樂取而與人爲善者，先生又身有焉。當直之歸而求正也，先生輒指訶曰：「是子所謂目長而足短者。」自數年來，妄有禀質，始蒙印可。蓋嘗以本心天則爲請，先生謂吾儒所以異二氏者，正在是。又復曰：「僕近於執事之學，洞然無疑。斯學其有賴乎？」方解官爲終身依歸，而先生先期往矣。同門相見哭曰：「先生晚年期子甚不尠，子歸晚矣。」然懷有終請，憾不逮先生之存。泰山頽矣，江漢遠矣，直將何所賴以不負終身，此又直之所重悲也。直舍是，誠無以既厥衷，乃承同門之命，勉爲狀述。粗若編年，雖不遺煩碎，而靡敢緣飾，要令觀者知先生之學與年俱升，庶可以得指歸之大都矣。然先生不事言説，而直之言若繁而縟，何哉？嗚呼！直豈好言哉？直亦有不得已焉。俾後之君子誠以是得先生之指歸，則直之千百言猶無言也。惟有道仁人秉斯文之正麾者，其必垂採擇焉。先生娶曾夫人，太僕卿三符公某之女，有賢德，生子即世光，克世其學，娶萬安劉郎中現女。側室某氏，生奕光。孫某某。先生少喜爲文，強年弗以屑意，然四方謁文者履常填門。著作爲最富，刻撫州、南畿者漏且泛。今吉水前令王君篆、今令蘇君士潤謀輯全本，分内、外、別三集，方梓存邑中，統凡若干卷。藏版石蓮洞中，以存道統於無既云爾。〔一〕

王拙逸先生行狀

直同邑友王有訓氏篤意聖人之學，嘗先直事念菴先生，已而偕侍門墻，切磨最親邇。因拜其父拙逸先生，創瞻先生衣服容範，知其有儒長者行，又知有訓之沈脩有自也。而先生尤愛好直，若相導所爲，蓋有若翁之誼焉。歲之己未十一月之十一日，先生背棄。又二年壬戌，有訓偕其兄寵條先生遺事，貽書楚邸，告曰：「不肖孤不孝不天，不即殞越，將以某年某月日奉柩葬於某山某向之原。痛惟先君隱德懿行昭灼庭除，然俾黯墨不顯白於世，則不肖孤辠厚矣。謹銜哀茹痛，摭其大都，屬爲狀文，以乞銘於有道仁人，將茂著於玄來。」某於先生事誠習之矣，曰篤倫，曰急誼，曰厚志，此其三大者焉，遂按而狀之曰：先生姓王氏，名音，字于振，號拙逸。世居邑城

〔一〕明刻本無「藏版石蓮洞中，以存道統於無既云爾」。據四庫本補。

西龍灣里，晉太傅導之裔。宋吉州刺史諱崇文，由金陵徙居泰和。越數世，諱以道，稱元鉅儒，語載省誌。以道生沂，洪武三年被徵，與諸王説《書》，辭命歸。沂生泰，瓊州守，祀名宦。由瓊州公而上三世，俱以文端公貴，累贈至光禄大夫少傅兼太子太師、吏部尚書。瓊州公子二，伯諱信，字行敏，號稼軒，是爲先生高祖，治《春秋》，有隱德。楊文貞公擬薦，以侍養辭。仲即太保文端公也。曾祖南坡府君，諱仲。祖木訥府君，諱俊，性孝慈，好利濟人，如奔嗜欲。父培竹翁，事祖母、繼母以孝聞，喜讀書，其居身未嘗涉非義。母清溪楊氏，上舍崇明公之女，慎脩孝道，一如翁志。先生自少奉翁教，治《周易》，年十六，遊邑庠，鋭志四方。以翁早世，遂輟舉子業，偕伯兄春谷先生慤養母，志務得其歡心。母孀居，雅念翁，輒慟哭幾絶，先生數長跪榻下，泣勸哭已，乃起。事無鉅細，必請命行，出告反面，垂四十餘年不廢。稍違，即旬日不敢見。嘗語其子曰：「子分曷𨛮盡？如吾罪負萬矣。」言訖泣，涕泗交横下。春谷先生繼逝，乏嗣，先生命次子託後之，誡曰：「吾兄種德弗食，汝當仰承，無爲兄辱。汝也能子，即吾也能弟矣。」故託惟兢兢服教不敢後，以故伯嫂蕭孺人、庶嫂易，咸得以貞志終其身，先生力也。同舍生獨孤起凰者同先生硯席，一日爲貴介子所死而匿之，後七日，索屍於沼出焉，其母誤誣先生與其從弟鼎。邑長令執鼎抵死，而釋先生。先生曰：「兄弟同誣，而我獨得釋，忍乎？」乃赴訴監使者，被萬苦不一回。弟由是獲釋竟不死，而家既落矣。先世喪弗能舉，先生又身代營葬。從兄玉湖先生明爲王氏宗子，有賢行，遺孤二，先生撫之同所生。二孤弗延，先生又命諸子各抽産若干供祀事焉。王氏祠祭田久多堙没，先生既割己田若干畝增二祀之需，又嘗經畫爲永永計，此先生之篤倫其大者若此，其細可知也。里有繼母訟子不孝，其姑欲貸其子而反訴其母，俱及先生爲證。先生諭其母曰：「子之於汝，猶汝之於姑也。汝訟而毒其子，姑欲汝貸得乎？」母遂悔，釋其子，今二十年無間然。醫人陳道者貧且獨，先生客舍養之，俾之有室；病亡爲棺殮，葬之己地，歲令家人祀其墓。有窶子林蘇者負先生子母錢，莫能償，將謀鬻其妻。先生聞，急還其券，且導之生。甲辰歲荒，先生節己食以食至戚者，又同從弟貞穆先生倡族人設粥，濟活甚多，終身迄無自德之意，此先生之急誼其大者若此，其細可知也。先生不妄言笑，與人言輒出肺肝，無有關城。至辯是非曲直，雖豪貴弗避。生平無突梯孺兒態，居嘗偃仰一室，披閲古圖畫爲娱。非素知與，雖權家視若無。縉紳學士，識與不識，咸以三代直道頌服。邑長令高其行，數以鄉飲禮賓請，先生辭謝不往。暮年，其姻弟晴川劉公解詔獄歸，先生獨相晨夕聆其論，有會於心，督子姪亟受學焉。雅曰：「善不必求知，分義當爲；名不可襲取，造物最忌。」以是鞠躬砥行，謙冲俟命，終其身蓋孳孳焉，此先生之厚志其大者若此，其細可知也。蓋先生天性孝友，寬厚無猜，人謂有婁師德之度。貞穆先生素慎許可，每自稱曰：「先生産不逾中人，而恤孤賑寡若飲食然，非其心有契慕不可解者，其能然乎？」直於先生亦云：「先生細行以直所睹聞，不皇毛舉。直故掇其大者著之篇，以請於有道仁人。倘無弗信也，睠焉與之誌銘，俾加諸堅石，垂千億年，則非獨爲先生，爲先生子若孫慰，其凡爲士者勸且敦矣。」

通政武東楊公行狀

方嘉靖末，𢠸臣竊魁柄，頤指天下士。平時爰書赫虢以示銓臣，列某當内、某外、某上、某下，一日飛數楮，若傳闤闠語，雖太宰以下，咸拱聽奉若畫一，私竊恐後，而一時幽明慶罰之樞盡歸私家。于時，予邑武東楊公以銓部郎適管選事，柄家挾所爲，又憑鄉故，關説彌繁，要在必從，公心厭薄之。久之，以其來楮擲地，作色不可，柄家遂因大銜，忌者乘之進熟譖傷，公竟落職，左官閩之將樂典史。由是中外縉紳想望風采，嘆曰：「是大浸將稽天，乃有兹砥石，何其特立也！」公之名遂燀布中外矣。公既出，一時當事者咸弭耳惕息，争先爲役，士大夫風習爲之大變。歲壬戌，柄家既敗，天下名流唯冀公一朝還朝，與當塗上下共濟，然公竟逡巡補外服，稍遷至銀臺，而病作矣。未幾時，公竟不起，中外縉紳莫不痛曰：「是猶以巨艦出長河，方未濟而折覆，又何其失望也！」嗟乎！此豈獨一邑一家之戚已哉？公家居武山之東，故號武東，載鳴名，虚卿字也。上世華陰人，南唐虞部侍郎輅來居廬陵。二世，徙吉水。至宋盛時曰允素，始繇吉水徙泰和。又十三世爲唫窓先生景行，舉元進士，官至翰林待制事，載史傳。又三世爲文貞公士奇，大顯于世。以文貞貴，追贈啥窓而下及本生祖某某皆少師。又再世，爲太僕公昱，乃公之曾大父也。昱生雯，雯生天柱公訓。天柱公性嚴重，有家範，以貢補華亭學官，遷岷府黎山王教授，以公貴，贈吏部員外郎。娶七星劉先生女，封太安人，以正德甲戌十月廿三日生公。公生而方面，或言類文貞。幼穎敏，殊常兒，五歲就外傅，靜重不爲佻弄。七歲業舉子。至九歲，天柱公方試有司歸，即以所試目試公，公立就。又嘗爲族人著《勿齋賦》，咸有奇思。天柱公誨曰：「汝大賢人後，當紹烈，寧學近時士止科第著稱耶？」未幾，著《資聖録》一卷，言治安事，曰：「吾將執此以獻。」天柱公笑而火之，曰：「是非汝小子先務也。」歲戊子，以童子就試，邑侯及督學使者皆首諸生，補弟子員。歲丁酉，年踰冠，今元相徐公督學試吉安士，得公《定名虛位論》，大加賞異，曰：「是能從韓文脱胎換骨者，江西第一卷也。」文名益大振。是歲舉省闈高等。己亥，戊戌，第進士。天柱公方教諭華亭，先皇帝出幸承天，公得從，例歸省如華亭，時人榮之。己亥，補廣東潮州府推官。公天性方稜，既居官，益砥礪操節，曰：「非獨官箴，蓋吾有家聲焉。」廣中吏故有貼班銀，曰助衙錢。公至，首罷免。有鄉官自閩寄香茶，公不啓封，還之，餽遺請托盡絶。至刑名出入，未嘗不覞覞焉措意也。常曰：「推官法吏法，生殺人易耳。一付吏人手，鮮不爲奸。又或視上官指下上其手，其謂法何？」故公於讞獄亭疑，一主公正，而行以詳慎，文出躬裁，吏人袖手供鈔鏌，無能爲弊穴者。時公方盛年，然爾敏練推第一云。潮故有橋税，異時監者乾没其間，入恒寡。公監未一月，輒倍其入，以是常蒙例外之旌。在潮凡一歲，再被薦。踰年，丁外艱，聞喪即行，每痛天柱公未面訣，語輒涕泣。免喪，補登州府推官。登海國嚚訟，動連數百人。當道聞公至，則故知名也，多委艱大事。公亦畢力自効，不避怨瘁。不數時，庭無滯獄，囹圄遂空。代巡党公薦公有「冰清玉潔，鑑空衡平」之語，時謂知言。丁未，行取補吏部稽勳司主事，歷陞考功員外郎，滿考，得贈封其父母。先公以推官既請封矣，至是乞恩改封，蓋異典云。公在部感激思報，而當時士習事體日乖，公隱于心，乃退自淬厲，力謝餽謁。昒爽入坐署奥，敕家人鑰宅舍，務絶賓親之請，以獨行一志。然遇賢者未嘗不款接，咨諏人材，齦齦不自息。居部凡七稔，始晉掌銓事。時公於人材臧否既考鏡瞭晰，乃首擇其望而淹者，拔若干人，摘其圮而倖者，抑若干人。曹中吏多匿善缺、市厚賄，故應選士有數年不得出者，選君未皇稽也。公乃示應選者各呈報其鄉之缺官，不踰月，缺盡出。公于三大選中按次除補，無復壅滯，歡聲爲之載道。往時外寮文憑付權貴家僮，轉鬻各外省承差，至必索厚利，廉吏尤苦之。公建白按季類付，巡按御史分致其屬，一時大便。公管選凡五易月，士論翕然。顧獨與柄家私心刺繆，或爲公危，公不之撼也。甲寅春，行取天下官員，有推官郭某者素善文，公少嘗偕友人讀其文韙之，時在念。至是，因按其前考語最，遂置取列，而郭適以它事被參，柄家遂摘此訾公而甘心之。公既蒙譴，過家，起居太安人，即赴將樂。未一歲，量移惠州推官，道經嵢峽，舟覆，漂蕩五十里，幸免于難。

方覆時，公自檢考生平無欺君父、傷人害物事，可質天神，決不當爲死所。既出，未見有恇惑意，捫髮幘猶故也，識者異焉。是夜宿野舍，賦詩自慰。又著爲《嵢峽志》，謝城隍，祭役人，咸有文。門人黄侍御緝刻以傳，而公自序題曰《困喻録》。公之至惠州也，當道不欲煩以吏事，公因固請中丞王公，乃從士民願，以《惠志》托公。公殫精攄思，凡五閱月，書竣，其有關郡邑利病、兵賦善窳，一篇之中，反覆致意，務爲永鑑，而隨事抒謨，翼教衛道，意肫如也。學士文人傳誦，謂足駕武功、安陽二家矣。未幾，得召，復爲南吏部主事，進考功郎中。故事，南考竣，當陟卿寮，公又以地望久次入也，復因考察貳於舊寮，再出爲四川僉事。時論滋不平，而公分巡川西，樹利剔蠹，無幾微不堪之色。時川有採木重役，使者鱗鱗載道，日費千百，公條布慎委，手註出納，隨時批答，事無少壅，吏抱文書睨視，莫敢出氣。撫臺黄公、代巡郭公相與嘆曰：「是絶無觖望之氣者。」二公不以常數遇，薦皆重語。亡何，擢廣東督學副使，公即毅然以復古道、正士風爲任，其造士先德行，後文藝，首揭義利爲諸士辨，别布行冠婚喪祭飲射儀則，而亮節峻履，又足以表導之。至文行品題，明若觀火，公若執衡，士無敢譁。潮令某者墨而苛，公曰：「予奉璽書擊貪墨，清化源，是不可貸。」竟去之。潮人至今樹石黌宫以志感頌。廣大夫士謂自魏莊渠、歐陽石江以來，蓋僅僅睹公云。庚申夏，轉福建參政，遭母喪，奉柩歸。諸有司各賻金帛，悉峻拒之。既出境，無敢以絲髮獻者。持喪必稽於禮，參酌文貞公遺約，不散帛，不設葷舉樂，爲邑縉紳倡，人咸服焉。癸亥，再免服，入都。僉議以公久淹，當處京堂。公蹙然曰：「仕無崇卑，顧建樹何若耳。今某免服再仕，以時清行志有地，庶不負所學以忝先臣，何遽以崇秩相加？豈謂某乘乏來也？」竟不能奪，仍補河南參政。時論愈高公，謂公固難於權貴擠忌之日，而尤難於廟堂推挽之辰。公聞自若也。公未至汴，即有通政之擢，海内志士聞者彈冠相慶，而當軸益有意顯用之，乃公竟不起以逝，蓋癸亥年之十月四日也。嗟乎！此豈人也哉？公天性篤倫誼，奉太安人曲盡至情，友其兄寒松公及弟能卿，無不怡怡。寒松先逝，撫遺孤尤厚。遇天柱公故友，雖下劣，必侍坐，出入四方，謹奉文貞公像以隨，曰：「異日吾得見烈祖，無靦面也。」嘗經紀從叔給事公之喪與殯送侍御党公，周卹其後，士林義之。公詩逼杜，文睥睨周、漢，晚浸瀰王、蘇，汪洋無涯涘。所著文集凡若干卷，《惠州志》幾卷，《困喻録》一卷，世多傳誦。生平憐才好善若出饑渴，見人一語之工，無不嗟羨。彌日或手自抄録，迄其身無倦意。蓋公自圖史之外，無它嗜玩，素不問家有無，誨其子首上德誼，薄勢利，不得口官勢，叫囂鄉里。又刻《文貞公遺誡》誡之，家居未嘗一干有司。其廉隅有人或難堪者，蓋自守固嚴也。嘗大書「晚節」二字于堂内，蓋有意乎再出之業也，顧竟已矣。悲哉！方疾革，無一語及家，唯力一書上元相徐公，末言深負師門，仰慚天地，意未能相從報國，此爲憾耳。踰時竟卒，其令終如此。先娶龍安人，繼室蕭氏，側室邢氏。子二：伯寅亨，仲寅弼，咸有逸才，足紹公之世烈。亨娶王氏，太保文端公孫女；弼娶尹氏，宗伯洞山公女。女二，長適尚寶丞陳公子文揚；次未聘。孫男三：嘉胤、嘉穀、嘉祥；女一人。寅亨等奉公柩歸自京師，以乙丑年十一月廿七日葬廬陵宣化鄉蔣演江邊，艮山坤向，爾吉兆云。往公友邑中士有羅生夢傳、歐陽生昌，皆不易才也，而直雖不肖，咸得相朝夕。直少亦妄學古文詞，公見，輒獎賞不置口。公既先達，視直濩落棄學，文一無成，公又慨惜不置口。今羅、歐與公皆先後逝矣，唯直病廢苟延。亨、弼以直公宿與也，委狀公行，直誼不可辭。嘗考公晚年爲《惠州學記》，其大畧曰：「今天下學者咸知談先王之道，遵孔、孟，黜百家，可謂盛矣。而贇序之間，三代之教未睹，其科條之定於一，而文辭之爲藝者，已失其故，况於道德之實乎？惟教不出於贇序，故縉紳先生時發明其學以待術黨之士，而博士諸生牽文義、守成業，不知究大道之原，其稱有志者，多爲名高而鮮實，以譁世疑民，甚者相訾詆矣，又安望其道德一而風俗同也哉？」其語學者之弊殊痛剴。蓋嘗讀而傷曰：「若公之言，豈獨其文章節行之都盛已哉？惜也其背棄蚤世，不得竟其所底於斯學也。是故臨文爲之三嘆，尤不能已云。」謹狀。

衡廬精舍藏稿卷二十四

行狀

歐陽乾江先生行狀

歲嘉靖壬寅，歐陽文莊公方家食，講學浩溪之上，從者如雲。予時方逡巡，而公仲子乾江君先枉過，若宿善，遂得從君，偕其族子昌，介謁公門。公不予凡，教之若教君昆弟也。乃君遂友予，而寔昆弟之。久之，公薨，予怦怦然，獨與君期，二三十年間，先後仕且返，方倚君相携共老以幾全歸，乃一旦朝飛書而夕報冥遊矣。嗚呼，痛哉！先是，君寓京病脾，萬曆壬申，罹太夫人喪，哀毁，病復作。甲戌八月，已踰禫，以未逮襄事，固持小祥服，夕侍靈輼，晨起盥櫛，拜奠如平時。或與門人論學反覆，而君内覺病，乃作《醫戒》，以明身病貴治未然。然君雖爲戒，而自妻孥以下，咸莫測病殷也。十月十四日，方平旦起坐，與醫論病狀，屹然不少亂。頃刻，痰熾，遂端拱瞑目長遊，君庶幾焉得正而斃矣。嗚呼！豈不痛哉？二孤宗符、宗翰將以某年月日卜葬某山某向，謂交密知深莫若予與萬安太僕卿蕭公，乃以行狀屬予，將乞銘蕭公。予雖不忍言，而誼不可諉。按：君諱紹慶，字幼承，行二，以家近橫乾江上，遂號乾江居士。上世忠貞勳階見前相徐公所爲《文莊公碑誌》中。祖諱庸，封奉直大夫，六安州知州，進贈通議大夫，吏部左侍郎兼翰林院學士。祖母蕭氏，封太淑人。父諱德，太子少保禮部尚書兼翰林院學士，謚文莊。母金灘康氏，封夫人，以正德丁丑十二月十三日生君于栖隴陂壇上之第。君生靈喆，五齡入塾學，端靜若成人，書過目成誦。公歷官南北，皆携行，經山川古今事蹟，咸能領畧。年十二，讀昌黎《原道篇》，公試問以「農之家一，而食粟之家六」，君應聲對曰：「得非增老、佛二家耶？」公大奇之。公在翰林寡僮奴，君爲應門，適渭崖霍公過訪，睹君布衣革履，儀度整暇，目逆嘆曰：「此國器也！」翌日，贈以《大學衍義》，即手之不釋，未幾，通其大義。是歲戊子，陽明先生訃至，公製服設位，率君兄弟哭奠，君臨之未嘗不慼。時君已知聲律，作古體詩。及初爲舉子業，皆有驚人語。公乃屬令從雙溪曾公，日治經義，旁及外經史百家，有餘力焉。一日，曾公試《李斯學帝王之術論》，通篇罪荀卿，不及斯，惟結語乃逮斯，曾公與公皆奇君不置。公官南都凡八歲，二親在衙舍，君適成嘉禮。時年十六，亟倣吕東萊故事，月中摩編《尚書》、《禮記》二經註，以便研閲。公時出郊寺講會，君未嘗不從。前相興化李公暨宣州、貢州守玄畧、沈參議思畏，凡一時名流，咸欣慕願交焉。時公結隣廣南湛公，君一夕夢騎過湛公門，邀留，不肯下。少旋瞻新敞第，陽明先生坐大門，三五門人侍，遂下肅謁。先生笑舉方寸印，印君兩掌中，又披襟，印君心。既覺後久之，乃紀詩二十五韻以自勗。丁酉，君年二十一，始自南都歸就試。徐相國時督學，異其文，首選補邑庠。繼三督學咸列首，梓其文，而晉江蔡公益奇君，檄送白鹿洞讀書。邑侯嵎齋王公尤重期許，曰：「此必紹家學者。」壬寅，公外艱服闋，偕永豐聶公、安成鄒公、吉水羅公出會九邑同志，君得聞所未聞，退必劄記，久遂盈帙。方天下士遊公門者日盛，故樂昌鄧君仲質、永豐宋大理卿望之、新喻張侍講仁伯、萬安周方伯仲含、蕭太僕子發、安成鄒方伯繼甫、邑庠友曾思健暨楊給舍汝容、曾中丞思極、其族子昌偕予先後受學，與君相切磋，咸稱莫逆。暨公復起南北成均，君復與貢、沈及永嘉王大參某、南昌余憲副、餘姚楊正郎某暨諸名人訂學績文，無少休。至嘉靖壬子，君始以《易》魁江省第二人。時雖初薦，而識者咸指目以碩儒稱矣。是秋，公内艱服闋，起大宗伯。君約予偕上春官，并延禮思健爲二子師，益相砥奮斂退，人不知大宗伯子也。未幾，公蒙召入直内廬，君嚴閑私第，河内鄭府假它封，魄至百金，君爲痛拒，疾火其書。雖四方列餽，一切爲寢，自是門無干請之私。時公爲穆皇帝請婚禁中，激怒世皇帝，故令議傳位禮，公咸與君商而後進。凡公所爲毗主禆國，君與有力，而世莫得知之。甲寅春，公遘疾，君侍湯藥，躬便溺器，至廢寢食。世皇日遣中使問疾，君爲代草上謝。尋竟不起，君哀毀至柴立，比蒙恩護柩南還，予方迓于丹陽。君爲述公調持世皇父子間，及調二相國，其間曲折，非公有道弗能行，非君莫贊也。予於是又與君相痛哭。蓋曰：「天不憖遺，乃公不得秉衡佐泰階耶。」君歸，臺司檄搜公文，乃夙夜編摩，付梓以傳。且曰：「此非獨爲先公文，爲斯道也。」丙辰，閩、廣流寇至，君乃與仲父太僕及伯兄太守卜居邑城之東，而邑大夫多折節造廬，資問政俗。凡關通邑利害，有聞即言，不及請託。所報撫臺蔡公六事，皆安民禦寇要畧。辛酉，寇至，君倡各巨室捐芻粟酒脯，餉兵樹防，爲力不細。是冬，君赴會試，過山東之利國驛，會值暴客掠其行橐盡，君返止滕縣一寺舍，杜門讀書，蕭然弗爲意。翼日，周方伯以入覲取道過訪，睹君談笑自若，因曰：「吾行也遽，兹來也，非爲子之恐于虎口而有所喪也。吾以觀子也，今子其可矣。」君方步月，乃遂作《月吟》，叙之曰：「吾始也有，而忘其非吾有也。已而知其非吾有，而猶未知其信非吾有也。逢兹暴客，乃幸遇良師矣。雖然，吾滋惑矣。吾故固存，吾何所喪也？始以爲有者固惑，兹以爲失者益惑也。是故君子廓如而與命爲徒，與物俱順。時皓月在庭，碧空如拭，輒成短韻，以復諗于周子。」噫！觀兹言也，而君之胸次若邀乎無物矣。已而事聞于朝，山東撫臣謝公致百金爲助，君固却之。明年，復下第，乃返留京。又結四方名士三十餘人爲文會，而因以程學。舟過湖口，觸目風濤，有艤舟候税之艱，遂惻然貽書觀所周公〔二〕，竟除其害。戊辰，君試累蹶，會徐相國具

〔二〕「觀所」，四庫本作「觀察」。

題行吏部選下第舉人，取有問學通國體者授試中書舍人，入制勑房辨事，仍聽會試。于是合試諸下第士，得四卷，君與焉，二三閣臣偉其文，又喜其出君也。既授職，日讀書中秘。時穆皇登極，綸制日頒閣臣分屬各官，而君獨倍。君摛詞起草，若不經意，而莫不贍舉。若勑諭俺答及獻俘、樂章、王文成公復爵贈官制誥，咸出君手。徐公曰：「此固非歐陽君莫辨也。」或以金酬，悉却不受。少暇，輒合館院臺省部寺諸同志數十人會靈濟宮、西瓦廠二所，其間若趙翰林某、徐議部某、王太僕某、習脩撰某、魏給舍某咸昕夕切劘，善類以興。是秋，奉欽差往河南周府掌行南陵王祭禮，周府贈送金帛，君移文長史司返之。歸省康夫人，會兄太守喪，亟草疏乞養，而康夫人竟不可。君不得已，留妻子侍養，獨身復命。在道途，睹見民隱國是，心不自已，乃著爲《十二議》，擬陳，而諸公以時忌，格不上。其間若處宗室，酌久任，明教學，定驛規，鑒祖訓，博舉薦，皆鑿鑿中當時事務。庚午復命，適纂脩《世皇實録》，充收掌官，日食大官，蒙例賚獲，與慶成宴。是冬，欽依實授中書舍人，復賜白金十兩，紵表裏各一。迄辛未，以篆書潞王册寶，及禮成，又册封妃、獻俘禮成，先後蒙賚凡四白金、表裏各若干。已而，又充纂脩玉牒官。元相李公以故舊賓禮，咨訪掄才必之君。凡李公所爲毗主薦賢，君與有力，而世亦莫得知之。是時，中外争議陽明從祀事，君草一疏，其畧曰：「守仁以致良知立教，其旨在慎好惡之獨知，以端治平之本。遵皇極蕩平之道，以承精一執中之傳。」識者謂君于陽明能識其大者。又草乞養疏，俱格不上。會徐州洪與治河相涉，需才尤急，秉銓者遂擢君工部都水司主事，又便君迎養。壬申，莅洪，有議開泇河者，輔臣托爲訪驗。君躬履輿參，復書寢議，獨陳疏河事，凡五條：一曰審泛原，二曰預泛備，三曰嚴疏濬，四曰堅堤築，五曰專責任。蓋意在疏濬，不必開鑿，朝省以爲確論。先是河淤，徐、沛運塞貯虧，朝命鎮山朱公、兩溪萬公相繼督理，而君分理其間，乃疾馳沿河下上數百里，起境山，至梁山，審視講求預條規畫，明若觀火，備陳二公，遂創築兩岸河堤，北岸梁山壩至李家莊而竟，南岸自清涼寺下起，至大港垍關家口而竟。加築計萬丈餘，君咸躬督。一旦屹屹並峙，黄河始復歸束〔二〕。君又爲四議：一言守堤當如守邊，定爲限期，各夫役許挈家從事。二言夫役既有信地，每三里合建一舖，四舖置一老人爲督，聽各夫耕牧，如河南泰黄堤景象。三言植柳。四言復淺溜夫額銀，設淺溜夫若干助挽。朱、萬二公韙其議，行之。已而，茶城口及溜溝爲洄流淤塞，胡家莊二里泥淤旋挑旋塞，遂稱積患。君舟居野坐，風飡雨巡，鳩工集材，造爲束水活木壩，兩岸對峙，用木樁維繫，空其中，與閘口等置木簸箕〔三〕，分布夫役扒撈沙泥，又編板，障其空，稍令水積，輒起洩之。時積時洩，泥則隨溜水徑去。每進半里許，成一活木壩，如前法。始一日僅

〔二〕「束」，底本漫漶，據四庫本補。
〔三〕「簸」，原作「篏」，據文意改。

過二十艘，萬公虞焉，得君是策，即數十里河溝如常。越日，遂過百三十艘，三數日間，艘盡行。萬公手札慶曰：「奇哉！」遂下活木壩〔二〕、木簸箕式于張秋、濟寧，至今爲成法焉。自昔運艘禁越幫，君獨于河濶處許其後先競勸，而行愈疾。萬公益喜，以爲運務未有若是速也。工竣，遂薦君智可觸機，才堪御衆，官舍不治而棲遲草莽之中，舟楫爲家而出入版築之地。奉旨紀録叙用，賚銀十兩。徐洪舊立鈔關，後移吕梁分司主之。君至，適船户告非便。朱、萬二公劄行勘議，復其舊制。乃又爲《八議》呈二公，大要欲薄征爲先，其省役平稱，防奸剔蠹，咸周且當。二公遂請諸朝，輒著爲令甲云。君始用文學起家，至臨政處艱大，而石畫精智，度越常人，遊刃有餘地。又憫恤人情，省斥常費，履任不半朞而忠猷濊澤裨益上下者厚矣。朱、萬二公稱曰豪傑之才，譬若太阿斷蛟割玉，隨投隨效，衆咸曰然。君初承康夫人迎養之命，以漕事少佇，事甫竣，不虞康夫人訃音至自家，君以不得親訣益恨，痛號擗仆而絶者凡幾。徐之士民日數百人排闥號呼，若失慈母，相與採石樹碑志思。君聞，力阻，而百餘人者送至下邳乃止。已援例陳乞卹典，上命有司給役成壙，諭祭並文莊公。既歸侍柩，罔間晝夜，至大祥後始暫出近地會友。有答或人書，引文莊公語曰：「古人居喪讀禮，又立之相，正恐太過不及，失其本心，則未免事親不以其道。」又

〔二〕「木」，原作「水」，據四庫本改。

曰：「卜葬之暇，不可廢朋友講習，此與忘哀營私者不同。今某之會，亦求免缺失已耳，非敢違禮也。」甲戌八月，偕予聯過青原，會四方同志。君以中秋時祭先返，感發，遂著《學箴》，其畧曰：「學之不講，孔子是憂。厥講伊何，義徙德脩。惟此徙義，匪事外求。義由心集，心慊日休。聞過自外，改悉由中。何者爲主？良知是宗。是知本明，雖愚不昧。果能志脩，道以志會。志之不立，雖知弗行，如就深塹，迷復自阬。志堅且一，知炯孰奪？如日天中，萬境盡豁。」又曰：「認識爲悟，翳蔽真知。執識爲真，謂悟乃悞。出以應物，中和乖忤。不咎其非，乃謂未熟。」又作《在田精舍記》以見志，讀者知君之晚脩篤矣。自是與予相期偕隱爲終焉計，予方慰不已，詎曰聯舫白下，合襟青原，固即與君爲長別之地、永訣之期矣。予安能不痛哉？君天性孝友，家範彌敦。事仲父太僕如事公，公直廬恩廕，舍其子，以遜仲父；比兩從弟逝，奉侍尤謹，雖雨夜仲父未歸，必伺歸乃寢。兄太守諱餘慶，性最嚴峻。事之彌慤，家帑悉兄主，雖婚嫁需一請諸兄，終其身無違顔色。兄入仕餘十年，君家居侍養，惟務悦親。康太夫人最念外家，君竭力維植之。其教從子弟不殊己子，暨族戚故人子弟，恩意靡不周洽。歐陽氏族最蕃，君申飭先訓，陳告郡邑，遵行到今。下逮臧獲，咸有約誡。生平豈弟温恭，無貴賤、智愚，遇之皆出悃愊。雖寒畯下士叩之，無不款曲。當冗迫，意氣藹然又豁如也。嗟乎！行誼見諸孝友，學問敷之政治，上不忝乎先德，下有濟于斯人，若君揆諸古人可多睹耶。君得年方五十八，初娶灌塘尹氏，生子二，即宗符、宗翰，俱太學生，世其家學。繼寧村蕭氏，皆贈安人，又繼萬安蘇溪郭氏。宗符娶夏潭胡氏，宗翰娶萬安横塘張氏。女二，適南富京衛經歷王良鴻、庠班王良懷。孫之京、之畿、之衡、之同。君自齔著作詩文頗富，晚得代制草，統凡若干卷。予與君分友也，而誼切昆弟。逝時，予哭之以辭曰：「胡浩浩之回遹，仇吾徒之特酷。厝萬毒以藴隆，莽一朝而隕禍。肆之子之遄遺，若駒迅而飆促。方掎角于脩途，補東隅於榆陽。將朝聞而夕死，庶不赧夫子之門墻。念尺書之予臨，展宿墨之猶瑩。何虞子之捨我，曾不留信宿風馭之停。乃一語之未訣，雖千號其孰聆？奮百身以從之，亦安能返子于幽騈。」嗟乎！辭不足以雪悲也，乃幸狀君。狀不足，則幸有中丞吉水曾公、太僕萬安蕭公爲銘，而少司馬南昌萬公爲表，足傳云。

先母周太安人行狀

先太安人周氏，生十二歲失母胡，而最末弟絶乳食，太安人日含涕襁哺，乞乳隣媪得活，闔内嘆曰：「是何其天慈篤也。」父樵峰翁山、伯兄某素仗氣槩，矜門户，私相愉曰：「吾家良娣，不知當興誰氏？」已而先太父謙齋先生妁來，則又私相愉曰：「自吾祖父見其家筆耕者幾世矣，其後必有興。允好良宜。」太安人年十八，歸先刑部，目擊窶迫，慨曰：「若是將尊章，曷以堪？」不月間，盡脱其釵釧，供晨夕。謙齋先生承司訓府君家學，言動一準諸禮，閭左右嚴事之，姑蔡孺人端静有母儀。太安人爲少婦，能閑内則，蠲賓祭，當尊章意。既三年，太安人初産子，即不肖直也。謙齋先生喜，走筆書七言絶句詩報樵峰翁，致期許語。或言其過，翁奮然曰：「吾女卜胤，當大渠門，詎謂過耶？」久之，先刑部補邑庠弟子員，贄幣出太安人紡車。先刑部學陽明先生之學，絲髮不妄取，以故家益落，歲時多遠館，然節縮操畫，蒿目劇心，俾翁夫鮮内顧之虞，太安人力也。歲戊子，謙翁先生猝中風，竟卒。先刑部館雩陽，太安人治喪，凡衬身物皆竭己奩力辦，一一出手製，族人有感嘆至泣下者。尋先刑部病癧，旋抱瘵，太安人方病瘧閱半朞矣。時家止一嫗一僮，耄且羸，太安人獨力病躬藥膳，至眩伏煬側，氣奄奄弗支，人莫之知也。比先刑部捐棄，哀毀瀕絶者再。亡何，伯大父繼逝，短後，太安人曰：「是吾舅之伯也，其辦治如舅喪。」于時，太安人年才三十有七，撫不肖直，携二幼子，傳傳伶伶，朝炊不夕謀。會遘多難，而奉姑彌殷。常時作姑饍已，惟嘗其餘，相得歡若母女。鄉族稱孝敬婦，無疏戚必曰周氏。然負烈氣，類偉丈夫，有責逋者雖千百獰暴，迄未肯下。時時訓飭不肖等曰：「若等乏世産，絶資斧，吾止護遺書貽若等耳，若知所自振乎？」又曰：「若等知先世行誼瞿瞿乎？」已而聞不肖直從歐、羅二先生學，曰：「是女父從事也。」則色喜。又見交遊中深分有歐陽文朝、王尚涵、曾思健、思極、王有訓，此六七君咸吉士也，而六七君或時見母，母輒又色喜。癸卯春，忽語不肖直曰：「吾夜夢九人欻從地騰起昇空，其末女也。女必勉之。」是秋，直領鄉書，名次九。太安人曰：「數定矣。」

輒又喜。踰年，太母病，太安人侍寢，卧起必躬持，藥食必手上。既終，哭擗不忍聞。不肖直既三上春官不第，乃仰禄得教句曲，奉抵衙舍才歲，聞隣封倭警思歸，如命歸焉。又踰年，直成進士，而太安人適六十設帨報至，喜滋。三年，不肖直以刑曹滿，考蒙貤典，父贈刑部雲南司員外郎，母封太安人。會時宰見謂不肖直左右言者，輒出爲湖廣臬僉，因得取道奉迎，抵分司，寓朗州。太安人居衙，日以慎刑恤艱誡詔不置口。二年，遷蜀藩，請偕。太安人曰：「楚可矣，蜀險，未可。」亟敕行。既涖蜀，駐雅、黎，尋督蜀學，遘病，時思太安人絶耗，遂告歸，見太安人色雖煦，而心弗可。不肖直察太安人之弗可也，又三年，承命起畎畝，復督楚學，廼奉抵楚，居臬司，又日以寬教無枉才誡詔若臬僉時。二年，參政西粤，請偕。太安人復曰：「楚可矣，粤瘴，未可。」敕行益厲。時已睹太安人足抱濕閒疼，行猶豫，懟曰：「吾健飯，無他恙，女惡可留行？」不肖直勉聽，赴西粤。二年，轉東粤總憲，以覲行過家，見太安人足未瘳，因自上章乞養，蒙可。太安人徐曰：「可矣，可矣。」自癸酉歷丙子凡四年，太安人雖難履，閒伏枕饌飲，猶自適。歲時，諸孫詵詵，羣從子姓舉觴，輒娓娓于于，談往罄歡。丙子季春之十三日，太安人春秋八十。于時，辱郡邑大夫諸名貴暨閭左右族戚遠迨朝賢，致緋綺髓瀡介祝名言，爲之充家。太安人一一訊玩，曰：「吾何脩以堪之？」戒將命者無輕失客，戒雍人倫膚，酒人優尊，司庖者無以草惡享從，戒諸孫咸知敬承，又憮然語子婦曰：「惜女父未逮也。」是歲終，忽思還故居，相去二里許。留月頃，若與諸婦決，仍復新第。丁丑正月，痰作，稍失聲，稍愈。再越月，病泄，夜數起。泄止，却穀食五日，悉飲湯。又五日，飲水。二月念六，命取服飾散諸孫婦，逮僮婦。念八，起坐，訓飭諸孫悉孝敬語，持季之孤，屬不肖直曰：「女當植其學。」蓋季卒先十年矣。至申刻，却水長逝，距其生弘治丁巳，得年八十有一。嗚呼，痛哉！天乎，乃不殞予，乃殞予聖善母耶？于時，又辱臺司郡邑大夫諸名貴曁閭左右族戚遠迨朝賢咸致奠詞，絡繹如壽誕時，而太安人無聞矣。嗚呼，痛可道哉？太安人雖久居床第，然閾外事靡不洞曉。病革，神明不少憒，子婦涕泣，曰：「生死固有時，吾時且未至，何遽悲耶？」識度豁朗，若無町畦。方己匱，聞人匱，輒傾所有，絶甘分少，恨不出咽下食。故其殁，自妯娌子姓，下逮臧獲，哭也有洟，思也有憾，其感深矣。性故喜儉，雖貴且耄不易，而最恬于殖利。常戒曰：「吾家免貸于人足矣。假有貸人，無逐時多科子錢也。」雖季之孤素絶愛，亦不令近利，四方朋來訊所繇，飭曰：「彼非利也，無弛供饋。」平時雖聽召醫而不悦藥，雖信鬼神而不瀆禱，雖朔望蔬食而不佞佛，凡太安人大節類此，其生平茹荼甘薺，細行斤斤，蓋靡得名狀焉。周之先自潭州來吾吉，徙今漆田，爲右族。里中周、胡二姓，世好埒陳、雷。子三：直，仕至廣東按察司按察使，娶聯科里蕭氏；諒，庠生，娶北門郭氏，繼蕭氏、戴氏；問，娶高坪郭氏。孫男四：順，庠生，娶西門張氏；顒，娶唐福黄氏；穎，娶江口陳氏，繼曲山蕭氏；顯，娶琅琊趙氏，繼槎富張氏。孫女四：長嫁梁某，次郭隆沛，次陳秉鏜，次康宗軒。曾孫三：士綏、士統、士紀。乃者卜兆，得邑東鄭家園牛闌岡面庚之原。卜日，得是年之四月十六，奉畢大事，顧自悲鹵于養，又凉於顯。如母之沉脩何世有？元夫作者操三不朽，將徼一言托諸世世，廼含血摭述，大較如右。